Myths of the Dog-man by David Gordon White

犬人怪物の神話

西欧、インド、中国文化圏におけるドッグマン伝承

デイヴィッド・ゴードン・ホワイト◎著
金 利光◎訳

工作舎

序文

　本書の扱う内容は驚くほど多岐におよび、論じる領域は壮大な広がりを見せている。本書が著者の最初の著作であるとはにわかに信じがたいほどだ。読者を引き込むスタイル、随所に見られる巧みな言葉の遊び、イロニー、情熱、怪奇な逸話などの魅力もさることながら、本書が扱う主題の見事さと、論の展開を支える博識に驚嘆させられる。何より本書出版の意義はきわめて深い。本書は人類学者、歴史家、宗教史学者が抱く興味の核心にある「他者」の問題をテーマにしているのだ。

　インドをはじめとする多くの地域を研究対象に、「他者」およびそれに付随するテーマについておびただしい数の文章が書かれてきたが、著者は執筆者として欠かせない初々しいまでの誠実さをもって、本書『犬人怪物の神話』を著した。直感と博識を兼備する希有なる資質に恵まれ、著者デイヴィッド・ホワイトは犬（穢れを与えるもの）とドッグマン（怪物的なもの、意識の境界に存在するもの）という格好の素材に依拠して論述する。文書資料、視覚資料、社会意識などを掘り起こし、いくつもの文化圏に伝わる神話を重層的に論じるうちに、いつしかそれは深く印象に刻まれた強烈なメタファーとして立ち現れる。

　本書を通じ、デイヴィッド・ホワイトは、認識において働く知的収斂作用だけでなく（これはすべての宗教史学者が試みることだ）、認識において働く地理的収斂作用をも示して見せた。すなわち彼は、（ヨーロッパとインドと中国という）三大文化圏が「他者」に対して同じイメージを共有したこと（この現象の説明にはある種のユング的、あるいはエリアーデ的普遍性の仮定が必要となる）を論証するにとどまらず、さらに踏み込んで、この三つの文化圏は、それぞれが境界を接したある共通する単一の実在文化から、いわばネガフィルムに反転された一つの神話的自己イメージを取り込んだことを論証する（こちらの現象はより理解しやすい歴史学や人類学の仮定によって説明できる）。三大文化圏が各々の神話を引き出した水源とは中央アジアである、というのが彼の主張だ。

デイヴィッド・ホワイトがより慎み深い研究者であったとすれば、彼はこの結果を地理的範疇に限定された研究成果にとどめたい誘惑に駆られただろう。だが彼の美徳の観念に「慎み」は存在しないらしい。彼は普遍的人類史、さらには普遍的人間性という、より広範かつ危険な領域へと勇躍突き進む。本書に横溢する瑞々しさの源泉は、このテーマに魅せられた著者の情熱にあるが、その情熱をテコに、彼の関心は人間としてのより深い部分へと到達する。彼は宗教史学における「他者」の問題を、斬新な政治的視点から読み解こうと試みる。本書『犬人怪物の神話』を読み終えた人は、われわれ自身が「他者」に抱く恐怖の広がりと破壊性について、そのイメージを深く、ありありと感じ取るにちがいない。

ウェンディ・ドニガー
ミルチャ・エリアーデ宗教史学講座教授

犬人怪物の神話◎目次

第9章 他者を認めて共に生きる

本文中の★は原注番号を示し、☆は訳註です。

犬人怪物の神話

Myths of the Dog-man

はじめに

ミルチャ・エリアーデが書いたように、宗教史学者の務めとは、（彼のいう）政治的イデオローグやデマゴーグたちの「偏狭な」世界観に代わる、新たな文化的、精神的視座を現代の西洋世界にもたらすことであるとすれば、本書はまさしく宗教史学の目的にかなった試みの一つといえるだろう。[★001] また、ジョナサン・Z・スミス[★002]が書いたように、宗教史学者は「なじみのあるものをより敏感に認知」できるよう、なじみの無いものをなじみのあるものに、なじみのあるものをなじみの無いものに見えるよう努めるべきだとすれば、本書はまさしく宗教史学の目的にかなった試みの一つといえるだろう。

スミスが示した尺度の前半部分について、本書の読者はたっぷりともてなされるだろう。本書は怪物（なじみの無いもの）を——なかんずくドッグマン（犬人）あるいはドッグヘッディドマン（犬頭人）を——なじみあるものにしようとする試みであるからだ。彼の示した尺度の後半部分について、私の試みが成功したか否かは読者の判断に委ねたい。

正直にいえば、私がこのテーマに魅かれた第一の理由は、ヨーロッパやインドや中国の神話に登場する怪物的種族の妖しいまでの魅力にあった（私のなかに東洋趣味《オリエンタリズム》が潜んでいることは素直に認めたい）。とはいえ、本書の執筆を一貫して支えた原動力は、こうした怪奇な混成種が、ある意味で、現代ヨーロッパの経験とも無関係ではないことを示そうとする情熱にあったこともまた事実である。

本書はできるだけ広範な人々に読まれることを目指して書かれた。本書の読者として想定したのは、他の学者――古典学者、中世研究家、インド学者、中国学者など――よりも、思想史を学ぶことは現代の社会政治的状況を理解するうえで意義深いと考える知的素養のあるすべての人々だ。古代や中世世界を専攻する一握りの歴史学者の議論を俎上に載せるよりも、現代の政治レトリックに組み込まれた用語や偏見に異議を唱えることが多かったのもそのためだ。

そのため、文中に使用した外国語（その種類は一〇か国語を超える）や専門用語については初出の段階で語義を明確に限定したし、そもそも外国語や専門用語をできるだけ使わないように心掛けた。より専門的な議論やさまざまな分野に及ぶ学術文献については、巻末に付した原注で扱った。つまり本書は、本文と巻末の注という二通りのレベルで読むことができる。広範な読者の求めと、専門的読者の求めの双方を満たせれば幸いである。

古代と中世を専攻する歴史学徒であり、神話の読み手である者にとって、みずからの解釈をもって現代の公けの議論に飛び込み、一般の読者を対象に、時として古典的学術の範囲を踏み外す、あれこれの問題を提起することはすこぶる勇気を必要とする作業である。その意味で、この機会に私を導いてくれた恩師に感謝を捧げたい。彼らは進むべき学問上の道筋を示してくれただけでなく、因襲に囚われず、ときには物議をかもすことすら恐れぬ大胆さをもって、学問を志す者が理想とすべき態度とは何かについて、みずから範を示してくれた。そうした恩師の第一として、ミルチャ・エリアーデの名前はすでに挙げた。宗教史学とは、人間的現象としての宗教像を余すところなく捉えるための、（文献学、歴史学、神学、人類学などという）多くの学問分野や文化領域を横断する統合的学問であるという彼の性格づけは、今なお精彩を放ち、きわめて挑発的だ。また、直接の師であるウェンディ・ドニガー、チャールズ・マラモウド、マドレーヌ・ビアールドの各氏に深甚なる感謝を捧げたい。彼らの統合的で革新的、かつ「大衆的」な著作に影響され、彼らの研究者魂に限りない鼓舞を受けた。

本書の研究と執筆に際し、数々の方から助力を得た。まずは、ロブ・キャンパニーに感謝したい。彼は（私には読めない）中国語で書かれた多くの資料を英語に直し、中国の神話・伝説に関する私の記述を注意深く読み、さまざまな助言を惜しまなかった。さらに、多くの助言と支えを与えてくれたアントニオ・ベルトラン＝エルナンデス、ジョン・コリガン、ジャン＝ルイ・デュラン、ジャン＝チャールズ・ヘンリー、ラヴィンドラ・カーレイ、ラルス・カールホルム、マルティン・パグニエ、ジェームズ・ウィルカーソンの諸氏、そしてもちろん私の両親にも感謝したい。

末尾ながら、ウッドロー・ウィルソン・ナショナル・フェローシップ財団に心からの感謝を捧げたい。本書の執筆に際し、一九八五年から八六年にかけてシャーロット・ニューカム財団の特別研究奨励金を得ることができたのは、同財団の推挙によるものである。

★００１——ミルチャ・エリアーデ『The Quest:History and Meaning in Religion』（シカゴ大学プレス　一九六九）五四ページから六九ページ、とくに六九ページ参照。

★００２——ジョナサン・Z・スミス『Imagining Religion:From Babylon to Jonestown』（シカゴ大学プレス　一九八二）ページxii-xiii

第1章 怪物とはつねに他者《ひと》のこと

一本足のスキアポデス

本書の目的は怪物（モンスター）について語ることにある。セビーリャのイシドルスはこう喝破した――怪物《モンスター》とはモンストレーションmonstrations（monere）、すなわち神意による警告（monare）なり、と。[★001] とすれば、怪物《モンスター》とはいったい何への警告《モンストレーション》であり、その警告は誰に向けられているのか？　この疑問はさまざまな形で提出され、さまざまな形で答えられてきたが、本書の主要な関心はその内容をたどることにある。およそ四千年にわたる怪物伝承のまさしく怪奇な道筋をたどりつつ、イデオロギーの根本問題とも取り組む必要が出てくるだろう。ここでいうイデオロギーとは、プロパガンダなど、世の人々を操る外在的な道具[★002]という意味だけでなく、人間が世界を経験し、その経験を表現する時に必要となる一つの構造、ないしはレンズとでもいうべき、より深く、より内在的な意味をも含む。[★003]

　本書でふれる伝承のすべてが、（上記二様の意味における）イデオロギー上の見地から、怪物を人間の住む文明化された空間の縁《へり》に出没するマージナルな存在だとしている。だが、文明空間の余白《マージン》に住む取るに足りない存在だからといって、境界内の空間に住む人間が彼らに払った関心まで取るに足りないものであったわけではない。人間社会の縁に存在する怪物は、その存在（実在のいかんは問わず）によって、人間の自己同一性《セルフアイデンティティ》を左右する、核心的ともいえるきわめて重要な役割を果たしてきたのだ。人間はどこで始まり、怪物はどこで終わるのか？　内側はどこで外側と出会い、私達はどこで彼らになるのだろう？

　怪物という、マージナルながらも身近に知られてきた存在を論議するうえで、古くから最良の手段とされたのは神話という形式であった。立証可能なロゴスを好むソクラテス以前の哲学者達によって、粗野な「おしゃべり」[★004]程度におとしめられた神話は、少なくとも西洋思想のなかで、今日まできわめて低い位置づけしかなされてこなかった。真理を科学的に追求しようとする現代では、神話はごく些末なものにすぎないばかりか、神話が読者であり聞き手である私達を導く場所も、日々の経験のごく周辺部にすぎない。ノースロップ・フライによれば、神話とは「人間の可能性の窮地において働く思想の一形態であり、人間の願望成就と、それをさえぎる障害物の投影」なのだ。[★005]

たとえ中身が皮相なものであってさえ、神話はつねに意味を求める人間の心をあらわに提示し、自己同一性、有限性、死といった本質的疑問と格闘してきた人間の歴史を伝えてくれる。ここにこそ神話の偉大さがある。神話は私達に人間の実存状況のパラドックスを意識させ、人間とは何かという高度な認識へと導いてくれるのだ。[★006] 人間が人間である条件はおいそれと変わるものではない。だからこそ、そのような問いも、それに答えようとする神話も存続することになる。果てしなく語り直される神話の無数の変種は、どれ一つとして例外などでなく、神話そのものなのだ。

自分は何者なのかという意識の中心にあるのは、自分はどこからやって来たのかという疑問である。そこである種の神話、私達の世界と私達自身、そして私達の社会・文化的制度の始まりを語る創世神話には特別の意味と威光が与えられる。なかでも注目すべきは戦闘にまつわる話だ。多いのは、対立する二つの勢力（彼らは神や半神や英雄である）の間で壮大な宇宙的戦闘がくり広げられ、その後に世界が生まれ、神聖なる中心（神殿）が築かれる話だ。一方が他方を打ち負かすことで二元的世界が解消されて世界が打ち立てられる。戦闘における勝利は、一般に宇宙《コスモス》の創造者が混沌《カオス》という邪悪な力に勝利したものとみなされる。二つが一つに因数分解されるのだ。敵を打ち破り、あるいは全滅させた後、勝利者は一つの世界を創造する。現在の地政学的状況を見れば、この図式が今も生きていることがよくわかる。

邪悪な勢力――創世神話のなかで敗れた敵対者――は、ある種の混沌《カオス》として描かれることが多い。だが秩序が確立される前に、まず秩序づけられるべき空間がなければならない。この空間、いい換えれば秩序づけられた世界がもぐり込む隙間こそが混沌《カオス》である。混沌《カオス》は創造のために欠かせない基盤なのだ。[★007] だが、秩序という勢力に打ち倒された混沌《カオス》とその手先は、たいてい些末な存在へとおとしめられ、拒否すべきものとされる。混沌《カオス》は、もはや存在にとっての原初の基盤ではありえず、秩序づけられた宇宙《コスモス》を脅かす対型《アンチタイプ》であり、「誤った神聖さ」を具える神聖な勢力となるのだ。[★008]

だがさらに注意して見ると、そうした秩序づけはカバーストーリーのでっちあげと大同小異、森羅万象を理想的だが認識不能な言葉で描写しようとする「法的擬制《リーガル・フィクション》」にすぎない。ここで私達はイデオロギーの問題に立ち返る。ある社会の内部で暮らす者は、言葉の習得と同じほど受動的かつ無意識のうちにイデオロギーを獲得する。というより、イデオロギーは言葉と共に獲得され、人間の経験が屈折されたり濾過されたりするレンズの役目を果たす。ある文化や人間が経験の中身を表現するのに用いるカテゴリーは、つねにすでに存在し、しかも、理論以前のものとして無意識に用いられるのだ。[★009] 宇宙《コスモス》と混沌《カオス》を対極の存在として認識することが、本書で扱う多くの現象のイデオロギー上の基盤となっている。ここで、空間の秩序づけに関する、ミルチャ・エリアーデとジョナサン・Z・スミスの考えを比べておくことは有益であろう。

伝統社会の際立った特徴の一つは、人の住む社会と、その外側に広がる未知で不確定な空間との間に対立を想定することだ。前者は世界（より正確にいえば、私達の世界）、すなわち宇宙《コスモス》であり、その外側のすべてはもはや宇宙《コスモス》ではなく、一種の「よその世界」であり、幽霊や悪魔や（悪魔や死者の霊と同一視される）「よそ者」が住むよそよそしく混沌とした空間である……一方に宇宙《コスモス》があり、他方に混沌《カオス》がある……「われら」の敵は混沌《カオス》の勢力に所属する。都市に加えられるいかなる破壊も混沌《カオス》への逆行を意味し、攻撃者へのいかなる勝利も、神による竜《ドラゴン》（すなわち混沌《カオス》）へのパラダイム的勝利の反復となる。[★010]

神話において、混沌《カオス》は決して打ち倒されることはない。それは創造をもたらす挑戦的存在であり、秩序と神聖に敵対する（しかし同時にそれらと不可分な）可能性と活力の源泉であり続ける……（どのような形で）宇宙《コスモス》の構造が表現されようと……安全は保証されてはいない。「村落」を囲む壁はつねに攻撃の危険にさらされており、人間と神はその壁を絶え間なく補強するために、力を維持、回復、強化し続けなければならない[★011]。

エリアーデの論はイデオロギーへの言及であり、神聖な宇宙《コスモス》によるみずからの正当化と、その裏返しである宇宙《コスモス》の完全なるヒエラルキーから排除されたものの否定を述べている。他方スミスは、その完全さに歯向かう存在、イデオロギーが差し出す秩序という安全の傘の下になかなか入ろうとしない部分に興味を示している[★012]。

こう見ると、宇宙《コスモス》の創造はただ一度きりの試みでなく、不断にその土台を侵食しようとするエントロピーに対抗し、確立された秩序を維持しようとする絶え間ない戦いだといえる。混沌《カオス》という、存在しないとされる存在の含意は何か？　混沌《カオス》が自足した秩序の単なる対型《アンチタイプ》になり下がり、私達のパラダイムと原型《アーキタイプ》を脅かす力とされる時でさえ、混沌《カオス》は、（宇宙《コスモス》と混沌《カオス》の両極からなる世界の神聖で「善なる」部分であると宗教界が認める）創造性そのものの土台であり続けるのだ。スミスによれば、混沌《カオス》とは、混沌《カオス》と対決して勝利するものに「活力を与える力」となる。存在として定義することはできないが、混沌《カオス》は総体的ないし宇宙的なあらゆる経験のなかにつねに潜んでいる。私達が自分のものと認識する世界の輪郭や外縁は、非世界や非定義を背景にしてはじめてくっきりと見える。混沌《カオス》は宇宙《コスモス》に先行する。したがって、私達が創造する世界は、つねにそれを呑み込もうと狙っている非世界の上に、それを克服しながら作り上げられるのだ。自分の宇宙《コスモス》や王国、「包領《エンクレーブ》」や「人間のための世界」がまず「打ち立て」られ、さらに、それらの母胎である未分化の混沌《カオス》との区別を保つために、定期的に活力が吹き込まれる[★013]。人々は神話を反復し、祭礼を執り行うという秩序づけによって、包領《エンクレーブ》の脆弱な壁を、手なずけることのできない外部の力から護ろうとするだろう。だが、彼らを世界の維持に駆り立てるのは、つねに、彼らの上に垂れ込める定義できない未知の存在なのだ。壁が築かれる以前にも、すでに外部はあった。でなければ、どうして壁を築く必要があっただろう。

1　第三世界という神話

消滅することのない混沌《カオス》を秩序づけるために真っ先に取られるのは、分類しがたいという点でのみ共通する多数の要素を、ただ一つの項目の下に単純化して括り上げるという手法である。現代において、このことを端的に示す例は第三世界というカテゴリーだ。二大陣営に分割され、それぞれが支配権を争う世界にあって、第三世界という名で括られる国々の存在意義は、二大強国の勢力争いで果たす将棋の駒の役割でしかない。さらに以前には、これらの国々を表すまた別の呼び方があった。いわく、安い労働力と原料を供給する植民地、いわく、工業製品の販売マーケット、いわく、白人のお荷物……。さらにさかのぼれば、第三世界の住人は人間より下等な生き物とされ、人間の知る世界の端っこ、あるいは人間の想像力の最果てに住んでいて、征服や福音伝道の対象であるとされた。人間世界の端っこに位置づけられ、列強の世界支配の駒という卑小な役割を負わされた彼らはまた、「ちっぽけなもの」（ピグミーを想起せよ）のイデオロギー的化身として、神話とイデオロギーの端っこに位置する運命にあった。

　ある民族にとって、当初の二元的対立のまったく外に存在する人間への神話的説明が必要になるのは、自身の創造神話と建国神話の標準化が行われた後のことだ。第三世界という神話は、第三世界が置かれた社会政治的状況と同様に、第三の地位にある還元主義的神話であり、しばしばこの世の現実的権力者による支配を正当化する働きをする。ギリシア人にしても、海の彼方に住む奇怪なエチオピア人に関心が向き始めたのは、オリンピアの神々がティターン族を打ち倒し、自国が周辺の異邦人を支配した後のことだ。古代インドや中国の「経験的他者」（☆初めて遭遇した人や文化のユニークさを否定的なものと認識する文化現象がこの言葉の根底にある）★014 についても同じことがいえる。

　古代であれ現代であれ、第三世界の人間は珍奇な存在として、「文明世界」のなぐさみ物の役割を果たすことが多かった。だがこうした人間、境界人、怪物《モンスター》でさえ、(たとえ文化的、社会的理想像への否定的な見本としてであるにしろ)、彼らと好対照をなす、中心《センター》を自称する者達にとって意味ある存在となっている。神話の創造がイデオロギーの二元的対立における最前線の戦いであるとすれば、こちらはしんがりを護る後衛軍の働きといえよう。たとえ彼らの重要性が限りなく矮小化されようと、彼らに注意を向けることは、ある一つの疑問、きわめて重要でありながら、ふつうは口にすることのない疑問に答えようとする契機になるからだ。それは、壮大な宇宙的戦争に勝利し、世界を創造した神々や英雄達によって私達人間が造り出されたものであるとすれば、いったい彼らは何者なのか、という疑問である。

この疑問に対し、神話学の論理が出す答えは単純かつ平板なものだ。彼らは真の人間ではないとか、かつては私達の世界に属していたが、不服従のかどで追放された者達だとか、神への敵対者が生み出した私生児である、などという答えがそれだ。このような答えは論点を巧みにすり抜けるやり方であり、疑問そのものを無意味なものにおとしめ、さらには「彼ら」を構成する人間をも無意味なものにおとしめてしまう。

このような文脈から、中心にある社会政治システムの外側に存在する他者は、ふつう、流刑に処せられた犯罪者、狂人、現実の獣や神話上の獣、および「善良なる社会」の肯定的な価値に対立し、負の誘発性を帯びたあらゆるものが出没する、文明領域外の混沌空間に暮らす呪われた無意味な存在と宣告される。だが、メアリー・ダグラスが述べているように、あるシステムの内部は外側からのエネルギーの周期的な噴出によってのみ活力を維持することができる。

混沌《カオス》をイデオロギー的に「飼い慣らす」ことは、場違いなもの、たとえば土を社会がどう扱うかになぞらえることができるだろう(屋外にあれば「土」でも、室内に入り込めば「埃《ほこり》」になるのだ)。自己本位のイデオロギーは、重要な事柄においてトラブルの種となりうる曖昧さをことさら回避しようとするし、秩序あるいは秩序らしきものを確立しようとして、瑣末な事柄を入念に区分しようとする。イデオロギー的に汚らわしい存在が持つ危険性と力は、それが境界を越える可能性を秘めている点にある。ある範疇に閉じ込めておかないと、割れ目からスルリともぐり込み、システムの心臓部を汚染しかねない。秩序づけとは、弁別と定義づけを果てしなくくり返す、組織化のことである。

この作業によって秩序を生み出し、かつ、生み出された秩序の輪郭をくっきりと浮き立たせる理想的な方法は何か？　それは、違いを誇張することだ。この作業の目標となるある種の完全さは、重要な細目を「憑かれたように」[★015]反復することによってのみ実現される。その点で、神聖なる宇宙《コスモス》を維持することに宗教者は途方もない熱情を注ぐ。「聖性とは完全性の一例である。聖性とは個々のものがその所属する種類に従うことを要求する。また聖性は異なる種類が混同されないことを要求する[★016]」

この視点で見ると、脅威を与える混沌《カオス》もまた、理想社会の内部から一掃されなければならない。反社会的要素、社会のクズもまた処分すべきものとなる。これらの問題は、物理的な排除、すなわち国内からの追放により、システム内部の異端者を消滅させることで解決される。歴史的に見ると、流刑（追放）は社会の成員がその社会（統治体）に対して犯す極悪犯罪への処罰としてあった。世界が狭くなって流刑が現実的でなくなり、犯罪者を社会から隔離するための刑務所や留置場を自国内に設けるようになったのはつい最近のことだ。オーストラリア、ジョージア、ギアナなどが、イギリスやフランスからの流刑地であったのは、それほど遠い昔のことではない。

罪人の隔離が今日より一般的だった古い時代には、この刑罰は高度に発達した象徴的システムとして機能した。暴力的で凶悪な行為が引き起こす汚染がシステム内部で手に負えなくなった時、残されたただ一つの解決策は、危険きわまりない病原菌の元であり運び手である邪悪な成員を社会の秩序から切り離すことであった。流刑に処せられた罪人は「SACRED（神に捧げられたもの）」（ラテン語のSACER、ギリシア語のHIEROS）と呼ばれた。なぜなら罪人の犯した罪の穢《けが》れは途方もなく、社会内部で処刑すれば病原菌をまき散らすだけだからだ。こうして罪人は追放され、武器も食料も与えずに国の領域の外れへと運ばれる。彼を殺す役割はよそ者か野獣に任された[★017]。

こうなると、外側の世界やそこに住む異邦人を、犯罪者や野蛮で不潔な人間とみなすようになるのはごく自然のなりゆきだ。このことは古代ギリシアにおけるpharmakós（生贄《いけにえ》）の役割を見れば明らかだ。罪人であれ奴隷であれ、生贄《いけにえ》となる人間は、社会の罪を伝播させる危険な病原菌を国家の外、政治的支配力の及ぶ境界の彼方に運び出す者であった。それは、アウトロー（無法者）に対する中世ヨーロッパの観念を見ればよりはっきりとわかる。彼らは狼男と呼ばれ、狼がうろつき、たちまちその餌食になってしまう場所に追放されたのである[★018]。

連想という感染作用により、流刑地となる外部世界はそこに入り込む人間を穢《けが》す働きをする。辺境《マージナル》空間に暮らすことで、その人間も辺境《マージナル》人になるのだ。ソポクレスの描くピロクテテスは、内部と外部、市民と追放者、自国《ホームランド》と荒野《ウィルダーネス》の関係が曖昧であることを示す格好の例だ。この戯曲では、罪を犯す以前に処罰が行われるように見える。罪のないピロクテテスは、毒蛇にかまれた傷が化膿して悪臭を放ったため、一人で島に置き去りにされ、「政治的」経歴を続けられなくなってしまう。ひとたび野蛮な荒野（agrios）に置かれると[★019]、ピロクテテスは周囲の環境、流刑に処された場所もしくは「非場所《ノンプレイス》」と同じように、荒々しく非人間的になる。彼は人間の言葉を聞くこともできず、荒れた土地はいかなる神聖な穀物を栽培することも許さない。見事な弓の腕前がなかったら、ピロクテテスは自分が狩っている獰猛な野獣の餌食になっていただろう[★020]。ピロクテテスが味わった苦境は、社会的パリア（最下層民）の原型や野蛮人が味わう苦境と同じ性質のものだ。彼らは野蛮であったがために流刑の憂き目を見るが、流刑の結果、野蛮になった側面もある。だがその存在が中心《センター》にとって有益だとわかったとたん、一定の距離をおいた場所に彼らを住まわせることが許容される[★021]。

ヨーロッパだけでなく、古代および中世のインドや中国でも、一般に野蛮人と呼ばれた異邦人は社会から追放された罪人の末裔とされた。はるか昔、彼らの先祖が国の民や神々に対して犯した償うことのできない罪のため、神聖なる中心《センター》からの恩恵はいっさい与えられず、自身や自身の先祖が反逆を試みた中心《センター》からは何ものも受け取れないまま、彼らは荒野という非場所において、与えられた罰を受けながら生き延びていく。犯罪者やアウトローやアウトカースト（最下層民）の子孫である彼らを相手に戦ういかなる戦争も正義の戦争となる。

たとえばインドでは、アウトカーストが最下層の身分として生まれるのは、彼らのもっとも古い先祖である不可触民（本来は高位のバラモンか王でありながら、バラモンによってその境遇に突き落とされた者達）か、あるいは両親や父祖の誰かが異種族混交、すなわち「遺伝物質」[★022]の混合という危険な行為を犯したためだ。だが、代々不浄な仕事を行う「通勤流刑」の境遇に生まれると、彼ら、罪と犯罪の運命を背負った子らは、高位カーストの死体や排泄物を処理するといった仕事によって、さらに危険な病原菌にさらされる。人口のかなりの部分が社会から除外されるわけだが、彼らはその社会が排出する汚物を取り除く目的で再びそこに入ることを許される。このような人々、いわばピロクテテスの心の友とでもいうべき人々にとって、「この世にあることはこのうえない苦しみである」という仏陀《ブッダ》の教え[★023]はことのほか痛切に響くだろう。それは社会を完璧なシステム、ほころびのない統一体とするイデオロギーに疑問を投じることにもなりかねない。この疑問に対するヒンドゥー教の解答は、完全な秩序そのものに欠点はなく、完全な秩序に存在する欠陥はその秩序に背くことから生じたものであり、罪を犯して社会を汚した者はもはや社会の一部ではなく、ゆえに公共の領域から（存在しないはずの）汚物を取り除く階層は実際には存在しない（すなわち第五カーストは存在しない）、というものになる。[★024]

内部を感染させる危険をはらみつつも、内部が健全であるために欠かせない外部の存在というこのパラドックスは、本書で扱う伝承における、荒野、砂漠、森（山）、海などといった、多くのユートピア（ギリシア語のou topos＝非場所）の空間的曖昧さの一部をなすものだ。

2 荒野とユートピア

多くの伝承に追放の場として登場する荒野とは砂漠のことである。新約聖書のイエスにとって、砂漠は危険と誘惑にさらされた場所、敵と相対し、敵と戦った場所である。ヨハネの黙示録に示された終末の時に至れば、砂漠は避難の場所になるだろう。[★025] アントニウスやヒエロニムスといった聖人がキリスト教に修道所での隠遁（hermetic＝ラテン語のeremus、砂漠からきた言葉）を取り入れた四世紀まで、砂漠は避難の場所であり試練の場所でもあった。同時に砂漠は恐ろしい幻影の現れる場所であり、誘惑の場所であり、サタンとの雄々しい戦いの場所でもあった。[★026] 神に仕える隠者が文明を捨てたのは、瞑想のための静かな場所を求めたからだけでなく、究極的には、いつ訪れるとも知れない最後の戦いと、きたるべき世界に備えるためであった。

キリスト教が西に広がり、やがてヨーロッパ大陸の原野に到達すると、砂漠という荒野は原始の森、日の光が地面に届かないほどの深い森に取って代わられる。それは道も道標もない荒野だ。森という荒野にも特有の苦難があった。そこに棲息する獰猛な狼もその一つだ。森という新たな荒野にあって、狼は「野蛮な」農民と共に悪魔《デビル》の手先とされた。[★027]

この新たな状況のなかで、神聖なユートピア——人が時の終焉に備えるべき場所——の所在は森の外縁部となった。「森《フォレスト》」という言葉はギリシア語のagriosと響き合う。それは、「空《から》」「不毛」「耕作されていない」といった語義を持つラテン語のvastumと語源的につながっている。森という人の住まない広大な空間は、人間が住む領域である「世界」に対置していた。中世ヨーロッパでは、この世界と森という対置が都市（urbus）と田園（rus）という対置に取って代わる。こう見ると、野蛮（savagery＝ラテン語ではsilvatica。森を意味するsilvaに由来）とは非人間的というより、人間の活動の極限に位置することを意味しているといえる。それでも中世には、多くの人間がこの根本的な境界線を越えた。修道院で暮らす修道士はもちろん、森で狩りをする王や諸国遊歴の途上で森に暮らしながら糧食を手に入れる者達、社会的な境界人《マージナル》、犯罪者、精神異常者などである。宮廷文学で描かれる森は冒険の場所であり、英雄が野人や猛獣と出会う――そして両者の違いがすっかりぼやけてしまう――場所である。中世の荒野である人の住まない森は、流刑地であると共に福音伝道、冒険、苦行、避難の場所でもあって、森の暗がりに包まれて暮らす者すべてにとって、おそろしく魅惑的な場所であった。[★028] さらにいえば、怪物的人間や種族に対する神話的説明がなされるのも、ほとんどはこの森という場所においてである。

中世ヨーロッパと同じように、叙事詩や神話の時代のインドでも、未開の森は人の住む世界の対型《アンチタイプ》であったし、古代中国においては、秩序ある文明を脅かすのは統御不能の大洪水であった。またすでに言及したように、古代の近東における荒野は砂漠であった。きわめて大切なことであるので念のために断わっておくが、イデオロギー的に非場所という地位におとしめられてはいるが、森や砂漠という、文化や社会や文明などの対極にある空間は、人間が定住地を定めた時以来、つねに定住者の経験の一部であった。乾燥し、作物の実らない砂漠の砂は、耕された畑や定住社会の戸口に吹き込んでは、それらを覆ってしまう。砂が人の住む土地をすっかり飲み込むことのないように、住人はつねにその砂を掃き出さなければならない。同じように、アジアの大河が氾濫して引き起こす洪水は、耕し築き上げたものをすべて押し流し、壊滅させる。油断すると、森もまた耕作地や居住地に侵入して繁茂し、それらを覆い尽くしてしまう。このことは、今なおジャングルや砂漠や海底に眠ったままの、失われた文明の遺跡を想起すれば容易に理解できるだろう。人間が住む場所の周辺にある混沌とした勢力は、中心《センター》との境界に先立つ存在であり、境界を確定すると共に、それを間断なく蚕食する。

ほかにも中世ヨーロッパは、東にインド洋、西に大西洋という、森や砂漠とは異なる二つの広大な淵に接していた。

物理的・地理的境界である以上に、この二つの大洋は中世の想像力、象徴能力、イデオロギー上の限界となった。[029] 新たな事実に目覚め、それらが出会い、互いに影響し合うのは、人の住むキリスト教世界の彼方にぼんやり霞んだ場所においてだ。ケルトの聖人ブレンダンはアイリッシュ海に船出し、世界の果てを求めて「地獄」諸島や「極楽」諸島をめぐる途中、怪物や不思議な事物に遭遇する。このブレンダンの航海や、さらにその先へと向かったウェールズ人やアイルランド人による探険の神話的イメージから、一二世紀後半に場所としての煉獄の概念が生まれた。一五世紀に入り、勇敢な冒険者によってこの西と東に広がる大洋が海図に記されるようになった。この両大洋の横断航海がもたらしたのは中世の終焉そのものである。[030]

ところで、インド洋は大西洋よりはるかに力強い海であった。フランスの中世史家ジャック・ル・ゴフによれば、インド洋は中世精神にとって「夢の水平線」であったという。インド洋を越えた先の東洋には、夢のような、あるいは身の毛のよだつような不思議があると考えられただけでなく、インド洋そのものが薄気味悪い地理的存在そのものであった。というのも、プトレマイオスやストラボンといった冷静な頭脳を持つ人達の著述にも関わらず、古代から、インド洋はmare clausum、すなわち内海、陸に囲まれた水の広がりだと考えられていたのだ。[031] 内海は外部であると同時に内部でもあり、変幻自在な海神プロテウスや表裏不明のメビウスの帯を思わせ、閉所恐怖症と広場恐怖症を同時に起こさせる場所である。おのれの内側に閉じ込めた存在でありながら、世界はそのめくるめく内なる広大さに圧倒される。[032]

インド洋の西岸は外部への出口であると共に、もう一つの、より深い内部への出口でもあった。同じことはすべての驚異marvelについてもいえる。ラテン語のmirabilia（驚異、不思議）という言葉はその点で示唆に富む。この言葉はmirror（鏡）と語源が同じなのだ。驚異とは人間の想像力だけでなく、人間の心にとっての鏡でもあって、そこに映るものを左右逆さまに、あるいは上下逆さまに見せてくれる。中世精神にとって、インド洋の彼方にあるはずの東洋の驚異は、このような含意をすべて具えていた。この意味でいえば、フロイトが現れる何世紀も前に、すでにヨーロッパ人は怪物や奇怪な存在を内面化していたのだ。[★033]

じつをいえば、中世精神にとって、東方認識の限界を生み出すのはインド洋だけではなかった。政治的・宗教的色彩を帯びたもう一つの存在が東方への道を塞いでいた。それはイスラム世界である。イスラム世界は悪魔の世界とも、十字軍が戦った反キリストの軍勢ともみなされたし、莫大な富を有する洗練された世界ともみなされた。イスラム帝国の最初の数世紀、バグダッドを首都とするイスラム世界は、西方のキリスト教国のイメージの完全なる裏返し、鏡に映った像として描かれた。神前での儀式は逆さの順序で行われ、政治生活や精神生活はあらゆる点でひっくり返っているとされた。[★034]

中世ヨーロッパ世界は、森と海という地理的障壁の内側で宇宙——空間および、秩序《コスモス》と混沌《カオス》の間で進行する闘いの象徴、すなわちそのイデオロギー——を構築したのである。

3 生者の国と死者の国の間にいる犬

動物の世界でいえば、洪水や砂漠化の進行、あるいは徐々に侵入して広がる森に相当するのは群生する生き物だ。旧約聖書のレビ記には食べることを禁じられた生き物が記されているが、メアリー・ダグラスは、これらの生き物についての議論の最後で、まさしくそのことを指摘している。[★035] 群がりは、明らかに寄生動物や腐肉を餌にする蛆虫や昆虫に特有な現象であり、そのため群生する生き物は忌み嫌われる。群がりは死や腐敗による汚染、とりわけ統御できない無数の独立した微生物によって、完全な統一体が無に帰していく過程と連想づけられる。墓に群がる生き物には、どれほど分析的な考え方をする実証主義者でもぞっとするに違いない。なぜなら、それらの生き物は彼の意図や行動とは無関係に彼を飲み込んでしまう、統御できない混沌《カオス》の力を象徴するものだから。私達の肉体は混沌《カオス》からの借り物であり、子宮《ウーム》から墓場《トゥーム》までのかりそめの存在にすぎない。

多くの文化にとって、群がる生き物に当たる人の集団は大群をなす野蛮人であった。horde（ホルド＝襲来する群れ）という言葉はモンゴル語であり、もともとは部隊の宿営地を指した。[★036]だがヨーロッパに持ち込まれたこの言葉は、群れをなし、無法をこととする集団、通常は異邦人で、荒野にある逆さまの世界や、遠く海の彼方の国に住む人間を意味するようになった。同じ時代、ヒンドゥー語の文献にも、同様の集団を指すganas（群れ）という言葉が見える。また中国では野蛮人はそのものずばり、中華帝国の境界を絶え間なく侵食する「魚の海（あるいは魚の群れ）」と表現された。[★037]こう見ると、野蛮人とは軍事行動で他国を征服するというよりも、他国になだれ込み、侵食し、じゅうりんする者達となる。言葉は異なるが、それぞれの比喩が意味するところは同じだ。混沌《カオス》は宇宙《コスモス》を執拗に悩ませ、白アリが家の土台を蝕むように、肉体、包領、王国、世界といった、それぞれのレベルで宇宙《コスモス》の土台を蝕んでいく。

そこで混沌《カオス》の猛威を克服する手段が取られる。水路を掘って水の流れを統御し、[★038]吹き込んでくる砂を掃き出し、侵入する樹木を切り払い、城壁を築いて混沌《カオス》の獰猛な手先を排除したりする。遊牧し、群れをなして行動する種族は、ある社会の内部に確立された秩序に順応しない成員——異端者（正当なイデオロギー以外のイデオロギーを選んだ者）、境界人《マージナル》、秘密組織のメンバー、裏切り者、狂人など——と同じ運命にある。イデオロギーの純潔性を維持するために、中心《センター》は境界線の内部に暮らすアウトサイダーを狩り出し、罰しなければならない。そう遠くない昔まで、死刑と流刑は社会への犯罪に加えられる罰の典型だった。最近では投獄——アウトサイダーを壁で囲んだ、社会から隔離された場所に閉じ込めること——が一般的になった。

壁を築いて内側に閉じ込めることと、逆に外側へ締め出すこととの意外な関係については（詳しくは第3章に譲るが）神話史的な前例がある。アレクサンドロス大王が二つの通行不能な山脈の間に築いた壁門がそれであり、大王はこの壁門で中央アジアの穢《けが》れた種族を（ヘレニズム世界の外の山脈牢獄に）閉じ込めた。社会に反抗する個人でなく、ある種族全体を事実上の投獄もしくは強制流刑に処した事例だ。これと表裏の関係にあるのは、支配者の秩序を邪悪なものとし、意義ある生活を求めてみずから移住していく集団であろう。中心《センター》のイデオロギーに照らせば、こうした異端は流刑や投獄に処せられた罪人や、中心《センター》を脅かす異民族と同類になる。[★039] だがこの種の還元手法こそ、穢《けが》れや辺境性、犯罪や異質性といった混沌《カオス》の勢力を、一括りに同一視する発想の元凶だ。壁門を築いて締め出すやり方は、内と外から襲うあらゆるタイプの群がりを解決する普遍的な手段となる。

家に出入りできる通行可能な壁はドアであり、その目印となるのは敷居である。神殿でprofanum（☆profane［神聖を穢す・世俗の］の語源）といえば、聖所そのものの前の場所を指す。「世俗の（profane）」住居にあってこの機能を果たすのは敷居とポーチだ。さて、洋の東西を問わず、家（domus）の戸口と連想づけられる動物がいる。その動物は、人と関わることで野性と家畜化の境界線に位置してきた。もちろん、人類が動物のなかでもっとも長い共生関係を維持してきた犬がそれだ。両者の関係は新石器時代にまでさかのぼるが、多種多様にして、次々と新種が現れた犬族（canidae）との共生関係は、ホモサピエンスが登場して地球という惑星を支配し、その環境を「世界」へと変容させる過程において、疑いもなく重要な役割を果たしたはずだ。[★040]

人間が犬を家畜化することから両者の関係が始まった、というのはまったく一方的な言い分である。両者の関係はどう見ても犬の側のリードで始まった。犬はいつしか狩りをする人間に混じって獲物を追うようになり、首尾よく獲物を仕留めた時には当然の報奨としてそのおこぼれにあずかった。両者の関係は途切れることなく続き、犬は狩りをしたり、家畜や家の番をして餌や場所を与えられ、人間の伴侶としての地位を得た。[★041]

犬との関係が人類の「人間化」に果たした役割の大きさは、どれだけ評価してもし足りない。文化を発展させながら人類が生物的進化を遂げたこの一万年から一万二千年の間（一個の人間にたとえれば、胎児期を終えて形成期に入った子供が文化を吸収しながら成長する期間に当たる)[★042]、人間はつねに犬を身近に置いて成長してきたのだ。

私達の物語や歴史、活動や儀式、夢や目覚めた後の夢判断に犬が広く登場するのは、人間の進化に果たした犬の役割がそれだけ大きかったからにほかならない。FifiとFido（☆犬によくつけられる名前。「忠実な」を表すラテン語から）は、地獄の番犬ケルベロスやサラマーといった猛烈な御先祖のいささかひ弱な末裔であるが、近親交配気味の繁殖によって生じたこれらの子孫達は、人間の大衆文化にすっかり入り込んでいる。犬ほど頻繁に人間の役割を担って登場する動物は見当たらない。社会的階層や性格の異なる多様な人間を犬が演じわける宣伝広告や漫画に始まり、人間と神の関係を、犬とその主人である人間との関係になぞらえる神学上の記述に至るまで、犬はあらゆる場面に登場する[★043]。それどころか、多くの神話（とりわけ中央アジアの神話）によると、神が初めて地上に遣わした動物は人間と犬なのだ[★044]。

原初的で切っても切れない両者の関係の深さは、私達の使う言葉が何より雄弁に物語る。締切に追われて（hounded）ねばり強く（doggedly）仕事に精を出し、同僚の野郎（the sons of bitches）の注目（cynosure＝ギリシア語の「犬のしっぽ」から）を避けながら、ページの端を折った（dog-eared）原稿を熟読する学者の姿を想像していただこう。この一文のなかに犬に関連する表現が五つも登場する。さらに、この学者先生が締切を守れなかったとしよう。彼はすっかり面目を失い（in the doghouse）、迎え酒（the hair of the dog that bit him）でも飲まなければ立ち直れまい。

言語学的にも、「ドッグ（dog）」という単語はひどく風変わりな言葉だ。元来dogは、動詞の形で使われ、「守る」を意味するアングロサクソン系の言葉であった。また、猟犬を意味する「ハウンド（hound）」という形態素が、英語だけでなくきわめて広範に使われたのは、家畜化された犬が、中央アジアのある地域からユーラシア文化圏にもたらされたからだとも、それが犬の吠え声からきた言葉だからともいわれている[★045]。いずれにせよ、ハウンドに当たる言葉は語源学的に見るとかなり普遍的に存在し、インド＝ヨーロッパ語族のみならず、セム系の諸語、ハンガリーからタタール、さらにはおそらく中国にまで及ぶ中央アジア全域の言語にも見出すことができる[★046]。

人類文化の発展と歩調を合わせて犬族もそれ自身の進化と種類の多様化を遂げ、ディンゴ、ジャッカル、オオカミといったごく限られた祖先から、狩猟や、家畜の番、家の番といった専門的な役割を担う犬も現れるようになった。[★047]こうした犬と人間の相利共生関係の初期において、どんな犬の「原種」が、他の犬より重用されるようになったのかははっきりしない。多くの学者が「原始犬」の発祥を中央アジアとしているが、現在のチベットやインドの犬が家畜犬の先祖であるとする学者もいる。[★048]

この犬の祖先はインド＝ヨーロッパ語族神話のなかにも登場する。数多くの神話に見える中心テーマは、よく似た名前と役割を持つ二匹の犬が登場して霊魂を冥界に導くというものだ。[★049]またメキシコから中国に至る地域で普遍的に見られるのは、シリウス星を天の犬とみなす現象だ。北半球の全域において、このシリウス、いわゆる犬星《ドッグスター》は、夏の暑い時期《ドッグデイズ》の焼けつくような暑熱をもたらすものとされている。この現象はまた、葬式とも連想によって結びつく。猛暑の時期の炎熱は黄泉《よみ》の国の門が開き、死者が生者の世界に飛び出してくるためだというさまざまな伝承があるからだ。

きわめて多くの文化で見られるように、牧羊や狩猟や家の番といった犬の役割は生者の世界から死者の世界にまで及んでいく。霊魂を冥界へと運ぶ案内者、地獄の門の番人、さらには死者の魂そのものが、しばしば犬として描かれる。じつのところ、生者の国で果たす犬の役割が死者の国まで及ぶというよりも、犬の居場所が両者の中間にあるというのがふさわしい。夏の暑い時期《ドッグデイズ》、犬星《ドッグスター》が日の出直前の東の地平線（いわゆるヘリアカル・ライジングの位置）にあるように、犬は人間との関わりで行うほとんどすべての活動で敷居に当たる場所に位置を占める。インド＝ヨーロッパ語族の伝承では、犬は夜明けや日暮れ、新月や満月、夏至や冬至などを含む、多くの空間的、時間的敷居を護っている。太陽の通り道である黄道上にいくつかの犬の星座が生じたのもこのためであり、銀河や黄道や月の軌道などといった天球上の通り道が死者の通り道とみなされるため、往々にして危険な天の交差路や橋には天空の犬がいるとされる。

犬は夜と昼の間、家の内と外の間の敷居にじっとしていたり、野生の食肉獣（多くの場合、犬の親戚である狼）や人間の家畜泥棒から家畜の群れを護りながら、家畜を囲い込む動く境界線となっていたり、あるいは自分の吠え声を頼りに狩りをする主人の前を走りながら獣を追いつつ、自然と文化の間の動く地平線をなしていたりする。[★050]

4 狼人間《ウルフマン》と犬人間《ドッグマン》は、怪物的人間？ ヒト科の怪物？

人間の経験につねに随伴しつつ、野生に近い生き方をしているという、両義的な役割や文化的価値を持つ犬は、結局は人間自身の分身であり、人間の文化性と野蛮性を反映する存在だ。象徴的にいえば、犬は人間宇宙の回転軸であり、野生と馴化という両極の間の敷居に潜んでいる。犬のなかに多くのヒトらしさが潜み、ヒトのなかに多くの犬らしさが潜み、そしていずれにも多くの狼らしさが潜む。そして、神のなかにもまた、いくらかのドッグマン（犬人間）らしさが潜んでいる。

ジャッカルは荒野に棲む獰猛なイヌ科の動物であり、そこからエジプトのアヌビス神（☆冥界で死者の魂を冥界の王《オシリス》の前まで導くとされる犬頭神）が生まれ、さらにヘレニズム時代になると馴化されて、犬頭の神の使いヘルマヌビスやメルクリウスになった。太古の森の恐るべき生息者は狼であり、その神話上の系譜はエジプトのアヌビス神にまでたどることができる。おそらく紀元前二千年以来このかた、狼はインド＝ヨーロッパ語族の伝承において、無法者《アウトロー》にして武人階級の一員であるとみなされてきた。[★051] また、インド＝ヨーロッパ語族系部族が早くから接触を持っていた多くの中央アジア部族は、みずからの先祖を人間の女と牡狼とが交わって生まれたものと考えている。[★052]

この三つの要素が絡み合って、狼変身伝説（狼男伝説）が生まれたことは疑いない。この伝説がドッグマン伝説（cynanthropy）や犬頭人伝説（cynocephaly）に影響を与えたことは間違いないが、他方でこれらの伝説は、ソマリアのヒヒヤカムチャツカのアシカといった、まったく異なる生き物も生み出している。狼男がドッグマンや犬頭人より有名になったのは、ひとえにハリウッドのおかげである。だが歴史的に見ると、ドッグマンは親戚の一員である狼男よりもはるかに豊かで多彩な神話に彩られている。これは文化や歴史の流れのゆえでもあるが、それに劣らず、犬そのものの持つ両義性のためでもあった。犬が家畜と野生の境界に暮らすように、異邦人や野蛮人は、人々の想像力のなかで、異国的であるがゆえに魅惑的な空間と、ぞっとするほど恐ろしい空間の境界に住んでいた。動物の自由さは、その獰猛さに劣らず魅惑的である。古代および中世の神話、地理、歴史文献に登場する「群れをなす民族」は、人間であると同じほど動物でもあった[★053]。

結局、「動物をも考慮の対象に入れて考えると[★054]」、野性から人間らしさへと段階的に変化する五つの範疇は次のように集約される。①完全なる野性を具えた狼あるいは野犬。②両界の敷居に住む家畜化された犬。③社会に生まれた点では人間だが、その規範を捨てた点では動物である、両界を行き来する狼男。④社会行動を取る点では人間であり、家畜化された犬よりは人間に近いが、「他の」あるいは異質の種族に属するという意味では非人間的混種といえるドッグマン（犬人間）。⑤生理的にも社交的にも完全に人間化された文明人[★055]。

歴史時代を通じて、これら五つの範疇を比較する数々の方策が取られてきた。人種や動物の種を分類する努力は、インド、中国、ヨーロッパでほぼ三千年前から続けられている。ジョナサン・Z・スミスは、ヨーロッパでは古代から人種の比較に四種類の手法が取られてきたという。すなわち民族誌学的、百科全書的、形態学的、進化論的手法の四つであり、そのどれもが「われら／彼ら」「人間／非人間」といった、両極対立を生み出す働きをした。いずれの場合であれ、他者と出会うことで「何が正常なのか?」という疑問が生じる。こうして互いの比較を突きつめた結果、平行狂信《パラレロマニア》と逆説誌《パラドクソグラフィー》という二つの極論が生じた[★056]。

逆説誌（逆説の文献）は百科全書的比較による見出しのもとに記述され、本書の主題となる犬頭の怪物のまたとない宝庫となっている。自然が生んだ怪異なものを研究するジャンルに奇形学《テラトロジー》（怪異談）があるが、この言葉はギリシア語で驚異、兆候、怪異などの意味を持つterasからきたものだ。現代において逆説誌的かつ奇形学的研究手法が見られるのは、サー・ジェームズ・フレイザー（☆イギリスの民俗学者。著書『金枝篇』で著名）やリプリーの『信じようと信じまいと』、そしておそらく本書ということになろう。[★057] 本書においては、前述のジョナサン・スミスが形態学的モデルと呼んだ手法——そこにはロマン派から受け継いだ強さと弱さが同居するが——を忠実に踏襲したい。[★058]

フランスの人類学者ダン・スペルベールもまた、分類システムにおける基準型と異常型の問題に関心が深かった。[★059] 彼はメアリー・ダグラスの著作に応える形で、分類学的区分における理想の生物とは、現実世界には存在しない完全な動物であると述べている。そのなかで彼は、私達が論じるさまざまな比較と分類学的手法にとっての見事なメタファーを紹介してくれる。ある動物種の完全なる見本種にとって、人工の場ではあるが、野生に近い自然環境のなかで動物を陳列する動物園の檻こそが、もっとも適切なる居場所なのだ。サーカスの観客は、人（たとえば中央演技場に立つライオン使い）が動物を支配する舞台のなかに完全な動物を見るが、大テントの周辺には見世物用の動物展示場もあって、そこには美術館に展示された額縁入りの絵のように、檻に入れられた動物達が陳列されているだろう。イルカショーともなると、支配しているのは飼育係の人間なのか、それともイルカなのか定かではない。最後に、移動縁日やカーニバルではフリークショーが開かれるが、そこでの呼び物は怪奇な奇形動物である（直接的言及はないものの、スペルベールは、サーカスの余興として行われる人間のフリークショーは、カーニバルでのフリークショーと同じ役割を果たしていると見ているようだ）。動物園とイルカショーのケースでは、動物は中央舞台に位置を占め、その種なり類なりの完全なる見本として演じている。見世物用の動物展示場とフリークショーのケースでは、動物は人間の舞台の端っこにおかれ、本領は発揮できず、命ある生き物としての尊厳はすっかりはぎ取られている。動物園やイルカショーでの動物の扱いには生き物としての尊敬が払われているが、動物展示場やとりわけフリークショーは、いわばノゾキ見趣味を満足させるだけの場所である[★060]。

このような分類は、古代や中世にさまざまな民族や人種を評価した枠組みに容易に転用できる。動物園にいる立派な動物に該当するのはスキタイ人だろう。彼らは荒っぽくはあったが気高く、ギリシア人を魅了し、かつ悩ませもした。人に近く、おそらく超人間ともいえるイルカならインドのバラモンだ。古代あるいは中世のバラモンは、西洋人にとっては一種独特な人種であって、彼らの生活は地上の楽園そのものとまではいわないにしろ、それに近いものと受け止められていた。古代や中世でサーカスの動物に該当するのは、ヨーロッパがしばしば征服し支配したさまざまな野蛮人であろう。フリークショーの動物に当たるのは、怪物的民族、あるいは異種混交によって生じた民族となろう。


古代および中世の逆説誌や怪異談の年代記のなかで、人と犬の混交種であるドッグマンほど一貫して人々を魅了してきた怪物種はないし、世界の神話にはこのドッグマン神話に類似した話が非常に多い。そうした神話で目を引くのは、語り手がほとんど第二者、第三者であり、また聞き、さらにそのまた聞きであるという点だ。それらは異邦民族に関するもっとも古い民族誌学上の資料であるケースが多く、文化や宗教を学ぶ歴史学者として、あるいは他民族と関わりを持つ社会の一員として引き継ぐべき長い伝承の始まりなのだ。また注目すべきは、動物の頭を持つ怪物種としてはドッグマンが唯一の存在であることだ。時に孤立した存在として描かれることはあっても、世界の神話のなかで猫やライオンや馬の頭を持った人間が人種として登場することはない。

すでに述べたが、先祖が人間の女と牡の犬や狼との間に生まれたとする民族は、とりわけ中央アジアに多い。加えて、多くの種類の犬がおそらくこの地域に起源を持つという理由から、中央アジアには世界のドッグマン神話ないしは犬頭人神話が渦巻いたのだろう。ドッグマンや犬頭人の祖先となる犬の説明を読むと、内容のきわめて似通った話がたくさんあることに気づく。出典は異なるが、その内容はほとんど違わない。一言半句同じで、元の話が原文そのままに、あるいは口移しに伝えられたとわかるものもある。

異なるのはこれら風変わりな生き物の住処だ。とはいえ、そこにも共通項を見出すことはできる。彼らはつねに遠くの地に住んでいる。敵なのか味方なのかを判断できる距離に住むのが隣人だとすれば、彼らはその向こう、しばしば人知れぬ山脈や海の彼方に住んでいるのだ。彼らはつねに別の土地に所属し、別の空の下に住み、別の法に従って生き（ドッグマンは往々にして女人族アマゾンと共に住み、彼女らと交わるのだ）、別の言葉を話す（あるいは吠える）[★061]。

結局のところ、私達は誰しも似たような物の見方をするものだ。ヨーロッパ人は東洋の富と素晴らしさを語り、東洋人はヨーロッパの富と素晴らしさを語る。同様にどの地域の文献も、怪物の住処は自分達から見た外の世界、他の民族の住む方向にあるとしている。犬頭人にまつわるさまざまな民族誌学上の記述が互いに絡み合うさまは、中世の写本に出てくる獣や怪物のもつれ合うさまに似ていなくもない[★062]。

だが、自称文明の中心からどれほど遠くへ追われていようとも、怪物は中心にれっきとして存在する。本章の冒頭で述べたように、ローマでは共和制、帝政の両時代を通じ、神の意志を警告（monitus）するすべての現象をmonstraという言葉で表した。自然を通して神の気分を占うことに執着したローマ人の信仰において、怪物（monster）はそれほど重要な要素をなしていた。だがローマで怪物といえば、辺境の民族や異邦人に限るわけでなく、むしろ人間社会のまんなかに出現する予兆や先触れのことであり、それはふつう異常な赤子の出産という形で現れるとされた[★063]。こうした予兆の出現は古代ローマ人の恐怖の的であったが、破滅的な出来事が起こる前に奇怪な予兆が現れる例はラテン文学に数多く見出せるし、シェークスピアの『ジュリアス・シーザー』の第一幕にもその伝統が垣間見える[★064]。

ローマでは、悪い知らせをもたらす者や不吉な予兆を媒介する者は、しばしばお告げそのものと混同されることもあった。そのような運び手は危機の時代には短命で終わるほかなかったし、指が不揃いだとか、あるいはそれ以上の障害を持って生まれた赤子は命を絶たれた。ローマの怪物の運命は不幸で短かった。四世紀にはローマがキリスト教帝国の司教権を握り、唯一全能の神と帝国臣民とをつなぐ要《かなめ》となった。神々（および神である王達）が唯一全能の神の前にひざまづけば、怪物に対するローマの姿勢が変化するであろうことは想像にかたくない。やがて古代社会の端っこに存在した怪物的種族の株は大いに上がる——聖アウグスティヌスに「救済」された怪物的種族は、やがて彼らを和らげ、改宗させ、教化し、カトリックの大義のために奉仕させようとする伝道者達によって、キリスト教世界の格好の引き立て役になったのである。

異教徒を研究する地理学者や歴史家が描く犬頭人その他の怪奇な種族の位置づけについて、聖アウグスティヌスが断を下して以来およそ千二百年間、中世およびルネッサンスの百科事典編集の過程で、異種混交による生き物や怪奇な生き物をひとまとめにした項目が必ずつけ加えられた。ほとんどの場合、「怪物《モンスター》」という項目のもとには犬頭人、キュクロプス（一つ目の巨人）、ブレミーズ（無頭人）、パノティ（耳人間）、スキアポデス（影足）、アンティポディーズ（逆足）、ピュグマイオイ（ピグミー）などが記載されていた。この他にも、人間の姿をした異種混交生物や動物の頭を持つ人間の変形はたくさんあるが、それらの描写は出典によってまちまちである。本書は過去から今日に至る百科事典に採録されたそれらを、あらためて百科事典的に網羅することをめざすものであり、中世ヨーロッパの先達と同じように、怪物《モンスター》という言葉の意味をより広く捉えることにしたい。

大航海時代のさまざまな発見により、既知の世界の最果てに存在した怪物的生き物も、自分達とほとんど変わらない人間であることがヨーロッパにも知られるようになった。そこで第三世界の住人は、ヨーロッパが獲得すべき外国市場、改宗すべき未開の異教徒、安価な労働力、大きなゲームの駒、さらには——偽善きわまりないことに——「白人種が担うべきお荷物」とみなされるようになった。文明を自称する排他的クラブのメンバーにとって、第三世界は未だに台所で食事をとり、裏階段を使用する存在であったのだ。[★065]

インド人は素性に問題ある者を指して、怪物に当たるサンスクリット語のadbhūta（直訳すれば存在bhūを超えるati-もの）

を使わずに、むしろ悪魔やアスラ（神［スラ］に敵対する者の意味）と呼ぶか、人間社会に属しつつ排斥されている人間、すなわちアウトカーストの扱いをした。社会システムの外辺部に暮らすアウトカーストと、遠い世界の異邦人や外からの侵略者あるいは野蛮人は、同じ言葉で一括りにされることが多かった。こうした言葉の使い方を見ると、インド人が経験的他者をどんなカテゴリーにまとめていたかがよくわかる。たとえば、たわごとをいうもの（Mleccha＝ムレッチャ★066）、犬食い（Śvapaca＝シュヴァパーカ）、部外者（Bāhya＝バーヤ）などといった言葉だ。インドではこうした者達の穢《けが》れや不潔さがことさら強調され、彼らは事実上人間でないとされて、これが身分制度《ヴァルナ》（varna）のイデオロギー上の根拠とされてきた。

古代および中世の中国でもまた、辺境地帯やはるか彼方の海にはあらゆる種類の異種混交生物が住むと考えられた。中国語には怪物《モンスター》にぴたりと当てはまる言葉はどうやら見当たらない。おそらく事物の本質は、静止でなく不断の変容にあるとされたからだろう。あらゆる生き物は本質において怪物《モンスター》ではない。なぜなら、すべての生き物はある動物から別の動物へ、あるいは人間から動物へと不断に変化するからだ★067。また、中国諸王朝の境界の内と外に住む者達を括る呼び名にも種々の等級が見える。内部の異民族と考えられた者（内《ネイ》、彼らが住む土地は中華帝国の領土と境界を接していた）もいたし、外部の異民族と考えられた者（外《ウェイ》）もいた。外部に住む野蛮人は限りなく動物に近いとされ、名前には「けもの偏」の漢字が当てられたし、外貌の描写にも動物の形態がかなり取り入れられた。この点を雄弁に物語る一つの古い漢字がある。「鬼《クウェイ》」がそれで、元来は異民族を意味したが、やがて異種混交で生じた類人猿、死者の悪霊、サナギなどの意味にもなったし、形容詞としては「奇妙な」「奇怪な」といった意味も表すようになった★068。

この章の説明により、2章以降で扱う三つの地域の伝承で怪物がまとう概念上の範疇や象徴的様態の幅について、およそのところが理解できたことと思う。アイスランドからアラスカに至る地域では、怪物的種族はおしなべて異様な姿をしており、非文明的で獣じみ、忌まわしくも陰険なものとされている。だが、彼らをこのように表現する論客自身にとって、怪物的種族はきわめて魅惑的だ。ヴィクター・ターナーのいう「リミナル・シチュエーション（閾状態）」において、怪物《モンスター》が果たす積極的な役割を考えることは有益であろう。ターナーはンデンブ族の通過儀礼について論じながら、この部族は仮面を作る際に、目鼻立ちについてのある種の自然的、文化的特徴を、デフォルメされた仮面に取り入れる傾向があると述べている。

> 法外なまでに誇張された仮面の造作は熟慮の対象とされる。通常、それは単一の意味しか持たないシンボルでなく、多義的であり、多くの要素を有する意味論上の構成単位なのだ……。顔立ちのある部分の誇張が非合理でなく、むしろ思考を刺激するものであるとすれば、同じことは描出にもいえるだろう……。怪物が生み出されるのは、新参者が現実の異なる諸要素を、その文化が受け止めるやり方で、はっきりと見わけられるよう教え込むためだ……。怪物を見て新参者はぎょっとなり、物体や人間や、それまで当然のものと受け止めてきた自分を取り巻く環境の相互関係や特徴について考えるようになる。★069

ターナーはさらに進めて、こうした怪物的なものの利用を、リミナル（閾）全般というより広い視点に位置づける。通過儀礼を受ける者は、その間、それまで当然の存在と考えてきた自然や文化的世界についても熟慮を強いられる。そうすることで、世界はより遠く奇妙なものになりつつ、同時により近く親しいものとなる。この秘儀を通じて行われるサクラ（祭祀によって護り続けるべき家内の神々）の継承には三つの側面がある。まずは文化を理解しやすい要素に還元する。そしてそれらを怪物的な輪郭にそって再結合させる。そして最後に、新参者にとって新たな意味を持つよう、それらはさらに再結合させられる。★070

ンデンブ族の信仰に関する考察をここで示したのは、動物や怪物のトーテミズムを通じて世界文化における異種混交怪物の起源を説明するためでなく、まさしく他者が自己を生ぜしめるように、支配の対象にまで還元されていないシンボルが、人に「反省を生ぜしめる」ことを示すためである。[★071] 本書の研究の力点は、ヨーロッパ、インド、中央アジア、中国のドッグマン伝承に例示されたこの現象の吟味に置かれるだろう。

第2章 忌まわしき者から犬頭の聖者へ

犬頭の聖クリストフォロス

1 忌まわしき者アボミナブル、使徒に会う

エチオピアの書物『ガドラ・ハワルヤト』（使徒達の苦難の行伝）のなかに、「パルティアにおける聖アンデレと聖バルトロマイの行伝」という一章があり、次のような伝説が語られている。

すると、主イエス・キリストが（アンデレとバルトロマイの前に）御姿を現され、こう述べられた。「……さあ、荒野に行け。私も共に行くであろう。恐れることはない、汝らに犬に似た顔を持つ男を遣わそう。その姿はいかにも恐ろしげだが、汝らはその男を連れて町に入っていくがよい」

そこで使徒達は荒野に入っていったが、町の人間が彼らを信じてくれなかったため、心は悲しみにくれていた。ちょっとの間休もうと腰を下ろした彼らだが、たちまちまどろみ始め、眠りに落ちた。すると神の御使いが現れて使徒達を抱え上げ、人食い《カニバル》の町まで運んでいった……人食いの町から餌食にする人間を求めて男が現れた……神の御使いはその男の前に現れていった。「犬に似た顔を持つ者よ、聞くがよい。岩の下に二人の使徒とその弟子が休んでいるだろう。そこに行き、その者達に悪しきことが起こらぬよう、おまえの力で護ってやりなさい（彼らは神に仕える者達なのだから）……」

その言葉を聞くと、犬に似た顔を持つ男は激しく震え出して御使いに答えた。「あなたはどなたですか？あなたも、あなたの神も知りません。あなたのいった神とはどんな方か教えてください」

すると御使いは答えていった。「天と地をお造りになられた真の神である」。この言葉を聞くと、犬に似た顔を持つ男はいった。「その方の不思議な力を信じられるよう、何かしるしを見せてください」。そのとたん、天

から炎が降って、犬に似た顔を持つ男を取り囲んだ。男は炎のなかに立ちすくんだまま逃れることができず、大声で叫んだ。「ああ、神よ。あなたを存じませんが、私を哀れと思し召し、この苦境からお救いください。そうすれば、あなたを信じます」

それを聞いた御使いはいった。「神が汝を炎の責め苦からお救いになれば、使徒達のいくすべての場所についていくか？　どのようないいつけにも従うか？」

すると犬に似た顔を持つ男はいった。「ああ、神よ。私はほかの人間とは違っています。彼らの言葉も何一つ知りません……腹がへったらどこに食べる人間を見つければいいのでしょう？　きっとその人達に飛びかかり、むさぼり食ってしまうに違いありません」

すると御使いは「神はおまえに人間の子供の性質を与え、野獣の性質を抑えてくださるだろう」といい、両手を伸ばして犬に似た顔を持つ男を炎のなかから救い出し、彼の上で十字を切ると、父と子と精霊の御名を唱えた。するとたちまち野獣の性質が消え、男は子羊のようにおとなしくなった……。

犬に似た顔を持つ男は起き上がり、正しい信仰を得たことを心から喜んで、使徒達のいる場所に向かった。さて、男の姿は世にも恐ろしげだった。身の丈は二メートルに届き、首から上は巨大な犬の頭、目はランプの炎のようにランランと燃え、歯は猪かライオンの牙に似て、手の爪は刈鎌のように鋭く、足の爪はライオンの鉤爪のようであった。ライオンのたてがみに似た頭髪は腕までかかり、姿全体はすさまじいまでに恐ろしかった……。

犬に似た顔を持つ男は使徒達のいる場所に来た。（アンデレの）弟子達は男の姿におののき、生きた心地もなかった。そこで男は両手を弟子達においてこういった。「怖がらないでください、わが心の父達よ」。すると神が彼らの心から恐れを取り除いてくださった……。

……そして（使徒の）アンデレが男にいった。「おお、わが息子よ！　神の祝福がありますように。で、おまえの名は何という?」。そこで、犬に似た顔を持つ男は答えた。「忌まわしき者《アボミナブル》でございます」。するとアンデレはいった。「まことに、おまえそのものを示す名前である。だが、おまえに秘蹟を授けよう……今日からは、クリスチャンと名乗るがよい」

　一行は三日目にバルトスの町に着いた。彼らは町外れに腰を下ろして休んだ。そのときすでに、先回りした悪魔が町びと達のところに着いていた……。

　そこでアンデレは立ち上がり、祈りを捧げていった。「町のすべての門をただちに開いてください」。すると町のすべての門は崩れ落ちた。使徒の一行と犬に似た顔を持つ男は町に入っていった。すると町の長《おさ》は……（町びとに）飢えた猛獣を連れてきて一行にけしかけろと命じ……それを見た犬に似た顔を持つ男はアンデレにいった。「神に仕える方よ、私の顔の覆いを取れとお命じください」（町に入る前に、彼の顔には覆いがかけられていた）。するとアンデレはいった。「神のお命じなさるままにするがよい」。そこで犬に似た顔を持つ男は祈った。「お願いでございます、主イエス・キリスト、わが恥ずべき性質を取り除いてくださった方よ、私に元の性質をお戻しください……そしてあなたのお力をお授けください。あなたのほかに神のいないことを彼らに知らしめるために」

　たちまち男の性質は元に戻り、心は怒りに満ちた。男は顔の覆いを取り払うや、町びとをすさまじい形相でにらみすえ、群集の間にいた猛獣に次々と飛びかかり、あっという間に殺してはらわたを噛みちぎり、その肉をむさぼり食った。

　この光景に町びとはおののき、……七百人の町びとと三人の貴族が死んだ……、そして神が空から巨大な火の玉を放ち、町をその火で包ませたため、町びとは誰一人としてそこから逃げ出せなかった。人々はいった。

「われらは信じます。天上にも地上にも、あなた方の神、主イエス・キリストをおいてほかに神のないことを知りました。お慈悲です、どうかこの死から、この火と犬に似た顔を持つ男との二重の苦難からわれらをお救いください」。……使徒達は彼らを哀れに思った……。

そこで使徒達は犬に似た顔を持つ男に近づき、その頭に手を置いていった。「主イエス・キリストの御名において、おまえから獣の性質を取り去り、そして、人間の子供の性質に戻させよう。わが息子よ、おまえは十分なる働きをなした。見よ、ここに遣わされた役目を立派に果たしたのだ」

するとその瞬間、彼には人間の子供の性質が戻り、まるで子羊のようにおとなしくなった……。この驚くべき出来事を目にした町びとと町の長《おさ》は、手に手にオリーブの小枝を持って使徒達に頭を垂れ、こういった。「あなたがたの祝福によってわれらに慈悲をおかけください。そして洗礼を施してください」。そこで使徒達は彼らにいった。「汝ら、その魂を決して忘れるなかれ。見よ、神の恩寵が汝らの上に下り給うた[★001]」

この一四世紀エチオピアの文書は東と西のキリスト教伝説の分水嶺となっており、その源をたどると、ギリシア語やアルメニア語で書かれたグノーシス派やマニ教の文献にたどり着く。それらが初めてキリスト教的装いをまとって登場するのは、五世紀ネストリウス派のバルトロマイ伝説（この伝説はバルトロマイの布教と殉教の地をトルコ西部のリカオニアとしている）と、四世紀エジプトの修道士アンデレの伝説においてである。エフェソス公会議（四三一年）ではネストリウスをペルシアに追放し、カルケドン公会議（四五一年）ではキリスト単性論を説くエジプトのコプト教会を正統キリスト教から排斥した。それゆえ、これら聖書外典中の伝説が真のキリスト教思想を体現しているかどうかは当初から疑問視されていた[★002]。後述するように、ペルシアや中央アジアに拠点を持つネストリウス派は、犬頭人神話を伝えるうえで地の利があった。というのも、犬頭人伝説の多くはこの地域に発祥するからである。

五世紀頃のネストリウス派に起源を持つ聖書外典中のアンデレとバルトロマイの行伝は、ネストリウス派とギリシア語を介し、シリア、ラテン、コプト、アルメニア、ペルシア、インドの各語で書かれた聖人伝に入り込んだ。[★003] シリア語やコプト語で書かれた他の伝承も取り込みながら、この伝説はエジプトのヤコブ派教会の伝承に入り込み、のちにアラビア語の『シナクサリウム』（聖人伝。一二五〇年頃）に収まり、それから約一世紀後にエチオピア語に翻訳されて『ガドラ・ハワルヤト』に取り込まれることになった。[★004] 同じ時期に、この聖書外典のアンデレとバルトロマイの行伝はロシアとスラブの聖者伝に伝わり、その痕跡は中世のイスラム伝承のなかにまで見ることができる。[★005]

ここで述べた逸話はキリスト以前の時代に源を持つが、おそらくはエジプト、ペルシア、中東、ギリシア、ローマ、ケルト、ゲルマンに起源を持つ宗教的儀式、神話、伝承にまでさかのぼるものであろう。より広い脈絡で見ると、この使徒達の伝説はアイスランドからインドに至るインド＝ヨーロッパ語族系の神話の主題や、シベリアからクリミアに至る中央アジアの伝承、さらにはアラスカからモルディブ諸島に至る太平洋諸地域の伝承からも影響を受けている。だがこの章では、まさしくコスモポリタン的なこの神話的テーマの、ヨーロッパにおける現れのみを検討することにする。したがって、ヨーロッパ・地中海地域の文献と、そこから派生したものに極力限定して論ずることにしたい。

2 古代エジプト、ヨーロッパ、アジアにおけるジャッカル、狼、犬

このテーマについて歴史的に概観する前に、ヨーロッパに現れたこの現象の顕著な特徴を挙げておくことは有益であろう。ここで扱う地域のみならず、世界のあらゆる場所において、これから論じる中心テーマが、人類文化の黎明期にまでさかのぼることを明らかにしたい。ここで古代の暦を一瞥しておくのも場違いな試みではないだろう。まず、『ガドラ・ハワルヤト』のなかで聖バルトロマイが死んだとされる日が、エチオピアの聖なる年のトートの月の第一

日、すなわち夏の終わりとなる八月二九日であることに注目したい。[★006]というより、キリスト教会の聖者伝のなかで犬や犬頭人とされた聖者のほとんどが、五月から八月の間に祭られている。この二つの月は犬星《ドッグスター》すなわち「シリウス」が沈む月と昇る月である。なかでも群を抜いて多いのは、シリウスが太陽の直前に現れる（いわゆるヘリアカル・ライジングの）日に続く週、すなわち土用の暑い時期《ドッグデイズ》となる七月二五日、およびその前後である。[★007]

シリウスや夏の暑さを犬と関連づける現象は、ジャッカルあるいは犬の頭を持つ神で、死者の魂をオシリス神まで導くとされる、エジプトのアヌビスまでたどることができる。アヌビスの名前は、ânup（砂漠のジャッカルあるいは犬）に由来するものだろう。それはアヌプ（Anupu）という名で、シノポリタニア地方のシノポリス（犬都市の意味。現在のアシュート、ナイル川左岸の町）の礼拝場に祭られていた。考古学的調査により、この地域からは数多くのジャッカルや犬のミイラが発掘されている。[★008]

プルタルコスをはじめとするギリシアの歴史家は、アヌビスとシリウス星を同一視していたし、アヌビスとギリシアの「犬神」ヘルメスを融合させてもいる。[★009]エジプトでは、シリウスが現れる時がその年の転換点となる。太陽が黄道十二宮の獅子宮に至るとシリウスが空に現れ、それと共にナイルの氾濫が始まるからだ。のみならず、エジプトの狼星（シリウス）年――一周期が太陽暦の一四六一年に当たる――は、夏にシリウスが太陽の直前に昇る（いわゆるヘリアカル・ライジングの）時を基準に計算される。[★010]

日々の太陽の運行を一〇度ずつの三六のデカンに区分したエジプトの天文システムによれば、筆頭となる最初のデカンはヘルメスとアヌビスを融合した犬頭のヘルマヌビスである。[★011]一年と一日の始まりがどちらも犬と関連を持つこの現象は、少なくともラムセス二世（紀元前一二五〇年頃）にまでさかのぼるが、ルクソールにある彼のオベリスクには、東の天球地平にある四つの扉の所で昇る太陽を迎える四体の犬頭人が刻まれている。彼らは実際には、エチオピアの『ガドラ・ハワルヤト』に登場する犬顔の忌まわしき者《アボミナブル》と同じヒヒであった。[★012]ヒヒの役割とエジプトの天文学上の図柄の意味については、後ほど論じたい。というのも、エジプトでは時間の転換点、犬頭人、犬、死、再生を、一つのシンボル体系にまとめているからだ。

　ヨーロッパの犬頭人伝承に持ち込まれた二つ目の神話的主題は狼への変身である。狼人間の起源は、どうやら社会的（あるいは反社会的）現象に始まるらしい。太古の昔より、（インド＝ヨーロッパ語族に属する）ギリシア人、スキタイ人、ペルシア人、ダキア人、ケルト人、ドイツ人の間には武闘集団が存在し、魔術によって狼の相貌を獲得する秘術が行われていた。インド＝ヨーロッパ語族の歴史と神話のすべてを通じ、こうした集団はその凶暴さや魔術の使用によって恐れられながら、ローマとペルシアの建国神話に始まり、スエトニウス（☆六九頃～一六〇年頃。ローマの伝記作者）、ウェルギリウス（☆前七〇～一九年。ローマの詩人）、モンマスのジェフリー（☆一一〇〇？～一一五四年。英国の年代記作者。『ブリテン王史』はアーサー王の種本となった）、スノッリ・ストゥルルソン（☆一一七九～一二四一年。アイスランドの政治家、詩人、北方ゲルマンの古代神話『エッダ』の作者）などの著作を経て、今世紀のハリウッドのB級映画に至るまで、さまざまな姿でくり返し登場する。

　この点でとりわけ注目に値するのは、ヘロドトスの『歴史』にも述べられている、アケメネス朝ペルシアの創始者、キュロス大王の誕生を記したイランの神話である。幼いキュロスは、メディアの王である邪悪な祖父アステュアゲスに命じられた両親によって、ある山のふもとに捨てられたが、彼を見つけた羊飼いとその妻によって育てられる。キュロスの養母となった羊飼いの妻はじつは犬であった。彼女の名前はスパコだが、ヘロドトスはそれを犬を意味するギリシア語の「クノ」と訳している。つまり伝承によれば、新王朝を創始したこの英雄は犬に養育されたことになる。同じ話はクセノフォンの著作『キュロスの教育』にも見られ、そこでは若きキュロスが血統正しい猟犬になぞらえられている。[★013] ローマでもロムルスとレムスが牝狼に育てられているが、狼に養育される話は中央アジア一帯でも数多く見られる神話の主題である。[★014] ギリシアではリュカオンとドロンの神話のなかに狼への変身譚が登場し、地名のリュカ

オン山、神の名のゼウス・リュケイオスやアルテミス・リュコトンなどにその名残を見ることができる。[★015]

民間伝承のなかで狼人間はしだいに恐ろしい側面を失ってゆき、春と夏の謝肉祭ではしばしば無害で滑稽な存在として登場するようになった。キリスト教の聖者にも狼とのつながりを持つとされる者達が現れた。聖ループ、聖ロッコ、それにもちろん、獰猛なグッビオの狼を飼い慣らしたあのアッシジのフランチェスコなどだ。とはいえ、狼人間の無気味な側面は、幸運なる側面をつねに陵駕する。インド＝ヨーロッパ語族の古代の伝承では、狼人間の集団は盗賊、売春業者、狼、悪魔の崇拝者、狂人などと同類に扱われている。[★016]中世の教会は狼人間崇拝を悪魔崇拝と同一視したし、一一世紀にクヌート大王（☆九九五～一〇三五年。イングランド、デンマーク、ノルウェー王を兼任）が発布した法令では、「狼人間（verwulf）」が無法者という意味で用いられている。[★017]

これら狼人間の神話上の「従兄弟《いとこ》」ともいうべき、中世の犬頭人の活動はまったく違ったものである。まず、スカンジナビアからバルカンに至るキリスト以前のヨーロッパ諸民族は、犬頭人に対してははるかに正しい認識を持っていた。その証拠の一つとして、家族の名前（たとえばドイツのフンディガー）や個人の名前（たとえば一二～一三世紀のロンバルドの王キャングランデ）に犬を意味する言葉が使われていることが挙げられる。[★018]犬頭人種族は東洋の不思議や、遠く離れた妖精の国、いわば禁断の木の実を食べる前にアダムとイヴが住んでいた楽園[★019]へのヨーロッパ人の憧れと結びつき、中世ヨーロッパ世界においてきわめて幸福な場所を占めることができた。犬頭人種族の故郷は世界の果てのインドやエチオピアとされたが、一五世紀に至るまでヨーロッパの地理学者はそれらが一つの陸地だと考えていた。[★020]前四世紀のクニドスの人、クテシアスの著作が出て以来、[★021]犬頭人種族はこの大陸を、アンティポディーズ（逆足）、ブレミーズ（無頭人）、キュクロプス（一つ目の巨人）、スキアポデス（影足）、パノティ（耳人間）、ブラガマンニ（サンスクリット語のブラーフマナからきた野人）などという奇怪な種族と共有することになった。

クテシアスは著書『インド誌』の記述を民俗学的、地理学的事実と信じていたが、それらの多くがインドの神話に触発されたものであることは疑いない。これらの神話には、ギリシアをはじめとするインド＝ヨーロッパ語族の怪物伝承の流れをくむものがあり、それだけにヨーロッパ人も強い魅力を感じたのだろう。いずれにせよ、クテシアスの物語に触発された伝承に旅行者の豊富な報告資料が加えられ、怪物伝承は古代・中世のヨーロッパ世界を生きのびた。クテシアス以後およそ千五百年もの間、征服者や伝道者や冒険家達がインドで犬頭人種族を探し求め、実際に発見したという報告もなされている。

インドやエチオピアがドッグマン——犬と人間の混血種——の住む一番の候補地となったのは、この地域の異境性だけが理由ではない。ヨーロッパの犬は——とりわけ優れた血統の犬は——東方や南方から持ち込まれた。たとえばグレイハウンドはエジプト種が原産である。[★022] だが、ヨーロッパ人の想像力をかきたてた最高の品種は東方から伝来した。この犬はペルシアとの関わりのなかで最初に登場する。ヘロドトス（☆前四九四～三〇年。ギリシアの歴史家）は、ペルシアのクセルクセス王が、多数のインド産の猟犬を伴った軍勢を率き連れてギリシアに攻め込んだと述べている。さらに、ペルシア人は犬に宗教的意味を付与し、[★023] 死者を犬や猛禽類に食べさせたとも記している。犬が死者を食むというイメージから、ヨーロッパ人はある犬を想起したはずだ。すなわち、すでにヨーロッパに知られていた腐肉を食む小柄なパリア犬であるが、東方伝来の犬のなかではもっとも魅力に欠ける犬であったに違いない。戦場で死者を食むこの犬の様子は、ホメロスの著作やインドの文献中にも見出すことができる。[★024]

だが、ヨーロッパにもっとも強い印象を与えたのはアジアの猟犬であり、その代表格はラコニアンとモロシアンの両種である。ラコニアンは軽量の狩猟犬の一種であり、ホメロス作『オデュッセイア』の主人公オデュッセウスの忠実な猟犬アルゴス（俊足の意）は、おそらくこの犬がモデルであったろう。モロシアンはラコニアンより大型で狩猟や牧羊に使われたが、毛足の長いチベットの狩猟犬の子孫らしい。ブルドッグの先祖であるこの犬は、メソポタミアの平原に住み慣れると体毛をほとんど失ったが、喧嘩っ早いところは少しも変わらなかった。メソポタミアの初期の浅浮彫りには、この犬の姿を見ることができる。[★025] 犬を問題にする時、ギリシア人は東洋とはペルシアあるいはインドだとしたが、モロシアンの原産地もその辺りだとしている。

アレクサンドロス大王のインド侵攻（前三二七〜二六年）がギリシアにおける東洋犬伝承の始まりとなったわけではないが[★026]、インド種の犬の評判を高めたことは間違いない。インドのパンジャブ王の宮廷に招かれたアレクサンドロスは、余興として四匹の犬と虎が闘う様子を楽しんだ。虎は負け、アレクサンドロスは百五〇匹の虎猟犬を贈られた。これが後にパンジャブ種として知られることになる。この犬は牝犬に牡の虎をかけ合わせた交雑種から生まれたといわれている。虎だけでなく、さまざまな野生動物に立ち向かうこの犬の闘争心と自尊心の高さは、インドの伝承のみならず、クテシアスからマルコ・ポーロに至るヨーロッパの文献にも記述されている。[★027] 古代ギリシアにおける犬の使い方は現代とは違い、番犬[★028]や牧畜犬[★029]や戦闘犬、さらにはステータス・シンボル[★030]として利用された。実用に供されない時の犬は、ただの厄介者にすぎなかった。

インドから渡来した犬はすべて大型犬だった。というより、インドのものはなんでも大きかった。インドはいわば古代世界のテキサスである。そこで（大）プリニウス（☆二三〜七九年。ローマの博物学者）は、著書『博物誌』の一一章で、「インドでは動物は大きく育つ。インドから来た犬はどこのものよりも大型である」と、犬への称賛を惜しまなかった。[★031] この文章の直前にある、「インドとエチオピアはとりわけ奇蹟が豊富な地域である」という記述もまた、インドに対する古典的な見方を見事に示している。プリニウスは、その後の一二段落にわたり、さまざまな奇蹟を語り続ける。[★032]

プリニウスは、怪物的種族神話に関する偉大な異教的分水嶺である。批判を交えずに、先人達の業績のすべてを調査対照した彼の著述は、中世を通じ神学者、百科事典編集者、動物寓話集の編集者、地理学者、地図製作者にとってまことにありがたいものであった。だが中世キリスト教において、怪物、とりわけ犬頭人種族の地位を「神聖なもの」

にまで高めたのは、著書『神の国』のなかでそれらを論じた聖アウグスティヌスである。聖アウグスティヌスは、犬頭人種族をはじめとする怪物達はカインの呪いを受け継ぐ者達であるとし、聖書に「全地の民は彼らから出て、広がった」（創世記九・一九）と記されているノアの従順でない子孫（ハムとその子孫）であると受け止めた。さらに重要なのは、キリスト教世界に怪物が生まれたのは神の偉大な計らいであり、その生き証人が犬頭人種族であると考えたことである。[★033]

聖アウグスティヌスのおかげで、犬頭人種族は（堕落あるいは追放の憂き目にあいはしても）神による「救済の摂理」の一部をなすものとみなされた。すぐに揉め事を起こし、ほとんど言葉もしゃべれず、悪魔的でさえある種族ではあるが、それでも教化しうる種族であると、広く寓話のなかで描かれているのはそのためである。[★034] 事実、五世紀以来、彼らが使徒達によって教化される話は、広範な聖書外典中の伝承に見ることができる。この章の冒頭で紹介した『ガドラ・ハワルヤト』のなかの「クリスチャン」はその一例である。犬頭人は世界の内と外に同時に存在する、キリスト教世界が何より好んだおとぎの国の怪物として、中世の人々の想像のなかに生き続けたのである。（図０１参照）

3　中央アジアの人食い種族たちへの伝道

ヨーロッパにおける犬人（ドッグマン）伝承の三つの要素——占星術上の象徴性、土着の狼人間の親類達、そしてその「東洋趣味」——については概略を述べたので、次は犬頭人現象の歴史そのものに目を転じよう。この歴史を多少とも逆方向から書くことにより、『ガドラ・ハワルヤト』に成熟した姿で登場する、キリスト教の犬頭人英雄の「素性」を探ろうとするのが私の狙いである。このように論を進めることで、時間をさかのぼるだけでなく、議論の対象をシンボルや社会的宗教的諸要素の複雑な堆積物でなく、より単純で平易なものにすることができる。そこでまず、

図01——フランスのヴェズレイにあるバジリーク・ノートル・ダム教会のティンパヌム（扉の上のアーチで囲まれる三角形ないし半円形の部分）（12世紀）にあった二人の犬頭人（細部）。ティンパヌムの図は、遠方地域に派遣された使徒達の一行を描いている。写真撮影＝Alex Cormanski

『ガドラ・ハワルヤト』に収められたバルトロマイとアンデレの行伝をキリスト教やヨーロッパの文脈に置き、そのうえで、ヨーロッパの怪物伝承における犬頭人現象全般を述べていきたい。同時に、ヨーロッパの文化や社会、異教やキリスト教における犬そのものの象徴性についても論じたい。動物王国で人間の最初の話相手となった犬との原初的関わりを分析することで、人間という基本的カテゴリーを、その胎児形成期においてのぞき見ることもできるだろう。

すでに述べたが、キリスト教の犬頭の英雄「アボミナブル＝クリスチャン」は、東方のグノーシス派、コプト教会、ネストリウス派の伝承に起源を持ち、その後中世キリスト教会の聖者伝のなかで統合されるに至る。これらの伝説中の英雄アボミナブルは、キリスト教の世界教会主義が未開の野蛮人や異教徒に勝利したことの寓話的表現である。ひとたび信仰を得ると、この怪物の獣的性質はなだめられて人間的、キリスト教的な徳性に変わる。信仰を得たばかりの者がしばしばそうであるように、教化された犬頭人は熱烈な信仰の戦士となったし、その使命を果たすためであれば、彼らの野蛮性さえもが是認された。すでに見たように、聖戦を通じて野蛮人や異教徒に福音を伝える際、「鉤爪《かぎつめ》による洗礼」を施しやすいよう、犬頭の聖戦士には本来の野蛮な性質が甦る。

だがアボミナブルの素性はキリスト教とはまったく無縁であり、この犬頭の聖人がキリスト教の聖者伝に名誉ある地位を得るまでには、さまざまな変容を経なければならなかった。彼の伝説には、聖書外典や殉教伝に語られた多くの聖人や使徒の足跡が混じり込んでいる。それらのなかには聖バルトロマイ、聖アンデレ、マッテヤ、トマス、メルクリウス、聖クリストフォロスなどがいるが、正真正銘の犬頭のキリスト教聖人はクリストフォロスのみである[★035]。だがすでに示唆した通り、これらの聖者伝には、エジプト、ペルシア、中央アジアの初期の星占いや神話の伝承（それらは動乱期にあったギリシア文明圏の伝承としてまとめられた）をキリスト教流に改変したものが多い。

『ガドラ・ハワルヤト』をたどってさかのぼると、ラテン語の付録がついたコプト派版のバルトロマイの行伝に行き当たる。この行伝と付録は『ガドラ・ハワルヤト』中のアボミナブルの章を髣髴させるし、諸外国への伝道に従事した使徒達の聖者伝の元になった内容をも含んでいる。付録にはこのような記述がある。「これらは魚食の民の国を去り、アンデレと犬頭のクリスチアヌスと共に、パルトスへ赴いたバルトロマイの行伝である」[★036]。より古い五世紀頃のものに、マタイとアンデレの伝道に関する記録のシリア版の付録も発見されている。それには、「使徒達は『犬の町』すなわち‘Irqaを改宗させた」と記されている。‘Irqaとはクリミヤあるいはクリミアの北に位置する場所である[★037]。この章以降で述べるように、黒海とカスピ海の間のザカフカス（ヘレニズム時代の強国パルティア勢力の中心）から始まる中央アジアは、ヨーロッパの怪物伝承の起源が渦巻く地域であった。この地方こそペルシアのネストリウス派の中心であり、中央アジアの神話をキリスト教の伝説と聖人伝に加工する役割を果たした場所でもある。

初期の教会史家であるアルノビウス、オリゲネス、テルトゥリアヌス、エウセビオスなどによれば、初期の教会の伝道活動はごく早い時期にこの地域（スキタイとパルティア）で始まっている。エウセビオスによれば、トマス（何度もインドに渡ったとされる使徒）はパルティアに派遣され、アンデレはスキタイに派遣されたという。後の伝承のなかで人食いの国に行ったのはマッテヤで、そこで彼はアンデレに救われたとされる。あるいはアンデレとマッテヤが一緒に人食いの国に行ったとも、アンデレとバルトロマイがパルティアという所（ただしアフリカにあるとされた）に行ったともいわれている[★038]。

人食いの国への使徒の伝道という聖者伝の主題が、ヘロドトスやアリストテレスの記述に刺激されたことは間違いない。彼らはスキタイを人食いの国だと書いているのだ[★039]。このような記述は、中央アジアの人々の食生活だけでなく、彼らそのものに対するヨーロッパの知識不足を物語るものであろう。スキタイについての地理的知識もまた漠然としていた。ヘレニズム時代を通じて、スキタイ人の故郷はクリミアの北であったが、そもそもスキタイとは、コーカサスの北斜面から世界の極北にまで広がる広大な北の地域を総称するために、地理学者や歴史家が使い出した包括的な言葉なのだ。[★040] またスキタイ人と聞くと、少なくともウェルギリウス以後は、スキタイの女戦士の姿をしたアマゾンを連想するようになった。[★041] 後述するように、これらの要素がすべて取り入れられ、犬頭人神話が形成されていくのである。

こうした使徒達の行伝に登場するパルティアは、およそ四百年にわたってローマの東の辺境に存在した強大な王国だった。元来パルティアは中央アジアの民族であり、居住地域も前三世紀まではカスピ海の南岸周辺に限られていた。その後二世紀にわたって拡張を続け、紀元二世紀までローマが支配する西アジアと、クシャン朝（☆紀元前後から五世紀にかけて現在のアフガニスタンおよび北インドにかけて栄えた王朝）とサカ族（☆パミールからカスピ海の東にかけて栄えたイラン系の民族）が支配する南アジアや中央アジアをつなぐ架け橋の役割を演じた。[★042]

初期のキリスト教伝道において、パルティアが重要な地域であったことは疑いないが、結局誰が誰を教化したのかを断ずるのはたやすくない。パルティアを通過した使徒達の聖書外典中の伝説には、ゾロアスター教の（そして後にはマニ教とグノーシス派の）二元論の影響が色濃いからだ。事実、これらの使徒が登場する最初期のネストリウス派の聖人伝は、紀元二世紀から四世紀にかけてのグノーシス派の『ペリオドイ』をはじめとする聖人伝から借用されたものだ。さらに、追放されたネストリウス派は五世紀以降ペルシアへの伝道を進めたが、キリストの本質についてグノーシス派流の二元論を主張したために異端の烙印を押されている。

アンデレとマッテヤ——もしくはアンデレとバルトロマイ——の、人食いの国での行伝を記した初期の聖者伝はすべて、黒海南岸のシノペ（現シノプ）から、北はクリミアまでを含む黒海周辺地域（黒海そのものも含む）がその場所だとしている。そこは一般に「人食いの国」とされており、そのためスキタイとの連想が生じることになった。マッテヤとアンデレに関するシリアの聖人伝に出てくる黒海北岸地域'Irqaにあった「犬の町」は、明らかに『ガドラ・ハワルヤト』中のアボミナブルの話の元になっている。後のギリシアの聖人伝では、町の名は「Myrne」「Myrmene」

「Myrmecion」などと変わっているが、舞台がクリミア半島であることに変わりはない。[★043]『ガドラ・ハワルヤト』はパルトス（あるいはバルトス）を再度アフリカに移すが、それでも想起されるのは黒海の北であるこの地域だ。[★044]この伝説の内容について、初期のギリシア、シリア版と後のコプト、アラビア、エチオピア版とで異なるのは使徒達の旅の距離である。前者では黒海を渡ったとされるが、後者では眠っている間にザカフカスからエチオピアに連れていかれたことになっている。[★045]

この時代には、ザカフカスのコルキス（☆コーカサスの南、黒海に面する古代国家）が外エチオピアあるいは第二エチオピアと呼ばれていたために、この移し変えは問題なく行われたことであろう。[★046]聖書外典に見えるバルトロマイの伝道の場所が移し変えられたもう一つの説明は、ネストリウスの経歴に見出すことができるだろう。エフェソス公会議とカルケドン公会議で異端とされた、コンスタンティノープルの総主教ネストリウスは、エジプトの「オアシス」に追放されているのだ。コプト、アラビア、エチオピアにおけるバルトロマイの聖人伝には、この聖者が黒海地域と「オアシス」と呼ばれる場所との間を何度も往来したことが記されている。おそらく、ネストリウスの経歴と使徒バルトロマイの伝説が神話的に融合したものであろう。[★047]

4 犬頭の聖者、聖クリストフォロス

こうした使徒達の伝道の場所がどこであれ、彼らの聖者伝にくり返し現れ、一群の伝説に首尾一貫した筋を通すテーマがある。それは、使徒達が人食い種族（スキタイ人あるいはパルティア人）と出会うこと、神あるいはキリストから遣わされた犬頭人に助けられること、そして伝道の舞台として黒海地域（後にはエチオピア）が出てくることだ。これらのテーマは、バルトロマイ、アンデレ、メルクリウスの伝記中に、また彼らほど多くはないが、マタイ、マッテヤ、

トマスの伝記中にも、ある人物との関連のなかで現れる。その人物とは、今では自動車運転手の守護神とされている聖クリストフォロスだ。[★048]この聖人の生涯と活動はもっぱら伝説に頼るほかはないが、黒海地方のビテュニアを中心とした彼の活動には、グノーシス派の強い影響が隠しようもなく見て取れる。

キリスト教聖者伝中の聖クリストフォロスを要約すれば以下のようになるだろう。[★049]彼は犬頭人種族の巨人で、[★050]カナン（新約聖書『マタイ』一五節にカナンの女と犬が出てくる。図０２）の国に住み、[★051]人肉を食らい、意思伝達の唯一の手段は吠えることであった。[★052]もともとの名は、その性質を示すレプロボス（レプロブス、レプレブス、デプレブスとも。いずれも「断罪されるべき者」の意）であった。色黒で異教徒、獰猛でぞっとするほど恐ろしい男であった。ある日彼は、自分に人間の言葉を授けることで神の力を示してほしいと神に願った。その願いを聞いた神は天使を遣わし、彼の口を叩かせた。すると彼はギリシア語をしゃべった。それでも傲慢な性質を変えようとしなかったこの巨人は、幼な子のキリストに高慢の鼻をへし折られることになる。彼は、幼な子に河を渡してほしいと頼まれて流れのなかを進んだが、幼な子の身体はしだいに重くなった。[★053]一歩も進めなくなった時、幼な子はその正体を明かした。わが身を省みたクリストフォロス（「キリストを背負う者」がその意味）は、生涯をキリスト教への奉仕に捧げることになった。彼は福音も説いたが、何より力の戦士として異教徒の軍勢を相手に戦った。[★054]彼はアンティオキアで聖バビュルスに洗礼を授けられるが、そのとたんに姿は変わり、肌はミルクのように白くなったという。[★055]

彼は異教徒のローマ皇帝デキウス（二四八～二五一年）に捕えられ、[★056]何千人ものキリスト教徒と共にリュキアで殉教した。クリストフォロスとバルトロマイの殉教が、いずれも現在のトルコ南西部のリュキア（バルトロマイの殉教伝ではキリキアと呼ばれている）のルパイン（Lupine＝オオカミの）地方と結びついているのは大変興味深い。バルトロマイを迫害したのはアステュアゲスという名のキリキアの王だが、この名がキュロス大王の祖父で嬰児殺しを行った人物と同じであることから、これらキリスト教徒の殉教伝がインド＝ヨーロッパ語族圏に伝わる狼や犬を祖先とする人々の神

図02——12世紀の殉教録にある「カナンの人」聖クリストフォロス。歴史フォリオ415の50ページ右、西ドイツ、シュツットガルトのランズビブリオテック図書館蔵。Bildarchiv Foto Marburg

話の改作である可能性もある。[★057] 聖クリストフォロスの祝日は、ローマ教会では七月二五日だが、東方の教会ではすべて五月九日である。[★058] 一方、ギリシアの聖者伝によれば、デキウスの命による聖クリストフォロスの殉教はリュキアでなく、リビアの東の国境にあるマーマリタルムであり、コプトの伝承によるバルトロマイの殉教の地が「エチオピア」であることともつながっている。[★059]

犬頭の聖クリストフォロスは東方の聖画像《イコン》や聖者伝の不変のテーマであるが、ヨーロッパの伝承では犬頭の聖人であるとの描写はさほど多くない。とはいえ、彼の果たす役割と置かれた状況については、東方もヨーロッパも一致する。彼は厄除けの力を持つ聖者であり、その姿を見るだけで、罪の赦しを与えられないままの非業《マルモール》の死から逃れられたという。橋や教会や都市の門の上に巨大な像が立てられているのもそのためである。[★060] 東方の教会では一九世紀初めまで、彼の犬頭の姿を聖画像に描き続けてきたが、[★061] 聖像破壊によって初期の聖画像はすべて失われたので、もっとも古い犬頭の聖人クリストフォロスの姿はヨーロッパの写本の飾絵に見られるだけである。[★062]

それでも聖クリストフォロスの起源が東方にあることはまず間違いない。彼を祭るもっとも古い教会は、紀元四五二年にビテュニアに建てられている。[★063] とはいえ、ヨーロッパ社会に名前を認められた唯一の犬頭人であるクリストフォロスにとって、ビテュニア（すなわちキリストの王国）に至るまでには、はるかな道のりを経なければならなかった。彼の足跡を探ろうとすれば、グノーシス派をたどってペルシアやエジプトへとさかのぼらなければならない。

犬頭の聖人クリストフォロスに関するもっとも古い記述が見えるのは、歴史家のコンラート・ツウィエルツィナがギリシアの資料に基づいて構成し直した『バルトロマイ行伝』のコプト版である。この本は明らかに『ガドラ・ハワルヤト』の物語の元になっているが、そこにはキリストによってレプロブス（あるいはアドキモス）という名の犬頭の人食いが、カニバルという国にいたバルトロマイのもとに遣わされたという記述がある。バルトロマイは彼を改宗させ、名前もクリスチャンと変えさせた。人食い達を打ち倒した後、クリスチャンは使徒と共にパルティア人の国に行く。ツウィエルツィナは、「この犬頭の異教徒名［レプロブス］から、コプトの神話に登場する［クリスチャン］こそ、後の聖者伝に登場する聖クリストフォロスであることがわかる」と結論づけている。この結論は、聖クリストフォロスに関する一一世紀のギリシア聖者伝や、その後のラテン語、アイルランド語、プロヴァンス語への翻訳（およびそこから生じる翻案）においても当然の事実とされている。こうしたことから、聖クリストフォロスはもともとは犬頭人種族の一員であって、アンティオキアでバビュルスから洗礼を受ける前の名はレプロブスであったといえる。[★064]

ツウィエルツィナは、グノーシス派流の殉教の主題にもなる「不滅の命」がこれらの聖者伝にも見られることを示して研究の結びとしている。こうしたグノーシス主義のテーマは、ネストリウス派を媒介者として東方のキリスト教世界に注入されたが、イエス・キリストの内には峻別されるべき神聖なるものと人間としての性質が共存するというネストリウスのグノーシス的教義は、四三一年と四五一年のエフェソスとカルケドンの両公会議において異端であるとされた。だがネストリウス派は、追放されたペルシア――三世紀までゾロアスター教を信奉するパルティア人に支配されていた――において一一世紀まで隆盛を維持する。中世を通じて、犬頭人神話のほとんどが、このネストリウス派の教義というレンズに屈折させられて入ってきたことになる。[★065]

5　古代およびヘレニズム時代の犬星《シリウス》と霊魂を冥界へ導く犬

ヘレニズム世界において、グノーシス派はミトラ教や終末論（至福千年説）やさまざまな秘教などを含む広範な混合主義的信仰と舞台を共にした。これらの信仰は、一方では光明と暗黒の劇的な闘争に基礎を置くゾロアスター教の終末論、他方ではエジプトとギリシアの占星術から強い影響を受けた。天使、神の力、光の魂などとさまざまに表現される光明と暗黒の力は、星をはじめとする天体を支配するものと考えられた。

光明と暗黒の力はまた獣の姿をした神としても描かれる。三世紀に書かれたオリゲネス（☆初期キリスト教会の教父・神学者）の弁明の書、『ケルスス駁論』（六・三〇、三三）には、グノーシス主義オフィチック派の犬頭のアルコーン、エラトートについての言及があるし、人は（死後に）獣神となり、ライオン、雄牛、竜、鷲、熊、犬などと呼ばれるという記述もある。[★066] 犬頭のヘルマヌビスとエラトート（ヘルメス＝トート。☆トキの頭部を持つ知識・学芸の支配者。トートはギリシアではヘルメスと同一視された）はギリシア・エジプトの占星術の産物であり、コプト教会がトートの月の第一日（九月二九日）にバルトロマイの殉教を祭る背景にも、動物の頭を持つこのエジプトの神——その象徴性はヘルメストリスメギストスという形でヘレニズム世界に受け継がれている——が潜んでいる。[★067] 二世紀のアレクサンドリアの貨幣には、犬頭の猿、使者の杖（☆神々の使者ヘルメスのしるしの杖）と共に、ヘルメス＝トートの姿が刻まれているし、[★068] 宝石用原石にグノーシス派の呪文を記したお守り「アブラクサス」にも、両手に笏を持ち、半月と星の間に立つ犬頭のヘルマヌビスの姿が描かれ、[★069] その裏側には天使長ミカエルの姿が見える。[★070] このようなヘレニズム世界の伝統は、キリスト教が四人の福音伝道者（マタイ、マルコ、ルカ、ヨハネ）を獣形神の姿に描く先駆をなすものであり、小アジアやエジプトのコプト派のキリスト教徒から、シシリー、ゴート族のスペイン、メロヴィング朝の南フランスそしてケルト族のアイルランドへと伝わったが、その後をあの犬頭の聖クリストフォロスがぴったりと追いかけているのである。[★071]

エジプトと、聖クリストフォロスやヘレニズム時代の犬頭人との接点は、コプト派の聖人メルクリウスである。コプト暦によると、この聖メルクリウスが殉教したとされるのは、ローマ・カトリック教会が聖クリストフォロスが殉教したとする七月二五日と同じである。[★072] 聖クリストフォロスと同様に、メルクリウスも異教徒であるデキウス皇帝の手にかかって殉教したし、エチオピアの『マスハファ・センケサル』に述べられたメルクリウスの行伝と、聖者伝に見られるバルトロマイとアンデレの行伝との間には驚くべき類似を見ることができる。メルクリウスの父親は、危ういところで二人の人食いの犬頭人から逃れている。彼の祖父をむさぼり食った犬頭人の獰猛な性質を、神がそれに変えたのである。この二人の犬頭人はメルクリウスの父親につき従い、やがてメルクリウスが誕生すると改宗してキリスト教徒になって、当時アスレテスの町を治めていたメルクリウスの君主に仕えた。二人のうちの一人は敵の王の手によって殉教する。メルクリウスは父の死後にマルドサウェイアンの長官となり、忠誠を誓った犬頭の友は彼を助けて数々の戦いに赴いた。戦場においては本来の荒々しい性質が蘇り、彼は無敵の力を発揮するのであった。[★073] コプト美術では、このメルクリウスの家臣である二人の犬頭人は、頭上に光輪を持つ聖なる姿として描かれている。[★074]

この聖メルクリウス、すなわちコプト派の大聖人アブ・セフェインの行伝が、バルトロマイとアンデレの行伝からの借用であることは疑いもない。[★075] というより、彼の伝説で独自なものはこの聖者の名前のみともいえるだろう。メルクリウスはもちろんローマ神話のメルクリウス（ギリシア神話のヘルメス）であり、アヌビスや聖クリストフォロスと同様に、旅人が旅の無事を祈る神である。[★076]

エジプトにおける霊界への案内者アヌビスは、犬星《ドッグスター》であるシリウスとほぼ同一視される神であり、古代エジプトにあっては、日の出直前にシリウスが現れる（いわゆるヘリアカル・ライジングの）時期がきわめて重要な意味を持った。このヘリアカル・ライジングが起こる日は一年のまぎれもない転換点であり、危険と恵みとに満ちた時である。危険とは、それが終末点、すなわちその一年の死を意味するからである。一年の死は、真夏の激しい暑さによっていっそう切実に感じられた。その暑さは一年の死によって引き起こされると信じられていたのだ。土用の暑い時期《ドッグデイズ》は地獄の門が開く日々にほかならず、その門は大きく開いた犬の口のイメージとして受け止められた。[★077] そこからは、犬の姿をした死者が、恐ろしい番犬や犬頭人の群れに守られ（場合によっては狩り立てられ）ながら吐き出されるのだ。まさしくその星は、天空の犬である大犬座の口から噴出される火炎と思われた。[★078] だがエジプト人にとって、このシリウスの出現は、ナイル川の氾濫と共に、新しい耕作の始まり、新しい年、新しい命の到来を告げるものであり、さらには死者の復活やより幸福な存在への変容を予告するものでもあった。これがシリウスの恵みである。

まずは、このエジプトの物語の暗い側面から話し始めよう。エジプトではおそらく六千年の昔から、墓の入口は黒いジャッカルによって護られている。[★079] また、『死者の書』（☆死者の復活と永生をもたらすための、呪文の形で書かれた葬礼文書）には、アトゥムという犬頭の悪鬼が燃え盛る炎の海で死者をむさぼり食うさまが描かれている。さらにエジプトでは、犬あるいはジャッカルの頭を持つアメンチュという神が、アビドス（☆エジプト南部、ナイル川左岸の古代都市）の地下にある共同墓地（死者の街）を支配したという。[★080]

ホメロスは、シリウスはオリオン座の犬星であり、「土用の暑い時期《ドッグデイズ》、太陽の暑さは二倍になり、午後になると灼熱の暑さがあらゆる生き物を苦しめる」と書いている。[★081] ヘラクレスの功業のいくつかも、土用の日々の暑さに関わるものがあったと考えられる。たとえばネメアのライオン（エジプトに干ばつをもたらすとされるセット［ギリシアのテュポーンに当たる］の息子。また獅子座は黄道十二宮の八月の星座）を退治した話、冥界の番犬ケルベロスを盗み出す話、ゲリュオネウスの牛の番犬オルトロスを絞め殺した話などである。ケルベロスとオルトロスは（ヒュドラやキメラ同様）兄弟であり、テュポーンとエキドナの息子である。[★082]

古代ギリシアではヘラクレスの祭日は七月二五日であった。その同じ日にクノフォンティス（犬の大虐殺）の祭りがあり、犬の群れに食い殺されたアポロの息子リノスの先祖を慰めるために生贄《いけにえ》が捧げられる。すでに見たように、この日はローマ・カトリック教会の暦では聖クリストフォロスの祝日であり、コプト暦ではメルクリウスの祝日である。[★083] またローマ人はこの日、女神フリナにアザラシ（海の犬）の生贄《いけにえ》を捧げてフリナ祭を祝う。この女神フリナは、恐ろしい牝犬の姿で罪人の身と心を苦しめるギリシア神話の復讐の女神（エリニュス）のローマ化にほかならない。[★084]

エリニュスに加え、ハデス（☆死者の国の支配者）とヘカテ（☆天上と冥界および下界をつかさどる女神）はもちろん、地下の支配者であるギリシアのデメテルもまた、犬あるいは犬頭の姿で描かれる。エウリピデスの悲劇『ヘカベ』のなかで、トロイの女王ヘカベはわが子ポリュドロスをだまし討ちしたギリシアのポリュメストルに復讐するが、そのポリュメストルによって、おまえは火のように輝く目の犬となって死に、その墓の名は「キュノスセマ」（牝犬の墓）と名づけられる、という呪いをかけられる。[★085]

　ローマで家庭やかまどの守護神とされたラレースは、犬または犬の皮を被った人間と思われていた。やがて中世になると、それらは死者の魂であり、人肉を食う犬頭の幽霊（larve）と考えられた。ローマ時代には、近親者が死に捉えられることのないよう、女神ゲニタ・マラに犬の生贄《いけにえ》を捧げた。[★086]『オデュッセイア』に登場する「ズタズタにする者（Mangler）」の怪物スキュラScyllaの名は、ギリシア語のskulax（子犬）を想起させるが、この怪物は犬のような吠え声を出し（一二・八六）、四肢から犬を生み出し、鮫《ドッグフィッシュ》を餌食にしたという。[★087]インド＝ヨーロッパ語族圏の伝承の多くでは、死者は牧者と番犬に連れられる羊の群れにたとえられる。この場合の牧者は「死者の神」であり、番犬は神性を持つ（あるいは悪魔のような）犬である。赤い番犬オルトロスと共に、ヘラクレスによって殺されたゲリュオネウスの赤牛も、そうした群れの一つである。[★088]さまよえる魂の群れもまた、黒犬の姿をしたヘカテによって狩り立てられる。この女神はまた、狂気、癲癇《かんしゃく》、疾病、絶望などによって生者をも苦しめる。[★089]ボイオテイア語による『（ヘルメスに捧げる）ホメロス賛歌』（一九四〜九六年）によれば、ヘルメスは夜にアポロの牝牛五〇頭を盗み、アルカデイアのキュレネ山まで連れてくるが（アポロの四匹の番犬は残したままで！）、この時のヘルメスも冥界に魂を導く役割を果たしたのであろう。[★090]

　だが、インド＝ヨーロッパ語族圏の伝承では、死者の番をする犬はふつう二匹ずつで行動する。双子の犬であったり、あるいはかの有名なケルベロスのように、二つの頭を持つ犬とされることもある。[★091]多くの場合、一匹は黒犬もう一匹は白犬で、過去の生から現在の死への道筋だけでなく、死から未来の生への道筋の象徴ともなっている。こうした二匹一組の例として、インドのŚyāmaとŚabala、ドイツのGifrとGeri（Frekr）、アルメニアのSpitakとSiaw、ケルト神話の二匹の「悪魔の犬」、それにイランの二匹――これはおそらくSraošaとRašnuと同じものであろう――などが挙げられる。ウェールズの神話に出てくる赤みを帯びた灰色の犬もまた、霊魂を冥界に導くものの例の一つであろう。インド＝ヨーロッパ語族圏では、こうした犬のために、埋めたり野ざらしにした死体の側にいろいろな食物片が供えられる。[★092]

古代や中世にあって、一年の危険な転換点は、真夏にシリウスが太陽の直前に昇る時だけではなかった。犬や怪物の象徴性に彩られた一二月二一日（冬至）もまた、危険な転換点であったのだ。ローマ教会の聖年では、一二月二一日はアンデレやバルトロマイの伝説とも絡み合う聖トマスの夕べとされている。トマスについてのもっとも古い聖者伝は二世紀のグノーシス的『ペリオドイ・トーマ』で、そこにはトマスがパルティアに伝道した使徒として描かれている。その後のすべての伝承――ネストリウス派の伝承が下敷きになっているらしい――では、トマスはインドで伝道活動をしたことになっている。インドでは、トマスは聖トマス教会の創設者と考えられている。[★093]

だがこのキリスト教の聖人は――少なくとも民間伝承においては――また別の顔を持っている。多くの頭（三つ、七つ、あるいは九つともされる）を持つ怪物とされ、一年で一番長くて暗い夜に子供達をむさぼり食うといわれているのだ。美術品に描かれた姿をもとにたどると、聖トマスのこうした怪物的側面は三、四世紀にまでさかのぼるし、東欧の民間伝承には今世紀に至るまで脈々と生き続けている。聖トマスの夕べに、オーストリアの人々が「Thomerl」「Thomasschädel」「Thomasnigll」「Thomaszol」「Thomaskopf」「Zweibart」などと、さまざまな名前で呼ばれるカボチャの提灯を作るのもその表れである。大カボチャで作った怪物の頭が中心にあり、周囲に怪物が食べる小カボチャで作った子供の頭が数個並べられる。よく知られた民間伝承によれば、その夜、聖トマスは犬あるいは犬頭人の姿で犬のような吠え声を出すという。[★094]

じつのところ、この伝承には独立した少なくとも三つのモチーフが融合されている。まず、聖トマスはサトゥルヌスを象徴する存在である。ゼウスの父で「時」の化身であるサトゥルヌスは、生まれてくるわが子を次々と呑み込んだが、ローマではこの神を祭る農神祭（一二月一七日頃の収穫祭）が真冬の一二夜にわたって祝われた。[★095] 聖トマスはまた死者の神でもあり、ゲルマンの伝承では犬の姿をした死者の霊を従え、一年の一二か月を表す一二夜の間、暗い森のなかを咆吼して歩く荒々しい猟人オーディン＝ウォドン（☆オーディンは北欧神話の最高神、ウォドンはアングロサクソンの主神。両者は同じ神とされる）として描かれている。このゲルマンの伝承に類似する、インド＝ヨーロッパ語族圏の伝承については第5章で述べたい。

この一二夜はその年と次の年とに橋を懸ける役割を果たすが、そこであの聖クリストフォロスの出自が、ヨーロッパとアジアの懸け橋となるヘレスポント海峡（ダーダネルス海峡。ポントは橋の意味）南岸のビテュニアであったことが想起される。また中世に、彼の像は主として橋や入り口に設置された。同じ地域にあるケルベリオンという町の名も、地獄の門を守る番犬ケルベロスから、門（入り口）のイメージを喚起させるだろう[★096]。ランプないしはランタンを連想させる点においても、聖クリストフォロスはトマスと似ている。ヨーロッパの聖画像に描かれた、子供のキリストを背負って大河を渡る聖クリストフォロスはランプを手にしている。エチオピアの聖者伝では、彼の目は大きなランプのように描かれる。顔の覆いを取り、ランランと輝く恐ろしい目で睨みつけると、使徒の聖アンデレと聖バルトロマイに刃向かう者達は逃げ出してしまう。フランスの民俗学者クロード・ゲニェベによると、こうした目はすべて、真夏にこうこうと輝くシリウスのイメージに由来する[★097]。

三つ目のモチーフとして、犬頭のトマスが出てくる東ヨーロッパの民俗伝承がある。木を揺するとトマスの加護を得られるため、子供達は木のなかに身を隠すとトマスやその手下から逃れられると信じていた。その他にも、東南ヨーロッパ各地の多くの民話には、子供達が森のなかを木から木へと飛び移り、犬頭の怪物の群れから逃げる様子が登場する[★098]。

わが子を食べたサトゥルヌスのモチーフは、聖クリストフォロスにも当てはまる。少なくとも一二世紀以降、ハンガリーでは聖クリストフォロスは子供をむさぼり食う怪物とされてきた[★099]。サトゥルヌス自身も、中世ヨーロッパでは子供を食べる邪悪な存在とされていた。その理由は、古代世界においてティターン神族のクロノス（Kronos）と「時」の曖昧な神格であるクロノス（Chronos）とが混同されたためであろう。ティターン神族のクロノスは、父ウラノスの男根を切り取った後、支配者としての地位が奪われることを恐れ、後にオリンピアの神々となるわが子を次々と呑み込んでしまう。この混乱を引き継いだ結果、ローマ神話のサトゥルヌス（ギリシア神話のクロノスに当たる）は「時の翁《ファーザータイム》」となり、定められた寿命が尽きた生き物を手にした長鎌で刈り倒す死神となった。

　だがサトゥルヌスは土星とも同一視される。この暗く非常に遠くにある惑星は、どの惑星よりも長い運行周期の間じゅう、邪悪な作用を及ぼし続けるのだ。こうしてわが子を食べたサトゥルヌスは、中世からルネッサンスに至るまで、この陰鬱な星の神格とされていた。また、この星の遠さのゆえに、サトゥルヌスはインドやエジプトの支配者とみなされもした。そのインドやエジプトこそ、トマスやクリストフォロスの伝道の場所であった。アッシリア＝バビロニア伝承では、黄泉《よみ》の国の支配者ネルガルはサトゥルヌスと同一視されている。カナン人にとってネルガルに当たるのはエール（最高神）の息子のモトであり、地獄の支配者である死の神モトは、生贄《いけにえ》として捧げられた子供達をむさぼり食う。モトの深い喉は彼の地獄の王国を連想させる。モトは「門には蛇、王権の杖には犬」という姿で描かれる。[★100]

　よく知られたオーストリアの伝承に登場する二本のあご髭――「時の翁」と同じように、二つに割れた彼のあご髭は過去と未来を呼び起こす――を持つ聖トマスは、聖ニコラウス（サンタクロース）と同一視される。一二月の五日あるいは二五日の夜に祝われるこの聖人の表象は馬だが、インド＝ヨーロッパ語族圏の伝承では、馬は犬やヘビと同じように、死者が住む地下世界の動物とされている。またこの聖者は子供をむさぼり食うとされているが[★101]、サンタクロースに会うためクリスマスに子供を連れてデパートにくり出す母親達は、そんなこととはつゆ知らぬ。オーディン＝ウォドンのキリスト教版といえる聖ニコラウスは、一二夜を生者と共に過ごそうと地下から飛び出してくる死者の魂を無慈悲に狩り集める。北欧の伝承にはこれとよく似た話が数多く見られるが、ペローの『赤頭巾ちゃん』もその流れを汲むものだ。[★102]

民俗伝承に登場する犬頭のトマスのモチーフと、彼の手から逃れようとする子供達が隠れる木々のモチーフは、東南ヨーロッパの中世叙事詩や現代の民俗伝承にさかんに登場する。それは「犬頭族」にまつわる一群の伝説であり、バルカンからバルト諸国にかけて、東欧の広い帯状の地域に広がっている。現在も語られるこの民俗伝承の起源は、オスマントルコが東ヨーロッパに侵入した一五世紀にさかのぼる。じつのところ、犬頭人にまつわる民間伝承のなかでくり返し登場するのは、彼らが悪鬼のような犬頭のトルコ人であり、キリスト教徒の女子供をさらい、閉じ込め、食べてしまうという話だ。犬頭人とトルコ人を同一視するこの現象については次章で検討したい。[★103]

6　新しい日の誕生を祝福する犬頭のヘルマヌビス

古代ギリシア人にはシリウスは恐ろしいものであったが、古代エジプト人にはまったく逆の存在だった。その理由は単純だ。真夏の犬星（ソティス＝シリウス）が太陽の直前に昇るヘリアカル・ライジングが、エジプトの命の源であるナイルの氾濫と時を同じくして起きるのだ。[★104] そこでソティス（シリウス）は、冥界への案内犬アヌビスや、生命の再生と豊饒の神オシリスと同一視された。[★105] ソティスの現れと共に起きるナイルの氾濫が生命の再生をもたらすように、これらの神格はつき従う者達を死を越えた新たな生命へ導くとされた。

夜明け直前のソティスの出現は、エジプトに新年を告げ、一年の変わり目がやってきたことを知らせるだけでなく、それは天と地の変わり目でもあり、時そのものの変わり目でもあった。後にプラトンが「完全なる一年」と名づけた、古代エジプトの一年であるソティス周期は太陽暦の一四六一（四×三六五・二五）年に当たるが、その名は最初にくる

星であるソティスにちなむものだ。そこでソティス周期は「犬の一年」とも呼ばれた。[★106]

一年が偉大なソティス周期に拡大されたように、一年は一日の経過にもなぞらえられた。古代エジプトのシステムでは、天空の太陽の一日の動きが一〇度ずつ三六のデカンに分けられている。ここでもまた、シリウスは犬頭神アヌビスとしてデカンの最初に据えられている。

ヘレニズム期にアヌビスは、同一視されたギリシアの神ヘルメスと混じり合い、第一番目のデカンはヘルマヌビスと呼ばれるようになった。デカンの最初にくる者として、この神は新しい一日の夜明けを告げたのである。この神がシリウスと同一視されたのは明らかで、新年の最初の朝、この輝かしい星が姿を現す地平線上あるいはそのわずかに下の位置は、まさしくこの世に太陽の光が差し込む入口に当たる。またヘレニズム期には、死者や新たな入信者を新しい生へ導く者として崇められた、犬あるいは犬頭の聖者達がいた。前一世紀頃、地中海世界に現れたミトラ神崇拝では、三つの頭を持つセルベラスが新たな入信者を光明のなかに再生させる重要な働きをした。[★107]三本の角を持つヘルメストリスメギストス（三重に偉大なるヘルメス）は、アレクサンドリア神話でも同じような地位を占めている。グノーシス派のセクトのアルコーン達と同じように、星の魂であり、遊星の支配者であるデカンの神は、獣の姿をしたり、動物の頭を持つ神であった。前に述べたように、犬頭のヘルマヌビスは、犬の頭を持つギリシアの冥界への案内者ヘルメスと犬星シリウスが合体したものである。[★108]（図03）

このヘレニズム期の合体者を生むうえで、誰より大きな貢献をしたのはエジプト人である。ミトラ信仰の時代にも盛んに語られたイシスとオシリスの神話では、アヌビスは偉大な神の二人の息子の一人とされ、ジャッカルまたは犬の姿で描かれた。信仰の中心だったアビドス（☆エジプト南部、ナイル川の左岸テーベの南の古代都市）の墓石に刻まれた、「美しきウプワウトを初めて見るのは別れ（すなわち死者の復活）の時である」という言葉も同じ文脈にある。ウプワウトもまた、狼ないしはジャッカルであり、その名前は「道を開く者」という意味だ。ピラミッド文書（六七〇年）の

図03——アヌビス神に守られる、死んだ人間とそのミイラ（細部）。3世紀のもの。パリ、ルーブル美術館、コプト芸術室蔵。写真撮影 = Antonio Beltran-Hernandez

図04——太陽を崇める4人の犬顔の怪人。およそ紀元前1250年頃、エジプト、ルクソールにある第19王朝、ラムセス2世のオベリスク南面より。パリ、ルーブル美術館、エジプト室（D.31）蔵。写真撮影 = Antonio Beltran-Hernandez

なかに、死者をジャッカルの海を越えて新しい生へと導くのも彼だとある。[★109]

リコポリスでアヌビスは「道を開く者」と呼ばれ、ソティス＝シリウスとして姿を現すことにより、年の初め、一日の初めに、オシリスのために道を開いた。[★110] そこでこの章のはじめに登場した、ランプを掲げたあの犬頭の巨人、聖クリストフォロスが想起される。聖クリストフォロスの名前は初期のヨーロッパの聖者伝以来、「キリストを背負う者（ギリシア語でクリスト＝フォロス）」と説明されている。だが彼の名前には、「キリストに道を開いた者」という別の解釈もある。果たすべき役割と合致するこの名前は、ヘルマヌビスの場合とよく似ている。[★111]

犬または犬星と密接な関連を持つ中世のキリスト教の聖者は聖クリストフォロスだけではない。他にもドミニクス、ヤコブ、キュキュファ、ギニェフォールなどを挙げることができる。ドミニクスはドミニコ修道会の創始者で、伝説では、母親が口にたいまつをくわえた小さな犬を子宮に宿した夢を見て生まれたという。クロード・ゲニェベの輝かしいラブレー研究、『A plus hault sens』によると、犬の口のたいまつは大犬座の口のなかのシリウスを表すという。ドミニコ会の祭日は八月四、五、六日である。[★112]

上記の他の三聖人のうち二人の命日は、聖クリストフォロスの祭日であり、シリウスが太陽と共に昇る日でもある七月二五日である。その一人ヤコブがたどったコンポステラ（☆スペインのサンチアゴ・デ・コンポステラ。サンチアゴはスペイン語で「聖ヤコブ」。コンポステラはラテン語で「星の原」）への伝道の道は、中世でもっとも人気の高い巡礼道であった。またゲニェベによれば、古代社会の西の果て、ガリシアの西岸にあるコンポステラの聖ヤコブの教会は、異教の地がキリスト教化されたものだ。コンポステラへの「星の道」は日没の場所、すなわち死者の国へ向かう道筋である。それは、西に沈もうとする太陽がくぐる門であり、犬星シリウス、プロキオンを主星とする大犬座と子犬座に護られる天の川の地上版だ。七月二五日には、コンポステラの聖ヤコブが死者の魂に天国への門を開く。[★113]

聖キュキュファCucufatと聖ギニェフォールGuignefortの名前は、低ラテン語のcania（犬）という共通の語源を持ち、この語から、Guigne-、Quinquen-、Cucu-、などの接頭語が生まれている。この二つの名前が関連しているのは明らかで、QuinquenfatはCucufatの変形である。Cucufatについては、アフリカの隠者で聖クリストフォロスの案内役を務めたこと、祭日が聖クリストフォロスと同じ七月二五日であること以外、ほとんど知られていない[★114]。

一方、聖ギニェフォールの伝説はさまざまに発展し、ウェールズからタイに至るまで、数多くの似た話が残されている。宗教裁判官のエティエンヌ・ド・ブルボンが書きとめた一三世紀のキリスト教伝説によると、ギニェフォールGuignefort（強い犬）とは、主人の息子の命をヘビから救った後で、理不尽にも主人の手で殺されたグレイハウンドにほかならない。聖ギニェフォールは聖者の列に加えられてはいないが、南東フランスやヨーロッパのその他の地方では、今世紀に至るまで子供の病気を癒す聖者として崇められている。「偉大なる聖ギニェフォール、われら、生きても、死しても」という彼の銘は、聖クリストフォロスのそれを思い起こさせる。彼の祭日は一般に土用の終わりの七月二二日とされている[★115]。

さて、エジプトの伝承に戻ろう。オシリスのために道を開き、ナイル川の氾濫と共に生命あるものに活力を吹き込むアヌビス信仰の中心地は、リコポリス、シノポリス、デンデラである。最後のデンデラは、むろんかの有名なデンデラの黄道十二宮（☆デンデラにある教会の装飾として描かれた。現ルーブル博物館所蔵）の故郷である。この黄道十二宮は、デカンのシステムを描いたもののなかでもっとも偉大なる記念碑的作品であろう[★116]。さてアヌビスは、そもそもはジャッカルであったが、一一世紀までには犬あるいは犬頭人に変容していた[★117]。また古代の著作から、エジプト人は犬（エジプト原産のグレイハウンドであろう）を崇拝していたことがわかる[★118]。だが同じ著作では、犬頭族の国はエチオピア――エジプトからナイル上流へとさかのぼった場所――だとも述べられている。とはいえ、そこでは犬頭の人間でなく、一種のヒヒ（Simia hamadryas）とされる（☆ヒヒはまた、「犬猿」とも呼ばれている[★119]）。

エジプトのアヌビス（オシリスに道を開く者）伝承や犬頭ヒヒの伝承が、エチオピアの『ガドラ・ハワルヤト』で一応の完成を見る、犬頭聖人の体系の第一歩になったことは疑いない。
エジプトの『死者の書』と新帝国時代の碑文のなかに、このヒヒについての魅力的な言及がある。そこで用いられたヒヒを示す聖刻文字《ヒエログリフ》は、「東洋の魂」を表す文字と同じものだ。[★120]（図０４）上エジプトにある、ラムセス三世のマディーナト・ハーブ神殿に次のような碑文を読むことができる。

この偉大なる神がドゥアトの時間に生まれる時に、太陽の先触れをするのは犬頭の猿である。太陽が生まれると、彼らは太陽の前に現れる。この神が東の地平線に姿を現す時、彼らはこの神の二つの神殿に現れる。

また『日の書』にはこのように書かれている。

東洋の魂達とは太陽を崇める四体の神である。
東の地平線のかなた、天空の四つの扉の掛金を開き、
太陽を昇らせるのは彼らだ。
その時、光が二つの神殿に差し込む。
彼らは日々外に出て、昇る太陽を迎えるのである。

さらに、ラムセス六世の墓には太陽の毎日の通り道を示す彫像があり、犬頭の猿がレー（☆太陽神ラーの別称）の新たな誕生を祝う賛歌を歌っている。また、そこには次のような言葉が刻まれている。

その神々の名はベンチュ
そして都はプント
彼らはウテネットと呼ばれる、東の海に近い、「猿顔」の国よりきたる。
東の地平線が彼らの住まい。

「猿顔」を示す聖刻文字（絵文字）としては、ヘロドトスが『歴史』のなかでこれらの猿を表現するのに用いたギリシア語のkunokephaloi（Cynocephali=犬頭人）にそのまま対応する文字が使われている。プントはソマリアの海岸であり、その東の端がグワルダフィ岬（現アシール岬）である。[★121] そこは世界の果てであり、あけぼのである。聖クリストフォロスの魂の祖先達は、輝かしい未来がくることなどつゆ知らぬまま、声をあげ、飛び跳ねながら、その地で本能的に新しい日の誕生を祝福していたのである。

第3章

犬頭人種族の群れ

野生の力の象徴、野人

1 古代の地理学者達による犬頭人の研究

ヨーロッパの歴史を通じ、きちんとした名前を与えられるという栄誉に浴した犬頭人は、レプロブス・クリスチャン・クリストフォロスただ一人である。とはいえ、『ガドラ・ハワルヤト』をはじめとする資料が示すように、クリストフォロスは犬人《ドッグマン》種族全体のほんの一人にすぎない。だが現代でも怪物や敵対者やよそ者などは、ほとんどつねに名無しの群れとして扱われている。たとえば今世紀を見ても、人は敵対者をクラウト（☆ドイツ人への蔑称）、ジャップ、アカ、黄禍《イエロー・ペリル》（☆東洋民族への蔑称）などと罵ったし、アメリカ国内でもスピック（☆スペイン系への蔑称）、ウォップ（☆イタリア系への蔑称）、ニガー、カイク（☆ユダヤ系への蔑称）、それにもちろんあのワスプ（☆アングロサクソン系で新教徒の白人を指す）などの言葉が使われた。こうした戯画化は個人としての存在を埋没させてしまう。映画産業が生み出すキャラクターにも同じことがいえる。地球征服を狙うエイリアン、宇宙からの侵入物ブロブ、遊星からの物体X、狼男――これらはどれも名前がない。ごくまれに、名無しという呪いから解放され、名前を授かったり（ドラキュラ、キングコング、ゴジラ）、何とかイニシャルだけでもつけてもらえる者（E・T）がある。名前がつくと親愛の情がわく。名前を持つことは、人間の領域に所属するための大事な要素なのである。

古代からヘレニズム、中世を通じ、ヨーロッパでは無名の犬頭の怪物は、現代の土曜の昼興行《マチネ》の悪役や怪物と同じように、「魅惑（ファスキナンス）と畏怖（トレメンドゥム）」（☆人間が心の深奥にある元型にふれる時、この根源的魅惑と恐れを感じるとされる）の間の判然としない境界に存在した。だが古いヨーロッパが向けた興味の両極は「アジア志向」と「アテナイ志向」であって、[★001]名無しの群れが住む場所は現代のような宇宙などでなく、地図に記されていない彼方の海や荒野であり、それらはすべて東方にあるとされた。

すでに述べたように、犬頭人とされた聖者や使徒達はみな、世界の南端であるエチオピアか東端であるインドで布教活動を行っている。というより、古代人や中世人はこの二つの地域を一つと考えていた。だからこそホメロスは、アフリカの「エチオピア人」（日焼けした顔の者達の意）ともアジアの「エチオピア人」ともいったし、ヘロドトスはインドについて記した現存するギリシア最古の書物で次のように述べてもいるのだ。「インド人はすべてエチオピア人とよく似た顔の色をしている。彼らが放出する子種は白でなく、肌の色と同じ黒である。エチオピア人も同様の子種を放出する[★002]」。ヘロドトスの記述によって、インドとエチオピアは一つの地域と考えられるようになった。アフリカの角とアラビア半島とインド亜大陸は一つの陸地であって、それぞれは上部インド、中部インド、下部インドと呼ばれた。

ヘロドトスからやや下り、マロスのクラテス（☆世界最古の地球儀の作成者とされる）が既知の世界を赤道にそって広がる海と、両極を結ぶ海とによって四つの陸地に分ける概略的な地図を作った。北半球の二つの陸地はオイコウメネとペリオイコイで、南半球には「インド」があり、それはアントイコイとアンティポデスに分かれている[★003]。この古代の世界像は中世の世界観へと引き継がれていく。セビーリャのイシドルスは、教父達の地理学の決定的な拠り所となった『語源録』で、海に囲まれた円盤状の世界を形と大きさの異なる三つの部分に分け、この世界の中央にエルサレム、西にヨーロッパとアフリカ、東にアジア、そして世界の果て、すなわちインドの東端にエデンの園をおいた[★004]。

中世の教会を媒介に、ヘロドトスの描いた世界像はその後ほぼ二千年にわたって機能し続けたが、ヘロドトス後の二世紀間にヨーロッパにもたらされた新たな記述によって、地理的世界像はさらに広がりを見せた。クニドスのクテシアスやメガステネスの記述、アレクサンドロス大王のインド征服年代記などがそれである。新たな知識が加わっても、インドとエチオピアは依然として一つの地域とみなされたが、「インド」が怪物や驚異に満ちあふれた国の代名詞となった反面、それ以前の伝承を受け継ぐ「エチオピア」の影は薄くなった。

ギリシア古来の伝承は犬頭人キノケファロイを悪鬼としているが、ヘロドトスの見解はそれに影響されたものであろう。この種の犬頭人はアイスキュロスの『縛られたプロメテウス』[★005]やアリストファネスの『騎士』[★006]にも登場する。ヘシオドスはヘミクネスという名前を出しているが、これも似たような生き物であろう。[★007]クテシアス以降、犬頭の怪物に関する引用は増加し、今世紀に至るまでギリシアやスラブの民間伝承にその位置を占めている。[★008]

ヘロドトスがキノケファロイをヒヒ（Simia hamadryas）としたことで、犬頭人伝説におけるエチオピアの地位は高まっただろうが、彼の貧弱な言及など、クテシアスの『インド誌』に見られる幻想怪奇な描写を前にすれば顔色を失ってしまう。クテシアスの『インド誌』は紀元前四世紀の末に書かれたが、東洋のさまざまな驚異を記すと共に、インドにおける千年も前からの犬頭人伝説を初めて紹介するものともなった。その内容は後代の著述家による断片的な引用によって伝えられるだけであるが、九世紀のギリシア人でコンスタンティノープル総主教であったフォティオスの『万巻抄』に抜粋引用された内容は、そのもっとも有名かつ詳細なものである。以下に記すのは、彼が要約した『インド誌』の一九章から二三章までをさらに短くまとめたものである。[★009]

またインディアを貫流する川もある。たいして長い川ではないが、幅はおよそ二スタディオンもある。名前はインドの言葉で「ヒパルチョス」、ギリシア語の意味は「万物の運び手」[★010]である。毎年三〇日間、この川は（その流れで）琥珀を運ぶ。インド人の言い伝えによれば、山のなかには川に張り出した木々があって（この川は山から流れてくるのだ）、ある季節になるとこの木々が涙を落とし、……それが川のなかで固まって琥珀になるのだという。この木はインドの言葉で「シプタチョラス」と呼ばれ、ギリシア語でいえば甘いとか気持ちよいという意味になる。こうしてインド人は琥珀を集めるのだ……。

付近の山には犬の頭を持つ人間（anthrōpous……kunos echontas kephalēn）が住んでいるという。獣の皮で作った衣服をまとい、言葉は話さず犬のように吠え、その声で互いを確認する。その歯は犬の歯よりも強く、爪は犬のそれに似ているがより長く、曲がっている。彼らはインダス川に至る山中に住んでいる。肌の色が黒くて正義感のきわめて強いところは、彼らの取り引き相手であるほかのインド人と同じだ。インド人の言葉は理解できるが、話すことはできない。自分の意志は、叫んだり、手や指の動きを使って伝える。インド人は彼らをカルストリオイと呼んでいるが、その意味はギリシア語でキノケファロイ（犬頭人）である。[★011] この種族の数は一二万に達する……。

　山に住む犬頭人は仕事をせず、狩りで暮らしを立てている。仕留めた獲物は天日で焼く。また、羊や山羊やロバを飼い、羊の乳をそのままあるいは発酵させて飲む。「シプタチョラス」の実も食べる……彼らはギリシア人が乾しブドウを作るように、果実を乾燥させてフルーツ・バスケットを作る。犬頭人達はいかだを組んで、千タラント分もの乾燥果実、紫染料、琥珀を積み込み、毎年インドの王に献上する。ほかにもさまざまな品物を運び、インド人相手にパンや小麦粉や綿の衣服と交換する。また野の獣を狩るための剣や弓や投げ槍を買う。戦いにおいては無敵である。敵の近づきにくい高い山に住んでいるからだ。王は五年に一度、三〇万の弓、三〇万の投げ槍、一二万の軽い盾、五万の剣を彼らに与える。

　この犬頭人は家を持たず、洞穴に住む……。女達は月に一度、月経の時に水浴するが、その他は水浴しない。男達は水浴はしないが、手は洗う……。男も女もできるだけ薄くなめした獣皮の軽い服を身につけている。寝台はなく、木の葉を敷き詰めてその上で寝る……。男にも女にも犬のような尻尾が生えているが、犬のものより長くふさふさとしている。[★012]

　女と交わる時には犬のように四つん這いになる。ほかの姿勢で交わるのは恥ずべきことなのだ。彼らは正義を重んじ（dikaioi）、人間のどの種族よりも長寿（makrobiōtatoi）である。寿命はおよそ百七〇歳で、二百歳まで生きる者もいる。

この犬の顔を持つ小柄で黒い肌の山岳部族——琥珀を集め、果実を乾し、小さな投げ槍を持ち、太陽の熱で肉を焼き、木の葉を集めた上で眠り、質素な衣服をまとい、何より正義感が強くて驚くべき長寿を誇る部族——は、（ヘロドトスがそこに位置づけたまま）世界の東端を活動の舞台にしている限り、ヨーロッパ起源の「高貴なる野人」（☆ロマン主義文学で理想化された素朴で勇敢な原始人像）そのものであった。[★013]

ここで、紀元前四世紀の哲学者シノペのディオゲネスを祖とする、キュニコス派の名称の起源（kunikos = 小さな犬）を想起する人もいよう。ディオゲネスと弟子達は厳格な倫理を唱えながらも、公衆の面前で犬同然に振る舞った。さらに重要なのは、クテシアスによって記された諸々の不思議な事物が、古代世界（東洋、西洋とも）の歴史に直接的な影響を与えたことだ。マケドニアのアレクサンドロス大王も彼の記述に触発されて遠征の途につき、前三二六年にはインダス川の岸にまで到達する。[★014]

アレクサンドロス大王に随行した者達が書き記した遠征記や旅行記は、萌芽の兆しを見せていたヨーロッパ人の東洋神話に対する興味をかきたて、それがさらに東洋への探険を促し、こうしてかの地の不思議な事物がさらに知られるようになった。[★015] アレクサンドロス大王の初期後継者としてもっとも重要な人物は、前三世紀初め、マウリア朝の開祖チャンドラグプタ王の宮廷に寄宿したメガステネスである。セレウコス一世の使節としてインドに渡ったメガステネスの記述は、後代の文献中の引用を通じてしか知ることができないが、彼はインドの神話を民族学と混同し、犬頭人種族の伝承もそれらの名前をカルストリオイからキノケファロイと変えて受け入れた。メガステネスは諸々の不思議な事物を直接目撃した者と考えられたため、彼の記述には太鼓判が押され、その後千八百年にわたって威光を放ち続けた！

ヘレニズム時代に、不思議な事物や怪物の分類をさらに進めた異教徒の著述家や著作を挙げれば次のようになる。アエリアヌス（二世紀。『動物の性質について』）、エラトステネス（前三世紀）、ストラボン（『地理書』一九年完成）、アウルス・ゲリウス（二世紀。『アッチカの夜』）、プリニウス（『博物誌』七七年完成）、プトレマイオス（二世紀。『地理学』）、氏名不祥のエジプト人が書いた『生理学』（二～五世紀）、ヘレノポリスのパラディオス（『ヒストリア・ラウサイカ』四二〇年）、ヘラクレアのマルシアン（『ペリプルス・マリス・エリュテレウム』六世紀初）、そして『怪物書』（五～六世紀）などである。[★016]

ヘレニズムの著述家のなかで、誰よりも多くの――だが鵜呑みにした引き写しが多い――記述を残し、不思議な事物や怪物の伝承を伝えようとしたキリスト教徒の著述家達に、多大な影響を与えたのは（大）プリニウスである。ストア学派の彼が百科全書的著作を著した目的は、「人間には奇蹟としか思えない特異な事象を生む自然の戯れ」[★017]を記述することであった。怪物の住む場所をインドとエチオピアに定めた彼もまた、前代や後代の著述家と同じように、この両地域を一つのかたまりと考えていた。彼は犬頭人の描写において、インドの種族についてはクテシアスの記述を忠実に踏襲したが、エチオピアの種族についてはクテシアスの記述に他の文献内容をつけ加えている。それが、彼がシナモルギCynamolgiと呼んだ、犬の乳を飲む犬頭人である。次章で述べるように、プリニウスの記述は、他の犬頭人よりも、インドのCynamolgiに関して、より真実に近かったといえよう。インドの叙事詩や『プラーナ』（☆古代インドの神話、伝説、王朝史が記されたヒンドゥー教の聖典）では、アウトカーストは一般に、「犬の乳で育つ者」という意味の言葉（Śvapāka=シュヴァパーカ）で呼ばれているのだ。[★018]

犬の頭を持つエチオピア人のほかに、プリニウスはガラマンテス（現在のリビア）の王についてもふれているが、この王の軍隊には「犬兵士」という、何と本物の犬からなる部隊があったという！[★019] 彼はまた西アフリカにカナリイCanarii（犬人間の意）という種族がいたと書く。ここで彼は、ナイル川の谷に住み、犬を王に戴いていたと噂されるプトエンファニPtoemphaniという人々についての、前三世紀の記述を持ち出している。アフリカ大陸西岸の海に浮かぶ

カナリア諸島（犬諸島）については、この章の後半で論じることにしたい。[★020]

2 『アレクサンドロス大王伝説』と犬頭人の変容

中世の犬頭人伝承に何より強い影響を与えたのは、クテシアスでもプリニウスでもなく、『アレクサンドロス大王伝説』であった。アレクサンドロス大王の冒険伝説を書いたのは偽カリステネスとされている。この作者にこんな名前がついたのは、当初、この伝説を書いた四世紀以前の作家とは、大王の遠征に随行したアリストテレスの甥のカリステネスであると誤信されたからだ。[★021]

アレクサンドロス大王は多くの怪奇な種族と遭遇するが、そのほとんどが、偽カリステネスの書いた伝説の第三巻に登場する。じつはこれはヘレノポリスのパラディオスが五世紀に記した『ヒストリア・ラウサイカ』――この書はクリタルクス、メガステネス、オネシクリトスを拠り所としている――の記述を借用したものだ。[★022] 中世には史実と信じられていたこの伝奇物語は、犬頭人伝承に新たな二つの重要な要素を加えた。まずは、犬頭人部族が好戦的で、時には食人も行う巨人族に仕立て上げられたことであり、二つ目は、間接的にではあるが、スキタイの女戦士アマゾンとの関わりが初めて生じたことである。さらに、文明世界（oikoumenē）は、西のカフカス地方からアジアを通り、インドの東の海に達する一本の山脈により、北の蛮族と隔てられているという古代人の考えは脚色され、アレクサンドロス大王が蛮族を「閉じ込めた」物語に発展する。中世には、この蛮族とはサタンに惑わされ神の国を攻撃したゴグとマゴグの軍勢であると信じられるようになった。[★023]

偽カリステネスによる『アレクサンドロス大王伝説』[★024]は四世紀前にアレクサンドリアで書かれ、その後中世の一大ベストセラーとなった。ギリシア語の原本はすぐにラテン語（四世紀）、アルメニア語（五世紀）、アラビア語（一〇世紀）、さらにパーレビ語（六世紀）、シリア語（七世紀）、エチオピア語（一三世紀）へと、翻訳に翻訳が重ねられていった。ヨーロッパでもっとも有名な翻訳版はナポリのレオの『マケドニア人アレクサンドロス大王の生涯』であり、典拠の疑わしい『アリストテレスに宛てたアレクサンドロスの手紙』（八〜九世紀）とあいまって、各地に伝播したアレクサンドロス大王伝説の元となった。[★025] アレクサンドロス大王伝説は、さまざまな形で中世の怪物的種族伝承を伝える役割を果たし、そうした種族を教化するために、はるかなる地へと赴いたアンデレやバルトロマイの聖人伝説にまで大きな影響を与えるのだ。

　アレクサンドロス大王伝説とそれにまつわる架空の物語は、翻訳を重ね、新版が現れるたびに小説的要素が加えられ、ますます奇怪さを増幅させていった。さらに、東ヨーロッパや中央アジアから蛮族が侵入するたびに、アレクサンドロス大王伝説中の怪物名は彼らの名前に取って代わられた。こうして、アレクサンドロス大王伝説中の犬頭人種族は、スキタイ、パルティア、フン、アラン、アラビア、トルコ、モンゴル、さらには実在、架空を問わず、さまざまな民族や種族と次々に結びつけられていった。[★026]

　こうした合成作業の代表例は、イギリス人聖職者ケントのトマスが一三世紀に記した『全騎士物語』であろう。トマスは、偽カリステネスやプリニウスの『博物誌』などをはじめとする多くの書物を基に、中世ヨーロッパに知られていた東洋の怪物や驚異を総登場させて物語を作り上げた。物語は「実在の人物アレクサンドロス大王」のインドにおける活動と絡めながら、驚異の長寿国、「女支配者の国カンデア」、魚食民の国《イクティオファゴイ》、「半犬半人族」、スキアポデス（影足）、「五歳で子を産む女達」、「人を食うゴグとマゴグ」、「モグラとネズミを食う種族」、「人と犬を食うトルコ人」、「アマゾン族の二人の女王」、ゴグとマゴグと戦って、彼らを閉じ込める話などを散りばめる。「エチオピア」の場面では、「犬を王に戴く種族」、さまざまなエチオピアの怪物、そしてもちろん、アマゾン族の女王とされるカンダケとのやりとりが語られる。[★027] 怪物の姿が変転するなかで、犬頭人種族は怪物的種族として確固とした存在であり続け、しばしばアマゾン族と一緒にいる、あるいは対置される間柄として描かれる。

　アレクサンドロス大王が犬頭人種族と出会ったとされる地域はさまざまに伝えられている。偽カリステネスのある版では、インド遠征の帰途に遭遇しているが、ナポリのレオの『マケドニア人アレクサンドロス大王の生涯』ではインド東端の川の岸とされ、アルメニア語版では彼らは「トロス山脈を越えた、メディアの砂漠の反対側」のどこかに住んでいるとなっている。またエチオピア語版では、アレクサンドロス大王は「臭い海」と「暗闇の国」の間の世界の果てで犬頭人種族の噂を聞いたとなっており、大王は会う人ごとに、「地の果ての向こう」に住む者達が本当にいるのかと尋ねている。すると、こう答える者がいた。「はい、おります。TaftasあるいはNagâshâwîyânという名の、顔が犬そっくりの者達です……。険しい山々が続く連中の国に入った者は一人もおりません。この高い山々の頂きには、天と地の間にあるという楽園が広がっているそうです[★028]」

　類書のなかでもっとも新しいこの書物には、東方のエデンの園、（ヘロドトスがインドの向こう岸だとした）太陽が昇る東の海、高い山や地の果てに住む犬頭人種族など、数多くの神話の地理的モチーフをかき集めている。複雑に絡み合ったこれらのテーマについては、後に再び論じるとしよう[★029]。

　偽カリステネスの現存する多くの版に共通しているのは、アレクサンドロス大王が人食いの犬人族を激戦の末に打ち負かした話である。

> 　われわれがたどり着いたその場所には、嬉しいことに豊かな泉がわき出していた……。九時か一〇時頃、山羊のように毛むくじゃらの男が一人、目の前に現れた。獣のようなその姿に、私は身も凍るほど驚いた。こともあろうに、男はこちらに向かって物凄い声で吠えかけてきた。私は男をつかまえることにした。まず女に衣服を脱いでそばに行くよう命じた。肉欲には勝てないだろうと思ったのだ。ところが男は裸の女をつかんで遠

くへ逃げると、女の体に食いついた。家来達が女を取り戻そうと追ったところ、男はうなり、分厚い舌で奇妙な声を上げた。すると、その声を聞きつけた無数の仲間が藪から飛び出して襲いかかってきた。われらの軍はたったの四万。私は藪に火をつけさせた。男達は火を見ると、一目散に逃げ出した。われわれは後を追い、四〇万人を縛り上げた。だが男達は食べ物を口にしようとしなかったため、残らず死んでしまった。連中には人間の理性などなく、激しく吠えるさまは犬のようだった。[★030]

同じ偽カリステネスの版（B）によると、（エチオピア語版同様）アレクサンドロス大王はその後暗闇の国を通り抜け、世界の東の果てにある楽園に到着する。「天使達」に追われるようにして楽園を出たアレクサンドロス大王は、トロス山脈を越える途中、蛮族を北の砦に閉じ込めるため、高くそびえる二つの山の間に巨大な鉄の壁門を建設する。こうして北の果ての向こうに追いやられた二二（一二あるいは二四ともいわれる）の種族のなかには、例の「キノケファロイという人食い種族」も含まれている。また、アマゾン族やその他の中央アジアの部族名も見出すことができる。[★031]

一人の英雄が谷をふさぎ、野蛮と文明を隔離するというイメージは確かに強力で、何世紀にもわたり多くの伝説に受け継がれた。また、この挿話は文章で記録されただけでなく、多くの芸術家の創作意欲をも刺激した。「累壁を構築するイスカンダー（アレクサンドロス）」と題された一四世紀のペルシアの細密画には、アレクサンドロス大王の壁門が見事な芸術的表現で描かれている。そこには未開地と文明社会との落差が一目瞭然だ。壁のこちら側では、色鮮かな衣服の男達が、炉や梃などを使って壁を築いているのに対し、壁の向こう側には木の生えていない灰色の山々があり、茂みの陰にかろうじて見えるのは、周囲の木や草にまぎれた、人間に似た毛むくじゃらの生き物のうずくまった姿だ。[★032]（図05）

アレクサンドロス大王の壁門が築かれた場所は、中世の著述家達にとって永遠のテーマであった。それ以前の伝承では、荒々しく、時には人食いも行うスキタイ人はカフカス山脈の北にいるとされていたし、そのカフカス山脈もヒンドゥークシュ山脈と共にトロス山脈の一部と考えられたため、アレクサンドロス大王の壁門の位置は、①現在のテヘランから少し北のダリエル峠。②カスピ海西岸に近い、カフカス山脈のデルベンド峠。③パミール山系（バクトリアとサマルカンド間）にある鉄門（☆ドナウ川がカルパティア山脈を貫く地点にできた長さ三キロほどの峡谷）。④北ヨーロッパあるいはウラル山脈。⑤モンゴル北方のバイカル湖地域、の五か所を行ったり来たりした[★033]。

北方のスキタイの人食い犬頭人伝承は、アレクサンドロス大王のこの挿話が脚色された中世に生まれた。だが一方では、クテシアスやプリニウスが記したインドとエチオピアの友好的な犬頭人伝承も存在し、これらは別々に、あるいは混ざり合って伝えられた[★034]。異教徒の犬頭人伝承を基に書かれた初期キリスト教の多くの文献中、アレクサンドロス大王伝説に酷似した内容を持つのは、アルメニア人かペルシア人とみられる偽メトディオスの『偽メトディオス黙示録』である（この書名の由来は、四世紀に殉死したパタラの司教メトディオスのものと誤信されたことによる）。偽メトディオスは、イスラム帝国ウマイヤ朝が近東やペルシアへの侵略を進めていた七世紀中頃に、シリアの『財宝洞窟の書』を基に終末論的歴史を構築した。アレクサンドロス大王に追放された蛮族を、キリスト教の神の名の下に、やがて大王の子孫の一人によって追放されるイスラム教徒になぞらえているのだ。『偽カリステネス』の基となったペルシア語とシリア語の資料は、偽メトディオスがアレクサンドロス大王と遭遇した蛮族を描写するために使った資料と同じものだ。彼によるアレクサンドロス大王の壁門の記述は、後に書かれるギリシア語版の『偽カリステネス』の基にもなったし、一二世紀に大反響を巻き起こす、でっち上げの「プレスター・ジョンの手紙」にも影響を与えている。中世のアレクサンドロス大王伝説がそうであるように、『偽メトディオス黙示録』でも、犬頭人種族はどうにも教化できない群れとみなされている。『偽メトディオス』のあらゆる翻訳にくり返し登場する犬頭人種族の名前は、ガラマンテス、アマゾン、そして「キノケファロイと呼ばれる人食い族」である[★035]。

図05——鉄の累壁を構築するイスカンダー（アレクサンドロス大王）。イラン最大の民族叙事詩『シャーナーメ』のデモット本からの複製。イラン1335～40年頃（no.S86.0104）ワシントンDC、スミソニアン研究所、アーサー・M・サックラー美術館の好意による。

だがキリスト教徒である偽メトディオスは、この西アジアの一連の伝説を神による救済の摂理の教訓に変えてしまう。彼は、前の時代や後の時代のキリスト教学者や歴史学者と同様に、怪物的種族の話を大洪水の後、すなわちノアの息子達がそれぞれの地に住み始める時代に設定した。そして数多くの伝承をこの一冊の問題作にまとめ上げ、アレクサンドロス大王を異教徒の帝国建国者から、キリスト教の神の尖兵に変身させた。★036

偽メトディオスの独創性——キリスト教史における名誉ある地位を彼に与え続けている独創性——は、一連の伝承を「トルコ」（それは同時にイスラム教徒でもあり、フン族でもあり、スキタイ族でもあった）の歴然たる勝利を否認するための「証拠」として物語った点にある。ヨーロッパはすでに数世紀も前からトルコの侵略に脅やかされていたし、キリスト教世界の要塞はその後も数世紀にわたって彼らの襲撃を受けた。

偽メトディオスは『財宝洞窟の書』からノアの第四子（☆実際には第三子までしかいない）のJonitus（またはYonton、Jonaton、Maniton）を借用し、ローマ教皇の命として彼を東方の「日の昇る国」へと向かわせるが、そこで描かれるJonitusの姿はバベルの塔の建設者であり、バビロンを支配した巨人族の祖でもあるニムロデや、ポンティプス（またはプントス）の支配者ハムを髣髴とさせる。また、こうした地名は「世界の果て」や、古代エジプトあるいはヘレニズムの伝承に出てくる犬頭ヒヒの都市を連想させる。★037

『偽メトディオス黙示録』には、ペルシアの名や地名が随所に散りばめられており、クリストフォロス、アンデレ、バルトロマイなどの聖者伝がそうであるように、（ときには人食いもするという）スキタイ族やフン族や犬頭人種族の描写において、パルティアの色彩が色濃く漂っている。偽メトディオスがいわんとするのは、「アレクサンドロス大王による幽閉を抜け出したトルコ軍の暴虐は長くは続かない。それは、ゴグとマゴグを最終的に打ち倒す前の『ほんの束の間』（『偽メトディオス黙示録』二〇・三）の出来事にすぎない」ということであった。この予言こそ、彼の著書の息長い成功の一番の理由なのである。★038

同時に、中央アジアの諸民族の運命をこのように予言することで、偽メトディオスはヨーロッパのいわば「要塞心理」にも一役買った。その結果ヨーロッパは、中央アジアの蛮族を打ち負かすべく、その後数世紀におよび十字軍や侵略軍を送り出すことになる。さらに彼の著書は、バルト海やバルカン半島地域に見られる二〇世紀の伝説物語の元にもなっている。たとえば来襲したモンゴルとの戦いをロシア側から描いた物語は、「世界の東の果て」に住む「犬鼻族」が東ヨーロッパを侵略する物語になっているのだ[★039]。次に記す二〇世紀エストニアの物語は、中世と現代の融合を示す格好の例である[★040]。

大地が終わり空が始まる世界の端に「犬鼻族」は住んでいる。そこから空に入る者がないように、大地の果てで見張るのが「犬鼻族」の務めなのだ……。「犬鼻族」は巨大な山の陰に住んでいる。この山は「犬鼻族」の地と人間の地の境界なのだ。やつらがこっちに入ってこないよう軍隊を配備しなければならない。すべての者の了解のもとに、ロシア軍がこの山の警備に当たるのだ……。もし「犬鼻族」が山を越えて来てしまったら、世界中の人間は一人残らずばらばらに引き裂かれてしまうだろう。やつらの力は途方もなく、太刀打ちできる者などいない。

人間の世界は破滅の危機に瀕している……。「犬鼻族」が山を越え、こちらの世界になだれ込んできたら、それが世界の終わりの時だ。だが恐れることはない。ロシア軍が毅然として山を監視する限り、勝利はつねにロシア軍にある……。

ある地域では……、山の見張りを続けるために、それぞれの町が相応の負担を行っている。どの町の人々も世界の終わりが決して来ないよう願っているのだ。それでも一度だけ「犬鼻族」が突如として山を越え、人間の世界を破壊しそうになったことがある。やつらがこの地を廃墟に変えようとした時、幸いにもすさまじい嵐が巻き起こった。猛烈なひょうがやつらを山の向こうへ追い返した。いまでは山の見張りはいっそう厳しく行われている。

3 世界の辺境に暮らすアマゾン族と共に

少なくともウェルギリウスの時代から、アマゾン族は「スキタイの女戦士」と考えられていた[★041]。これから見るように、中国や中央アジアの伝承のみならず、後のヨーロッパの伝承でも、この女戦士は犬頭人種族と深いつながりを持つ。アレクサンドロス大王伝説では、両者の関係は直接的なものでなく、単に併置される関係であるが、大王が怪物的種族との冒険を経験する前、あるいは後に、女王カンダケが統治するアマゾン族の国に入るという場面がしばしば現れる[★042]。

アレクサンドロス大王との手紙のやり取りに、カンダケは使者として自分の弟を派遣する。ギリシアのある資料によると、彼の名カンダウレスはリュディア語で「犬を絞め殺す者」の意味であり、彼らが犬や狼と何らかの関係を持つ種族であることを示唆する[★043]。女王カンダケとの束の間のロマンスはさておき、アレクサンドロス大王は遠征途中、犬族の男達との関わりを持つ数々の王国や女人族と出会う。ナポリのレオの『アレクサンドロス大王の生涯』の校訂版には、大王の軍がある川の手前の森に住む、髭をはやした毛深い女達と出会う場面が見える。また、彼らは川を渡る時に犬頭人種族と出くわし、それらを打ち負かす[★044]。

一三世紀、フランシスコ会修道士プラノ・カルピニは、タタール人（彼らに伝わるチンギス・ハーン伝説もアレクサンドロス大王伝説から一部を借用している）と、東の海の近くに人間の女と住む犬族の男達との激しい戦いを記している。似たような両者の関係は、ルーマニアに伝わるクックーとムグルの兄弟の物語にも見える。アレクサンドロス大王が犬頭人の住む北方の地を征服したが、その地では、犬頭人の牡が南の国に攻め入って人間をさらい、男は太らせて食い、女は王の妻にするという習慣があるという。クックーとムグル兄弟の助けを借りて犬頭人との戦いに勝利した大王は、美しい女達の国を発見する。だがそこは「女と男の役割が逆になった」国だった。ここを出発点に、大王は楽園の門への旅を始めることになる。★045

アレクサンドロス大王が相前後して出会った犬頭人種族とアマゾン族の住む場所は、この時点では、険しいトロス山脈の向こう側の、太陽が昇る世界の東端のごく近くとされている。中世世界では、西の果てにも似たような二種類の奇怪な種族がいると考えられた。すでに述べたように、プリニウスはアフリカ西部に犬人族がいるとしたが、じつはそれよりさらに古い伝承がある。少なくとも紀元前一世紀から中世まで、カナリア諸島（＝犬諸島）はヘスペリデス達（☆ギリシア神話の黄金のリンゴの園を守った姉妹）の園であり、「聖なる死者の地」でもあるとされてきた。ギリシア神話では、ヘスペリデスは夕べ（hespera）の娘達とも宵の明星（hesperos）の娘達ともいわれ、彼女達が守る不死のリンゴを奪うためにヘラクレスが「下りた」のも、この夕焼けと死者の赤い地であった。イベリアの赤い島にいるゲリュオネスの赤い牛と同じように、この園もケルベロスの兄弟である巨大な番犬オルトロスに守られていた。だがヘラクレスは一二の難業を成し遂げるために、このオルトロスも打ち殺す。ストラボンは死者の国をスペイン西部に位置づけ、バアル＝サターン、つまりヘラクレス＝メルクァルトの神殿もそこにあると述べている。ジャッカルの頭を持つエジプトのチェンティ・アメンチュがそうであるように、夜と死への入り口は、ここでもまた一匹の犬に守られているのだ。★046

このモチーフはケルトの伝承のなかでさらに広まった。六世紀のブレンダン伝説のなかで、カナリア諸島はさらに西の「聖なる島」とも考えられるようになる。一一世紀にラテン語で書かれた『ブレンダン航海記』によると、神の啓示を受けた西の島を「夢見た」ブレンダンはやがてその地を訪れるのだが、彼と仲間の修道士達は航海途中に立ち寄った島で、見たところ危害を加えそうもない犬に迎えられる。だがそこは「小さなエチオピア」の悪鬼が住む島だった。犬や豚の頭を持つ人間との出会いは、中世ドイツの古い写本に描かれている。[★047]

カナリア諸島は八世紀のベアトゥス図では「幸運諸島」と名づけられ、一三世紀のヘリフォード図では「ブレンダンの島」とされている。[★048] ブレンダン以前についていえば、異教徒のケルト人にとって、そこは西の海に浮かぶ楽園「シドの島」であり、かつ「女の島」、「リンゴの島」（アヴァロン島）でもあった。またアイルランドには、西方の海を渡ってやってきた侵入者「犬頭」族（Coinceann）の伝承が伝えられている。[★049] この「犬頭」族を退治したのは、クーフリン（Cuchulainn）――「フリンの犬」（cuはゲール語で犬）――という名の無敵の英雄である。彼は六歳のとき、襲ってきた鍛冶屋のフリン（戦いの犬）の猟犬を殺してしまい、罪滅ぼしのためフリンの「犬」になった。それ以来クーフリンは「自分と同じ名前の動物の肉」、すなわち犬の肉を食べてはならないとされてきたが、ある時偽られて犬の肉を口にし、無敵の力の源泉を失って死んでしまう。アイルランドには他にも犬頭人種族の伝承があり、犬頭人聖クリストフォロスの伝承も数多く残されている。[★050]

詳しくは後章で論じるが、これまで示してきたように、その他の犬頭人種族はアマゾン族と一緒に中央アジアに位置づけられていた。犬頭人種族とアマゾン族をカフカス山脈やカスピ海の北方の「フン族の地」に据えたヨーロッパの出典は、おそらくミティレーヌのザカリオスという司教が書いた六世紀シリアの『教会史』が最初であろう。[★051] だが中世の末になると、バルト海北岸がそうであるように、この「フン族の地」もすっかり通説として定着した。

一一世紀にブレーメンのアダムが記した『ゲスタ・ハマブルゲネシス・エクレシア・ポンティフィクム』には、中央アジアのさまざまな蛮族と共に、アマゾン族と犬頭人の結びつきがありありと描かれている。[★052]

バルト海に面したこの辺りにはアマゾンが住んでいるという……。[★053] 商人や捕虜や、この地では珍しくない怪物達の子を孕んでいる女もいるという……。生まれた子が男の性なら犬頭人に、また女の性なら飛び切りの美しい女に成長する……。この「アマゾン」は、男達と一緒に暮らすことはしない。男達がいい寄ってきてもはねつけてしまう。

犬頭人は胸の所に頭がある。[★054] ロシアでは何度も生け捕りにされているが、彼らの声は（吠える）音と（混じり合っている）……。彼女（アマゾン）達の国は犬が守っている。戦いの時がくると、アマゾンは犬の軍隊を整列させる。この国にはHususという顔が青白く力の強い巨人や、人間の肉を食って生きるAntropofagi（人食い族）がいる。他にもたくさんの怪物が見つかっている。信じがたい話だが、水夫達はごく近くで見たというのだ。[★055]

4 中世の地理学・地図製作・神学における怪物的種族

ブレーメンのアダム以来、犬頭人の男とアマゾン族の女が一緒に暮らすモチーフは、中世北ヨーロッパの地理学と地図製作に欠かせないものとなる。[★056] 中世末期には、バルト海地域もまた、犬頭人とアマゾンの昔からの居住地であると信じられた。そのため一六世紀スイスのある著述家は、アフリカに代わってポーランドのクラクフこそが怪物的種族の本拠になったと述べている。[★057] ヨーロッパの犬頭人伝承のほとんどを混ぜ合わせてゴッタ煮にした感のあるアダムの記述だが、アマゾンが生む男の子はすべて犬頭人だとした点は斬新だ。ヨーロッパのみならず、アジア全域、さらには日本や北米のエスキモーに至るまで、それは犬頭人伝承の一貫したテーマになっている。この現象に関するアジア独自の発展については後の章に譲るとし、ここではヨーロッパについてのみ見ていくことにしたい。

まず指摘したいのは、現在もなお、北ヨーロッパと東ヨーロッパの民間伝承に、古代ヨーロッパ固有の犬頭人のテーマが生き残っていることだ（アイルランドの話とルーマニアに伝わるクックーとムグル兄弟の物語はすでに述べた）。北ヨーロッパについて見ると、アイルランド、スウェーデン、ドイツ、ロシア、リトアニア、ラトヴィアなどの民話には、人間のお姫様が犬と交わる場面が登場し、その結果、ある特定の種族や人間が生まれるという話がある。また、エデンの園からアダムの肋骨を盗み出した犬のペニス（あるいは尻尾）から人間が生まれる話まである！[★058]

パウルス・デコヌスは、八世紀に著した『ランゴバルド王国史』（一・一一）のなかで、ゲルマン人であるランゴバルド族の軍隊に、生き血をすする獰猛な犬頭人戦士がいたと書いている。また、一四世紀にランゴバルド族を治めたキャングランデという王がいたが、この名前は「偉大なる犬」という意味だ。また、犬はランゴバルドの紋章にもなっていた。[★059]中世ヨーロッパでは、キャングランデ以外にも犬にまつわる名前を持つ王はいた。たとえば、スカンジナビアの『エッダ』（☆北欧の神話・詩歌集）やサクソ・グラマティクス（☆デンマークの歴史家。『デーン史』の著者。一一五〇頃〜一二二〇年頃）の著作には、Hundingus、Hundehoved（いずれもhundは「犬」）という名の王が出てくるし、スラブの伝承には、「犬頭」のKralj PesoglavとPes Markoが登場する。こうした王達は、何らかの形で犬をトーテム（族霊）とする部族（たとえばランゴバルド族）の支配者であったり、みずからを犬あるいは狼とみなして、戦いの時に犬や狼のように装ったり振る舞ったりするエリート部隊の指揮者であることが多い。アイスランドの『エッダ』では、HundingrをHundland（犬の国）の王としているし、一〇世紀以前に書かれたアングロサクソンの詩『ウィドシース』には、Hundingarは犬頭人種族であると述べられているし、ゲルマン族の友軍であった「狼人間」（ulfhednar）が、「半分犬である者」（halfhundingas）と共に戦ったとも書かれている。[★060]

五世紀以前のペス・マルコ関連の伝承を除き、東南ヨーロッパに伝わるほとんどすべての犬頭人伝説が、この恐ろしい人食い種族を一三世紀から一五世紀にかけてバルカンを征服したトルコ人だとしている。とはいえ、スラブの伝

図06a——インドとインドシナ（細部）。ジャン・ル・テスチュの『宇宙進化論』(1555)。ファイル28、犬頭族より。北のヒマラヤ山脈に囲まれた図中にブレミー、スキアポデス、ピグミー、「チャム、タタール全土の王」などが見える。パリ、国防省、陸軍歴史文献部蔵。

図06b——ニューファンドランド（細部）。ジャン・ル・テスチュの『宇宙進化論』。ファイル57。ここではアメリカ・インディアン（？）が犬、ライオン、猪などの顔をした怪物として描かれている。パリ、国防省、陸軍歴史文献部所蔵。

承に登場するpesoglavciは、実際にはトルコが入ってくる以前から有名な神話や伝説に登場していたようだ。ブルガリアやスロベニアの民話では、トルコ人は犬と人間の女が交わって生まれたとされているし、一九世紀のデンマークのある文献には、トルコ人は犬の頭をしたグループと豚の頭をしたグループとに分かれ、後者は人食いであると記されている。

　南スラブには、八人の息子とそれぞれの嫁、そのうえ孫達まで失って嘆き悲しむ老人を歌った民謡がある。犬の頭をした、人食いのトルコ人が全員をむさぼり食ったというものである。トルコ人と人食いの連想については6章でさらにふれたい[★061]。偽メトディオス以来、ヨーロッパのドッグマン伝承にはトルコが満ち溢れているのだ。

　すでに見たような土着の伝承が数多くあるにも関わらず、中世の地理学者や歴史家や神学者はこれらの怪物的種族を必ず世界の果てに位置づけ、自分達の伝承を無意識のうちに彼らに投影した。中世の地図作成は「歴史的」でもあり、類型的でもあったのだ。一方では、ヘレニズム時代や中世の著述家にならい、怪物的種族を地の果ての、「蛮族」の国のさらに向こうに位置づけながら、他方では、「ゾーン・マップ」の論理に従って、生理的にも生活様式においても極端な彼らを、焼けつくような日差しの南エチオピアや、凍りついた北の荒野といった、極端な気候の土地に位置づけもした[★062]。

　中世の地図制作者は、北部および南東部の伝承と、古代の地理学者から受け継いだ南部および東部の伝承とを組み合わせ、犬頭人種族の位置を世界地図の四隅の三つ――南のエチオピア、東のインド、北のスキタイに置いた[★063]。（図06a）やがて中世の終焉を迎え、新たな探険の時代が始まって、犬頭人種族ははるか西の新大陸にも「発見」されることになる[★064]。（図06b）

　中世の地図制作者が犬頭人種族をエチオピアとインドに位置づけた根拠は、すでに見た古代エジプトやギリシアの資料にあるが、北のスキタイに位置づけた理由については三つの説明が可能だろう。まずは、ヨーロッパのよく知られた犬頭人伝承は北の地に多かったこと。次に、『アレクサンドロス大王伝説』や『偽メトディオス黙示録』といった多くの人に読まれた本が、彼らの国はトロス山脈の向こうの、はるか北の地にあるとしたこと。そして最後に、中世の曖昧な地名が北と南を取りちがえてしまったことだ。九世紀以来、「エチオピア」という地名はカフカスの北、黒海とカスピ海の間の地を示したが、そここそは伝説のアレクサンドロス大王の壁門があるとされた場所なのである！[★065]

犬頭人種族を世界の南の果てのハムの国に位置づけた中世の地図には、一〇世紀のコトニアナ図やイティネラリウム・シゲリクス図、および、一三世紀のロンドン・ソルター図やエブストルフ図などがある。犬頭人種族を初めて北の果てに位置づけたのは七世紀のアエシクス・イステルの「宇宙図」であるが、彼は犬頭の聖クリストフォロスもこの北の種族の出だとしている。八世紀のベアトゥスや一二世紀のマインツのハインリッヒが作った地図、あるいは一三世紀のヘリフォード図やムスリムのカズウィニによる地図などもまた、彼らの住む場所を同じ地域に置いている。[★066]

だが、クテシアスや『アレクサンドロス大王伝説』が怪物的種族の住む場所を東の地としたことや、彼らがエデンの東に追われたアダムとイヴの子孫であるとされたことから、犬頭人などの怪物的種族をインドに探す者も多く、また実際にそこで発見されたという話も少なくなかった。中世を通じ、歴史家はエデンの園も世界の東の果てのインドにあると考えていた。一二世紀になって差出人不明の（おそらくは中央アジアのネストリウス派から出たものだろう）「プレスター・ジョンの手紙」が人々の噂になった。この手紙には中央アジアにカラキタイという強大な（キリスト教の影響を受けた）帝国が存在すると書かれていたが、典拠の疑わしいこの楽園の支配者が統治する帝国もまたインドにあると考えられた。[★067]

だが、探険や伝道や交易によって世界がしだいに狭くなると、犬頭人種族の住処は東洋のなかでもよりおぼろげな場所に置かれるようになった。一三世紀のプラノ・カルピニは、タタールの北に彼らを見出している。同じ世紀の末には、ベンガル湾のアンダマン諸島で犬頭人種族を目撃したと、マルコ・ポーロが書いている。[★068]（図07）一四世紀には、ポルデノーネのオデリックが同じくベンガル湾のニコバル諸島で、修道士のヨルダヌスがアフリカとインドの間の海で、さらにイブン・バトゥータがビルマで、それぞれ犬頭人種族を見つけたと書いている。次の世紀の末になると、東洋の驚異は新大陸で発見される驚異によって影が薄くなる。コロンブスはある部族を見て、彼らが食人《カニバル》をする犬人族だと思い込んだ（ちなみに、カニバルという語の由来は、この人々が自分達の島につけたキャリバという名前にある。コロンブスはこれを「キャニ・バ」と間違え、キャニをラテン語のcanis=犬と誤解して、「犬である《キャナイン》」支那［中国］の大汗と受け取ったのだ）。だが、コロンブスが航海の道筋を記録した地図によると、このキャリバ島は中国の東海岸の沖にあるとされており、その結果、「インド諸島」の東の端に位置することになってしまう。後に、この食人を行う犬人族が住むキャリバ島の南で大河が発見され、この河は、そこに住むはずの女人部族の名を取ってアマゾンと名づけられた。[★069] 古い神話の影響は、じつにしぶといものである。

　エラトステネス、ストラボン、プトレマイオスを筆頭に、異教徒の先人、あるいは同時代人が世界の地理に関してより合理的な見解を披瀝していたにも関わらず、後代のキリスト教著述家達にとって、怪物的種族に関する最大の情報源となったのは（大）プリニウスであった。[★070] キリスト教世界における怪物的種族に関する百科全書的知識の集成は、ソリヌスが三世紀に著した『コレクタネア・レルム・メモラビリウム』と、四世紀にセルウィウスが著した『コメンタリイイ』に始まり、中世後期の一三世紀に書かれたティルベリーのゲルヴァシウスの『オティア・インペリアリア』や、ブーヴェのビンセントの『スペクルム・ヒストリアーレ』と『スペクルム・ナチュラーレ』、一四世紀の『ゲスタ・ロマノルム』、さらには一五世紀の『フルゲンティウス・メタフォラリス』などへと引き継がれていく。[★071] さまざまな場所が犬頭人の住処とされたが、それ以外にも彼らの住処はあった。（ブレミー［無頭人］、キュクロプス［一つ目の巨人］、スキアポデス［影足］、パノティ［耳人間］などといった）中世のお定まりの怪物的種族と共に、彼らは教会美術の素材

図07――"Cy dist de l'isle de Seilan"と銘された絵。マルコ・ポーロがアンダマン諸島で目撃したとされる犬頭人が描かれている。14～15世紀『驚異の書』　MSSフランセ2810、ファイル76。パリ、国立図書館、自筆本室蔵。

としていろいろな場所に盛んに登場したのである。この時期に、堂々たる犬頭の聖クリストフォロス像が建てられているが、それよりはるかによく見られたのは、デンマーク北部からコンスタンティノープル、ロシア、アルメニアに至る各地の教会や大聖堂を飾る慎ましやかな聖画像やステンドグラス、フレスコ画や浅浮き彫り《バ・レリーフ》の素材になった名も無き犬頭人の姿だ[★072]（図08）。

だが、こうした著作や美術品も、怪物的種族についての神学的基準を確立し、中世の美術や文学に占める彼らの位置を確固なものとした、偉大な二人のキリスト教徒が残した業績に比べると、とたんにその輝きも色あせてしまう。その二人とは、五世紀の聖アウグスティヌスと、七世紀のセビーリャのイシドルスだ。総じていえば、中世キリスト教における怪物的種族の位置は「穏やかな排除」であった。内部に異教の神話体系や信仰が侵入することへの監視を怠らなかったキリスト教会だが（もっともつねにそうであるように、それは監視対象の知名度を高める役割しか果たさなかった）、その一方で、怪物的なものの「魅惑と畏怖」に捕えられていたキリスト教の著述家や神学者達は、彼らの位置づけを、普遍的な「救済の摂理」という枠組みのなかで理論化せざるをえなかった。聖アウグスティヌスが、この戸惑いを与える「人類」の仲間について、「それ自身無意味なものは、意味あるものの利益のために混ぜ入れられている」と書いたのも、そうした事情のためだ[★073]。

アウグスティヌスの考えに影響を与えたのは、古典哲学とユダヤ・キリスト教神学である。前者についていえば、サテュロス、シレノス、ファウヌス（☆いずれも半人半獣の神あるいは精）、ニンフ（☆精霊）などは、取り立てて危険でも重要でもなかった。また彼らは、都市国家《ポリス》の外に住む者や、ヘレニズム世界の外に住んで意味不明の言葉をしゃべる野蛮人と同じように、大いなる「存在の連鎖」の中心から環をいくつか隔てた場所に位置し、完全な意味での人間とはみなされなかった。彼らは誤った法の下に（あるいは無法のなかに）生きたため、みずからの動物的側面の犠牲となったのだ。だが彼らは倫理的に不道徳《インモラル》だというよりも、他の動物達と同じように道徳基準《アモラル》を持たない者とみなされ

図08——縞のズボンをはいた犬頭人。1510、デンマーク、Råby、 Råby kirke。著者撮影

た。

ユダヤ・キリスト教の伝統では、場所的にも時間的にも「救済の摂理」の埒外に置かれた者は、堕落し、道徳的に神に見放された者とされる。彼らがそうなったのは、異種族混交を行ったか、神の祝福を拒絶したかのどちらかである。こうして彼らは荒野へ追放されるが、それは神の呪いの原因でもあり結果でもあった。[★074] 異種族混交の始まりは、神の子達と人間の娘の交わりである（創世記六・一〜四）。神の祝福の最初の拒絶はエデンの園で起こり、そのためアダムとイヴは楽園を追放される。だがとりわけカインの場合、弟殺しの罪によって地のおもてから追放され、その身は動物に変えられる。[★075] 大洪水の後にカインの役割を果たしたのはハムである。彼は父ノアの裸の姿を見たために父の怒りをかったが、エチオピア人の祖先となったのはこのハムである。だが、地上の民を「地のおもてに散らす」元を作ったのはハムの孫のニムロデである。[★076] アウグスティヌスが「主に逆らう狩猟者」と呼んだニムロデは、バベルの塔を築くという暴挙を行った。血統が何より重要なキリスト教の考え方によって、ニムロデは怪物的種族の祖となった。[★077]

そこでアウグスティヌスは、「救済の摂理」の事例の一つとして、「人間の怪物的種族のあるものはアダムの子孫であるノアの子孫から生じたかどうか」というタイトルのついた、『神の国』の第一六巻第八章で犬頭人種族を取り上げている。アウグスティヌスは犬頭人種族の概略を説明した後で、「理性ある、死すべき動物」である人間は、他と異なるさまざまな形状、肌の色、振る舞い、言語、必須の特徴、手足、性質を持つように見えるが、じつはただ一つの原形質から生じたものだ、と述べる。そして、怪物的種族も神の御心によって創られたものであるとし、彼らを時折キリスト教世界に生み出すのは、それが神の気まぐれや創造の手元の乱れのためでないことを示し、キリスト教世界を心安らかにさせるためだと述べて、怪物的種族に天国への門を開く。

それぞれの種族に怪物的人間が生じるように、人間全体のなかにも怪物的種族が生まれるのが道理であって、少しも非合理なこととは思えない。そこで、慎重なる分別をもって判断すれば、これらの種族について書かれたことが誤りであるか、あるいは彼らがアダムの子孫であるという結論に至る。[★078]

アウグスティヌスにとって、犬頭人ほかの怪物的種族たちも、まさしく「神の都」に住んでいた。それはキリスト教徒にとって神の全能のしるしであり、最後の審判によって彼らの人間性が回復され、確かに救済されることを示すものであった。[★079]

セビーリャのイシドルスは記念碑的百科事典『語源録』のなかで、相互に連結する人間諸種族の系譜と、「前兆」としての怪物的種族の役割を論じている。イシドルスはインド人をセムの子孫であるとした。彼らはヨクタンの子孫であり、ヨクタン自身はエベル（ヘブライ人の祖先）の息子であり、セムの子孫である。ヨクタンの子孫のサルは、「他のスキタイ人から追放された」バクトリア人の始祖である。ハムの息子のクシはエチオピア人の始祖である。またハムの息子のカナンはアフリ、フェニキア、そしてカナン人の一〇の種族の祖となった。後の文献では、犬頭の聖クリストフォロスはこの最後のカナンの部族の出であるとされている。[★080] さらにイシドルスはアマゾン族を、スキタイ人、パルチア人、バクトリア人と同じグループに括っている。[★081] ここにもまた、イシドルスによる種族と聖クリストフォロス伝説の間に、ある種のつながりがうかがわれる。ロシアのバジールが紀元一千年頃に書いた『聖人祭日暦』では、犬頭の聖クリストフォロスを連れた使徒アンデレの伝道の地をバクストリオス（Baxthriosあるいは Bakhtischû,Boktjeschûとも）と呼んでいる。これはバクトリアとその首都バルフを指しており、ほぼ現在の北部アフガニスタンに当たる。[★082]

「ヒトと前兆について」（一一・三）という章で、イシドルスは怪物的種族に関する彼流の神学を披瀝し、怪物的種族が中世の人々の心を捉えた「魅惑と畏怖」のもっとも基本的側面を明らかにした。彼はまずローマの伝承を引用する。

ローマの伝承では、monstraとはportentaとほぼ同義であり、「不吉な神の意志を警告（monitus）、あるいは予兆（portendere）するものとして怪奇な人間が生まれること」という意味だけに用いられた。また彼は、「怪奇な出生」（Portenta）は自然のつねに反しはするが自然そのものに反するものでなく、ゆえに、あくまでも神の秩序の範囲内の出来事であるとした。[★083]こう定義した後で、イシドルスはアリストテレスのカテゴリーに基づいて怪物を分類する。この作業を行いながら、彼は人体に生じうる不吉な様相のすべてを突き止め、目録にまとめた。彼の分類は、「想像上の種族の異常な形状をみずからのそれと一つひとつつき合わせながら、その正常さを再確認しようとするヨーロッパ人の努力を反映するものである」[★084]。「体質において人間よりは獣に近い」イシドルスの犬頭人種族は、彼の『語源録』のなかで巨人とブレミーズ（無頭人）の間に配置されている。[★085]

中世キリスト教神学における犬頭人の位置はかくの如きものであった。獣に似てはいるが社会生活を営み、人間と同じ理性的魂を具え、それゆえに、最後の贖《あがな》いは保証されていた。すなわち、プリニウスが記録した暗愚な種族への伝道はキリスト教会の務めであったし、事実、第2章で述べたように、教会は使徒による犬頭人種族への伝道を始めたのである。[★086]

5 イスラム教徒、農民、野人、そしてペスト

犬頭人種族ほど恵まれていなかったのが、中世世界の真っ只中に暮らすよう運命づけられた者達だ。その典型が、中世キリスト教世界の災厄であったイスラム教徒である。偽メトディオスをはじめ、宗教界の著述家も世俗の著述家も、予言者ムハンマドに従う者は怪物的種族であると書いた。延々と続いた両者の闘いのなかで（この闘いは果たして終わったといえるのだろうか?!）、しばしば「黒いサラセン[★087]」は、悪魔の手先、姦淫による子供、体毛に覆われ、棍棒を

振りまわす獣のような無法者に描かれた。中世の書物には、ムハンマド自身がキリスト教の異端であり、牛馬の糞の上に投げ出され、犬や豚に食い殺されたと書かれてもいる。一三世紀中葉に生きた偽ターピンは、シャルルマーニュと戦ったサラセンの兵士達を「角を生やした悪魔のようなラレース」（つまり人食い犬頭人）と書いている[★088]。

中世には、イスラム社会とイスラム「教会」は、キリスト教世界とその慣行を逆さ映しにしたものとされた。この時代によく読まれた『コヴェナント・ヴィヴィエン』には、ムハンマドを崇拝するペンテコステ（五旬節）の儀式が、あらゆる点で前後上下を逆にして行われる様子が描かれている。それでもキリスト教の伝統によれば、異端者イスラム教徒はペンテコステを祝うことによってのみ贖《あがな》われることができた。言葉を乱し、地上の民を地のおもてに散らす元凶となったあのニムロデさえも、ペンテコステを祝うことで再び元の鞘に収まることができたのだ[★089]。原初のペンテコステを描写したビザンチンやアルメニアの細密画のなかで、「世の憎まれ者」である犬頭人が世界の「民族」の位置を占めているのも、こうした状況があったからである[★090]。

もちろんイスラム教徒側の見方はまた別である。ペルシアのジェナリは、著書『人相学』のなかで、スラヴォニア人はノアの息子ヤペテの系図に連なる犬頭人種族の末裔であり、ヤペテは妻が死んだ後、息子を牝犬の乳で育てたと書いている。この息子は身に帯びた形質を子孫に伝え、こうして犬頭人種族のスラヴォニア人が生まれ、彼らにアレクサンドロス大王が遭遇したというわけだ。またイブン・サイードによれば、同じくブロウスと呼ばれる犬頭人種族が、ロシアの北西のプロイセン人の国々にいたという[★091]。

中世ヨーロッパはイスラム教徒よりもさらに恐ろしく、致命的な種類の侵略を受けることになる。ペスト、すなわち黒死病の流行だ。一四世紀以降、この疫病はヨーロッパの人口を激減させるが、そこから地獄の番犬の死のイメージと結びつき、さらには狼人間や犬人間の死のイメージも付加された。そこで、この疫病が最初に現れたシチリアのメッシーナでは、「犬の姿をした悪魔」が人々の間を徘徊し、「抜いた刀を手にした黒い犬が人々の間に現れ、牙をむ

いて彼らに飛びかかり、祭壇の銀器やランプや燭台を手当たりしだいに叩き壊しては、そこらじゅうに投げ棄ててい
る」といわれた[★092]。

最後になるが、農奴（宮廷文学に登場する高貴な騎士の粗野なアンチタイプ）や野人もまた、中世ヨーロッパで犬あるいは犬頭人と関連づけられた。野人は大衆の想像力と土着あるいは外国の怪物伝承が絡み合って生まれたものだが、社会の境界の外で現実に生きた隠者やマージナル（辺境人）の存在にも影響を受けた。その起源はともかく、絵や文学で描かれる野人はいつも犬を伴っており、顔つきまで犬に似せて描かれることも少なくない。世の中のクズ、のけ者とされた彼らと、世界の果てに住む怪物との類似性はおのずと明らかだ。中心と境界、内と外という同じ空間的象徴性が、怪物では世界的あるいは普遍的範囲で現れるが、野人の場合は国内的あるいは文化的な範囲で作用している。ドッグマンが世界の果てに住んだように、野人と野人の犬もまた国や町や荘園の端に住んだのである。

ドッグマンと野人という、この二種類の社会的のけ者に関する神学的、イデオロギー的説明はあまりにも似通っている。完璧な存在として生まれたが、種としての堕落退廃の結果、社会的に差別される存在になったとされるのだ。どちらの場合も受けた罰は追放であり、上流社会あるいは人間社会全体から締め出されてしまった。だが、中世の「アジア志向」と「アテナイ志向」の代表格であるこの両者の間には重要な違いがあった。すでに見たように、犬頭人種族には最後の審判の後に天国が約束されていたが、農奴と野人にはそのような贖《あがな》いは約束されていなかった[★093]。

怪物的種族に具わる不思議《ミラビリア》さと同様、「内部の他者」の代表格である農奴と野人は、人々の空想で肥大する幻想と残忍さへの安全弁となっていたが、当の彼ら自身は出口のない状況に閉じ込められていた。「異教徒ユダヤ」や、後の時代の「黒いピグミー」もまた、動物としては最上位だが、あくまでも人間以下の存在と考えられた。ピグミーは奉仕者として人間に隷属するべきものとされ、彼らを奴隷扱いすることへの倫理的考慮など一顧だにされなかった[★094]。「奴隷」と呼ばれることこそなかったが、それ以外のあらゆる点でまさしく奴隷のように隷属することが農奴の運

命であった。のみならず、有閑と思弁を旨とする高貴なる聖職者の社会では、農奴の行う力仕事は救いがたい彼らの堕落を示すものと考えられた。たとえばマルセイユのサルヴィアヌスが作った倫理的罪のリストは、「用役に就く者」を気高い勇者や聖職者と対照をなす罪人のグループに入れている。スプリクス・セヴェルスはこうした「田舎者」を「異邦人」「異教徒」「野蛮人」などと同一視した。[★095] 宮廷文学では、彼らは憎むべき罪人、酔っ払い、乞食、癩病者、異端などとなり、振る舞いは粗野、話し振りはがさつ、節度、分別を欠き、身なりは奇妙で、かつ利己的、不公正、けち、臆病、陰気、醜悪、悪臭、愚鈍、腹黒、陰険、奇形、怠惰にして、罪を犯す者として描かれている。この最後の罪を犯す者という性質から、中世の農民には農奴（=vilain）という名前がついた。vilainとはvile（=恥ずべき）の派生語で、「悪党」の語源となっている。[★096]

貴人が住む町の城壁や荘園の外に締め出された農奴は森に暮らしたが、そこは野獣や怪物が棲み、動物並みの不道徳が支配する場所であった。こうして農奴は、はるか彼方の地に棲む怪物同様に、振る舞い、態度、生業、倫理、生活スタイルなどにおいて宮廷社会の対極をなす無名集団の一部となった。農奴（vilain）の醜悪さ（villainy）が、彼らを排除する口実となったのだ。

こうした余談は、中世ヨーロッパにおける、主として外国から入ってきたある特定の怪物を検討しようとする本章のテーマから大きく外れそうだが、じつのところ、すでに見たように、中世キリスト教世界における農奴は、神学論上でも社会論上でも、犬頭の怪物的種族とほとんど変わりなかった。しかも、中世に人気のあった武勲詩や宮廷物語でも、彼らはエチオピアやインドの農奴と同じように描写されている。フランス中世の『薔薇物語』に出てくる農奴のダンジエールも、「背は高く、黒い肌には剛毛が生えている。真っ赤な目にしわくちゃの鼻、見るもおぞましい顔にこぶのような背」と描かれている。また農奴は、時には巨人として、また極端な場合には動物の頭をした怪物として描かれる。[★097] 黒い肌で動物の頭をしたこの巨人の農奴は、イスラム教徒の「サラセン」と同じように、片手に大きな棍棒を握っていることが多い。ここまでくると、彼らは中世後期のドッグマンと何ら変わるところはない。実際、一四世紀フランスのある文献は、ナントとルドンの間に住む農奴達を「ペングエ」、すなわち「犬の頭」と記している。その理由は、彼らがキリスト教徒になろうとしなかったためだ。[★098]

だが農奴と違って、ヨーロッパの内なる怪物的種族とでもいうべき野人は、古代の怪物同様に、好奇心を刺激する無害の存在として、実際にはしばしば思いやりある描写の対象ともなった。ルネッサンス期に近づくにつれて、野人は文化的流行物の一つとして、書物のイラストやタペストリーの模様に使われたり、カーニバルの人気あるキャラクターになったりもする。

アボミナブル（忌まわしき者）とカルストリオイ（インドの犬頭人）に始まるこの怪物界の環を閉じるにふさわしい一六世紀フランスのイラストを紹介しよう。（図０９）着こなしも見事なこの「犬頭のヒヒ（シノセファル）」は、杖を手に牧歌的な田園風景のなかにたたずんでいる。顔には高貴と洞察の風情をはっきりとたたえた彼こそ、まさしく「高貴なる野人」というにふさわしい。[★099]

図09——“Le Cynocefale（犬頭人）”。サンジェルマン・デ・プレ大修道院で発見された16世紀フランスの動物説話集より。パリ、国立図書館、版画室（Jb22）。

第4章 聖仙ヴィシュヴァーミトラと犬食い族

神々の王、インドラ

これまで述べたように、西洋の神話に登場する怪物の住処は「インド」とされることが多い。このように怪物や不思議な事物の起源を東洋とする伝統は、神話と民俗学を混合しがちなギリシアの歴史学者クテシアスとメガステネスに始まる。たしかに叙事詩『マハーバーラタ』にはキュクロプス（一つ目の巨人）、パノティ（耳人間）、スキアポデス（影足）、ブレミーズ（無頭人）、犬頭族、その他雑多な獣頭族が随所に登場する。これが彼らを混乱させた主要な（もしくは一つの）原因かもしれない。とはいえ、当のインドではこうした想像上の怪物は西洋ほどもてはやされなかったし、それらにまつわる伝承が伝えられることもなかった。だがインドにはきわめて厳密な独自の階級制度があり、すべての人間は、忌み嫌われた混血を含め、この階級制度に従って区分された。この制度のなかに（というよりその外に）シュヴァパチャあるいはシュヴァパーカ――「犬食い族」、「犬乳を飲む部族」、あるいはただ「犬人」とでも訳せる者達――という、社会的（あるいは非社会的）集団が存在した。この章と次章では、これらの集団に焦点を当ててみたい。

六世紀の『アマラコシャ』という辞書に「シュードラヴァルガ」という項目があり、[★001] そこにはアウトカースト（カースト外に属する最下層民）や狩人や犬を指す類義語の一覧が記されており、その最初に「チャンダーラ一〇部族名」と題されたリストがある。チャンダーラとは、ヴェーダの時代（紀元前一二～一〇世紀）以降、アウトカーストを総称する言葉として使われた。このリストには、プラーヴァ（浮浪者）、マータンガ（象あるいは家母長制）、ニシャーダ、シュヴァパチャ（犬食い族）、アンテヴァーシ（辺境の住人）、プルカサ、ベーダ（隔てられた者達）、キラータ、シャバラ（死体を扱う者）、プリンダ、そしてムレッチャ（わけのわからぬことをいう者）という部族名が見える。

この部族名は三つに分類できるだろう。まずは訳語をつけなかった名前、すなわちニシャーダ、プルカサ、キラータそしてプリンダである。これらは、それぞれの部族の名前をサンスクリット語の形で『アマラコシャ』に取り入れたものだろう。次に、アンテヴァーシとベーダは、四つの基本カーストから除かれた人々である。このリストにない同種の呼称には、ニラバシタシュードラ（追放されたシュードラ、耐えがたいシュードラ）、アントヤジャ（末っ子の、最下層の生まれの）、アントヤーヴァサーイン（最低の身分の者、見せしめとされる者）、バーヤ（よそもの）、アヴァルナジャ（カーストのない者達）などがある。[★002]

そして最後は、その部族が何をしていたかを示す名前である。プラーヴァは浮浪生活を行い、ムレッチャは意味不明の言葉を話し、マータンガはおそらく象を使い、シャヴァラ（あるいはシャバラ）は犯罪者や身寄りのない者の死体をかたづけて身の回り品を処分し、シュヴァパチャは犬を料理した。この章と次章で検討するのは、この三番目の分類の最後の人々である。何より彼らは狩人や犬の項目と並べて記述されている。そのうえシュヴァパチャという名はチャンダーラと並び、『アマラコシャ』中の他のどんな名前にもまして、インド社会のアウトカースト全般を指す一般名称になっている。だとすれば、アウトカーストとは「犬と何らかの関わりを持つ者」と規定することもできるだろう。

インドの伝承には、犬の頭を持つ人間（シュヴァムカ）への言及はほとんど見られない。この章で検討するのはむしろ上述のアウトカーストであり、犬との関わりも趣きはいくぶん異なることになる。とはいえ、こうしたインドのアウトカーストと、クテシアスやプリニウスがまざまざと描き出した「インドの」犬頭族との間に、まったく関係がないわけではない。西洋の文献には「犬乳を飲む部族（Cynamolgi）」という部族が登場する。[★003]古代インドのサンスクリット語にはシュヴァパチャ（Śvapaca）の別形としてシュヴァパーカ（Śvapāka）という言葉がある。この二つは犬（=śvan。śva-は接続形）から作られた、ほとんど同じ意味の合成語と考えられているが、前者は［pac＝料理する］との合成語で、後者はおそらく別の語根［pā＝養う、乳をやる］との合成がさらに変化してśva-pā-kaになったものだろう。こう見るとシュヴァパーカ（Śvapāka）とは、「犬に養われた」「犬の乳で育った」という意味になり、さらに進めて「犬の子」である民族、部族という意味にもなる。この解釈は、神話のなかにシュヴァパーカが犬を料理する（śva-paca）内容がまったくないことからも裏づけられる。したがってŚvapākaはCynamolgiと同義であると考えられる。[★004]

いずれにしろ、インドのアウトカーストはほとんど犬と同一視され、散見される文献にも、動物のなかでは犬こそがチャンダーラであるという記述が見える。犬とシュヴァパーカは、それぞれ動物社会、人間社会におけるアウトカーストであり、ヴェーダ後のインドの思想やシンボル体系のなかで、互いにたやすく交換されうる存在であった。[★005]ここでもまた「乳を絞る」ことは、インド社会で大きな意味を持つ。後に示すように、僧侶階級であるバラモンと密接なつながりを持つ動物は牛であった。ヒンドゥー教でもっとも清浄とされる五つの物質（pañcagavya＝牛の乳、ヨーグルト、精製されたバター、牛の糞と尿）を提供する動物として、牛はバラモンの清浄を端的に象徴する。さらに、菜食を旨とするバラモンの食料は、その多くを牛が提供する。牛が体内で「調理した」乳やその加工物は、高貴なバラモンの食物としていかにもふさわしい。こう見ると、インド社会でもっとも高貴なバラモンともっとも不浄なシュヴァパチャないしシュヴァパーカとの対比は、食物にはっきりと現れている。バラモンは神聖な牛の乳で命を育み、アウトカーストは不浄な犬の乳や肉を食べて生きる。その両者が接触することへの恐れはヒンドゥー教の文献にくり返し述べられている。供犠（生贄《いけにえ》の儀式）で使う（乳製品を入れる）容器に犬やアウトカーストが触れるのは忌むべきことであり、その穢《けが》れは供犠を主宰する神聖なバラモンが行う儀式によって取り除かれなければならない。[★006]

ごくわずかな例外を除き、インドの犬人族《ドッグマン》はインドという地理の内部に住んでいる。イデオロギー的にインド社会から除外されたり、隅に追いやられてはいても、実際にはインド社会の内側に住んでいたし、社会との交流もあった。今もそうだが、彼らの立場はヨーロッパの野人や農奴のそれに近い。社会内部の異質分子とは見られても、実際に半犬半人の姿として想起されることはまずなかった。一方、犬頭人（シュヴァムカあるいはシュノムカ）は、ヨーロッパと同じように、インドという地理の外側に住んでいた。

1 インドの伝説物語の修辞法

さて、インドに伝わるインド社会内外の怪物的種族に関する個々の物語を取り上げる前に、ヒンドゥー神話の位置づけや、インドの社会思想におけるカースト制の意味を見ておく必要があるだろう。

ヒンドゥー神話に多用されるのは、家族や社会や宇宙の危機を語ることによって、彼らの基本的な民族精神や世界観をくり返し教えようとする物語手法だ。インドの伝説物語の修辞法[★007]はこれまで見てきた西洋のそれとはかなり異なる。そこでまず西洋とインドの比較を簡単にしておこう。

キリスト教の聖人伝は一見奇想天外に思えるが、ある一定の歴史的要素や観点はきちんと守られている。宇宙は有限の時間を飛び続ける時間の矢の上に乗っているという宗教観からして当然のことといえよう。西洋の考え方では、この時間の矢、神の定めた直線的な歴史観は、最後に救済される者と断罪される者とに分別されて終末を迎え、それが永遠に続く。だが、このユダヤ＝キリスト教の決定論的な救済の歴史観も、ウパニシャッド後のヒンドゥー教的世界観を前にすれば顔色を失ってしまう。すべての歴史は最初からすでに回っている、というのがヒンドゥー教の考えなのだ。時間は輪のように循環するものとされ、最初自体がすでに無限にくり返されている。さらに重要な違いがある。西洋では有限な時間に対置される無限は、歴史的な約束によって有限な時間の終わりに初めて実現するが、インドでは「時間」は「無限」に取り巻かれ——というより飲み込まれ——、有限の果てに訪れる無限という観念はない。この世に一時的に存在するという次元で考えると、一人ひとりのカルマ（業）——その人の行動の結果として、未来の生まれ変わりの時にこうむる、あるいは享受する運命——は、その人が過去の生、あるいは現在の生において、どれほど社会に忠実に、また自分に与えられた運命（シュヴァダルマ）に忠実に生きたかでほぼ決まる。『バガヴァッド・ギーター』（☆『マハーバーラタ』の一部をなす宗教・哲学的教訓詩編）のなかでも、クリシュナ神がアルジュナにそのことを諭している。人間は自分に割り当てられたカルマを守り、神が時を超えた永遠のなかで作り上げた広大な計画（līlā）をきちんと実行しなければならない。カルマに逆らわず神に献身すれば、神の恩寵により人は自由になれる。

社会的なレベルで見ると、さまざまな階層やタイプ、ないしは種姓《ヴァルナ》（varṇa＝インド社会を形成する四つの階級）の機能が穏やかに調和することが、神の創造を正しく進めるうえで大切になる。調和が崩れる事態——たとえば武人のクシャトリアが僧侶であるバラモンの力や地位や仕事を奪うといった事態——が生じると、世界を正すために人類を滅亡させるような大破壊が起こる。インドを（そして世界を）代表する一大叙事詩『マハーバーラタ』が描く大戦争も、そうした宇宙的再編の一例なのだ。

地上の出来事は天上の出来事の反映であり、逆に天上の出来事を引き起こす触媒でもある。神の領域もまたカルマに支配されている。それだけでなく、神々もまた大宇宙の運命（ダイヴァ、バーギヤ）の前には人間と同様無力なのだ。宇宙の進行は水車のように情け容赦なく回り続け、定められた運命を果てしなく反復する。★008 この無慈悲で果てしない振り子の振動★009から抜け出る術や秘法はいくつかあるが、結局のところ——結局などという終わりすらないのだが——れっきとして存在するのはシステムだけなのである。

この章と次章で扱うヒンドゥー神話とインドの社会・政治状況は、めぐるめくようなインドの宇宙観と不可分の関係にある。インド社会内部の他者、犬人族《ドッグマン》の地位を語る神話は、一見単なる反復にすぎないと見えながら、そのじつさまざまな要素が果てしない万華鏡のように変化し、あるいは付加され、相互に関連共鳴しながら、物語全体にあらたな観点を提供する。★010

紀元二世紀以降に集大成された『マハーバーラタ』中の教訓話に、インド「土着の」犬食い族（シュヴァパチャ）や犬の乳を飲む部族（シュヴァパーカ）の役割を教えてくれる話がある。この話のなかで、ユディシュティラは矢に当たって死にゆくビーシュマに、「地上のあらゆる生き物が奴隷（dāsyu）のようになっている時」、そして「時代がもっとも無気力な地点に至った時」、王はどのように国を治めるべきかについて尋ねている。[★011] この問いに答え、ビーシュマはヴィシュヴァーミトラが犬食い族の村に入り込んだ時の話を引き合いに出す。[★012]

その昔、トレーター・ユガとドヴァーパラ・ユガの変わり目の時代（☆世界の歴史は四種のユガからなるとされる）、ダイヴァ（大宇宙の運命）の定めにより一二年もの干ばつが続いたことがあった。一つの時代の終わりが近づいていたため、千の目を持つインドラもまったく雨を降らせなかった。農耕も牧畜も打ち棄てられ、物の売り買いもとだえ、集会も社交も祭もまったく行われなくなった。地上は骸骨と屍の山となり、人も動物もすべを失い、ただ「ああ、お助けを！」と叫ぶだけだった。大きな街は砂漠のようになり、小さな町や村の家々は瓦礫のようになった。牛も羊も水牛も互いに食べ物を求めて争い合った。再生族（☆生まれ変わりが許された上位三カースト）も殺され、彼らの気高い保護者も打ち負かされ、身を隠した。ダルマ（法）すら顧みられることのない、この危険な時代にあって、飢えに苦しみ、死にかかった人々は互いに互いを食んだ。預言者は人々への教導を放棄し、聖なる火をそのままにして住処を出てしまった。

こうした状況のもと、偉大な預言者ヴィシュヴァーミトラは家もなく、飢えに苦しみながら放浪を続けていた。ある日、彼は森のなかに暮らしていたシュヴァパチャ――生き物を傷つけ、殺す者達――の集落を通りかかる。集落のそここには割れた壷が転がり、犬の毛皮が積まれ、豚やロバの骨や頭蓋骨がうず高く山をなしていた。死者からはぎ取った衣服や頭飾りもあちこちに散らばっていた。粗末な寺には鉄の鐘がいくつもぶら下がり、そこを犬の群れが取り巻いていた。

偉大なる聖者ヴィシュヴァーミトラは飢えに耐えかねて集落に入っていった。だがどれほど食べ物を乞うてみても、肉も穀物も果物も、およそ食べ物といえるものはなかった。「ああ、何というみじめな境遇だろう！」聖者《ムニ》はつくづくと思い、力尽きて地面に倒れ伏した。

　そのとき聖者ヴィシュヴァーミトラは、とあるチャンダーラ（☆インド社会の最下層民）の家に大きな犬の肉塊がぶら下がっているのを見た。その日に槍か何かで殺したものらしい。彼はこう思った。「この場で私の命を救う道は他にない。追いつめられた苦境にあっては、自分以下の身分の者から物を盗むのは許されるべきだ。アウトカーストの持ち物を盗むのは罪にならない。よし、あの肉をもらおう」

　ヴィシュヴァーミトラはそう決心して眠りについた。真夜中、家人が寝静まったのを確かめ、ヴィシュヴァーミトラは起き上がって、その粗末な家のなかに入っていった。ところが、寝ているとばかり思った醜いチャンダーラは、目ヤニをためた目で睨みながら、ガラガラのしゃがれ声で無慈悲にいい放った。「俺の肉に手をつけようとするのは誰だ。チャンダーラの集落は眠っても、俺はこの通り起きている。眠ってなどいない。さあ、とっとと出ていけ！」

　聖者はすばやく答えた。「私はヴィシュヴァーミトラだ」。高潔なる魂の持ち主にして偉大なる預言者、ヴィシュヴァーミトラの声を聞き、かのチャンダーラはあわてて床から這い出し、いずまいを正した。そして目に涙を浮かべ、敬意に満ちて手を組み合わせながらヴィシュヴァーミトラにいった。「ああバラモン様！　こんな夜中にいったい何をなさろうというのですか？」

　ヴィシュヴァーミトラは穏やかな声でこのマータンガ（☆チャンダーラの呼称の一つ）に語りかけた。「私は飢え、疲れ果てている。その犬の後ろ足の肉を頂戴したい。息も絶え絶えで、飢えのため気も遠くなってきた。私に与えられたダルマのもとに、その犬の肉をいただくぞ。飢饉のときのダルマは穢《けが》れるべきダルマだ。だから、その犬の肉をいただこう。火（火の神アグニ）は神々の口であり司祭。ゆえに神聖にして清浄なのだ。バラモンも火の神のように何でも食べるし、私もそのように、（この犬の後ろ足の肉を食べても）過ちではない」

この言葉を聞いてチャンダーラがいった。「ああ、偉大なる聖者よ、私の言葉を聞いてください。賢者はいっています。犬は獣のなかでもっとも穢《けが》れたものであり、なかでも太い後ろ足はもっとも穢《けが》れた部分であると。あなたがやろうと決めたこと、もともとチャンダーラにふさわしく、あなたが食べるにはふさわしくないものを取り上げるのは堕落です。ああ、聖者様、生きる手立てはどうか別の方法をお探しください。偉大なるムニよ、肉が欲しいばかりに、威厳まで捨ててはなりません。これは禁じられたことです。カーストが混じる（varṇasaṃkāra＝ヴァルナサンカーラ）ダルマを行ってはなりません。あなたはダルマの偉大な理解者ではありませんか。ダルマに背くようなことをお認めになってはなりません」

そういわれながらもヴィシュヴァーミトラは飢えに耐えかね、再びこのように答えた。「生きることは死ぬことよりもよい。生きていてこそのダルマではないか。私は生きており、食べ物が欲しい。どうしても食べさせてもらいたい」

シュヴァパチャはいった。「何といわれようと差し上げるつもりはありません。食べ物をみすみす奪われるのを見逃すわけにもいきません。こんな私が差し上げ、あなた様、生まれ変わるべき聖者がそれをお受けになれば、私達は共に骨の髄まで穢《けが》れてしまいます」

ヴィシュヴァーミトラがいう。「今日より以後、この罪深き行いの後、私はとりわけ清い生活を送ろう。浄化された魂を持ち、正しき道へとひた走って戻るつもりだ。おお、師よ！　真実を教えたまえ。これは正しい行いなのか、穢《けが》れた行いなのか？」

シュヴァパチャが応えていう。「この世の営みにおいてはご自身に忠実でなければなりません。あなた様にはわかっています。そんなことをすればどれほど穢《けが》れるかが。犬の肉が穢《けが》れていないというのなら、この世に穢《けが》れたものなどありましょうか？」

ヴィシュヴァーミトラにこういうと、マータンガはもう何もいわなかった。ヴィシュヴァーミトラはすべてを理解したうえで、目の前にある犬の後ろ足を手にした。偉大なるムニは生き延びるために五つにさばかれたもの（犬）に飛びついた。妻と共に、偉大なるムニはうやうやしく肉を調理した。そして彼は森へと入っていった。まさにその時、インドラ神が雨を降らせた。すべての動物、植物が生き生きとよみがえった。そして偉大なるヴィシュヴァーミトラは、長く厳しい修行を経て穢《けが》れを焼き払い、至高の力を身につけた。

（ビーシュマはここで要約をする）「このように道をきわめ、高潔なる魂を持つ知者は、いかなる方法を用いようとも、弱りきった自分を高めるべきだ。知恵をふり絞り、何としてでも生きなければならない。そうしてこそ人は清浄なる生活を得ることができるし、称えられるべき目標を実現できる。したがって、欠点がなく、才能に恵まれた者は、この世のダルマ（法）とアダルマ（非法）に確固たる信念を持たなければならない[★013]」


このヴィシュヴァーミトラ神話は宇宙的危機について述べているが、この危機は宇宙の秩序に従わない人間の反映であると同時に、人間の不服従を生み出すものでもある。またこの神話を最後まで読んだ（あるいは聞いた）者は、限られた時間の世界から永遠なる時間の世界へと投げ入れられる。さらにこの神話は、アーパッド・ダルマを主題にして、王族達が取るべき態度を示す道徳的教訓として提示されたものだ。アーパッド・ダルマとは世界が破局に瀕したときの処世法であり、「自分自身に立脚して考えるダルマ」という意味である[★014]。

この神話の舞台となった時代は、人間社会が大混乱に陥り、自然界は苛酷な状況に瀕し、「地上のあらゆる生き物が奴隷のようになっている時」であった。それは宇宙的時間の区分であるユガとユガの間の薄明の時であり（叙事詩『ラーマーヤナ』や『マハーバーラタ』で語られる戦乱もこのような時代に起きた）、神による宇宙の再編が起こる時期であった。

インドラ神が飢えに苦しむヴィシュヴァーミトラと干からびた大地に送った雨は、まさしくその解決《リ・ソリューション》であり、神の意志《リゾリューション》であった。

シュヴァパチャ（ないしはシュヴァパーカ）という配役はまことに理にかなっている。なぜなら地上のすべてが、いわばアウトカーストのような状況に陥っていたからだ。もともと常識と逆であたりまえ、つねに社会の底辺の隅に追いやられた部族ならばこそ、非常時でもあたりまえに振る舞える。たとえ顕在世界が荒廃しても、全世界がシュヴァパチャの「身分」になっただけのことで、シュヴァパチャ自身にとっては何事もない。またこうした非常時には、シュヴァパチャのような最下層の者の穢《けが》れた口から倫理にかなった教えが出てもおかしくはない。再生族である聖者ヴィシュヴァーミトラに向かい、もっとも穢《けが》れた犬の肉など口にするなと諭しても不思議はないのだ。だが、もちろんシュヴァパチャは間違っていた。破局的な状態が常態になるアーパッド・ダルマの下で生きている彼には、特殊な状況では一般法も非常の行動に取って代わられるという、法の相対性が理解できなかったのだ。

ヴィシュヴァーミトラは、犬の後ろ足をうやうやしく調理するという（そしてマヌ法典によれば食べてしまったという）誤った行為を行いはしたが、その結果インドラ神が人間界と自然界の破局に終止符を打ったとすれば、結局、彼の行為は正しかったことになる。[★015]つまり、この奇抜な隠喩（あえて屁理屈とはいうまい）がいわんとするのは、やはり最後には伝統的イデオロギーの優越性や権威が優るということだ。だからこそ、シュヴァパチャは正しいにも関わらず間違いとされ、リシ（聖仙）ヴィシュヴァーミトラは誤っていたにも関わらず正しいとされた。存在の社会的秩序は、その秩序の相対性を寓話化した話のなかでさえ擁護されているのだ。

2 王には供犠を執り行うことができるか？

現実と正気の極限で演じられるこの神話に登場するのは、ヴィシュヴァーミトラであって他のリシ（聖仙）ではなく、インドラ神であって他の神ではない。[★016] ヴィシュヴァーミトラはリシとしては特異な存在であり、ヒンドゥーの歴史ではむしろ「異端のリシ」として広く知られている。『リグ・ヴェーダ』（☆バラモン教の聖典『ヴェーダ』の一種）に歌われ、インドの歴史と同じほど古くから存在する七人の偉大なるリシのなかで、ただ一人ヴィシュヴァーミトラだけは生まれついてのリシでなく、その地位を奪い取ったリシである。彼は、対立していた由緒正しいリシ、ヴァシシュタの犠牲のもとにその地位を手に入れた。

この両者のライバル関係を初めて描いたのは『リグ・ヴェーダ』である。[★017] ヴィシュヴァーミトラはスダース（☆バラタ族の王。ヴィシュヴァーミトラは彼の司祭官であった）のための生贄《いけにえ》が、ヴァシシュタの息子シャクティによって台無しにされたことを知る。『タイッティリーヤ・サンヒター』（三・一・七・三）では、ヴィシュヴァーミトラとジャマダグニ（七人の偉大なリシの一人）が、ヴァシシュタよりも優れた生贄《いけにえ》を捧げてヴァシシュタを打ち負かしている。『ジャイミニーヤ・ブラーフマナ』（二・三九二）と『ブラッデヴァター』（六・二八―三四）では、二人の対立はスダース王がヴァシシュタの息子を一〇一人も殺すという流血にまで発展する。[★018] さらに『デヴィーバーガヴァタ・プラーナ』（六・一二・三二―三四）になると、この二人のリシの対決は宇宙的規模にまで拡大する。二人は死肉を食べる鳥となって戦い、それが原因で全宇宙の秩序が乱れてしまう！ この二人にまつわる逸話はヒンドゥー文学の長い歴史を通じてくり返し語られるが、その古典ともいえる物語が『マハーバーラタ』に記されている。（一・一六五・一―四四、九・三九・二、一一―二九）

ガーディ王の息子ヴィシュヴァーミトラは、ある日荒野で狩をしていて、喉の渇きと疲れを覚えた。彼はたまたまバラモンの聖者ヴァシシュタの庵へとやってきた。そこでヴィシュヴァーミトラはヴァシシュタが所有する、願いのかなう牛のナンディニーを見る。彼はその牛を譲ってくれと頼むが、ヴァシシュタは断わる。牛なしには、バラモンとしてふさわしい供犠を執り行うことができないからだ。ヴィシュヴァーミトラは力づくでナンディニーを奪おうとするが、ナンディニーは抵抗し、怒りで目をまっ赤にしながら、肛門からパーラヴァの群れを、大便からはシャバラとシャカの群れを、また汗からはヤーヴァナ、小便からはプンドラ、キラータ、ドラマダ、シンハラ、バルバラ、ダラダ、ムレッチャの群れを生み出した。排泄物から生まれたこれらアウトカーストの群れがヴィシュヴァーミトラの軍団を打ち負かしたのだ。敗北後、望みをくじかれたヴィシュヴァーミトラは、この世で一番強いのは王《クシャトリア》の力ではなく、僧侶階級であるバラモンの力だと思い知る。それから彼は厳しい修行を積み、バラモンの身分を獲得した。

これはつまるところ、ヴェーダ後に広まった風潮の神話化である。元来クシャトリアであるべきヴィシュヴァーミトラが、ヴァシシュタに象徴されるバラモンだけに許されたリシの地位を力づくで奪ったのだ。王子として生まれた彼には、本来王としての地位（rājarṣi）しか与えられていないにも関わらず、神の地位（devarṣi）あるいはバラモンの地位（brahmarṣi）を得るに至る[★019]。だが、苦行によって何とか聖者の力を手に入れたものの、聖者としての権威を得ることは決してできなかった。生来のバラモンの血だけがそれを可能にする。ヴィシュヴァーミトラとヴァシシュタの争いは、ある意味で、紀元前七世紀から五世紀にかけての社会的大変動を映すものだといえる。このころ僧侶の特権とされていた神聖なる儀式を執り行う知識を王族が取り込み、従来僧侶階級にしか許されなかった儀式が王にもできるようになった。それを示す証拠はウパニシャッド（☆ヴェーダ聖典の終結部をなし、その極意を示すとされる諸文献）のなかに豊富に見出すことができる。[★020]

こうした考え方を進めれば、成り上がり者ともいえるヴィシュヴァーミトラの神話は、王族が力で僧侶の権威を侵害したことへのバラモンの仕返しとも解釈できるだろう。いずれにせよ、インド社会における二つの勢力の関係変化は、ヴェーダやヒンドゥー教の神々の物語にも反映されている。ヴェーダの神であり、魔力と特権的な僧侶階級の権威を象徴するヴァルナ神が、武力と王権を象徴するインドラ神にしだいに取って代わられるのだ。もっと後の神話では、ヴィシュヴァーミトラが軍神インドラの代役となり、ヴァシシュタが彼の父、[★021]バラモンであるヴァルナの代役となる。そして、ヴェーダにおけるインドラとヴァルナの関係がそうであるように、ヴィシュヴァーミトラもまたヴァシシュタに象徴されるバラモンの伝統的権威にくり返し戦いを挑み、その度に敗れるのだが、最後にはヴィシュヴァーミトラと彼に代表される因習打破の価値観が、供犠を重んじるヴェーダの勢力に勝利を収めるのだ。[★022]

ヴィシュヴァーミトラにまつわるさまざまな神話は、英雄的な一人の修行者がもたらした新しい秩序を社会が認めたことを意味する。彼は厳しい修行を通じて古い供犠偏重の思想を打ち破り、自由な生き方を主張する力を得た。事実、供犠を中核に据えたバラモン主導のヒンドゥー教は、互いに補完し合う二つの新しい流れによって衰退へと向かう。まずはウパニシャッドのなかで供犠に代わり、自制という内面化への動きが現れ、それに伴って新たな信仰の形であるバクティ（親愛）が生まれた。偶然にもキリストの愛の教えと時を同じくするこの新たなバクティ信仰は、崇拝する神（ヴェーダの時代には「端役」に過ぎなかったヴィシュヌ神あるいはシヴァ神）への献身的信仰が、恩寵、加護、恵み、解脱を与えてくれると説く。今日に至るまで、バクティは広範なヒンドゥー教徒の支持を得てきた。バクティは従来の供犠を省略し、信仰を民主的なものに変え、「高級な宗教」を、インドのあらゆるカーストに受け入れられるものにした。この平等の精神は、『バガヴァッド・ギーター』に書かれた、「知者」は牛もバラモンもチャンダーラもすべて同じであると知らねばならぬという、クリシュナ神の言葉にいい尽くされている（『バガヴァッド・ギーター』五・一八）。

3　存在しない第五カーストの起源

ヴィシュヴァーミトラの両義的な（それゆえ危険な）地位を説明する別の神話がある。この神話は、支配する立場に立たない禁欲的なラージャリシ（rājarṣi。ラージャは王、リシは聖仙）、すなわちヴィシュヴァーミトラという宿敵に向けて取られた、伝統的イデオロギーの側の姿勢を如実に物語る。『マハーバーラタ』によれば、ヴィシュヴァーミトラはチャルの玉から生まれた。チャルの玉にはバラモンである「父」のルチーカによって、至高の原理ブラフマンのエネルギーが注がれていた。その玉をサティアヴァティーというクシャトリアの王女が飲み込んだ。つまり、ヴィシュヴァーミトラはカーストの混血（varṇasaṃkāra）であり、厳密にいえば、彼の出自はアウトカーストとなる。[★023]

たとえこの神話をそこまで杓子定規に読まなくても、ヴィシュヴァーミトラを「アウトカースト」と関連づけることはいくらでもできる。すでに述べたように、ヴァシシュタとの争いを記した古典のなかで、ヴィシュヴァーミトラは（ナンディニーの排泄物から生じた）アウトカーストと関わりを持った。これはアウトカーストがヴィシュヴァーミトラの味方でなかったただ一つの例だ。シュヴァパチャ部落での話と同じように、この神話でも、ヴィシュヴァーミトラは両義的な聖者として、干ばつに襲われた荒野ないしは砂漠を通りかかる。荒野はシュヴァパチャの住む場所（あるいは非場所ou topos）である。そこは王都や、町、僧侶の住む庵の外にあるどこか、あるいは、そういう場所と場所をつなぐどこかにある。[★024] 伝統的な考えに基づけば、荒野に足を踏み入れた者が出会うのは必ずアウトカーストなのだ。王都や隠者の庵（āśrama）の外に住むのは社会ののけ者である。古典文学において、こうした者と接触を持つのは放浪の世捨て人か、狩りをする（あるいは追放された）王だけだ。

荒野のモチーフ、アウトカーストの起源、ラージャリシであるヴィシュヴァーミトラ、苦行僧の姿をしたインドラと犬の象徴性などの要素を包括する神話の典型がシュナハシェーパ伝説である。[★025]

イクシュヴァークス国の王ハリシュチャンドラは、百人の后《きさき》を持ちながら一人の息子にも恵まれなかった。彼は、賢者ナーラダ（後の物語ではヴァシシュタ）の助言に従って、宇宙の法と秩序の神ヴァルナに息子を与えてくれるよう嘆願した。ヴァルナは生まれてきた息子をただちに自分への生贄《いけにえ》にすることを条件に、彼の願いを聞き届ける。やがて息子が生まれ、ロヒタと名づけられた。ハリシュチャンドラはヴァルナの要求を拒み続けた。ロヒタの青春時代に五回ほど拒絶がくり返された。

ヴァルナの六度目の要求を前に、ロヒタは森へと逃げた。ハリシュチャンドラは王都でヴァルナの報復を受けることになった。水と契約の神でもあるヴァルナは王の腹に水腫を生じさせ、彼を苦しめた。一方、森のなかのロヒタのもとに、放浪のバラモン苦行者に身をやつしたインドラが五年間毎年のように訪れた。[★026] インドラはロヒタに自分と同じ放浪の生活を勧めた。森での生活を始めて六年目、ロヒタはアジーガルタという荒野で餓えに苦しむバラモンに会った。彼は妻と、シュナプッチャ（Śunapuccha）、シュナハシェーパ（Śunaḥśépa）、シュノラーングーラ（Śunolāṅgūla）（順に「犬の尻尾」「犬の陰茎」「犬の尻からうしろ」の意）という三人の息子を連れていた。ロヒタは、父親がヴァルナと交した契約の生贄《いけにえ》として、息子の一人を差し出せば牛百頭を献納すると彼に申し出た。アジーガルタは承諾したが、長男は差し出せないといった。また妻は末息子だけは嫌だといった。こうして次男のシュナハシェーパが選ばれた。

ヴァルナは身代わりの生贄《いけにえ》を受け入れた。バラモンならクシャトリアの生贄《いけにえ》よりさらによいと認めたのだ。

ハリシュチャンドラはこの生贄《いけにえ》の儀式と共に、みずからを神聖に清める儀式も行った。供犠を主宰した僧侶は、ヴィシュヴァーミトラ、ジャマダグニ、ヴァシシュタ、そしてアヤシャであった。他でもないシュナハシェーパ本人の父、アジーガルタが生贄《いけにえ》の少年を殺すことになった。アジーガルタは生贄《いけにえ》を殺すナイフを手に少年に近づいた。シュナハシェーパは、ヴェーダの神々に捧げる祈りの歌を歌い始めた。[★027] 最後に暁の女神ウシャスに捧げる讃歌を歌い終えると、彼を縛っていた三つのかせが外れた。またハリシュチャンドラの水腫は消え、彼は苦しみから解放された。続いてシュナハシェーパがその時に啓示を受けた速いテンポの切迫するような讃歌を歌って、ハリシュチャンドラの供犠を締めくくった。

こうして供犠は終わり、儀式の主宰者ヴィシュヴァーミトラはシュナハシェーパを自分の一〇一人の息子の長男として養子にしたいと申し出た。シュナハシェーパは承諾した。彼の父は自分の元に帰るよう強く求めたが、シュナハシェーパは父親をシュードラ（この神話が結末を迎える前まではインド社会で最下層の身分を意味した）とののしり、父の元に戻ろうとはしなかった。ヴィシュヴァーミトラは、少年シュナハシェーパを養子にすると公言し、デヴァラータ（神から授かった者）という新しい名前を授けた。さてヴィシュヴァーミトラの一〇一人の息子のうち、ちょうど真中のマドゥッチャンダ以下の五〇人はデヴァラータを兄として認めたので、ヴィシュヴァーミトラから祝福を受けた。だがマドゥッチャンダより上の五〇人は拒絶したので、「お前達の子孫は地の果てに住むだろう」というヴィシュヴァーミトラの呪いを受けた。

彼ら兄弟とその子孫は、インドの北の辺境ウダンティヤに住むアンダラ族、プリンダ族、ムーティバ族になった。[★028] ヴィシュヴァーミトラはこうしたダーシュ（非アーリア人で最下層のアウトカースト）のほとんどを生み出したとされている。

もともとのシュナハシェーパ神話（『リグ・ヴェーダ』はこの神話を聖仙《リシ》シュナハシェーパが書いたとほのめかしている）は、小熊座の尻尾の三つの星が地平線の下に沈まない理由を説明する天文物語だったと思われる。[★029]それが、『アイタレーヤ・ブラーフマナ』や『シャーンカーヤナ・シュラウタ・スートラ』に至り、インドのアウトカースト、犬食い族の起源を語る神話に変じたのだ。ヴィシュヴァーミトラの息子のうち長兄達の運命は、聖書に登場する堕落した民のそれに酷似する。完璧に創造されながらも反抗的な人間達だ。創造主に背反し、良き社会の法に逆らって、彼らは追放という形の罰を受ける。このインド神話の筋も、終始一貫して同様の狡猾なイデオロギー的意図をもって構築されている。それは、シュヴァパチャ部落におけるヴィシュヴァーミトラ神話に漂うイデオロギーと同じだが、あの話では教訓目的のために、犬食い族の男をキリスト教伝説のアボミナブルを思わせる高貴なる野人として描いている。

4　呪いと呪い返し

一連のヴィシュヴァーミトラ神話には、それらをつなぐ、「同毒療法的呪いの応酬」[★030]とその呪いの実現という、無気味だがきちんと計算された鎖の環が存在する。まず、シュナハシェーパ神話とシュヴァパチャ部落におけるヴィシュヴァーミトラ神話を結びつける呪いから始めよう。『マハーバーラタ』によると、ヴィシュヴァーミトラは息子のうち、シュナハシェーパを長兄として受け入れようとしなかった年長の五〇人に対し、シュヴァパチャの身分に堕ちよと呪いをかけ、その後でインドラ神を讃えた。インドラは満足し、ヴィシュヴァーミトラにかけられていた呪いを解いた。[★031]それはヴァシシュタの息子達がかけた、「お前はいつか犬の肉を食うだろう」という呪いである（この息子達はヴィシュヴァーミトラの賛同のもとに、スダース王ないしはスダース王の孫のカルマーサパーダに殺された。『マハーバーラタ』（一・一六五・一――一・一六七・五）』）。しかしヴィシュヴァーミトラは、シュヴァパチャ部落で確かに犬の肉を調理する――

叙事詩のつねとして、それぞれの物語に二つ以上の側面があるのは珍しくない。

だが、これはほんの序章にすぎない。もっとも古いシュナハシェーパの物語で見たように、マドゥッチャンダより上の五〇人の長兄は次々と呪われ、すべてが地の果てに生まれる運命を受けた。シュナハシェーパを拒否した彼らは、(北の)最果て(ud-antya)、あるいはさらにその向こうへと追いやられるのだ。[★032]『ラーマーヤナ』のシュナハシェーパ物語(一・六二・一六)では、ヴィシュヴァーミトラの年上の息子達は「父親の言葉は兄としての自分達の身分を奪うもの」だとして、「私達にとってそれ(シュナハシェーパを長兄として認めること)は犬の肉を食べるようなものです」という言葉を返す。そこでヴィシュヴァーミトラは、彼らが地上において千年の間、まさしくその運命(犬の肉を食うシュヴァパチャになる運命)を受けるよう呪いをかけた。[★033]

ヴァシシュタもまた、同様の呪いをかけたことがある。呪いの相手はバラモンの娘を陵辱したために父王から追放され、森のなかでシュヴァパチャのように暮らしていたサティアヴラータという王子だ。この罪深いクシャトリアは森で暮らすうちに、干ばつに襲われて飢えに苦しむ[★034]ヴィシュヴァーミトラの妻と息子のガラヴァを救おうとヴァシシュタの牛を殺す。そのうえ彼は、何と天界で暮らせるようヴァシシュタに願い出る！　この牛殺しの大罪によって、サティアヴラータは外見だけでなく、骨の髄から犬食い族になるようヴァシシュタの呪いを受けた。名前までサティアヴラータからトリシャンク(Triśaṅku＝三重苦)に変えられた。このトリシャンクが厳しい修行の末に、ヴィシュヴァーミトラの助力を得て、自分を元の、あるいはそれ以上の地位に戻してもらおうとした時に、一連の呪いは大団円を迎えようとする。だがこの「罪深いクシャトリアの陰謀」を耳にしたヴァシシュタの息子達は、いつの日かヴィシュヴァーミトラは犬の肉を食うと呪いをかける。そしてそれは、先ほど述べたように実現する。

だがこの時、ヴィシュヴァーミトラもまたヴァシシュタの息子達に報復の呪いをかけていた。彼らが七百回もムシュティカ族のアウトカースト(ムルタパー)に生まれ変わるよう仕向けたのだ。ヴィシュヴァーミトラは凄まじいヨーガの熱射をもってヴァシシュタの息子達を殺し、彼の呪いはただちに実現した。[035] この話の『ハリヴァンシャ版』は、追放された王子サティアヴラータの子孫についても述べている。彼の息子こそ、他ならぬシュナハシェーパ伝説に登場するハリシュチャンドラであり、[★036] こうしてめぐりめぐる呪いの鎖がつながるのだ。[★037]

だが一連のヴィシュヴァーミトラ神話を完結させるのもまた、中世インドのヨブ記ともいえる、このよく知られたハリシュチャンドラの神話である。ハリシュチャンドラはわが息子ロヒタの身代わりとして、シュナハシェーパを生贄《いけにえ》としたため、ヴィシュヴァーミトラの怒りを買う。[★038] そして彼は、強大な力を持つ聖仙《リシ》ヴィシュヴァーミトラの計略により、王家の供犠を司る僧侶（hotr）としてヴィシュヴァーミトラを選ぶこととなった。

ヴィシュヴァーミトラは、ハリシュチャンドラのラージャスーヤを終えると、その報酬として、ハリシュチャンドラの王国すべてを要求した。ハリシュチャンドラはそれを入れて王国を与えたが、ヴィシュヴァーミトラは満足せずにさらなる要求を出した。そこでハリシュチャンドラは、妻のシャイビヤーと息子のロヒタを伴ってベナレスにおもむいた。奴隷になって、ヴィシュヴァーミトラへの借りを返す金を作ろうとしたのだ。妻と息子を売ってバラモンの用役に付し、それで得た金をヴィシュヴァーミトラに渡したが、それでも足りなかった。そこで今度は自分自身を売ろうと、町の汚い火葬場に行った。そこへチャンダーラの姿をしたダルマ[★039]が現れた。チャンダーラは悪臭を放ち、醜く、ボロボロの服をまとい、ひげは伸び放題で肌は黒く、キバのような歯に、腹はたれ下がり、目はいかつく、話す言葉は下品そのものだった。彼は数多くの鳥を引き連れ、死体から外した花輪で身を飾り、手には頭蓋骨と腿の骨を持っていた。その姿は身の毛もよだつ（bhairava）ほどで、周囲を野犬の群れ（śvagaṇābhivṛttaḥ）が取り巻いていた。[★040] このチャンダーラは死刑執行人であり、死体の着物や掛布を処理する仕事もしていたのだ。

ハリシュチャンドラは、ひどい姿に身をやつしたダルマの下働きとして、地獄のような火葬場で働くことになった。ここで彼は生きながらに転生し、百年分の苦しみをたった一年で経験することになる。ある日、彼は夢を見る。自分がプルカサというアウトカーストに生まれ変わり、地獄に落ちる夢だ。そして百年にも思えるひどい苦しみの一日が過ぎた後、今度は死肉や排泄物を食う犬に生まれ変わる。それからさらに夢のなかで何度も何度もさまざまな姿に生まれ変わり、ついにはまた自分自身、つまりハリシュチャンドラとして生まれ変わる。こうしてようやく天国に昇るが、ここでヤマ神の部下によって再び地獄に引きずり降ろされる。そこでヤマ神は、ヴィシュヴァーミトラからハリシュチャンドラの運命を聞いた。ヤマ神はハリシュチャンドラに、地上に戻って一二年の苦しみをきちんと終えるように命じ、地上に放り返す。

プルカサの身分に落とされたハリシュチャンドラ王は、ようやくこの悪夢から覚める。それからしばらくして、妻のシャイビヤーが、毒蛇にかまれて死んだ息子ロヒタの遺体と共に火葬場にやってきた。シャイビヤーは、シュヴァパチャの姿になった男が夫のハリシュチャンドラだとは気づかなかった。だがロヒタに気づいたハリシュチャンドラは、シャイビヤーと手に手を取って荼毘の火の上に身を投じた。こうして彼は、身をさいなまれるような苦しい生活に終止符を打った。するとかのチャンダーラは宇宙の法と秩序の神ダルマ（☆ここではヴァルナ神と同じ神と考えられる）の姿に戻り、インドラをはじめとする諸神、さらにはヴィシュヴァーミトラの祝福も得て、ハリシュチャンドラと妻、それに生き返った息子とハリシュチャンドラが治めていた町をそっくり天に召し、シャウバの星へと昇らせたのである[★041]。

こうしたロマネスク調の寓話の「真実」は、それらが巧妙なるカースト排除のイデオロギーであるという点にある。そこに描かれたドッグマンは、無名の群集から抽出された実体のない存在だ。ヨーロッパの伝説に登場する犬頭人と同じように、ほとんどの場合、こうしたインドの怪物的種族にも名前がつけられていない。さらにいえば、こうしたアウトカーストや異部族につけた名前の多くも、信仰にかこつけたでっち上げであることが多い。いずれにせよこうした話の重要さは、彼らがなぜそういう身分に堕ちたのかという説明にある。彼らはもともと王族やバラモンであった。それが全能の聖仙《リシ》の呪いによって、上流社会から放り出されたのだ。

この章のまとめとして、「神話論理」の因果関係を示す一覧表を掲げておこう。

生み出されたアウトカースト
あらゆる種類のアウトカースト。いずれもナンディニーの排泄物から生まれた。
ヴィシュヴァーミトラの呪いにより、長兄達はウダンティヤ族の始祖となる。
ヴィシュヴァーミトラの呪いにより、長兄達はシュヴァパチャになる。
ハリシュチャンドラは、ヴィシュヴァーミトラによってシュヴァパチャにされる。
ヴァシシュタは、サティアヴラータがシュヴァパチャのトリシャンクになると宣告する。
ヴァシシュタの息子達が、犬の肉を食べるようにヴィシュヴァーミトラに呪いをかける。その呪いはシュヴァパチャ部落でほとんど成就する(そして、マヌ法典によれば成就した) *MBh* 12.139
ヴィシュヴァーミトラは、ヴァシシュタの息子達が犬食い族になるよう報復の呪いをかける。ヴァシシュタの息子達はムシュティカ族になる。

出典	犯した罪
Mbh（マハーバーラタ）1.165	ヴィシュヴァーミトラが、ヴァシシュタの牛ナンディニーを盗もうとする。
AB（アイタレーヤ・ブラーフマナ）7.13-18	ヴィシュヴァーミトラの長兄達が、シュナハシェーパを自分達の兄として受け入れるのを拒否する。
Rām（ラーマーヤナ）1.61.16	ヴィシュヴァーミトラの長兄達が、シュナハシェーパを受け入れるのは犬の肉を食うのと同じだという。
DP（デヴィーバーガヴァタ・プラーナ）7.16-18	ハリシュチャンドラが、シュナハシェーパを生贄として認める。
Hariv（サティアヴラータ=トリシャンク神話のハリヴァンシャ版）9-10	サティアヴラータが、ヴィシュヴァーミトラの妻子に食べさせようと、ヴァシシュタの牛を殺す。
Rām 1.58	ヴィシュヴァーミトラが、シュヴァパチャのトリシャンクが天界に昇れるよう力になる。
Rām 1.58	ヴァシシュタの息子達が、ヴィシュヴァーミトラに犬の肉を食べる呪いをかける。

第5章 古代と中世インドにおける犬食い族

バイラヴァ神

1 異種族混交の重罪と追放

一連のヴィシュヴァーミトラ神話は、人間社会の外辺あるいは人間と動物の境界に堕ちたり追放されたりした種族、犬食い族の存在や起源を解き明かす一つの手掛かりとなる。だが他方では、これとは別の解釈が西暦紀元初頭に書かれた教訓的な叙事詩と法典のなかに見出される。それは異種族混交――より適切にいえば、カーストの区分を根底から曖昧にするもっとも危険な行為、異カースト間の混交（varṇasaṁkāra）――に対する罰という観念だ。だがこの場合、罪を犯した者に下される罰は、聖仙《リシ》の呪いという個人的なものでなく、むしろ非個人的な、宇宙の理法を正す働きや運命という形で捉えられる。異種族混交は、単なる職業的区分への侵犯などよりはるかに重い罪だ。なぜならそれは、決して相入れない異なるカーストの体液を、区分を越えて混ぜ合わせるという危険な行為だから。混交の当事者もその子孫も社会から永遠に締め出されるだけでなく、秩序ある場所や時間からも追放されてしまう。伝統的理念に従えば、こうした性的犯罪者は果て知れぬ荒野に住み、ユガの薄暮れ（☆四つある宇宙的時代の転換の時期）を生きるよう運命づけられる。[★001]

この堕ちた種族の系図は、『マハーバーラタ』と各種の法典のなかで執拗なほど詳しく記されている。[★002]「バラモンの女とシュードラの男の間に生まれたのが恐ろしい処刑執行人のチャンダーラであり、それらは外の世界（bāhyavāsina）に住んでいる……チャンダーラの子孫はシュヴァパチャと呼ばれ、死者の番人[★003]（mṛtāpa）となった」とか、「シュードラからは身分の低い三人の息子が生まれた。アーヨーガヴァ、クシャットリ、そして最下層の人間チャンダーラである。……クシャットリの男とウグラの女から生まれた者がシュヴァパーカである」などという記述は、その一例にすぎない。[★004]

また『マハーバーラタ』には、高カーストの人間が悪行を犯して堕ちた場合の、さまざまな生まれ変わりの順序が記されている。転生をくり返して最後に生まれ変わる動物はたいてい犬であり、人間に生まれ変わる時の最初はシュヴァパチャである。そこで罪人は、まず虫に生まれ変わり、次に針鼠、マングース、イノシシ、鹿、鳥、犬、シュヴァパチャ、シュードラ、ヴァイシャときて、最後にクシャトリアに生まれ変わるといった道筋をたどる。叙事詩にもこの堕落による転生の物語がしばしば見られる。たとえば、「犬やロバがまき上げたチリにまみれたチャンダーラは、過去生において、食べ物にバラモンから盗んだ牛の乳をふりかけた。彼の伴をする犬もまたその昔は人間であり、主人と同じ理由で犬の境遇に堕ちたと思われる」などという物語だ。堕落した者が人間世界に生まれ変わる場合、ほとんどがアウトカーストになる。たとえば師を侮辱したバラモンの生徒は、シュヴァパーカかプルカサに生まれ変わる[★005]。

輪廻において、ある魂が無数に存在する生き物のどれに転生するかは、その者のむくい、過去生におけるカルマ（業）のすべてをダルマ（法）に照らした結果で決まる。最下層の境遇に堕《お》とされる魂（すでに見たように、バラモンとても例外でない）を孕むために、その数に見合ったシュヴァパチャの子宮が用意される。こうして最下層の境遇に堕とされた者は、シュヴァダルマ（みずからのダルマ）に従って生きることにより、カルマはしだいに改善され、徐々に高い境遇へと昇っていける。

こうした警句や罰のリストや寓話などに見えるイデオロギーは、人種差別や排他思想を鼓吹するというより、エリート層の世界観を暗示しているにすぎないだろう。それはまた偽善的イデオロギーでもある。なぜならいわゆるアウトカーストもまた、バラモンと同じように、相互に結びつき依存し合う社会の網に取り込まれているからだ。たとえ社会から排除されていようと、アウトカーストにはそれなりの果たすべき役割がある。バラモンにしても、彼らなしに儀式の純潔を保つことはできない。歴史の初めから、アウトカーストはインドのゴミ処理人であった。彼らは残飯や排泄物を家や街路から取り除き、屠殺されたり、息絶えた動物の死骸を処理し、死者を荼毘《だび》に付す仕事を受け持った。神話では物語として語られる彼らの境遇や役割が、『マヌ法典』では律法の言葉で記されている。（一〇・五一―五六）

> チャンダーラとシュヴァパチャは村の外に住むべし。食物は区別された器、あるいは壊れた器で取らなければならない。財産は犬とロバに限り、衣服は死者の残したもの、装飾品は鉄製に限る。つねに移動すべし。法に従って生きる者は、彼らと交わりを結ぶべからず……夜間、村や町を徘徊してはならない。縁者のない者の亡骸を運ぶべし……死刑執行人となり……処刑された者達の衣服、寝台、装飾品の処理を行うべし。

また他の箇所では、ヴァイシュヴァデーヴァへの生贄《いけにえ》を家人が毎日二回地面に放り投げる時、それを受け取ろうと集まる犬と犬食い族は同じものとして一括りにされている。[★006]

2 「内部の他者」、「非存在」の者が住む空界

犬食い族が追いやられた場所は、法典では村の外辺、神話では秩序のないユートピア的荒野であった。ヴィシュヴァーミトラ神話では、ラージャリシはマータンガ、トリシャンク、ハリシュチャンドラを空界――天界でこそないが――に上げて物語が終わる。シュナハシェーパ神話と同様に、この神話にも天文学的主題があるのだが、それはこの神話のイデオロギー的側面やカースト的側面の陰にかすんでいる。曖昧な神話的性格を持つヴィシュヴァーミトラは、シュヴァパチャを地上のバラモンより「高い」位置である空界に引き上げ、地上では呪われた奴隷というくびきから

逃れられないシュヴァパチャに、一種の解放をもたらした。神話におけるこの地位の逆転は、中世キリスト教伝説に登場する犬頭のアボミナブルと共通する。ただしヴィシュヴァーミトラにはシュヴァパチャを天界に上げること――モクシャ（解脱）に導くこと――はできなかった。そのため、より実質的なやり方で彼らの運命を救済したのだろう。

だが見方を変えれば、犬食い族を「空界に引き上げた」ことも、地上における秩序の巧妙な焼き直しといえなくもない。現代のいわゆる公共住宅政策の神話版だ。堕落者である犬食い族に与えられた空界は現代のホームレス収容施設に似ており、いわば彼らの地上の居場所を縦に置き換えただけの更正訓練施設なのだ。地上の犬食い族が暮らした森や町の境界は、調和の取れたマンダラである町と町（あるいは隠者の庵と庵）との間という曖昧模糊とした場所であったし、新しい住処となった空界もまた、天と地の狭間というつかみ所のない空間である。深い森と同様、空界もまた変化と動きの場所であり、（ヴァーユ神およびマルト神群として神格化されている）風の支配する領域であって、大気現象や天候と切り離せない領域であった。大気あるいは天候はインドラ神として神格化されている。インドラはシュナハシェーパ神話のなかで、さまようロヒタに「動け」と命じた神である。またすでに見たように、いずこともわからぬ森が、シュヴァパチャとその同族が暮らす領域であった。そこはまた、恐ろしい野生動物のシュヴァパダ（犬足の生き物）が棲む場所でもあった。[★007]

この空界、深い森、犬の関係はその後もさらに発展する。インドラにつき従う牝犬サラマーも風とつながりがある。また、神猿ハヌマーンと、『マハーバーラタ』中の英雄、狼のビーマ・ヴリコーダラは風の神ヴァーユの化身だ。最下層の種族チャンダーラが歴史に初めて登場するのも、『ヤジュル・ヴェーダ』に記された、風の神に捧げるプルシャメーダ（人身供犠）の定めのなかである。[★008] 地上でシュヴァパチャやシュヴァパダに出会うのは、わざわざ深い森に分け入る者達、つまりは従者や猟犬を従えて狩りをする王や、各地を巡り歩く遊行僧だけだ。僧もほとんどは犬を連れていた。王にすれば、森という未開地はただの狩猟地にとどまらない。森に分け入ることはその自然を征服することであり、支配のマンダラを広げることであった。事実、神話に登場するこうした物語のほとんどは、王の試練の物語であり、混沌に宇宙的秩序をもたらす行為の象徴なのだ。その地に王の神殿が建てられる物語であれば、その色彩はさらに色濃いものとなる。[★009]

犬のシンボリズムに満ちた『マハーヴァンサ』のなかに、仏教がセイロン（スリランカ）に伝来した物語があるが、そこには今述べた王の行為の象徴性がはっきりと読み取れる。[★010]

> 仏陀が涅槃に入った同じ日、ヴィジャヤ王子はランカーの地に上陸した。到着するとすぐ、偉大なるヤッキニーのクヴァンナーに仕える、召し使いのヤッキニーが牝犬の姿を借りて現れた。ヴィジャヤの家臣の一人はそれを見て、「犬がいるなら村もあるはずだ」と考えた。彼は、木の根元に座り、女隠者がそうするように糸を紡いでいるクヴァンナーを見つけた。クヴァンナーはその家臣を魔法で縛りつけたが、家臣が魔法の紐を身につけていたために、彼を食べることができなかった。そこで彼女は七百人の兵士ともども、彼を大地の割れ目へと投げ込んでしまう。部下を探しに来たヴィジャヤは、クヴァンナーがヤッキニーであることをたちまち見破った。ヴィジャヤは彼女に突進し、その首に輪にした綱を巻きつけて、「奴隷め、わが部下を返せ。返さなければおまえを殺す！」と叫んだ。
>
> クヴァンナーは部下を解き放し、ヴィジャヤと食事を共にする。クヴァンナーは一六歳の美しい娘に変身し、木の根元にしとねを用意してヴィジャヤを誘う。この時を待っていた王の息子（ヴィジャヤ）はこれを見て彼女を妻とし、腕に抱き、歓びに満ちてしとねに横たわる。その夜、ヴィジャヤは歌声を聞く。クヴァンナーはヴィジャヤに、歌の主は島を支配するヤッカで、近くに彼らの都シシラヴァッチュがあると告げた。ヴィジャヤはヤッカをすべて殺し、みずからヤッカの王の衣を身にまとった。[★011]

荒野は無秩序な動きの場所（かたや王都やバラモン隠者の住処は静止の場所）であり、非定義の空間であって、チャンダーラ、シュヴァパーカ、インドのドリュアス（木の精）、ヤクシャ（パーリ語ではヤッカ）などという「非存在」の住む場所であった。だが上述の神話も示唆するように、人間はヤクシャを教化できたし、実際に教化もしたが、シュヴァパチャは人間に手なずけられつつも、神話であれイデオロギーのレベルであれ、決して社会的に受容されることはなかった。たしかに犬食い族は務めを果たすため社会にやって来たし、社会の周辺に住みさえした。彼らは社会的交わりから排除されつつ、その町の住民のために働く移動労働者の原型となった。アントヤーヴァサーイン（最低の身分の者）はのけ者の境遇から解放されたが、それすら、今度は空界という別の世界に追いやられただけにすぎない。

だが遊行僧は王や正統派の教義論者と違い、荒野の住人アントヤジャ（最下層の生まれの者）に対し、より温かく親密な感情を抱くことが多かった。陽が沈み、新たな宇宙的時間が始まろうとする時に、世を捨てた僧達が黒い犬食い族の仲間と禁じられた食物を分け合う場面さえ見られるのだ。たしかに森に住めば社会と交わらずに済むが、世捨て人が森を暮らしの場に選んだそれ以外の理由は何だったのだろう？　世捨て人にすれば、森という境界も果てもない領域は、束縛からの解放、存在からの解放をもたらし、それゆえ輪廻からの解脱をもたらす象徴的存在であった。秩序ある社会に暮らす者には混沌であり、この世の地獄であった森も、世捨て人にとっては自由を意味した。遊行僧には中間領域に吹く風はとてつもなく大切なものだった。風にのって飛び回るケシンへの賛歌に見られるように、この思想はすでにヴェーダの時代から存在した（『リグ・ヴェーダ』一〇・一三六）。それは、完全なる呼吸のコントロール、インド禁欲主義の最高形態、ヨーガの根本でもある。呼吸のコントロールは人を完全なる静止、ときには無我の境地（サマーディ）へと導き、老化や衰えをもたらすエントロピーのプロセスを逆転させ、宇宙を支配しうる偉大な力をヨーガの行者に獲得させる。[★012]

かりそめの暮らしと、気まぐれな自然力である風への格別な思いが結びつき、森は彼ら反社会的偶像破壊者にとって象徴的な場所となった。その結果、社会から拒絶された名もない人々と相通じる存在になった。なぜなら、社会の側から見ると、世を捨てたヨーガの行者もまた「内部の他者」であり、つむじ曲がりな彼らの存在は、事物の正統な秩序を乱す者であったからだ。このことは、ヴィシュヴァーミトラ神話のなかでもくり返し述べられている。

3 インド最古のドッグマン伝承

六世紀にヴァラーハミヒラが著した『ブリハット・サンヒター』は、占星術、天文学、予兆の解読を主要な内容とするが、ある階級の人間と犬とのつながりを暗示している点でも注目に値する。「犬の環」（シュヴァチャクラ）と名づけられた一節の始めにこう書かれている。

もし犬が男、馬、象、壷、鞍、乳状液を分泌する木、積まれたレンガ、日よけの傘、藁布団、椅子、乳鉢、支柱、宝貝、花または草の生い茂る場所に小便をし、そのあと旅人（yātṛ）の先に立って歩くなら、彼（旅人）の行いはうまくいくだろう。もし犬が湿った牛の糞に小便をすれば、彼は甘い食べ物を得るだろう。もし乾いた牛の糞の上に小便をすれば、乾いた穀物、糖蜜、菓子が手に入るだろう。また、犬が毒もしくは刺のある木、薪、石、枯れた木の幹、焼き場の骨に小便をするか、蹴るかして、旅人（yayin）の前を行けば、それはよくないことが起きる前兆である。壊れた、または完全な陶器の脚に小便をした場合は、（旅人の）家の娘に傷がつく。使っている器（あるいはサンダル）の上なら家の女が穢《けが》される。犬が牛に小便をかければ、それはアウトカースト（avarṇaja）との異種族混交の前兆である。[★013]

犬と旅人に関連する予兆（その多くは吉兆である）の解読はさらに続くが、その後に延々と続く、家、町と犬とに関連する予兆は、二、三の例外を除くと、どれもが極端な凶兆となる。ここで留意すべき大切な点がある。第一に、小便をする犬が動いている人間――yātṛあるいはyayin（旅人）――と関係づけられていること、第二に、犬が通る場所によって明らかな違いがあることである。第二の点を大きく三つに分けると、①人が手なずけている森や隠者の庵のように、明らかに吉兆をもたらす戸外の場所（乳状液を出す木）、②荒れ地や一つの時代が終わろうとする世界のように、凶兆となる戸外の場所（毒のある木）、③家のなかの秩序ある空間、となる。①の場合、すべてが吉兆となる。③において、犬が家財道具や飼育している牛に小便をかけた場合、その家の女性が穢《けが》れたり、アウトカーストとの異種族混交といった、きわめて恐ろしい結果がもたらされる。[★014]

異種なるものの混合はまぎれもない凶事を象徴する。犬（シュヴァパチャ）の排泄物と、人間（バラモン）の食器や清浄なるバラモンの食べ物の源（パンチャガヴヤを提供する牛）とが混じり合えば、破滅的な結果を招く。支配者のイデオロギーでは、犬と牛、アウトカーストとバラモン、排泄物と食物は対極をなし、あらゆる面で峻別されなければならない。またヴァラーハミヒラは、この社会という宇宙の縮図における異邦人や犬食い族が占めるべき宇宙的空間について、「町、村、家の隅には悪鬼が住み、これを支配する。だが、シュヴァパチャといった最下層の者はそうした場所で繁栄する」という重要な見解を披露する。これは、アウトカーストを町の外辺に追放すると定めた『マヌ法典』と呼応する。また宇宙は円であり、この円はそれを囲む正方形と東西南北の四つの点で接する、というインド的観念の反映でもある。外部とは円周とそれを囲む正方形の四隅とが作る部分を指す。[★015]

さてここで、予兆に現れる旅人に目を向けてみよう。というのも、この旅人は荒野を巡る遊行僧と考えられるからだ。旅人を指す言葉は、ヴァラーハミヒラが記したテキストに二種類出てくるが、どちらもyā（行く）の分詞形だ。

旅人を指すこの二つの名前と犬との関連から、同じ現象と結びつく、時代を前後するヒンドゥー教の二つの化身が想起される。ヴェーダの神々のなかで、遊行僧のさまざまなグループともっとも密接で頻繁なつながりを持つのはインドラ神だ（同じことはこの後で述べるルドラについてもいえる）。

まずは、遊行僧のなかにヤティ（yati）——語源はyā（行く）またはyat（戦う）——という名で知られる集団がいた。バラモン文学で扱われるヤティの評判はさまざまだ。『アタルヴァ・ヴェーダ』（二・五・三）と『アーシュヴァラーヤナ・シュラウタ・スートラ』（六・三・一）には、彼らを非難する記述は見当たらない。

だがその後のバラモン側の物語には、インドラは三重の罪——ヴリトラを殺し、ヴィシュヴァルーパを虐待し、アルルマガないしはヤティ★016をシャーラヴルカ（直訳すれば「家の狼」）に投げ与えた罪——でソーマ（☆ソーマの樹液から作る神酒。インドラの力の源）を禁じられたという記述がある。★017またこの話の注解書は、ヤティを非アーリア民族の反バラモン集団で、忌むべき世捨て人とみなしている。とはいえ、『マハーバーラタ』には、高徳のシュードラであるヴィドゥラは一生涯ヤティダルマ（苦行の旅）を重ねたと記されている。★018

もう一つは、ヤートゥという名の集団だ。この名前もyā（行く）の派生語であり、遍歴を重ねた者達と考えられる。ヴェーダでは、ヤートゥやヤートゥダーナは魔術師を意味する言葉で、共に犬と関連がある。『リグ・ヴェーダ』（七・一〇四・二〇）、『アタルヴァ・ヴェーダ』（八・四・二〇、二二）には、インドラがシュヴァヤートゥ（犬の魔術師、または犬の姿をした魔術師）と戦う記述がある。★019他の文献にも、インドラと犬食い族との近しい関係が見える。インドラは、名前に犬という言葉が含まれた少年（シュナハシェーパ）が生贄《いけにえ》となるシュナハシェーパ神話のなかに遊行僧の姿で登場するだけでなく、『リグ・ヴェーダ』でも百匹の黒犬を含む供犠を受ける。また同じインドラが、ある苦難の時期に犬を犠牲に捧げたという。★020

実際、バラモン神話に登場する犬は、ほとんどの場合、空界を支配するインドラ神と関わりを持っている。インドラはリジーシュヴァンとマータリシュヴァン（☆いずれも「シュヴァン＝犬」を名前に含む）の盟友であり、悪魔であるカーラカンジャの敵対者であった。カーラカンジャのうち二人は犬になった。[★021] 何より重要なのは、ヴェーダ期のインドラは、神格を持つ牝犬サラマー[★022]の主人（あるいは息子）とみなされたことだ。サラマーは、ヤマ神の二匹の地獄の番犬サーラメヤウの母親である。

同じくヴェーダのなかで、インドラはヤーツマティー（広く魔術師を意味する言葉）の首領を殺害する。ヤーツマティーの名は、サーヤナの注解ではヤーツダーナとなっている。[★023] ヴェーダの教訓的な箇所や、宇宙的時代の変わり目に襲う干ばつを背景にした神話に、インドラとヤーツダーニーという名の鬼女とが登場する場面がある。

パシュサカ（獣の友）という名のシュードラが、ガンダー（穢《けが》れ）という名の娘と結婚し、二人は飢饉で食べる物がなくなった七人のリシ（聖仙）に召し使いとして仕えていた。シャイビヤ・ヴリシャーダルビ王[★024]は、息子を生贄《いけにえ》としてリシに差し出していた。さて王子が死に、リシ達は王子を食べようとして死体を料理した。そこへヴリシャーダルビ王が現れ、息子の肉を食べないでくれれば牛と富を与えると申し出た。口論となり、その結果、リシ達は王子の肉をそのままに放置した。怒ったヴリシャーダルビはヤーツダーニーという鬼女を生み出し、リシ達を殺すよう命じた。

この七人のリシが、犬を連れたシュナハサカ（犬の友）という名の、たっぷりと食べ物を食べ、まるまると太った乞食と出会う。彼を見てヴァシシュタはいった。「この者の聖なる火は、われらのものとは異なる――彼も犬もまるまると太っているのはそのためだ」

彼らはヤーツダーニーが暮らす湖までやってきた。ヤーツダーニーは彼らに対し、おまえ達の名前の起源を明かせば蓮の花糸を食べさせてやるという。リシ達は名前の起源を説明し始めた。そしてシュナハサカの番になった。シュナハサカは、名前の起源を明かすことはできないといい、持っていた三叉の鉾でヤーツダーニーを打ち、灰に変えてしまう。リシ達は蓮の花糸を獲り始めるが、しばらくすると、その一部が消えていることに気づく。彼らは花糸を盗んだ者に呪いをかけるが、シュナハサカだけはその盗人を祝福する。そしてシュナハサカは自分こそがその盗人であるといい、自分はヤーツダーニーを退治するために地上にやってきたインドラだと明かす。その後でインドラは七人のリシを天に上げた。リシ達は大熊座の星々になった。

同じ話は、後の時代の（そして内容の信頼性にかなり問題のある）『スカンダ・プラーナ』（六・三二・一—一〇〇）にも出てくるが、ここでのインドラは、「その聖なる火は……われらのものとは異なる異邦人」とされ、シュノムカ（犬の顔）の姿をしていたとされている。神話に登場する神で、動物の顔を持つ者として文字あるいは絵で描かれるのはほとんどがアスラだが、そのなかには明らかに犬の頭を持つ姿もある。（図１０）同様に、夜の生き物や悪魔的な生き物からなるシヴァのガナ（群れ）にも犬頭人が含まれる。[★025] インドでは、犬頭の異邦人に関する記述はきわめて少ないが、それについては次章でふれることにしよう。

インドラと荒野のさまざまな「放浪者」——とりわけシュナハサカ——との関連を語る神話は、一見しただけでは理解しがたい。だが、ドイツのインド学者ハリー・フォルクの近著によって新たな解釈の光が与えられた。フォルクの著作は、主として古代インドのサイコロ遊びの儀式とヴラーティヤと呼ばれるグループとの関連を扱っている。前者のサイコロ遊びの儀式についてはすでに拙著[★026]で扱ったのでここではふれないが、ヴラーティヤに関する部分は、これまで見てきたいささか曖昧なテーマを結びつける要素として、議論を進める十分な価値があるだろう。それにより、インドにおけるもっとも古く、明白なドッグマン伝承を垣間見ることができる。[★027]

すでに見てきたように、インドラ神話における犬のイメージはきわめて重要だ。上記のヴェーダ神話に見える犬の

図10——ラーヴァナがラクシュマンに突き刺した槍をラーマが抜いているところ。（細部）15世紀後半ムガール朝、図版入りラーマーヤナ（no.07.271）、ファイル265r。ワシントンDC、スミソニアン研究所フリーア美術館の好意による。

役割に加えて、インドラはプラーナ（☆古譚と訳される文献群。ヒンドゥー教の聖典の一つ）神話のなかでも魔女のヤーツダーニーを殺すためにシュナハサカに姿を変えたり、ヴィシュヴァーミトラが犬食い族の部落で行った供犠に報いたりする。この二つの神話の舞台は、『リグ・ヴェーダ』の場合と同様に（四・一八・一三）、干ばつと飢饉で苦しむ宇宙的苦難の時代である。しかも、シュナハサカの神話にはヴリシャーダルビの息子を人身供犠として料理する話があり、この話は「犬」のシュナハシェーパが、危うく生贄《いけにえ》にされる話と似ていなくもない。またこの神話では、いっぷう変わった苦行を行うインドラ＝シュナハサカを、きわめて健康で栄養の足りた姿に描いている。

　こうしたインドラ神話における犬の要素も、インドラの奇妙な世捨て人の姿も、ヴェーダにあるヴラーティヤの記述を考慮するとある程度納得がいく。一般にヴラーティヤの群れは、インドラ（およびルドラ）につき従う風の神、マルト神群と同一視される。のみならず、ヴラーティヤはヴェーダの記述によれば「犬」[★028]とも呼ばれている――こうして私達はインド最古のドッグマン伝承にたどり着く。

　一九世紀全般にわたり、ヨーロッパではヴラーティヤに関する記述がおびただしくなされたが、そのほとんどはこれといった成果を上げていない。[★029]一九六〇年代まで、彼らは非インド＝ヨーロッパ系民族であり、森に住む反バラモン無律法主義の遊行僧であって、シャイヴァ（☆シヴァを最高神として崇拝するヒンドゥー教の一派）とタントラ派（☆シヴァ神を主神とする一派）の先駆けだったというのが定説になっていた。この解釈にもそれなりの根拠がないではないが、実際には、ヴラーティヤの立派な過去を都合よく歪曲したバラモンのでっち上げだったといえる。

　一九六二年、ジャン・ヒースターマンは優れた論文[★030]のなかで、「ヴラーティヤはヴェーダの供犠社会の構成要素として非常に古くから存在したが、バラモン階級が供犠の専門家として台頭するにつれて影が薄くなった。ヴラーティヤはその後の文学では扱いも粗略になり、無律法主義、反バラモンという鋳型にはめられてしまうが、彼らが行うサットラという祭式だけは、ある時期、ヴェーダ学習の開始の儀式やブラフマチャーリン[★031]（ヴェーダ学習者）が行う誓願

（ヴラタ）において執り行われていた」と指摘する。フォルクはヒースターマンの議論をさまざまな方向に発展させたが、そのなかで注目すべき点をここでざっと見てみよう。

まずヴラーティヤは、集団もしくは軍団として生活したり供犠を行う僧侶達であり――この点はマルト神群[★032]と同じ――ダクシナー（布施）を受け取るのは供犠を主宰するバラモンではなく彼らだった。彼らには中心となる者がいて、供物を分配するのもその者の役割だった。次にヴラーティヤは、祭式を人間の住む文明空間でなく森で、しかも秘密裡に行った。彼らの供犠は、バラモンのヤジュニャに対してサットラ（座ること）と呼ばれた。生贄《いけにえ》には牛、時には人間さえもが供えられ、それゆえ相当に暴力的だったとされる。最後に、そしてこれこそが、ここで論じている神話のもっとも重要な部分なのだが、ヴラーティヤがサットラを執り行ったのはシシラの季節、一年中でもっとも暗く、もっともやせた真冬、「家で飼われている動物が骨と皮だけのように痩せ、まるで獣のようになる」季節であった[★033]。一二日あるいは六一日[★034]間続くこのサットラは癒しの儀式の形を取った。生贄《いけにえ》を捧げることで、牛、人間、さらには太陽さえをも含む自然界のすべてを生き返らせ、再び健康にさせるのだ。

さまざまな文献に、ヴラーティヤは犬だと記されている[★035]。もっとも注目すべきは『チャーンドーギヤ・ウパニシャッド』の一節だ。バカ・ダールビヒヤという者が、輪になった飢えた犬に出会う。この一節に付された題は「犬の詠唱」である[★036]。

> それからバカ・ダールビヒヤは……一人でヴェーダを朗読しようと外に出た。一匹の白い犬が彼の前に現れた。他の犬達も集まって白い犬を取り囲んだ。彼らはいった。「神よ、食べ物が手に入りますようお唱えください。われらは本当に飢えています」
> すると彼（白い犬）は犬達にいった。「明日の夜明け、この場所に来て、私の周りに集まってくれ」。そこで

バカ・ダールビヒヤは……目を凝らして見つめた。

すると彼らはこの地の「僧侶」がするように手と手をつなぎ、蛇のようにくねり動きながら、バヒスパヴァマーナ・ストートラを詠唱し、詠唱しつつさらにくねり動いた。それから彼らはそこに座り、準備の発声を始めた。

彼らは歌った。「オーム！　食べさせ給え！　オーム！　飲ませたまえ！　オーム！　ヴァルナ、プラジャーパティ、サヴィトリの神々よ、ここに食べ物をもたらしたまえ！　ああ、食物の主よ。ここに食べ物をもたらしたまえ！　もたらしたまえ！　オーム！」

他にもバカ・ダールビヒヤの名は、彼とヴラーティヤや犬とを結びつける文脈のなかで何度か現れる。たとえば『ジャイミニーヤ・ブラーフマナ』[★037]、『チャーガレーヤ・ウパニシャッド』[★038]、『カータカ・サンヒター』[★039]中の重要な神話にも登場する。それらのなかで、バカ・ダールビヒヤはヴラーティヤ集団の指導者スターパティと記されており、またフォルクの論文では犬とされている。

バカ・ダールビヒヤのヴラーティヤ儀式が行われた場所も、多くの文献に記されている。ナイミシャ（きらきら光る森）[★040]がそれだ。ナイミシャはまた、ヴラーティヤの犬が登場するさまざまな神話の舞台でもあった。たとえば『チャーガレーヤ・ウパニシャッド』[★041]には、シュナカ（子犬）がナイミシャの森で執り行ったサットラ（供犠）の話や、やはりナイミシャの森のなか、シュナカと呼ばれる聖賢の前でジャナメージャヤが行った供犠の話がある。この神話はまた、『マハーバーラタ』全体の枠組みにもなっている。この叙事詩の英雄アルジュナを曾祖父に持つジャナメージャヤが、蛇を供え物とした供犠を行った。儀式の途中、彼はシュナカに自分の先祖の業績を語ってくれるよう依頼する。その時サーラメヤウ——神犬サラマーの息子——が供物に近づいた。ジャナメージャヤ兄弟三人がその子犬を打ち据える。サラマーは、サーラメヤウは供物のバターを穢《けが》さなかった、なぜなら近づきつつも目はそらしていたからだと指摘し、いわれない暴力をふるったジャナメージャヤは思いがけない時に「恐怖に打ちのめされる」だろうと糾弾する。供犠は成就しなかった[★042]。

暗い真冬にナイミシャの森で行われるヴラーティヤのサットラは、バラモン神話では荒々しい供犠として描かれている。『タイッティリーヤ・サンヒター』にはこう記されている。「サットラのダクシナー（布施）は「個我」すなわちアートマンである……この供犠でダクシナーを受ける者は人間（もしくは馬）の死体を食べる。食物は牛である[★043]」。『カータカ・サンヒター』に「一二日間の供犠をしてはならない、それは人間の肉を食うことと同じだから」とあるが、それもこのサットラを指している[★044]。こうして、『チャーガレーヤ・ウパニシャッド2』に出てくるナイミシャの森でのサットラでは、アートレーヤという祭式司祭者の死体が捧げられる。また他の箇所では、供犠を主宰するヴラーティヤが、生贄《いけにえ》としてみずからの代わりに牛を捧げると書かれている。こうして彼は、死ぬことなしに「食べられる」ことになる[★045]。

インド社会ではヴェーダ期に根本的変化が生じ、血の供犠が徐々に敬遠されたため、ヴラーティヤと彼らが行う森での密かな供犠は、その後の文学でさほど重きを置かれなくなった。この面目失墜は、『パンチャヴィンシャ・ブラーフマナ』のなかで、ヴラーティヤがヴァルナに呪われるという内容で神話化されている[★046]。

> 初め、神を敬うヴラーティヤは、ブッダをスターパティとしてサットラを行った。彼らはヴァルナ王を招かずに供犠の地を清めた。ヴァルナ王は彼らを呪った。「お前達には供物を分け与えない。お前達が神々に至る道を知ることはないだろう[★047]」

その頃、植物からは樹液が失われ、ミルクには脂肪が含まれず、肉には脂がなく、肌には体毛が生えず、木々は葉をつけなかった。だが、神を敬うヴァラーティヤが六二日間の供犠を行った後、生き物には生気が蘇り、輝きと生命の水があふれた。

この話はヴァラーティヤの衰退を説明するだけでなく、古代における彼らの力を詳しく語ってくれる。一二日間あるいは六一日間の供犠により、飢え衰弱した自然界を癒し、新たな活力を与える力だ。フォルクによれば、ヴェーダ期にヴァラーティヤが行った一二日間の供犠は、ローマのルペルカーリア祭や、野生の狩人オーディンが北欧の森で咆哮するクリスマスの一二夜などと同じ起源を持つという[★048]。ヴェーダ期の森の野生の狩人はルドラ神（咆哮する者）であり、ルドラ（シヴァ神の前身でもある）はインドラと同じくマルト神群を従える神だ。またヴァラーティヤはマルト神群と同一視される[★049]。このルドラ・シヴァとこれらドッグマン（ヴァラーティヤ）との関連についてはこの後で述べよう。

ヴァラーティヤが執り行う六一日間のサットラは、シシラ（真冬）の季節[★050]の始まりから終わりまで続いたが、この儀式はとりわけ「犬」との関連が深い。まず供犠の長さが犬の一般的妊娠期間と同じ六一日だ。犬の妊娠期間の六一日はまた、シシラの季節とも一致する。シシラだけでなく、インドの一年を六つに分けるそれぞれの季節もおよそ六〇日ではあるが、シシラという季節の名前が神犬サラマーの配偶者、牡犬のシーサラとほとんど同じであることを思うと、この期間の長さの一致はきわめて重要な意味を持つ[★051]。

こう見ると、シシラの季節に「ヴァラーティヤ・ドッグ」が六一日間行った供犠について、ある理論を構築できるだろう。何よりもまず、この供犠はやせた暗い季節に、「犬」によって、「人間牛」[★052]を生贄《いけにえ》にして行われた。この生贄《いけにえ》は、自然界と低い位置に沈みゆく太陽を回復、再生させるために捧げられる。太陽の位置がもっとも低く、人間も自然も活力を失う時期に、その一年を「切り抜ける」ために行われるヴァラーティヤの六一日間の供犠により、新しい命が誕生し、太陽が再び昇り、新たな一年が始まるのだ。根源的な問題には根源的な解決が要求されるものであり、「犬」

の季節に、「犬」によって、深い森のなかで、神聖なる牛あるいは人間の血が捧げられることはさして驚くほどのこともない。牛の肉で養われた象徴上の「人間犬」（もしくは犬の集団）が行う犬の儀式的懐胎によって、深い森の冬の闇から新たな一年と生命が再び生まれるのだ。[★053] 自然と社会が生き延びるために、ヴラーティヤの儀式は欠かせないものであった。儀式がどれほど恐ろしいものであれ、その仲介がなければ牛はすべて死に絶え、太陽は再び昇らず、宇宙は混沌のなかに沈んでしまう。

だがその後、祭祀の専門職であるバラモンと、その顧客である王族（ヤジャマーナ）との間に社会宗教的盟約が生まれると、ヴラーティヤとヴラーティヤの犬としての象徴性はバラモンと聖なる牛に押しやられ、マージナルな存在に変わってしまう。[★054]

ナイミシャの森のなかで、人間であり、犬であり、牛である生贄《いけにえ》を捧げ、人間であり犬でもある「ヴラーティヤ・ドッグ」によって行われた古代の供犠サットラに光を当ててこそ、一連のヴィシュヴァーミトラ神話は正しく理解されるだろう。シュヴァパチャの村でヴィシュヴァーミトラが犬を料理した話も、危うく生贄《いけにえ》にされかけたシュナハシェーパの話も、サティアヴラータがヴァシシュタの牛を料理したことも、それにおそらく、気のふれたカルマーサパーダ王がヴァシシュタの息子をむさぼり食ったことも、すべてはヴェーダに出てくるこれらヴラーティヤにたどり着く。バラモンとクシャトリアの間で、「どっちつかず」の立場にあるヴィシュヴァーミトラの性格そのものも、ヴラーティヤの曖昧でそれゆえに危険な立場と相通じるだろう。[★055] だが、ヴラーティヤをめぐる論議でもっとも大きな手掛かりとなるのは、インドラ＝シュナハサカ神話であろう。

この神話の舞台がナイミシャの森だという記述こそないが、そこがヴラーティヤの供犠の現場であることは内容から知れる。まず第一に、この神話は一二年間の干ばつによる貧窮の時代を扱っている。この一二年は、サットラの短い方の期間である一二日に通じるものだと考えられる。リシ（聖仙）達は飢えていた。あまりの飢えに耐えかねて、シャイビヤ・ヴリシャーダルビ王子の身体を料理するところまで追いつめられる。[★056] 後にリシ達はシュナハサカ（犬の友）に出会うが、シュナハサカの元気さと見事な肉づきに驚き、各々がその理由を上げる。何より強調された理由は、朝夕のアグニホートラも捧げず、聖なる戒律に永久に縛られることもない、ヴェーダの儀式を完全に無視した彼の生き方である。[★057] 世界中が飢えに苦しむ時、唯一シュナハサカ――犬の友、すなわちマルト神群を従え、深い森に住み、供犠を司る非バラモンに化身したインドラそのもの――だけは食べ物に不自由しなかった。それだけでなく、リシ達が犬と深い関わりを持つ魔女のヤーツダーニーに試された時、シュナハサカだけが彼女の謎掛けに「答える」ことができ、打ち殺されずにすんだという点に、バラモン神話に見るヴラーティヤの運命のきわめて重要な逆転がある。[★058] この神話の最後でインドラは蓮の花糸を盗み、リシの呪いをかわし、その後でリシ達を天に上げる。ヴラーティヤが自然や低い位置に下がった太陽に活力を与えたように、おそらく彼らに健康までも与えたはずだ。インドラ＝シュナハサカ神話は、インド本来のドッグマンであるヴラーティヤの存在をプラーナの立場から説明する。その昔、ヴラーティヤはバラモンにも劣らぬ社会宗教的地位を誇っていたのである。

4 アウトカーストが信奉するバイラヴァと犬

ヒンドゥー教の神々のなかでインドラの影はしだいに薄くなった。その衰退ぶりは、叙事詩やプラーナ神話における地位の低下という形で現れる。端的な現れは、叙事詩にインドラのバラモン殺し（ブラフマハティヤー）が登場することだ。インドラはヴリトラ（☆「障害」を意味する、ヘビの姿をした悪魔。人間に干ばつをもたらした）を退治する。ヴリトラ殺しは神々への多大な貢献ではあったが、それによりインドラにはバラモン殺し（☆ヴリトラ退治はバラモン殺しと受け止められている）の罪がかけられた。[★059] ヴリトラ退治というインドラの手柄は、『アイタレーヤ・ブラーフマナ』（七・

二八・一）にも語られているし、『マハーバーラタ』のなかで、インドラが（バラモン殺しの罪により）ブラフマハティヤーという人食い鬼に追いかけられる話も、これが下敷きになっている。

インドラは後の神話で地位の失墜を見ただけでなく、老いた俳優が若い俳優に取って代わられるように、元気旺盛な神に役割を奪われることもしばしばだった。放浪者インドラが登場するいくつかの神話にそれを見ることができる。インドラの英雄的側面を受け継いだのが、背教の聖者ヴィシュヴァーミトラであることはすでに述べた。だが神としてのインドラに取って代わるのは、プラーナ神話に登場する「恐るべき子供」、すなわちバイラヴァである（バイラヴァの名前の一つバトゥカ・バイラヴァを直訳すれば「恐ろしい子供」となる）[★060]。

バイラヴァ神話は単にシヴァの衣をまとったインドラ神話というだけでなく、ヴェーダ神話のルドラを継承するものであり、入信の秘儀を物語にしたものでもある。何よりバイラヴァ神話は、ヴェーダにおけるインドラとルドラの関係を示している[★061]。

まず、マルト神群とルドラ神群はインド＝ヨーロッパ語族系のヴラーティヤ集団を神格化したものであり、ほぼ同一の集団と見ることができる。次に、インドラ自身もルドラ神群として知られるヴェーダの神々の一員である。ヴラーティヤも、冬至近くにヴラタ（誓願）を行う後の正統ブラフマチャーリン（ヴェーダ学習者）同様、黒い毛皮にターバンを巻き、髪は伸び放題というルドラ神群と同じ姿をしていた[★062]。サットラで牛を生贄《いけにえ》として殺す時のヴラーティヤは、ルドラ・パシュパティと同一視される[★063]。ヴラーティヤが牛の生贄《いけにえ》を捧げてなだめない限り、ルドラ・パシュパティは牛に病気と死の苦しみをもたらした。

ヴラーティヤがルドラに代わって牛を殺す時、彼らはルドラの「犬」または「狼」であるとされた。またヴェーダに登場するルドラは、インドラに劣らず犬や狼の象徴性を帯びている。『シャーンカーヤナ・シュラウタ・スートラ』（四・二〇・一）は、マハーデーヴァ（ルドラ＝シヴァ）の息子であるバヴァとシャリヴァを「荒野を跳ね回る狼」にたとえている。犬と犬を率いる者（シュヴァパティ）達は共にシャタルドリーヤ賛歌★064のなかで誉め称えられている。ここで重要なのは、荒々しい森の狩人であるルドラ崇拝と、ゲルマンのオーディン崇拝との共通項だ。また、イランのアエズマや、真冬の一二夜と関連を持つインド＝ヨーロッパ語族系の神々との共通項も見逃せない。★065

ヴェーダのルドラ神話は、この神の狂暴で恐ろしい性格を語る。それによると、ルドラは元来、近親相関の罪を犯したプラジャーパティを矢で射殺するために、神々の狂暴な部分から創造されたという。この勇敢な行為の代償として、神々は彼をパシュパティ（家畜の主）とした。後の伝承では、この神話は義父ダクシャの生贄《いけにえ》をだいなしにするシヴァ（あるいはシヴァが造り出した怪獣ヴィーラバドラ）の神話となる。この神話で、シヴァは妻サティーの父ダクシャから、神々のなかでただ一人犠牲祭に招待されなかった。この辱めのために、サティーはみずから犠牲祭の炎に身を投じて死ぬ。シヴァは義父ダクシャの犠牲祭をめちゃくちゃにし、ダクシャの首をはね、妻の遺体を肩に担いで宇宙をさまよう。また、ヴェーダを元に書かれた別の神話に、リンゴドバーヴァ（男根の顕現）神話がある。ブラフマー神とヴィシュヌ神はどちらが最高神かでいい争っていた。するとシヴァ神が、彼の秘儀の象徴である無限の光のリンガ（男根の象徴）のなかから姿を現した。シヴァは両神に、リンガの上の果てか下の果てを見つけるようにいった。ブラフマーは白鳥となって上へと昇り、リンガの果てを見つけたと嘘をいう。だが結局両神は、シヴァこそが至高の神だと認めざるをえなかった。★066

後のプラーナ神話に登場するバイラヴァのブラフマハティヤーの物語もまた、リンゴドバーヴァと同じ記述で始まる。すなわち、ブラフマーとヴィシュヌはどちらが最高神かで争っていた。そこへシヴァが光の玉となって現れる。ブラフマーの五番目の頭が、シヴァをルドラ（泣き虫）といって侮辱する。シヴァはバイラヴァと呼ばれる黒い巨人を創り出し、ブラフマーの五番目の頭を切り落とすよう命じた。バイラヴァは命令に従った（こうして、やはり五つの頭を持つシヴァがもっとも多くの頭を持つ神となった）。シヴァが両神を生き返らせると、彼らはシヴァこそが至高神であると認めた。だが、バイラヴァの左手はブラフマーの頭をつかんだままだった。というより、それは彼の手から離れようとしなかったのだ。

そこでシヴァは、世の中の教化のために、バイラヴァにカーパーリカ・ヴラタ（頭骸骨を手にする者の誓願）と呼ばれる一二年間の罪の償いを命じた。バイラヴァは一匹の犬を連れて地上をさまよい歩く。また彼はバラモン殺しの罪により、バラモン殺しの化身である鬼に追われることになる。苦行に疲れ、鬼を恐れながらさまようバイラヴァは、最後にヴィシュヌロカにたどり着くが、ヴィシュヌ神は彼に、バイラヴァこそがシヴァであると告げ、彼自身のゲーム（リーラー）を終えたければ、カーシー（ベナレス）のティールタ（川の渡渉場）に行けという。バイラヴァはベナレスの北端に着き、そこの貯水池で沐浴をする。するとブラフマーの頭が手から離れた。バイラヴァは頭蓋骨から解放されたその地（Kapalamocana）に落ち着き、市の「警察署長」になった。[★067]

ベナレスだけは、死者の神ヤマでさえも、死にゆく者に力を及ぼすことができなかった。シヴァの恩恵により、この聖なる都で死ぬ者はそのまま解脱できた。バイラヴァは、この奇抜なシステムの責任者となった。こうしてバイラヴァは、サラマーの二匹の子供であり、死の犬であるサーラメヤウの主《あるじ》となる。のみならず、バイラヴァは犬を乗り物として、時には自分自身も犬の性格を帯びたとされる。バイラヴァが犬と密接な結びつきを持つ神とされるのは、彼が死の神ヤマの代わりであるという理由だけではない。（図１１）バイラヴァと犬とのつながりを考えるには、バイラヴァを信奉する者達の地位や、バイラヴァの一二年の苦行を信仰の規範とする信者集団の性格にまで踏み込む必要がある。バイラヴァの信者達の地位と性格という二つの要素は不可分の関係にある。シヴァを主神として奉じるヒンドゥー教徒達はバイラヴァを教義に取り込んだが、無律法主義とはいわないまでも、彼らは一般に聖職者の権力やカースト制に反対する立場を取った。自分達の集まりからバラモンを排除することもあった。この平等主義者達は同時に、アウトカーストをバイラヴァの真正な信者の位置にまで高めた。後期のシャーストラ文学によれば、バイラヴァ寺院はアウトカーストが建てた唯一の寺院である。それはアウトカーストが足を踏み入れられる数少ない寺院の一つであり、犬が歓迎され、ときには尊敬されさえする唯一の寺院なのだ。タントラ派の多くも出自はアウトカーストだったらしく、正統プラーナ文学にもそう記されている。こう見ると、ハリシュチャンドラが仕えたチャンダーラ（たとえ彼がダルマの化身だとしても）は、シャバラ（死体人間）であり、同時に恐ろしい（＝bhairava）頭蓋骨を持つ者（＝kapāladharin）であったことになる。また最初期の文献にも、バイラヴァをシャバラだとするものがある。[★068]

現在では、シャバラはインドの数少ない土着の部族だが、彼らは犬を吉兆とする。ペットの犬は兄弟としての栄誉ある扱いを受け、死ねば埋葬の儀式さえ執り行われる。アオ・ナーガという部族もまた犬を敬う。インド亜大陸で犬祖神話を持つのはこの部族だけだ。こうした土着の人々と犬との関連に、ある種の民族誌学的要素が存在する可能性は否定できないだろう。[★069]

バイラヴァ崇拝集団と、シュヴァパチャあるいは他の土着部族との間に存在したと思われる関係には不明な部分もあるが、彼らの起源そのものはより直接的かつ明瞭だ。一二年の放浪の間、バイラヴァはカーパーリカ・ヴラタと呼ばれる誓願を行ったが、みずからをカーパーリカと呼ぶシヴァ神崇拝の恐ろしいセクトが実際に中世に存在した。彼らの至高神はバイラヴァで、彼らの秘儀はプラーナに記されたバイラヴァ神話に則って行われた。とはいえ、カーパーリカ・ヴラタに関する最初の言及は、カーパーリカ派の成立や、プラーナのバイラヴァ神話より前のことだ。二世紀から四世紀にかけての『ヤージュニャヴァルキヤ・スムリティ（法典）』（三・二四三）に、バラモンを殺した者（ブラフマハティヤー）が行うべき罪の償いが律法という形で述べられている。まずこの罪を背負う者は、ほぼ一二年の間放浪しなければならない。同じ場所に五夜以上留まってはならず、犠牲者の頭蓋骨を乞食《こつじき》の器として持ち歩き、自分の罪をふれまわる。『ヤージュニャヴァルキヤ・スムリティ』と時代を同じくするのが『アーパスタンバ・ダルマ・スートラ』で、そこには「学識あるバラモン（または胎児）の殺害者は、犬の皮（シュヴァージナ）、もしくはロバの皮を、

図11——犬を乗り物にするバイラヴァ。インド、ベナレスの民家の玄関にあったもの。1985年、著者撮影

毛を表側にしてまとい、飲み物用の器に殺した人間の頭蓋骨を持ち歩く」とある。[★070]（一・二八・二一）

『ヤージュニャヴァルキヤ・スムリティ』などに書かれた一二年の罪の償いを行う者達と違い、この偶像破壊者であるカーパーリカ達は、一二年の苦行をまっとうするためにわざわざバラモンを殺し、その頭蓋骨を器に飲食するという行為を続けた。彼ら、悪名高い中世インドの地獄の天使が行った所業は、さまざまなセクトの文献や文学に記されている。[★071]七世紀に書かれた南インドの『マッタヴィラーサ』もその一つだ。そこには気の狂った男が、「チャンダーラであるもっとも尊敬すべき犬」から受け取ったといって、カーパーリカがなくした頭蓋骨の器を彼に返す話が書かれている。[★072]

現存するさまざまなプラーナにバイラヴァの「情熱」を持ち込んだ責任は、たぶんにカーパーリカにあるだろう。だが、みずからの目的のため、他セクトの正典を破壊するのは彼らに限らない。少なくとも彼らには、より初期のシヴァ崇拝のセクトの一つで、ルドラ・シヴァの化身であるパシュパティ（家畜の主）の崇拝者パーシュパタという手本があった。このパーシュパタ派は、歴史的にディオゲネスのキュニコス学派（犬儒学派）と関係がある。この両者の間には儀式における驚くべき類似が見られ、また共に、紀元一世紀に交易関係があった港町（黒海に面したシノプとアラビア海に面したブローチ）にその中心を置いている。[★073]

この八百年間、ウジャイン（インド中部の都市。少なくとも一二世紀以後バイラヴァ礼拝のもっとも重要な拠点）にはシヴァ神を信奉する一派が存在した。一二世紀の『シャンカラ・ヴィジャヤ』ですでにその存在が明らかにされたこのセクトは、信者が犬の真似をするという異様なまでの熱狂的礼拝を行う。[★074]ここにあるマッラーリ寺院では、信者が吠えたり、地面から物を食べたりと、犬の動作をさまざまに模倣する。マッラーリ崇拝はデカン高原のいろいろな地域、とりわけマハラシュトラ州、カルナータカ州、アーンドラ・プラデーシュ州などに色濃く残っている。マッラーリ派の儀式では、パーシュパタ、さらには遠くヴェーダ期のヴラーティヤの伝統である、狂気の真似とそらとぼけのしぐさが[★075]垣間見える。マッラーリはマータンダ・バイラヴァ——伝説によれば七百匹の犬を連れていたという——とほぼ同一視できる。彼の連れる犬はマータンダ・バイラヴァの熱心な崇拝者であり、マッラーリ（もしくはマータンダ・バイラヴァ）によってまず虎から人間に変えられ、その後、犬のごとく振る舞うよう教えられた。★076 ダシャハラー祭りの九日目には、このマッラーリ（あるいはマータンダ・バイラヴァ、あるいはカンドバー）の「虎犬」が、バイラヴァを助けてマッラを打ち破ったという神話の出来事を次のように祝う。★077

> 巡礼者達が到着すると、虎犬達は犬のように振る舞い、吠えた……昔は……食べ物を（乞う）食器に走りより、遠吠えをしたり、吠えたり、互いに喧嘩したりして、犬のように地べたに腹這いになり、犬のように食べた……食べ物が食器に入れられると、彼らは犬のように互いの口から食べ物を噛みちぎろうと争った。

フォルクによれば、マッラーリに従ったドッグマンは、ヴェーダ期のヴラーティヤに当たる。彼らドッグマンの一〇日の祭り（ダシャハラー）が、ヴラーティヤのドヴァーダシャハ・サットラに対応する（ドヴァーダシャハとは「一二夜」の意味だが、実際には前後一日を除いた一〇夜が供犠の期間となる）。こう見ると、ダシャハラーの祭りの一〇日目にバイラヴァ＝マッラーリがマッラを殺害するのは、人間を生贄《いけにえ》に捧げることでヴラーティヤ・サットラを終えるのと同じ意味を持つ。★078

タントリズムと結びついたバイラヴァのドッグマンを信奉する信者の系図は、正統バラモンの系図と同じように由緒あるものであり、遠くヴェーダ期のドッグマン、ルドラ・ヴラーティヤにまで遡ることができる。

インドではパーシュパタとカーパーリカに続き、ナート・シッダ、ダッタートレイン、アグホリ——すべて中世のシヴァ神崇拝のセクト——が行く先々でバイラヴァ信仰を広めた。こうしてバイラヴァ信仰はデカン高原、北インド、西インド、ベンガル、ネパールに広がっていく。ネパールでは、バイラヴァは今も仏教のきわめて重要な神格である。ナートのセクトに属する者は、バイラヴァと犬との関連をさほど強調することはないらしく、彼らが作ったヒマラヤのバイラヴァ寺院のどこにも、バイラヴァと犬との関連を暗示するものは見当たらない。だがネパールの伝承では、犬の姿をしたバイラヴァが「ブー」と吠えたことで、カトマンズの谷の偉大なるナートのグル（導師）であり、保護神でもあるマトシエンドラナートの生まれた場所がブンガガオンだと知れたという。ネパールではまた、犬は尊敬される四つの動物のうちに数えられ、年に一度のティハール（ディワーリー）の祭りでは、首に花輪が飾られ、砂糖菓子や軟膏が与えられる。北インドのある悪霊祓いの民間儀式では、呼び声を聞いたバイラヴァが黒犬の姿で現れる。[★079]

ヴェーダ期のインドラ、ヤマ、シヴァ・バイラヴァを除けば、ヒンドゥー教の神で犬と密接な関係を持つのはダッタートレヤ（シヴァとヴィシュヌの混成神として描かれる）だけである。図像画のなかでのダッタートレヤは、四匹の犬に囲まれた姿で描かれている。この四匹の犬は、導師《グル》であり神でもあるダッタートレヤが習得した四つのヴェーダと、彼が克服した人間の四つの欲望を象徴している。ダッタートレヤ崇拝の中心地はマハラシュトラである。エクナートやトゥカラーンといった後の聖者もこの地でダッタートレヤに秘儀を授けられており、彼らもまた犬とのつながりを持っている。[★080]

一四世紀から一五世紀にかけての聖人伝の一つ、『マーダヴァーチャーリヤのシャンカラ・ディグヴィジャヤ』には、シヴァがダッタートレヤに似た姿で描かれる話がある。それによると、正統派の学者聖人シャンカラが狭い道で四匹の犬を連れたシュヴァパチャに出会い、このアウトカーストに向かって道を空けよと命じると、シュヴァパチャは『バガヴァッド・ギーター』（五・一八）に記された、同一と相違に関するクリシュナの教えを思わせる哲学論議を展開した。シャンカラが己の非を認めると、シュヴァパチャは四つのヴェーダに囲まれたシヴァの姿になったという。

『シャンカラ・ディグヴィジャヤ』の別の話では、この出会いが武装した宗派の対決になっている。こちらの話では、ウグラバイラヴァという名のカーパーリカがシャンカラの首を切り落とし、もう少しで哲学論争に勝ちそうになるが、最後にはシャンカラの弟子のパドマパーダの鉤爪にかかって死ぬ。人間ライオンであるナラシンハがタイミングよくパドマパーダに生まれ変わったのだ。同じ伝説が、後のナート版――一七世紀に発見された『ゴラクシャシッダーンタサングラハ』という編集物に収められている――では、カーパーリカのウグラバイラヴァがバイラヴァ自身の化身となっている。恐ろしい神がシャンカラと彼の四人の弟子の首をはねるが、後にそれを修復する。こうして初めて、彼らの「真の超脱」が実現したのである。[★081]

5 清浄と不浄の二極性

シヴァ教の遊行僧伝承については一区切りつけ、この無秩序、無律法な運動と空間の議論を、あるバラモンにまつわる教訓神話で閉じることにしよう。このバラモンはアウトカーストと王の両方になる夢を見て、後にその夢が事実であることを人々から聞かされる。そしてヴィシュヌから、誰もが同じ意見を口にしても、必ずしもそれが真実ではないことを教えられる。この話はガーディのヨーガヴァシシュタ神話と呼ばれるが、そこには少なくとも二つの興味深い点を見出すことができる。一つは、ハリシュチャンドラ神話にも出てきた、夢のなかで犬食い族になるというテーマであり、もう一つは、ガーディという名がヴィシュヴァーミトラの父方の名前の一つであることだ。事実、このきわめて正統的なヴィシュヌ教の教義書に登場するガーディには、背教の聖者ヴィシュヴァーミトラを髣髴とさせる点が多い。

厳しい修行を積んだバラモンのガーディはヴィシュヌの恵みを受ける。ガーディはヴィシュヌに、マーヤー（幻力）とは何かの教えを乞う。それからしばらく後のこと、池に飛び込んだガーディは、自分が死んで荼毘に付される様子を幻に見る。さらに、悪臭を放つシュヴァパチャの女の子宮から生まれ変わる自分を見る。彼はカタンジャと呼ばれるシュヴァパチャとなり、穢《けが》れのなかに暮らし、犬達（サーラメヤ）を連れて狩りをする。やがて彼は、シュヴァパチャの女と結婚し子供をもうける。だが恐ろしい干ばつに襲われ、家族はみな死んでしまう。カタンジャは放浪し、キーラ（カシュミール）と呼ばれる首都にたどり着くが、そこでは王が亡くなったばかりだった。彼が着いたとたん、予言は成就し、彼はその国の王に任命される。

カタンジャはガヴァラという名で国を八年間治めるが、彼がシュヴァパチャであることは、誰一人として知らなかった。だが、たまたま昔住んでいた村からやってきた仲間が彼を見て気がつき、「ブホ、カタンジャ」といった。ガヴァラの素性が知れ渡った。宮廷や行政府の人間にとって、それは家のなかに死体があるのと同じだった。彼らはまるでラークシャサ（羅刹）から逃れるように火の海に飛び込んだ。王国は「時間の失われた宇宙の永劫」の様相を呈し、ガヴァラ自身も火のなかに身を投じるが、気がつくと、彼はバラモンのガーディとして飛び込んだ池の水から浮き上がるところだった。

そのしばらく後に、ガーディはある訪問者から、北の地方で身元が判明するまで八年にわたって国を治めた賤民がいたことを聞かされる。驚いたガーディは、「自分自身」を探し出そうと方々を尋ね歩き、カタンジャという名で暮らした村を探し当てるが、そこは身の毛もよだつような場所であった。住人は自分達が捨てた死体から骨を取り、牝犬の血と黄色い染料で色をつけ、火葬場で歌い踊るときにそれらを飾りとして身体に着ける。この世にも恐ろしい生き物の地（ブータマンダラあるいはフーナ・マンダラ［フンの国］★082）を後にした彼は、天国のようなヒマラヤのキーラにやって来た。そこでガーディは、「自分」がガヴァラという名でその地を治め、一二年前にほとんどの側近と共に自殺したことを知る。しばらくするとヴィシュヌが現れた。ヴィシュヌは、ガーディとシュヴァパチャとキーラの人々が経験したカタンジャとガヴァラの話はすべて幻影だったと説明する[★083]。

最後の審判を思わせるブータマンダラの有り様や、キーラの人々が火の海に飛び込むイメージは、ヴィシュヴァーミトラ神話に出てきたシュヴァパチャの村での黙示録的状況や、ハリシュチャンドラが経験したベナレスの火葬場を思わせ、宮廷内のシュヴァパチャを死体にたとえる部分も犬食い族神話にまつわる死やこの世の終わりを想起させる。それはまた、清浄さを守るべき明瞭な（あるいは暗黙の）掟の問題や、アウトカーストを相手にする際の掟への違反についてふれてもいる。清浄さを守ることへの関心については、犬食い族の男がヴィシュヴァーミトラに犬の肉を食べないよう諭した話や、犬食い族トリシャンクが穢《けが》れた体のまま天に上げられたのを見たインドラの恐怖や、ヴィシュヴァーミトラの一連の神話のなかのある種の呪いの言葉や、呪い返しの言葉などを通してすでに見た。王、アウトカースト、犬、不可触賤民、さらには清浄さの問題をひっくるめ、超現実主義的に語るのが、一二世紀にカルハナ（☆カシュミールのバラモン）が著したカシュミール王の年代記『ラージャタランギニー』である。インドの唯一の「歴史的」年代記であるこの書の五巻目に、九三六年から三七年の間王位にあったチャクラヴァルマン王の統治と没落に関する伝奇的な記述が見える。一連の同盟や決戦を経て王位についた後、チャクラヴァルマンはシュヴァパチー（シュヴァパチャの女。つまりドンビー）の二人組の踊り子によって堕落させられる[★084]。

王はたちまち彼女達の性の虜になり、宮廷は彼女達とその一族に支配された。シュヴァパチャから成り上がった大臣達は、シュヴァパチーの踊り子の食べ残しを口にする者だけを宮廷の役人に取り立てた。大臣達はまた、宮廷内でシュヴァパチーの生理の血で穢《けが》れた下着を喜んで身に着けた。さらには高貴なサンスクリット語でなくみずからの方言を使い、高いカーストのための寺院に入り込んではそこを穢《けが》した。

チャクラヴァルマン自身も賤民の女と交わるなど、数々の悪行を重ねた。断食行を行っているバラモンの女を犯し、タントラ派の修道院を建立し、同盟を結んだ人間を裏切り殺害した。ついに、裏切られた同盟者達が立ち上がった。ある夜のこと、踊り子の厠《かわや》で用便中のチャクラヴァルマンに暗殺者が襲いかかる。彼らはチャクラヴァルマンを愛人の穢《けが》れた腕のなかで殺し、その膝を石で砕いた。この物語の締めくくりにはこう記されている。「夜、シュヴァパーカに利用され尽くした王は、（みずからの）糞尿にまみれたまま、暗殺者達に犬のように殺された」[★085]

自分を操ろうとするアウトカーストの女達と関係を結んだチャクラヴァルマンは、彼女達の罪に穢《けが》れ、ついには犬の境遇にまでおとしめられる。この話は、シュヴァパチャとなったトリシャンクやハリシュチャンドラが犯した罪を、はるかに強烈な形で想起させる。またこの話では、シュヴァパチャに関する他の物語がさほど重視しない点が強調される。それは清浄と身体的接触に関する重要な概念だ。ここで注目されるのは、チャクラヴァルマンとシュヴァパチャが、彼らの体液ゆえに忌み嫌われることである。シュヴァパチーと王との性的交わりは、自然に背く精液の混合をもたらす。宮廷では貴人達が下賤な女の唾液がついた残り物を食べ、それによって彼らの清浄が損なわれる。宮廷でシュヴァパチャの大臣達が身に着けた下着の生理の血は、その強烈なる穢《けが》れで王国すべてを汚染する。それはタントラ派が重んじるドンビーの子宮の血と本質的に同じ力を持つものである。タントラ派そのものもチャクラヴァルマンから大いなる恩恵を受けた。ガーディ＝カタンジャ＝ガヴァラ神話のなかにも、「アウトカーストが八年間にわたって国を治めていた事実が明かされたとき、それはまるで死体が（人々の）家のなかにあったように受け止められた」という記述がある。唯一の解決は死であった。生き続ける限り、貴人達自身もアウトカーストであり、生まれ変わっても何代かはアウトカーストとならなければならない。森でのトリシャンクがそうであったように、ハリシュチャンドラもまた、ベナレスで死体処理というアウトカーストの仕事をすることによってシュヴァパチャになったのだ。

『ブリハット・サンヒター』のなかでもっとも忌まわしい運命をもたらすとされる予兆は、アウトカーストである犬の尿がバラモンである牛の体にかかることだ。ポスト・ウパニシャッドの常套句にも「犬がなめた供犠の器のように穢《けが》れている」という言葉があるが、ここにも対極にある二物が排泄物というレベルで交わる危険性（この場合、犬の唾液と牛のミルクあるいは精製されたミルクと交わること）が示されている。ヨーガでも皮膚の接触が穢《けが》れの元になる点が強調される。体を覆う何千という毛穴の穢《けが》れは、ヨーガの清めの行によって定期的に取り除かれなければならないのだ[★086]。

根源的な次元、しかもこれまで見てきたアウトカースト誕生の創造神話レベルよりはずっと身近な次元において、ヒンドゥー社会におけるバラモンとアウトカーストである犬食い族の両極性を際立たせているのは、こうした清浄さについての意識やカテゴリーである[★087]。清浄さについてのカテゴリーを明記した教義書や、バラモン以外の人間がバラモンの身体を侵してはならないことを理論的に説明する教義書が書かれているのもそのためだ。『マヌ法典』（五・八五）には、「チャンダーラ、生理中の女、アウトカースト、出産後一〇日未満の女、死体あるいは死体に触れた者――これらの者に触れたときは（バラモンは）沐浴によって清められる」と記されている[★088]。（まれには火による清めが必要だが）、あらゆる物を溶かす水は再生族（☆生まれ変わりを許された上位三カースト）が接触したアウトカーストの肉体的穢《けが》れ、もしくは存在そのものの穢《けが》れを清めることができる。

肉体的な清浄さと穢《けが》れの概念には、少なくとも二つの側面がある。アウトカーストにとって穢《けが》れは悪循環である。なぜなら、両親または先祖が危険で罪深い性液の交わり（同時に社会的階級の交わりでもある）を行ったために、彼らは最初から穢《けが》れた者として、また穢《けが》れを与える者として生まれるからだ。それでも不足とばかりに、彼らは動物を殺し、皮をはぎ、解体し、内臓や残骸を始末するという仕事に就き、さらに罪を重ねて生きることを余儀なくされる。こうした職業に従事するのは、彼らが罪によって生み出されたからに他ならない。アウトカーストが再生族との接触を禁じられるのは、ひとえに彼の祖先の一人がこの秩序を乱したためである。こう見ると、「不可触民」という現代語（歴史的に見れば比較的最近に生まれた言葉である）の意味が胸にじんと響く。穢《けが》れたものの処理はアウトカーストのシュヴァダルマ（定め）であり、彼らが事実上排除された社会・道徳的秩序のなかで与えられた持ち場なのだ。

犬食い族の穢《けが》れにもっとも弱いのはバラモン自身である。バラモンがそれぞれの職務を遂行するうえで、犬食い族との一定の接触は避けられない。『マヌ法典』（五・一五—五八）にはバラモンの肉食の可否についてどっちつかずの煮えきらない記述があるが、これは西暦紀元の初め頃、肉食その他、浄・不浄に関する規範が変化しつつあったことを示している。この変化の根源には、バラモンが禁欲的なイデオロギーを反社会的だとして拒否しつつも、自分達の権威を高めるための社会的、倫理的距離を保持する道具として、そうした禁欲的要素を取り入れていたという状況がある。[★089] それは浄・不浄に関する規範においてとりわけ顕著であり、穢《けが》れた犬食い族をピラミッド社会の底辺から追放することは、牛の乳を飲む清浄なるバラモンを社会の頂点からさらに上へと切り離す結果をもたらした。[★090]

『マヌ法典』（三・二三九—四二）では、この二極分化がきわめて法的かつ無機的言葉で述べられている。「チャンダーラ、豚、鶏、犬、月経中の女、そして去勢者は、バラモンが食べるところを見てはならない。焼いた供物の献供、布施、バラモンの食事、神々あるいは祖霊への供犠を彼らが見ると、その効果が失われる。豚は臭いを嗅ぐことで供物の効果を台無しにする。鶏は羽ばたきの風で、犬は視線を向けることで、チャンダーラは触れることで（供物の効果を台無しにする）」。同様の二極分化は、プラーナ神話のヴェーナという邪悪な王（ヴェーナとはアウトカーストの名前の一つでもある）の物語に出てくる。この王の死体に内在する善悪両面から、リシが二つのものを作り出す。すなわち左の大腿からはアウトカーストの黒いニシャーダ、右の大腿からは有徳の王プリトゥが生まれたとされる。[★091]

この神話の別の版では、生きたヴェーナの体から不浄のニシャーダが掻き出され、ヴェーナは浄化されるという話になっている。彼にとって、アウトカーストを体外に排出することは救済を意味した。だがプラーナ文学に見られるように、後には信ずる神への献身の心（バクティ＝信愛）こそ、手軽に実践できる浄化の手段とみなされるようになった。バクティは悪王を浄化するだけでなく、底も底、どん底に位置する犬食い族さえをも浄化するとされた。ある文献は、カリ・ユガ（☆創造から消滅に至る宇宙的時間の最後の段階。正義が失われ、厄災や病気がはびこるとされる）の時期にあっては、神を深く信ずる犬食い族は神を信じないバラモン以上の解脱に値するとさえ述べている。シュナハシェーパ、トリシャンク、ハリシュチャンドラの各神話のすべてがハッピーエンド——プラーナに浸透したセクト的傾向により過度な装飾が施されてはいるが——であるのもそれでわかる。『ヴァーマナ・サンヒター』のヴェーナ神話によると、この悪王は再生し、解脱を切望しながらサーラスヴァティー川のほとり、シヴァのスターヌ・ティールタ（川の徒渉場）付近に住んでいた。彼にはその水を浴びることは許されていなかったが、たまたま川を泳いだ犬がはね散らしたティールタの水がヴェーナにかかった。犬の仲立ちと、そして何よりも清めの水の力によって、ヴェーナの穢《けが》れはすっかり洗い落とされた。シヴァが恵みを施そうというと、ヴェーナはその犬をシヴァロカにしてほしいと願い出た。この願いは認められ、さらにその後、アンダカとして生まれ変わったヴェーナ自身も、シヴァに焼かれることですべての罪が焼き清められた★092。

　叙事詩やプラーナ神話のなかで、犬やシュヴァパチャが罪の償いを受けたり、天に上げられたり、救済されたりする場所は、決まってティールタ（川の徒渉場）かリンガ（シヴァの象徴である男根）の周辺である。そうした神話のなかには、反バラモンかつ無律法主義の気分が漂うものもある。一連のヴィシュヴァーミトラ神話に見られるこの傾向は、やがてバイラヴァ神話で頂点に達する。たとえば『ラーマーヤナ』には、道を譲れとバラモンに頭を叩かれた犬がラーマに嘆願する場面がある。ラーマが、法はバラモンをどんな罰からも除外しているというと、犬は、そもそも自分の望みはこのバラモンを許し、彼の祝福を願うことだと答える。犬の願い通り、あるカーラーンジャナ修道院の長になりたいというバラモンの願いは聞き届けられるが、その後この犬は、時が満ちればバラモンは地位悪用の罪により地獄に行くという不思議な予言をする。「こうしてこの輝く犬は、自分の来た所へ戻っていった。その犬は前世で高慢な心を持ったため、現世では穢《けが》れた地位に惰ちていたのだ。それから犬はベナレスで罪の償いに取りかかった」[★093]

この種のシヴァ神話、とりわけ『スカンダ・プラーナ』中の神話には、思いがけぬ幸運に恵まれる話が多い。アウトカーストであるキラータ族のある王の前世は犬だった。この犬はシヴァの大祭であるマハーシバラートリーの夜に、追っ手から逃れるため、たまたまシヴァの寺院の周りを廻っていた。ありがたきかなシヴァ！　この犬が殺されたのは寺院の入口のすぐ近くだった。時間と場所の幸運なる偶然に恵まれて、犬はキラータの王族として生まれ変わった。だが元来が犬であるこの王は現世でも行いが改まらず、自分の情熱が抑えられなかった。この王と女王は、「マハーシバラートリーの祭りにシヴァを崇拝すれば七回生まれ変わった後にシヴァの身分になれる」と教えられる。[★094]

六世紀から一〇世紀にかけてのヴィシュヌ派の『ヴァーガヴァタ・プラーナ』に見られる主張も（ティールタでの沐浴を象徴的な意味で捉えてはいるが）、シヴァ派のそれに劣らず過激である。それは、「沐浴し、ハリ（ヴィシュヌ）の穢《けが》れなき永遠の名声を聞けば、シュヴァパチャに始まる世界のすべてがただちに清められる」し、神への献身を怠らなければ、「たとえシュヴァパチャであれ、ソーマ祭に参加するに足る者となれる」と説く。[★095]

バラモンの清浄の掟を逆転させたきわめつけは、パンチャマカーラというタントリズムの五つの反秘蹟（五つのM）であろう。これがバラモンの牛から生じる五つの清浄なる産物（パンチャガヴヤ）の異端的逆転であるのは明らかだ。パンチャマカーラとは肉、魚、酒、乾燥させた穀類、そして性交のことであり、これらはタントラ派の人々が希求する超自然力と肉体的な解放を得るための手段となる。この反秘蹟の五つ目にあげた性交の相手には、ドンビーあるいはシュヴァパチャの女がもっとも望ましいとされた。その目的の一つは、彼女達の子宮の血に潜むエネルギーである。かたやバラモンの口に入る神聖なる飲み物、かたや「アウトカースト」の女の陰部の分泌物——これほどあからさまな清浄と不浄の逆転があろうか。[★096]

ヒンドゥー教のバクティ（信愛）思想と同時代に起源を持ちながら、総じてバクティを低く見る仏教の伝承では、ヒンドゥー教徒をティールティカ――単純な巡礼者――と揶揄している。そこで仏教の伝承には、ティールタの教義やその信者を「ガンジス川で泳ぐが（それでも）浄化されたとは考えられない犬」と誇張してからかう場面がしばしば登場する。[★097] 本来この時代の仏教は、正統への反逆という点で、ヒンドゥー教のバクティに通じる精神を持つ。そのもっとも如実な現れが、八～九世紀にかけてのチャリヤーパダの歌だ。「おー、ドンビーよ／街の外がお前の住処／そこへ行き、バラモンと頭を剃った者だけに触れよ[★098]」。これはヨーガ行者の身体に横溢するエネルギーの動きを述べたものと理解するのが妥当だが、ここでいうドンビーとは、バラモンも仏教僧も触れられることを忌み嫌うはずのアウトカーストの女でもある。

アウトカーストであるチャンダーラや犬への態度が変化する過程は、ヒンドゥー教でも仏教でもほとんど同じだったと考えられる。本来倫理的にカースト制とバラモンの圧政を否定した仏教は、間違いなくアウトカーストの心を捉えただろうが、やがて仏教もアウトカーストを社会から排除するヒンドゥー教の理念を共有した。少なくともそれはヒンドゥー教にバクティ思想が現れるまで続いたが、その後、ヒンドゥー教と共に、仏教でも古い理念の見直しが行われた。その後の『ジャータカ』（☆本生経。ブッダの前生についての物語集）（四八七と四九七）では、チャンダーラとプルカサ（☆いずれも最下層民）にもニルヴァーナ（涅槃）が約束されている。また別の『ジャータカ』（三七七）では、ダルマ（法）を教えるボディサットヴァ（菩薩）になったチャンダーラは、何と生徒のバラモンを蹴飛ばしさえする！[★099]

世で働くより世捨ての暮らしを重視するという、ヒンドゥー教にも通じる話が『ククラ・ジャータカ』（犬としての誕生）にある。この話のなかで、ブッダは墓場の犬に生まれ変わるが、それはベナレスの王として生まれた弟子のアナンダに道徳的教えを授けるためであった。この物語は、王の犬が罪を犯したために墓場の犬が責めを負って殺される話を、犬の姿をしたボディサットヴァが王に語り聞かせるところで終わっている。こうして王は犬の保護者となる。[★100]こうした犬（あるいは下層民）が教えを授ける話のきわめつけは、チャリヤーパダが属していたタントラ仏教の聖者ククララージャの話である。ククララージャという名は「犬の王」という意味であり、彼は牝犬の姿をした女ヨーギーと暮らしていた。そして昼は犬に変装して千人のヴィーラと女ヨーギーに説教を施し、夜になると墓場に出かけて秘儀を執り行うのであった。[★101]

第6章
犬人族が渦巻く中央アジア

モンゴルの犬頭人

1 インドの伝承における犬面人エフタル・フンと女人国

インド神話には、ある「アウトカースト」を指すのに、その者の飼犬で代用する例がきわめて多く、「アウトカースト」自身もしばしば「犬食い」とか「犬の乳絞り」と呼ばれている。そこで本章では、イデオロギーや類型学的考察から一歩踏み込んで、民族学や史書研究の面からこのような語法の根底に何があるのかを探ってみたい。ヒンドゥー教徒や仏教徒はパリア（社会の最下層民）の比喩として、ハゲワシ、ドブネズミ、ブタといった、見るからにおぞましい生き物を選ぶこともできたはずだ。だが、アウトカーストを非難したり、嘲ったり、拒絶したりする時には、犬に関する言葉を比喩として使うことが多い。宗教色の濃い教訓説話で語られる「犬食い族」の場合、単に便宜上そう呼ばれたのでなく、シャバラやアオ・ナーガ（☆いずれも犬とつながりを持つ土着の部族）などと同じように、実際に犬と何らかのつながりがあったのだろうか？

ヒンドゥー神話に登場する犬食い族と犬にまつわる神話を検討すると、この種族をインド北部に位置づけている例が目立つ。たとえばアウトカーストの起源に関する最古の伝承であるシュナハシェーパ神話では、ヴィシュヴァーミトラに反抗した息子達は「北の果て」のウダンティヤへと追放される。『ヨーガヴァシシュタ』では、ガーディ王はガヴァラという名で北の王国キーラを統治している。ガーディは「自分が何者か」を知るために、北方の「フン族の国」へと向かう。カシュミールの王チャクラヴァルマンは、好色なシュヴァパチーやドンビーの企みにまんまと引っ掛かるが、この娘達も北方の部族の出とされている。

また犬食い族の神話には、土着のアウトカーストと外来部族や少数民族とを融合させる話が出てくる。シュナハシェーパ神話、六世紀の辞書『アマラコシャ』に記された部族名のリスト、豊穣の牝牛ナンディニーの排泄物から生まれた戦士達に打ち負かされたヴィシュヴァーミトラの話、などもそうしたカテゴリーの混合の一例だ。ヴェーナ（☆邪悪な王）神話の異聞には、ヴェーナがアウトカーストを生み出そうとしてカーストの異なる男女を結婚させようと計るばかりか、みずからバルバラ（異国の野蛮人）という名の息子までもうける話もある。この息子は外来部族の祖となった。[★001] ここで問題となるのは、どちらの起源が古いのかということだ。北方の蛮族である「犬食い族」や「犬の乳絞り」なのか？ それともアウトカーストである土着の犬食い族なのか？ チャンダーラ（最下層民）、シュヴァパチヤ（犬食い族）、シュヴァパーカ（犬の乳絞り）という呼称は、野蛮な異民族とアウトカーストの両方を指すのだろうか？ それとも単一の同じ民族と考えられていたのだろうか？ これらの民族が犬と――同一視されたとまではいわないにせよ――関連づけられた事実にはどのような意味があったのだろう？ ここで想起すべきは、叙事詩や法典が成立する西暦紀元の少し前の時代には、ヒンドゥー教に犬を蔑視する観念がほとんど見当たらないことだ。[★002] インド北方の民族に関する記述がヒンドゥー教典に登場するのもちょうどこの時代であるが、この二つの現象に関連を求めようとすれば、闇に包まれたようなインド史の資料の世界にその源を探る必要がある。

　インドの文献を論じる前に、より包括的な内容にふれておきたい。ヨーロッパや中国と同じように、インドでも四角形に内接円を描き、その円周からはみ出した四隅が怪物や未開民族の生息地と考えられた。四角形に内接する円は、世界を示す概念モデルとして上記三地域に共通していた。だが、これら三大文化圏の個々の歴史資料を合わせて見ると、ヨーロッパ人は一般にアマゾン族（女人国）や犬頭族その他の怪物をはるか東の地「インド」に位置づけ、インド人は未開人、「堕落したクシャトリヤ」、犬食い族と女人国を北西の地に位置づけ、中国人は多くの野蛮な犬人族（および後述する女人国）を南西に位置づけていたことがわかる。これから推定すると、ヨーロッパ、インド、中国の伝承が交差する場所は中央アジア、現在のチベット、中国西部、カザフスタン、アフガニスタン、カシュミールということになる。そこで、ヨーロッパ、インド、中国の伝承で語られる犬人族《ドッグマン》の民族誌学的、歴史的源郷を中央アジア一帯とする仮説を立ててみたい。また、ヨーロッパ、インド、中国の伝承では、いずれも犬人族の発祥の地をアマゾン、つまり女人国の隣に置いている点も注目に値する。本章および次章で説明するが、犬人族と女人国を隣接させる現象の源は、中央アジアに伝わる始祖伝説あるいは一妻多夫制にあるのではないだろうか。

いわゆる「アジア志向」、つまり「中心」としてのヨーロッパが異国のものに抱く魅惑と畏怖についてはすでに見た。逆に、アジアについても同じことがいえる。最北端あるいは最西端の山岳地帯の向こうに住む不思議な人々は、魅力的な存在であると共に恐怖の源でもあった。そのためヨーロッパだけでなく、インドと中国でも国境を侵略するさまざまな野蛮人の区別はおろか、侵略者と友好的な隣人との区別さえもが曖昧にされてきた。ヨーロッパがスキタイ人、フン族、パルティア人、イスラム教徒をひとまとめにして、「トルコ人」「野蛮人」「手に負えない民族」などといったレッテルを貼ったように、インドでも北方・西方に住む異国人の民族名や文化が混同されていた。また中国でも、北方、西方、南方の異国人が同様の扱いを受けた。

このような混乱のなかから、犬人族の伝説について、とりわけ目を引く事実が二つ浮かび上がってくる。まずは、エフタル・フン（白いフン）、トルコ系モンゴル人、チベット人を含む、多くの中央アジア系民族が一妻多夫制を取り、男性支配の伝統を持つヨーロッパ、インド、中国よりも、女性が社会のなかではるかに重要な役割を担っていたこと。そして、族祖伝説のなかで、中央アジア民族の多くが、みずからを牡犬または牡狼と人間の女との交わりで生まれた民族だと認めていることだ。この民族発生に関する資料がヨーロッパ、インド、中国の文献に翻訳される過程で内容にズレが生じたことと、中央アジア社会における女性の優位性によって、中央アジアは遠隔の地の者から女性支配の地域と見られ、「女人国」なる名称をたて奉られることとなった。これらの女達の配偶者、つまりこうした社会の男性は残虐で無法な未開人——事実、彼らは時として「文明」を侵略した——であり、土着の犬祖伝説のせいで、犬人族、あるいは犬頭人種族であるとさえ見られていた。そこで、類似した族祖伝説を持たない中央アジア系民族までもが、インド、中国、ヨーロッパの翻訳者によって「亜イヌ科」の隣人達と同一視されるようになったのだろう。そして、何より重要なのは、彼らの族祖伝説はくり返し伝えられるうちに、原型である人間の女と牡の犬との話が、ヨーロッパ、インド、中国の資料ではアマゾンと犬人族の話へと変容してしまったことだ。

そのうえ、これら三大文化圏で語られる未開の犬人とアマゾン族について、どこまでが民族誌学上の記述であり、どこからがイデオロギーやプロパガンダであるかが明確でない。理由は簡単だ。少数の例外（モンゴル、トカラ、ウィグル）を除き、ここで議論の対象となる中央アジア系民族のほとんどが、自分達の信仰と実生活を記録する文字を持たなかったし、たとえ記録が残されたとしても、「偉大な文明」に属する学者達は目もくれなかった。彼らの文化や社会の様子は、それを紹介するヨーロッパ、インド、中国の記述者の意のままに変えられたといっていい。今世紀になって、中央アジア研究者の研鑽により、そうした状況も徐々に改善されている。中央アジアの民族がみずからを世界地図の隅に位置づけていなかったのは確かだが[★003]、古代にどのような世界観を持っていたかはまだまだ明らかでない。彼らはほんの束の間、洪水のように文明を蹂躙《じゅうりん》したが、結局は文明側の軍隊に徹底的に撃退された人間以下の存在として偉大な文明側の記録に残り、やがては忘れられてしまった。彼らは負の存在として、三大文化圏側の自己中心的世界観という概念地図の端っこの空白部分に追いやられたのだ。

ここで問題としている時代（前三世紀から六世紀）には、インドの（偉大な）北部地域は少なくとも五つの民族または帝国の支配を受けていた。パルティア人（サンスクリット語ではパラータ）、バクトリア系ギリシア人（同ヤーヴァナ）、インド系スキタイ人（シャカ）、トカラ族（クシャン、トハラ）、エフタル・フン（フーナ）がそれである[★004]。これらの民族はすべて、インド北西部を征服し支配した民族で、最後に挙げた二つの民族（クシャンとフーナ）[★005]は、非インド＝ヨーロッパ系中央アジア民族の多くと共通する土着の犬祖伝説を有している[★006]。パルティア、ヤーヴァナ、シャカは一般にクシャン、フーナや、インドの北部に住んでいた多くの「堕落したクシャトリア」民族と同列に扱われ、個々の習俗や生活習慣はほとんど区別されず、おおまかにアウトカーストや異民族であるムレッチャ、チャンダーラ、シュヴァパチャの同類とされたり、「五大略奪民」（パンチャ・ガーナ）と呼ばれる諸民族と同一視された。[★007]

これら民族の多くに共通する犬祖伝説とは別に、中央アジアにはいまだに犬頭族絡みの伝説が広く伝承されている。その代表は、チベットと中国の青海《チンハイ》に伝わる犬頭の鬼にまつわる土着伝説だ。魔術によって生み出され、操られるこの鬼は、主人の富を増やしたり、敵を苦境に陥れる。[★008]

こうした近代の民族学は、考古学的発見によっても裏打ちされている。一九二〇年代にフランスの考古学者により、アフガニスタン東部のハッダ遺跡で発掘された一群の彫像は、まぎれもなく考古学上の至宝というべきものだ。発掘の場所は西暦紀元の初期、つまりエフタル・フンによる中央アジア征服と相前後する時期に、シルクロードに位置した仏教寺院の跡地である。そこで日の目を見た文明の遺産は、まことに国際的な環境を物語ってくれる。そこにはギリシア様式のゼウス像が、中国の仏像と押し合うように埋もれていたのだ。だが、ハッダ遺跡の発掘物のうち、もっとも驚くべきものは漆喰《スタッコ》でできた一連の鬼の頭像であり、現在はパリ、ギメ博物館のコレクションとして展示されている。フランスの学者ルネ・グルーセによると、これらの頭像はその地を拠点とした中央アジアの諸民族を、仏陀の悟りを題材にした彫刻のなかで、マーラ（悪魔）の軍兵の姿に表現したものだという。ゆがんだ顔つきのもの、小さな頭を口にくわえたものなど、これら二〇数個の異形の頭像はありとあらゆる鬼を表現している。この悪鬼の一団を率いるのは「犬頭の鬼」と呼ばれる像だ。おそらくハッダの地は考古学上、中央アジアの犬頭人・犬人族伝承の「失われた環」なのだろう。[★009]（図１２）

チベットとアフガニスタンは、中世インドの文献でドッグマンと女人国の源郷だとされており、後述するように、どちらもフーナ、エフタル・フンと同じ民族だとみなされているようだ。さらに、ドッグマンと女人国の位置をこの二地域とする「インド側」の見解は、ヨーロッパと中国の文献でも支持されている。この問題に関してももっとも系統

図12——角のはえた犬頭人の悪魔、5世紀。パリ、ギメ美術館（no.MG17234）。写真撮影＝Antonio Beltran-Hernandez

的な資料を残したインドのヴァラーハミヒラは、著書『ブリハット・サンヒター』（一四・二一―二七）のなかで、女人国（ストリーラージャ）をインド西方に、パルティアとシャカを北西に、フーナとシュヴァムカを北方に位置づけている。この最後に挙げた民族の名前、フーナとシュヴァムカは、それぞれ「犬面」、「犬頭」を意味するが、インドでは数少ない犬人族に関する記述の一例である。[★010]同様の見解は『クブジカーマタタントラ』からも引き出せるだろう。同書はシュヴァムカをウッタラーパタ（北の道）に住むとしている。[★011]

　ヨーロッパの文献同様、インドの資料でも文献上（地理上ではないにしても）犬頭人を女人王国（ヨーロッパでいうアマゾン）ならびにパルティア、インド系スキタイ、フンの三民族と並べて記述しているのは興味深い。ヨーロッパでは、上記三民族は次々と北方または東方より侵略してきた各民族と混同されがちだったため、この文献上の並置がいっそう強められた。さらに、この三民族に犬頭人と女人国を加えた五集団は、アレクサンドロス大王に封じ込められた蛮族のリストのなかでひとまとめにされ、偽カリステネスと偽メトディオスの伝承に受け継がれた。これらの文献では、上記の集団は、食人風習、忌まわしい食習慣、言語を絶する不浄さによって、世界の外に封じ込められている。ヨーロッパの文献で不浄さと聞くと異国的ニュアンスを感じるが、それはアウトカーストや異民族を不浄なパリア（最下層民）とするインドの思想とぴたりと重なっている。では『ブリハット・サンヒター』は、アレクサンドロス大王伝説のこの永遠のモチーフを扱ったインドの資料だといえるのだろうか？　不浄さを重視するのは確かにインド的だが、その「起源」はさらに北方と東方に探ってみなければならない。

　インドの文献には、女人国に関する記述の方が、隣人である犬頭人シュヴァムカに関する記述よりも多い。とはいえ、フーナといった未開部族や、北方あるいは西方の女人国に関する資料の背景に、わずかながらシュヴァムカについての記述が見出せる。カルハナ（☆カシュミールのバラモン）が記録したカシュミール王の年代記『ラージャタランギニー』には、北の女人王国ストリーラージャの女戦士に関する記述が若干見える。[★012]ほとんどは女戦士の乳房についての記述であるが、他ならぬ乳房への言及から、彼もまた広く知られた（乳房の一つを切り落とすという）アマゾン伝承を知っていたことがわかる。カルハナは、カシュミールの王チャクラヴァルマンを堕落させた二人の娘を北方部族の出身だとする。彼女達はアウトカースト集団であるシュヴァパチャやドンビーの名で呼ばれている。事実、ドン（ドンビーはその女性形）はグプタ朝（☆三二〇年頃、チャンドラグプタ一世が創始し、六世紀中頃まで北インドを統一支配した王朝）、またはその少し前の時代に北方よりインドに侵入した部族である。

　別の箇所でカルハナは、ストリーラージャを外来部族または異民族の分類に入れているが、このリストはおおむね初期の『マハーバーラタ』伝承の反復である。[★013] この叙事詩には多くの異民族のリストがあるが、その一つではヤーヴァナ、シャカ、ハラフーナ（白いフン）、チーナ（中国）、トゥカラ（トカラ）、サインダーヴァ（インダス流域の王国）、ジャーグダ、ラマタ、ムンダ、ストリーラージャ（女人王国）、タンガナ、シンハラ（スリランカのシンハラ族ではない）といった諸民族が、インドの外の西方に位置づけられている。『マハーバーラタ』の他の箇所（七・九五・三八）では、カンボジャ（ガンダーラ）、シャバラ（アウトカーストの一部族）、キラータ、バルバラがこのリストに加えられている。

　以上の民族のうち、ヤーヴァナ、カンボジャ（ガンダーラ）、シャカは、ハイヘヤ、ターラジャンガと共に『ハリヴァンシャ』（一〇・二一―四五）にいう「五大略奪民」に属する民族で、イクシュヴァーク朝のシャガラ王と敵対していた。これらのリストには混乱があるが、インドの文献だけをとがめるのは酷である。文献に示された中央アジア系民族の名称は定まらず、おまけにインド国境から遠く離れた地域でたえず連合や同盟、人種の混交をくり返してきたのだ。たとえばクシャン朝は、「大月氏」と呼ばれる五つの民族からなる連合国だった。[★014] だが、中国の文献ではエフタル・フンを月氏の子孫だと述べている。さらにその月氏が他の集団と連合してできたのが、柔然（ヨーロッパの伝承にいうアヴァール）と突厥（トルコ、インドの文献ではトゥルシュカ）であるとされている。

　その他にも女性支配の外来部族に関する資料がある。『マハーバーラタ』中のバーリカ（あるいはバーヒカ）国についての描写である。[★015] そこでは、カウラバ族（☆『マハーバーラタ』でクル族［パーンドゥ族］と同族でありながら不和を生じ、大戦闘をくり広げる）の将軍カルナが、同僚の士官でありマドラス（ペルシア系メディア人）王でもあるシャリヤを侮辱する形で、バーリカを物笑いの種にする様子が描かれている。シャリヤの妹マードリーは、バーリキーとも呼ばれていたのだ。[★016] バーリカはバクトリアの首都バルフ、現在のアフガニスタンに当たる地域一帯（ガンダーラ）を指す名称だ。だが、この資料ではバーリカの首都をシャカラ（『マハーバーラタ』八・三〇・一四）、現在のシアルコットであるとし、パキスタンのパンジャブ地方、ジェラム川沿岸に位置づけている。[★017]

『マハーバーラタ』の描写には、バーリカに属するアーラッタ（八・三〇・三六）とジャルティカ（八・三〇・一四）という二部族の名前が出てくる。後者はインドのジャート族（☆インド北西部に住むインド＝アーリア系の民族）に当てはまる名称で、いくつかの文献はこの民族をフーナつまりエフタル・フンの子孫だとしているが、逆にフーナを打ち破った民族とする文献もある。[★018] 後述するように、バーリカもフーナも男と女の関係が一風変わっている。のみならず、どちらの民族もバルフ、シャカラの二都市と関係があった。この二都市は五世紀末にフーナがインドを征服する直前まで、フーナの中心都市だった。だが、『ブリハット・サンヒター』（五・八〇、一〇・七、三二・一五）では、この二つは別々の民族とされている。[★019]

シャリヤ攻撃の長広舌で、将軍カルナは自分の家来を忌み嫌う理由を逐一述べている——あいつらはガンジスと五つの川とヒマラヤに嫌われた者どもだ。[★020] 肉とニンニクを食らい、酒を飲む。シュードラの男と高位カーストの娘との交わりから生まれた連中だ。犬のなめた椀や土器でものを食べる輩だ。

だが、カルナの侮蔑の大部分はバーリカの女達に向けられる。酔いどれて淫らな感情のおもむくまま、この女どもは化粧っ気のない顔で、衣服も花冠も身につけず、町なかで激しく踊りながら歌を歌う。その声はまるでロバかラクダのいななきだ。「ハーハテ、ハーハテ、亭主なんか殺っちまえ、王様なんか殺っちまえ！」[★021]。あの女どもは性交も生活もいっさいが欲望のおもむくままだ。ムレッチャ（アウトカーストの一つ）が人間のくずなら、マウシュティカはムレッチャのくず。シャンダがマウシュティカのくずなら、マードラカはシャンダのくず。マードラカの女は女のくずだ。カルナはさらにとどめとして、バーリカの男に陵辱されたバラモンの娘の呪いを持ち出す。バーリカの女の身持ちが悪いのはこの呪いのせいであり、バーリカの家系は娘達の（息子でなく）娘からさらに娘へと継承されるのだと[★022]。

この詩節については、二つの補足的ポイントを押さえておきたい。まずはシャリヤに対する感情的な人身攻撃が、実際にはシャリヤ自身よりも、その地域の女を槍玉にあげた女性攻撃であったこと[★023]。次に、めずらしい女系相続の習性が語られていること。この習性は、文中で語られる場所の名前と共に、バーリカあるいはマードラカの女がエフタル・フンの「身持ちの悪い」配偶者であることを示している[★024]。このエフタル・フンこそ、『ラージャタランギニー』他のインドの文献に現れる恐ろしいフーナであり、ガーディ神話に出てくるフーナ・マンダラに住む種族なのだ。彼らは忌み嫌われる種族であったため、インド伝承で寝取られ男に仕立てられたのかもしれない。だが、彼らが中央アジアで特異な女系社会を築いていたことは、中国の文献でも裏づけられている。「彼ら（エフタル族）には、兄弟で一人の妻をめとる習慣があった。夫に兄弟がない場合、妻は角の一本ついた帽子をかぶる。夫に兄弟がある場合、帽子にはその数と同じだけの角がつけられる[★025]」。この社会構造が、解放的に見える女達の行動や土着の犬祖神話とあいまって、異民族フーナと犬人族の住む地域に女人国伝承を生んだのではないだろうか[★026]。

漠然とインドに伝わっていた一妻多夫制や犬祖神話をもとに、最終的には叙事詩の編纂者が、エフタル・フンを牡の犬とアマゾンの女に分離したのだろう。こうした事実を念頭におくと、スキタイ人あるいは犬頭人がアマゾンと一緒に暮らすというヨーロッパの伝承や、スピー・「フン」（☆チベット系民族）、女人国、犬王国を並置する中国の伝承も納得がいく。

自立してはいるが自堕落な女が恐ろしく卑しい男と生活するという伝承は、「経験的他者」に対するインド人の反応の二面性が混じり合ったものかもしれない。未知のものは不可思議で魅力的な存在であると同時に、不快感を引き起こす恐ろしい存在でもある。前に述べた「アジア志向」や「アテナイ志向」と呼ばれる心理もそのようなものだ。ここで扱う心理は、「北方浄土思想《ハイパーボリアニズム》」とか「エフタル志向」とでも呼べるだろう。エフタリズムについては本章ですでに述べた。北方浄土思想は、北方を救いと喜びに満ちた祝福された住処とする見方であり、インドの文献にも見られるし、中国の資料によっても立証される。すなわちそれがウッタルクル（北のクル）の伝承で、その国は天の柱、ヒマラヤとメール山（☆仏教の宇宙観に説かれる神話的な聖山）の北に位置するという。

　しなやかで自立心のある女が住む北方浄土に関するインドの文献――カルハナの記した北方のストリーラージャを補足する資料――が、西方のバーリカの女に関する『マハーバーラタ』の詩節の末尾に見られる。将軍カルナの長広舌を受け、なつかしい「クルの密林」から遠く引き離されたわが身の不運を嘆く形で、シャリヤ軍の無名の戦士がカルナの非難に反駁する。叙事詩の別の詩節では、この地はウッタルクルと同じ場所であるとされている。無名戦士は語る――六つの川の北の地でいとしい女が待っている。色が白く、背の高い美しい女。巻貝のような外陰、輝く黒い瞳はくっきり隈どられ、毛布と毛皮だけをまとった女。太鼓を叩き、歌うその声はロバかラクダのいななきのよう（これだけは玉に傷）。さらに、ウッタルクルの女達は「古代の法」に則って生きる唯一の女だと述べる。女達は婚姻という拘束などに縛られることなく、動物のように、気に入った男と快楽を共にするのだ、[★027]と。

　これとは別に、自立した、妖精のような「北の国の娘」についての描写が、仏教典『ペタヴァットゥ』に見られる。それによると、遠く人里離れた地に住む女の霊「ペティ」が、マンゴーを川に流して人をおびきよせていた。上流にある「ペティ」の根城にたどりついた王子が「ペティ」の一人と恋に落ちる。だが王子は、女が毎晩犬に皮をはがれて生気を取り戻すことを知る[★028]！

『ケダール・カルパ』には、二人の勇敢な旅人がヒマラヤに登り、ヨーガの行によって解脱するという寓話がある。

この二人は旅の途中、山岳の女人王国チャンピカに至る。彼らはそこで一〇万人の女と一万年の寿命を与えようと誘惑されるが、もっと高く登れば不死を得られると知っていた二人はこの誘惑を退けた。[★029]

『ラーマーヤナ』（四・四三）によれば、ウッタルクルの国は北の海に浮かぶ土地で、北の最果てにあるため、太陽の光も月の光も届かないとされている。この国がプトレマイオスのオッタラコラ（中国に位置するとされた）や、プリニウスのアッタコリ人（トカラ族の近くに住むとされた）や、メガステネスの北方浄土の元になったのは間違いないだろう。インドとギリシアの資料は、「この国の人々は、黄金と宝玉を散りばめた土地で一千年の長寿を謳歌しているし、この国の女達の情の深さは格別である」と記している。

だが、『ラーマーヤナ』のベンガル校訂本では、ウッタルクルの楽園は「シャイロダ川を越えた、キーチャカ葦の茂る場所」とされている。この記述から、北方の女人国に関するインドと中国の資料の内容が合致していることがわかる。中国唐朝の多くの文献が、ス・パ・ナ（サンスクリット語のサウヴァルナ［黄金］あるいはスヴァルナゴトラ［黄金の民］に当てた漢字の音）と呼ばれる国について、カシュミールの北方、チベットの西方、犬王国の南方のホータン（☆中国西部タクラマカン砂漠のオアシス地域）にある国で、女人国だと記している。しかも、この女人国とスピー・「フン」の国は同じものだという。さらに中国の文献は、この女人国を「弱水」川の川岸にあったとしているが、研究によると、この川はクテシアスの「シラス」、メガステネスの「シデ」――インド伝承のシャイロダをギリシア語に当てたもの――であり、現在のホータン川に当たるという。[★030]

要するに、インドと中国の資料に基づく限り、犬人族、アマゾン、異民族「フン」が、インドの北、チベットの西に隣り合わせて暮らしながら、それでもまだ一つに混合されていない時代があったことがわかる。これは北西インドとヨーロッパのはるか東方に、上記三種族が隣り合わせに住んでいたとするインドとヨーロッパの伝承を補うものだ。

だが、すでに述べたように、インド北部とヨーロッパの神秘的東部は、中国の極西部に重なることが多い。そこで今度は、中国の西方、北方の異民族に関する中国の文献に目を向けてみよう。

2 中国の史書が語る異民族と犬

中国には土着と思われる犬人族伝承が一つでなく二つ存在し、しかもそれらを近隣異民族に関する記述に取り入れている。この犬祖神話がどの民族のものかについては、中国の文献によって大きく異なるが、そうした文献は、犬王国または犬人族を王国領土四辺の域外に位置づけているだけでなく、犬王国の隣あるいは近辺にあるとされる女人国を、王国周辺の三か所以上、七か所以下の場所に位置づけている。また中国の場合に特徴的なのは、中国側の資料を「立証」する土着の記述があることだ。少数民族自身、みずからの起源が人間と犬ないしは狼との交わりにあると述べているのである。一見すると、中国の資料には確固たる民族誌学的根拠があるように思われる。だが、中国による「ピザ効果」[★031]（☆本来外部から入ってきたものを、あたかも最初から内部に存在したかのように錯覚する現象）の可能性も否定しきれない。

犬人系の異民族に関する中国側記述の民族誌学的特徴については後で触れるとして、まずは初歩的な分析として、ある文明が文字を持たない別の文明を解釈する場合に何が起こるかを述べておきたい。中国犬人族の伝承は、記録する文字を持たなかった民族のものと、最近の民族誌学者の研究により、ようやくその伝承が知られてきた民族とのものに分けられる。前者は中国北辺と西辺の異民族匈奴[★032]の伝承であり、後者は南辺の部族ヤオ（瑶）、リャオ（遼）あるいはマン（蛮）の伝承である。

この両者について、少なくとも前世紀までは、中国の年代記編者や歴史家の著作を介した屈折した部族像しか知られていなかった。後述するように、中国の注釈者には踏襲すべき確固とした「異民族像」があったため、それに従って記述された異民族の姿も当然歪曲されたものになった。中国人にとっての異民族とは、一方では、永遠に追放された少数の劣等種族であり、他方では、中国の宇宙論、歴史観、宇宙形状誌に編入された存在であった（たとえその編入が実質的には思想的な排除に等しいとしても）。こうしたアイデンティティの二重の変形が、彼らの歴史、社会、文化の神話化をもたらした。

この点で、他者に対する中国の扱いは、すでに見たインドやヨーロッパの場合と類似する。インド、ヨーロッパ、中国のいずれにおいても、多くの民族が単一の、概して画一的な集団に一括され、亜（少し劣った）人間的行動と社会生活を行う半人半獣の怪物として描かれた。これら外来、あるいは未開の他者は、一般に偉大な文明圏から排除されたり、そのカテゴリーに対立したりするものとして定義された。悪くすると、獣じみた敵あるいは当該文明の餌食とみなされ、よくても奴隷、召使い、家臣や社会の下層民として扱われた。中国王朝の異民族に対する態度がもっとも端的に表れているのは『蛮書』の序文である。これは雲南のマン族に関する八六四年の文献で、中国最古の地誌でもある。著者はみずからが受け持った管轄省内の異民族や支部族について詳細な記録を残しているが、描写には全体に侮蔑的な色合いが濃い。[★033]

> もしわが国が連中（南マン族）の国に四方から侵攻しなければ、凶暴な悪党ぞろいの奴らを改心させるのは難しいだろう。そこで、マン族の都市と守備隊駐屯都市の位置、川の流域や平原などの地勢を記録しておこう。宮殿の謁見の間のついたてを汚す塵のごとき連中ではあるが。いずれアリの群れのようなマン族の軍勢を掃討し、永久に（これら）蛮族の反乱を根絶したくなる時がくるだろう。

三大文化圏が残した犬人族伝承の記述の類似性には興味をそそられる。すでに示唆したとおり、それぞれの地域と、それぞれが犬人族の住処とする地理上の位置を結ぶ三本の線はある地点で交差する。それが中央アジア、つまりはトルキスタンの広大な地域であり、そこには三つの文明の犬人伝承が渦のように集中する。[★034]この地域は歴史上、中央アジア遊牧民の源郷で、その大部分がアルタイ語を話すトルコ系モンゴル人に占められている。そこには何十もの民族が住んでいたが、時代の移り変わりに応じて、彼らを大きく一括りにするさまざまな名称のもとに、一つの集団として扱われてきた。三つの文化圏が共通して使用したこの集団の総称は、スキタイ、パルティア、フン、トルコ、モンゴルなどだ。そこで、ヨーロッパ、インド、中国の人々が犬人族だとした民族の最有力候補は、中央アジア系遊牧民だったと推論される。さらに、三大文化圏の側の解釈を経た伝承は、これら「犬人化した」中央アジア系民族を、往々にしてアマゾン族と並置している点もすでに指摘した。

　これら三大文化圏の伝承には、言語学上の類似点も見られる。それぞれの言語で「イヌ」や「ハウンド（猟犬）」を示す語は同語源であると考えられるのだ。インド＝ヨーロッパ語族系の語彙を共有しているヨーロッパとインドの場合、これは当然のことだろう。犬を意味するサンスクリット語のśvanが、ギリシア語のkuōn、ラテン語のcanisと関連を持つのは疑いない。だが、中国語の（ch'üan犬）はどうだろう？　この言葉は構造的に、インド＝ヨーロッパ語族系の言葉によく似ている。中国とインド＝ヨーロッパ語族との間で伝わったにせよ、中央アジアの文献から中国語やインド＝ヨーロッパ語族の語彙に採り入れられたにせよ（犬はもともと中央アジアに起源を持つことを想起したい）、言語レベルでの文化の伝播は軽々しく退けられるべきことではない。[★035]

　この言語学上の類似性は、古代中国と異民族が、犬の用途についてよく似た文化的土壌を持っていた事実からも裏づけられる。どちらの場合も、犬は死と深く関わっていた。秦朝の歴代皇帝の墓には番犬も一緒に埋葬された。漢の皇帝と一緒に埋葬された犬の小立像は、おそらく、番犬として死後の皇帝を守る役目を与えられたのだろう。秦と漢の間の時期には小立像が埋葬されることはなかったが、動物の代わりにわらの犬が埋葬された。現在も中国北部の少

数民族は、死者の埋葬にわらの犬を使用する。いずれの場合も、犬は霊魂を冥界に導く役目を負っていた。[★036]

3 三大文化圏から見た中央アジア民族の歴史

ではここで、三大文化圏の伝承において、犬人族とされる運命にあった中央アジア諸民族の歴史をたどってみよう。それには、客観的かつ詳細を極める中国の史書に加え、[★037]ヨーロッパとインドの史書や中国の金石学（☆碑文を考察対象とする学問）、考古学、言語学などの研究も有力な手段となる。

中国で後にHsiung-nu（匈奴）と呼ばれる異民族についての最古の記述によれば、この民族はHsien-yunあるいはHun-yuと呼ばれ、戎という名の北方蛮族に属する三部族の一つであったという。戎は王朝成立の初期から長い間中国を脅かしていた。それについては次章で詳しく述べるが、前四世紀の文献に記された戎と中国との最古の（伝説めいた）戦いは、夏の高辛帝（伝承では前二四世紀）の時代とされている。この文献に見える高辛帝および彼の戦いは史実でなく伝説にすぎない。だがこの神話で、高辛の敵が「犬戎」と名指しされているのは注目に値する。夏に続く殷王朝（伝承では前一七八三～一一二二年）もまた、戎の攻撃に頭を悩ませていたらしい。この時期の文献が、戎をあからさまに犬並みの存在としているわけではないが、中国側が暗にそう受け止めていたことは言語学的に立証できる。中国の異民族の名前には、すべて動物を意味する部首が含まれていたが、それは中国王朝が異民族を人間より下等の存在とみなしたからだ。[★038]

犬戎は殷の後の周王朝（前一一二二～二五六年）に臣服したが、必ずしも忠実な属国ではなかった。この辺りの事情については、司馬遷の『史記』に詳しい。『史記』によれば、犬戎は数度にわたり、単独あるいは王位を狙う者と手を結び、周王朝に攻撃をしかけている。犬戎は申侯に加勢して周を攻めた。周は都を鎬京《こうけい》から東の洛陽へと移した。前七七〇年のこの遷都を境にそれまでを西周、それ以後を東周と呼ぶ。短命ではあったが強大な秦王朝の創始者始皇帝は、住民に多くの犬戎を抱える封土の出身だった。[★039]

秦王朝後、犬戎は中国の辺境から姿を消したように見える。だが、犬戎の消滅と匈奴の台頭はほとんど同時期に起こっている。[★040] 万里の長城は前三世紀に築かれたが、匈奴の閉め出しと北からの彼らの侵入を防ぐのが築城の目的だった。じつは中国人自身が少なくとも一つの「偽メトディオス」伝承――中華王朝を侵略した匈奴の後退を予言する伝承――を伝えている。『後漢書』には「昔より神託にいう。匈奴が第九代に至れば、北狄は千里の彼方に押し戻される、と。まさしく、このことを告げていたのであろうか」とあるのだ。[★041]

その後四百年に及び、長城の両側ではさまざまな国が興亡をくり返した。前漢と後漢の時期（前二〇六～二二〇年）に、匈奴も二つの王国（前二〇九～二四六年）を経験している。長年、敵対してきた両勢力が、この時期には互いを尊重し合い、文化的にも政治的にも影響を及ぼし合った。その結果、両者は公主（王の娘）を互いに嫁がせ、王室同士が通婚するほどの協力関係を築いている。

西暦紀元の初め頃、匈奴は南北の王国に分裂し、その後、漢と匈奴の膠着状態は漢に有利な形で終わりを告げた。短命だった南匈奴王朝（みずから北漢王朝を称した）は、四世紀初めに洛陽（戎に追われた周が都を置いた都市）を占領したのを頂点に徐々に衰退へと向かう。三一八年、中国の都が揚子江沿岸に位置する現在の南京に移されたのはこの時期のことだ。こうして中国が南遷したため、湖南と浙江に住んでいたマン族またはヤオ族も、南東の福建、安南、雲南へと追いやられた。[★042]

何世紀にもわたる漢と匈奴の攻防に起因する民族移動が、北部トルキスタン（カシュガル、チベット、タリム盆地）から、ギリシア人の王国バクトリア、ソグディアナ、フェルガナ、さらにインドのガンダーラ、カシュミール、パンジャブ、シンド地方、果てはローマ帝国東西部からガリア、スペイン、北アフリカへと波及していった。

ここでは、中国王朝と匈奴間の相互作用に誘発された、インドとヨーロッパへの民族移動に絞って論を進めたい。こうした民族移動のもっとも古い例は、前一六五年頃、領土の西に境を接していた月氏に対する北匈奴の攻撃にまでさかのぼる。南西に押しやられた月氏はオクサス川（☆アムダリア川の古称）を越えてバクトリアに侵入し、そこに住んでいたトカラ族を征服した。これによって移動を余儀なくされたサカ族（インドではシャカ族）は南方へと逃れ、シンド、さらにはインド中央部へと侵入する。と同時に、月氏は五つの翕侯《きゅうこう》国（諸侯）に分裂する。その一つクシャン（貴霜。本拠はガンダーラ、現代のカンダハールにあった）は他の四翕侯国を征服し、北部インドでクシャン朝と呼ばれる王国を興した。

中央アジアの勢力図の変化によって、絶え間ない侵略の波がインドに押し寄せた。第一波は北西から襲来したシャカ族、さらにバクトリア系ギリシア人（ヤーヴァナ）とクシャンが続く。これら三つの異民族（叙事詩やプラーナでムレッチャと呼ばれる民族）は、前二〇〇年から二二〇年にかけてインドの一部地域を制圧する。これらの王国がグプタ朝に倒された後も、いくつかは何世紀にもわたってインド北部と中部に小王国として存続した。[★043]

五世紀に北部インドから追われたクシャン朝は、ガンダーラ北部の月氏の五部族を再度征服する。この時期、ファと呼ばれる月氏系民族がトハリスタンで勢力を誇り、バダフシャーン（現在のファイザイキバード近辺）に都を築いた。これらの民族は、東西世界でエフタルあるいは「白いフン」として名を馳せた。エフタルがインドと（その後）西アジアに侵攻したのは、明らかに北のモンゴル系騎馬民族アヴァールに圧迫されたためだ。アヴァールはエフタルをある種の従属関係に置いていた。また突厥（トルコ）をも従属させていたが、五五二年、アヴァールはその突厥に倒されてしまう。[★044]

エフタルは月氏から派生した、あるいは吐蕃（チベット）に興った民族で、その地域には漢王朝以降犬戎が住んだとされる。エフタルはまず、カシュガルからソグディアナを経てバクトリアを占領し、都をアフガニスタン西部のへラート近辺に築いた。こうしてエフタルは（三世紀初めにパルティア帝国を滅ぼした）ササン朝ペルシアと境を接することとなり、四三〇年から五一〇年の間、絶えず争いをくり返したが、やがてエフタルの関心は南のインドへと向かうようになる。四七〇年頃、エフタルはインド史に登場するが、それは典雅なグプタ朝の終焉を予兆するものであった。シャーカラ（シアルコット）に都を置いたエフタルは、五〇数年にわたりインド亜大陸で猛威を振るったが、マーラヴァのヤショダルマンに率いられた蜂起によって倒された。それでもエフタルは、一一世紀までインド国内に散在する小王国を支配し続けた[★045]。

すでに述べたが、エフタル・フンはインド人に知られた中央アジア系民族のなかでも特異な存在だったが、それは、一人の女が兄弟全員の妻になるという一妻多夫制のためである。またエフタルはトルコ系モンゴル族でなく、インド＝ヨーロッパ語族系種族らしいという点でも「フン族」のなかで異彩を放っている。ヨーロッパの文献によると、彼らは明らかにインド＝ヨーロッパ語族系のトカラ語から転化した言語を使用し、皮膚の色から「白いフン」と呼ばれていたという[★046]。

東の匈奴の移動に圧迫されて南アジアの勢力図に変化が起きたが、同じ時期、それは西側世界の版図にも同種の変化をもたらした。第2、第3章で述べた、ヨーロッパにおける「北方」異民族の伝承と怪物譚に火を注いだのは、匈奴の圧迫を受けて起こった西方への民族移動である。これらの遊牧民はアジア一帯のいたる所で衝突をくり返し、その過程で彼らの名前の大半がアレクサンドロス大王伝説に取り込まれ、偽メトディオスのみならず、後代ヨーロッパの多くの文献に、アレクサンドロス大王が封じ込めた蛮族として記録されることとなった[★047]。

紀元八九年から九一年にかけて、同族の南匈奴と中国王朝に続けざまに敗北を喫した北匈奴は、中央アジアに追いやられた末にその地で滅んでしまう。ヨーロッパの伝承にフン（西方匈奴）として再登場し、四世紀半ばに西の隣国アラン族を征服した民族はこの北匈奴だと長い間考えられていた（これについては後ほどふれる）。フン族が最初にヨーロッパ圏のドン川沿岸に現れたのは三七四年のことだった。その後百年間にわたって、ローマ帝国東辺はフン族の脅威にさらされ続け、ゲルマン民族ならびに中央アジア系諸民族はローマ帝国の領土へと移動せざるをえなかった。四一〇年、西ゴートの王アラリックがローマで略奪をくり返し、ローマ帝国の権威を大いに失墜させた出来事も、こうした状況のもとで起きた。同時に、追われたスエヴィ族（☆ゲルマン民族の一つ）、ヴァンダル族（☆ローマを略奪したゲルマン民族の一つ）、アラン族が、ガリアとスペインを経て、やがて北アフリカへと侵入する。ごく短い間、フン族はカスピ海から北海にいたる広大な領域を支配した。だが、四五三年にフン族の支配者アッティラが時ならぬ死を遂げると、彼らはロシア南部[★048]と黒海北岸へと移動せざるをえなかった。彼らはその地で聖アンデレや聖バルトロマイといった使徒達と出会い、聖人伝のなかで食人族への変容を余儀なくされたのだろう。[★049]フン族が五世紀にはすでに、プリニウスのチュニ、プトレマイオスのチュノイや、それまで「スキタイ」と一括されていた多くの民族をはじめ、東方からの異民族の群れに融合され始めていたのは間違いない。

中央アジアの諸民族が世界史——中国、インド、ヨーロッパという三大文化圏側の歴史——のなかで果たした役割をざっと見てきたが、それは、歴史資料とは多種多様な民族をただ一つの名称で括ってしまうものだということを明らかにしたかったからだ。もう一つ重要な点は、偉大な伝承の側の歴史にあって、これらの民族はつねに「遠い存在」でありながら、つねに彼らに影響を及ぼし続けたし、おそらくは偉大な文明側の概念的連続性にとって、「ほんの束の間の存在」であったということだ。ヨーロッパ、インド、中国の年代記を見ると、歴史上かなりの部分で、異民族が公然と「文明」の支配者となっている。だが、フン族——ヨーロッパのフン、インドのフーナ、中国の匈奴——自体が文明を侵略し、占領していた時期はきわめて短かった。とりわけ、今に至るまで延々と続く彼らへの非難の長さを思う時、その短さはいかにも際立つといえるだろう。

歴史上、フン族が中国を支配した時期を拾い上げてみよう。まず三世紀末から五八一年までの約三百年間、中国北部は南匈奴あるいはアルタイ語族系の民族に支配された。また唐が滅亡した九〇八年から中華人民共和国が誕生した一九四九年までの間に、中国の大部分が漢民族以外の民族に支配された期間は四百年以上に及ぶ。だが匈奴は、前二〇二年から二一六年までの比較的勢力を誇った時期も中国領土外のモンゴルに留まったし、中国北部を占領したのも三一一年から三四九年までにすぎない。[★050] インド北西部の大半は、西暦紀元をはさむ四世紀間を中央アジア系民族の支配下に過ごしたし、一〇世紀から一二世紀にかけてもさまざまな外来異民族の支配を受けたが、ここでも、フーナの支配そのものはたかだか六世紀前半の三〇年間にすぎない。[★051] 五世紀にローマ帝国が異民族の猛襲に倒れ、アッティラ率いるフン族がヨーロッパの一部を支配したのは、四四一年から四六九年までの二八年間だった。

その後まもなく、ヨーロッパでは多くの異民族が新たに共通のアイデンティティを得ることになる。彼らはキリスト教に改宗し、みずからが倒したローマ帝国をキリスト教国として再構築した。だが、この改宗がなされたのも束の間、ヨーロッパ、すなわちキリスト教世界は、イスラムという別種の異教徒に包囲されていることに気づく。この両者の反目はいまだに解消されていない。ここで二つの問題（それについては本書の終章でたっぷりと紙面を費やすつもりである）が提起される。まず、「フン族」はきわめて短い期間しか三大文化圏を支配しなかったのに、彼らの伝承のなかで悪鬼のごとく扱われたのはなぜかという問題であり、次に、三大文化圏側の自己認識の形成に、辺境に住む「他者」（すべてが「フン族」だと誤って受け取られることが多い）がどの程度関わったのか――文明の側はそんな影響は受けていないと自信満々に見えるが――という問題である。[★052]

4 犬戎と犬祖伝説、狼祖伝説

中国にあって、犬人族だとされた最古の異民族は犬戎である。『禹本紀』では、この異民族（戎とは「凶暴、好戦的、野蛮」といった意味）は殷の北西に住んでいたとされる。その後、前四世紀頃の書『山海経』によれば、「北方の広大な原野」（現代の山西、陝西省にあたる地域）に位置した。同文献によれば、犬戎は雌雄の白狗あるいは双頭の白狗の子孫だという。

犬戎の族祖伝説は、北辺・西辺異民族の犬祖伝説に関する中国最古の文献である。ここでいう北辺・西辺異民族とは、類似する民族発生伝説を持つ中国南東部の異民族と区別した、広範な中央アジア系諸民族のことであり、次に記すような多種多様ではあるが民族的、文化的に関係の深い諸族の族祖伝説を含むことになる。すなわち、キルギス、カザフ、モンゴル、ツングース、ウィグル、契丹、トルコ、チベット、朝鮮、アイヌ、エスキモーなどといった民族だ。さらにヘロドトスの記した、民族的背景の異なる古代スキタイ人や、ハンガリー、フィン、エストニアもそのなかに加えてよいだろう。これらは広義のアルタイ語族であり、アジア中部、北部の原トルコ、原モンゴル、原ツングースを祖先とする民族だ。[★053] 彼らの伝説が、ヨーロッパに伝わるアマゾンの女戦士と犬頭人の伝説に酷似するのは、それらがヨーロッパの伝説の元になっているからだろう。[★054]

この北方伝承に属するアルタイ語族の伝承の一つが、聖フランシスコ修道会に派遣されたプラノ・カルピニがモンゴル人の国に滞在した後、一二四七年にヨーロッパに持ち帰った報告のなかにある。プラノ・カルピニの報告には「タタール」が出てくる。タタールとは、カルピニにその話を伝えたと思われるモンゴル族のことである。[★055] この話に登場する彼らの敵、ノコイ・カザール（Nochoy Kadzar）の犬戦士の住処は、タタールの領土の北方にある（モンゴル語のnochoy ghajarは「犬の国」の意味）。[★056]

> だが、タタール兵は……南東へと進軍し、砂漠を一か月あまり行進した後に犬の国にたどり着いた。タタールで「ノコイ・カザール」と呼ばれる国である。「ノコイ」はタタール語で犬、「カザール」は国を意味する。

いざ着いてみると、その地にいるのは女ばかり、男の姿は一人として見えなかった。タタール兵達は捕虜にした女を二人連れて、国の中央を流れる川のほとりで待機することにした。男はどこにいる、どんな男達だ、と女に尋ねたところ、生まれながらの犬であり、敵が接近するのに気づいて川向こうに渡った、と答えた。三日目に、国中の犬が対岸に集まっているのが見えた。タタール兵が彼らを真似て嘲ると、犬どもは川を渡ってきて、寒さで凍りついた砂地をころげまわった。二度、三度ころげまわると、犬どもの毛むくじゃらの体は手のひらほどの厚さの氷と砂の固まりに覆われた。こうして身をよろうと、犬戦士はタタール兵に襲いかかった。タタール兵は笑いながら矢を射かけたが、ほとんど敵を倒すことができない。口と目以外に犬の体を傷つけることはできなかったからだ。犬の動きはすばやかった。一噛みで馬を地面に叩きつけ、つぎの一噛みで息の根を止めた。矢も剣も犬に傷を負わせることはできないと悟り、タタール兵は敗走した。犬戦士達は三日の間追撃し、多くのタタール兵を殺して自国から追い出した。その後は平和が破られることはなかったという。タタール人の一人は修道士ベネディクト（☆通訳としてカルピニに同行した）に、自分の父親はそのとき犬に殺されたとまで語っている。さらにベネディクトはその目で、タタール人と一緒にいる犬族の女を確かに見たという。その女はタタール人との間に男の子まで生んだが、子供達は怪物であったともいった。先に述べた犬達は非常に毛深く、女達の言葉をすべて理解した。女達の方は犬のいうことを手の動きで理解した。子供達のうち、女の子は母親と同じ人間だが、男の子は父親の犬の姿を受け継ぐという。

プラノ・カルピニ（五・三〇—三一）は、サモイェード族（☆中央シベリアなどのモンゴル族トナカイ遊牧民）の北に住む民族について記したモンゴルの文献についても述べている。この話もまた異譚異説をまじえて、「タタール記」に記載されている。

その人々は「ウコルコロン」、つまり「牡牛の足」と呼ばれる。「ウコル」はタタール語で牡牛、「コロン」は足を意味するからだ。また別名をノコイテリム、すなわち「犬の頭」という。タタール語で「ノコイ」は犬、「テリム」は頭を意味する。くるぶしから下は牛の足、後頭部から耳にかけては人間の頭だが、顔はどこから見ても犬そっくりだ。彼らの名は、怪物じみた体の部分にちなむものだ。彼らは二言までは人間の言葉でしゃべり、三言目は犬のように吠える。これも犬と呼ばれるようになった理由である。[★057]

プラノ・カルピニの報告と同時期のもので、情報源も間違いなく同じヨーロッパの文献に、一二五五年から一二六六年まで極東を旅したアルメニア王ヘトゥン一世の著作とされるものがある。

> キタイの国の向こうに住む人々は、女は人間の顔と人間の分別を持っているが、男は犬に似た姿形で毛むくじゃらの巨躯を持ち、分別は持ち合わせない。その犬どもはよそものが領土に入ることを許さず、仕留めた鳥獣を食料にする。この国の犬と女が交わって生まれた子供は、男なら犬、女なら（人間の）女の姿に似る。[★058]

前記二つのヨーロッパの文献より古い資料に、一〇世紀半ば、トルコ系モンゴル人の契丹（キタイ。現在の満州にあたる地域を統治）に留められた中国人旅行者フ・チャオの記録があり、契丹の北方にある犬の国について以下のように伝えている。[★059]

> さらに北方には「コウクオ（犬の国）」があり、その国の男は、体は人間だが頭は犬だ。体は長毛に覆われ、

衣服はつけていない。素手で野獣を倒し、まるで犬が吠えるように話す。女は人間と同じ体つきで、中国の言葉を話す。男の子は犬、女の子は人間で生まれる。近親結婚をして洞窟に住み、食べ物は生のまま食べる。女達はみな人食いだ。中華王国からこの国に入った男がいたという。男に出会ったその国の女が哀れに思い、男を逃がしてやった。女は男に箸を一二膳持たせ、一〇里ごとに落としていくように告げた。牡犬が男を追跡したが、家で使っている箸を見つけると、足を止め、口でそれを拾いあげた。こうして、男を取り逃がしてしまった、という話である。[★060]

イタリア人プラノ・カルピニ、アルメニア王のヘトゥン、中国人フ・チャオの文献は、すべて同じ民族（契丹とその北の隣国）と同じ地域（満州とその北方）について記したものだ。[★061] プラノ・カルピニは「ノコイ・カザール」の犬戦士について記しながら、モンゴル語の「ノコイ・ガジャール（nochoy ghajar）」は「犬の国」を意味すると説明する。事実、モンゴルには「ノカイ（あるいはノコイ）・クオン」（犬の息子）と名乗る民族がいる。さらに、この名は一〇世紀の契丹の儀式とも符合する。八の月（八月には中国北部でも暑い日々［ドッグデイズ］が続く）の八の日に祝われる「犬頭祭」（契丹語でナイ・ホ、中国語でタン・ホ・ナイと呼ばれる）がそれで、ナイ・ホ（［犬の］頭蓋骨）という名の「犬の」族祖を祝う儀式である。この日、国の統治者は自分の天幕から二メートルほど離れた場所で一匹の白犬を殺し、鼻づらだけを出して土に埋める。七日後に、埋めた犬の頭上に天幕を移動する。ナイ・ホ（ノカイ、ノコイとつながりを持つモンゴル語）という名のこの族祖は、この祭で頭蓋骨として崇拝されたのだ。契丹王家の名はノハイ・ヤリツであり、「ヤリツ犬」という意味になる。[★062]

宋時代（九六〇〜一二八〇年）の文献はさらに、契丹王家の名字であるヤリツ（耶律）とイト・バラクという北方民族を同じ民族だとしている。イト・バラク（直訳すれば「毛むくじゃらの犬」）ないしは単にバラクは、「大鷹の産んだ最後の二つの卵から生まれた」空想上の犬の名前でもある。イスラムの史家ラシィード・アッディーンによると、「イト・バラク」は「カラ・バラク」（黒い犬）の敵対者で、自分の名を王国の名として与えたという。アッディーンは「イト・バラク」の男達を「濃い茶色の膚、モンゴル系の顔立ち」、女達を「猫のような体つきで、犬のように振る舞う」と描写している。またアッディーンは、トルコとモンゴルの伝説的な始祖オグズ・カガン（☆オグズ・ハーンとも。その業績は英雄叙事詩として伝えられている。カガン［可汗］はトルコ系部族の君主を意味する）についても記している。オグズ・カガンはキル・バラクという集団を打ち破っているが、このときキル・バラクは、プラノ・カルピニの記述のなかにある、タタール人を撃退した犬とよく似た戦法で攻めてきた。キル・バラクの土着民は戦士達を糊と砂にくぐらせ、体に矢が通らないような工夫を施したという。[★063]

奇妙な運命のいたずらで、契丹は後世の伝承でも犬人伝承と絡み合っている。満州に築いた帝国が一二世紀初めに崩壊すると、契丹は遠く南西のバイカル湖とヤハルテス川（☆シルダリヤ川の古称）にはさまれた地域に移動し、ネストリウス派へと改宗し、カラ・キタイとして知られる王朝を築く。この民族と統治者ワン・ハーンは、一一四五年頃、ネストリウス派が西方に広めたプレスター・ジョン伝説の主であると目された。この地上の楽園では友好的な犬人も暮らしていたとされる！[★064]

チベットでも、これまで見てきたものとよく似た北方起源の話が伝えられている。中央アジアを旅した五人のウィグル人によって報告された話だ。この八世紀の話には、犬祖神話に加え、一妻多夫制その他についても語られている。[★065]

> 最初に赤い犬と黒い犬が天より降りてきた。この二匹の犬は同じ牝狼を妻にしていたが、子供が生まれなかった。そこで、犬は「ドルグ」（トルコ）の娘を強奪した。この娘によってもうけた男の子は犬となり、女の子

は正真正銘の人間の娘だった。赤い犬を祖先とする民族はゲ・ジル・グ・スと呼ばれた。黒い犬の子孫はガ・ラ・グ・スと呼ばれた。[★066] 娘が一族の富、家畜、食料すべてを所有する女主人となる。犬と女達はドルグ語と手振りで意志を通じ合う。

このウィグル人による記録には、ザマ・カガン軍の二人の兵士が砂漠をさ迷った顛末も記されている。道に迷った兵士達は犬の国へと入り込む。そこへ若い女（右記の話に出てくる二匹の犬の妻）と、その夫である二匹の犬が助けに現れ、彼らをドルグの国へ帰してやった。[★067]

アマゾンの国とドッグマンの国を隣接させたり、同一視するという点に限っていえば、後代の伝承（主として中国のもの）にも、これまで見てきた伝承と類似する内容のものがある。だが、それらの伝承には重大な相違点が一つある。ドッグマンとアマゾンの女に関する後代の話のほとんどすべては、その位置をはるか東の方向、「タタール海峡」北東岸あるいは東の海の彼方としているのだ。こうなった理由の一つは、中国人に地理の知識が乏しかったことだろう。ヨーロッパのアレクサンドロス大王伝説も同じで、たとえば東シベリアを北海あるいは東海とすることがままあった。このタタール海峡北東岸と共に、中国では犬王国（何らかの意味で女人国と結びつけられることが多い）を西方のチベットや中央アジア、または南方の中国南東部やインドシナに位置づける伝承もつねにあった。だが、これら中国の異譚について論じる前に、ここまで追求してきたテーマの源流となる中央アジアの「土着の」伝承について調べてみよう。

前に引用したウィグル人の旅行記では、犬と暮らす女達はトルコ（ドルグ）の国あるいはその北方に住むとされる。フ・チャオの記録でも、犬の国は契丹の北方に位置するとある。プラノ・カルピニとヘトゥンの物語では、ドッグマンはタタール人（モンゴル人）の国の北にあるという。事実、これらの民族——トルコ（突厥）、チベット、契丹、モンゴル——はすべて、多くの隣人達同様、犬または狼を始祖とする伝承を持っている。そのうち最古のものは、西暦紀元の少し前に中国人によって伝えられたもので、ヤハルテス川の北、チベットの北西に住んでいた烏桓《うがん》に関する伝承だ。この伝説を、初期に伝えられていた形そのままで紹介するのは意味があるだろう。ヘロドトスが書いたキュロス（☆アケメネス朝ペルシアの創始者）の誕生譚と似ていてなかなか興味深いし、インド＝ヨーロッパ語族の伝承との関連も浮かび上がってくるだろう。[★068] 伝説によれば、烏桓は皇子が生まれてまもなく、匈奴の国で身を隠さなければならなくなった。皇子の個人教師は幼い皇子を連れて砂漠へ逃げた。ある日、食べ物を求めて物乞いに出た教師が戻ってくると、牝の狼が皇子に乳を飲ませ、皇子の頭上に、一片の肉をくわえたカラスが飛んでいるのを見た。その幼な子に神々しさを感じた教師は、皇子を匈奴のもとへ連れて行こうと決心する。匈奴は皇子を慈しみ、育てあげた。皇子が成長すると、匈奴は皇子に父親が治めていた国の民を与え、軍の統率者の地位に就けた。

その後数世紀にわたり、中国の文献にはいくつもの狼祖神話が引用されているが、そのなかには、中央アジア諸民族の話として、人間の女と牡狼との結婚を素材にした神話がいくつもある。なかでも貴重な資料は五八一年に建置されたブグト碑文で、これは突厥最古の考古学資料である。この石碑には、牝狼が幼児に乳を飲ませている姿と共に、突厥の族祖伝説が記されている。その記述によれば、「もとは匈奴の一部族であった突厥の先祖の生き残りは一〇歳の少年だった。少年は敵兵に足を切り落とされ、そのまま置き去りにされた。牝狼がその子を見つけ、肉を食べさせた。成長した少年は狼と交わった。狼は吐蕃（チベット）北方の山中の洞窟に向かい、そこで一〇人の男の子を生んだ。その子達は外から妻を娶り、こうして、その部族が生まれた」という。[★069]

中国人による記録を信用すれば、匈奴もまた犬あるいは狼を始祖とする民族かもしれない。『北史』および『魏書』は、匈奴の出自について次のように記述している。[★070]

こういう民話がある。タン・ユという名の匈奴に二人の娘があった。それはそれは美しい娘達で、村人が天女とみまがうほどだった。タン・ユは「どうしてこの娘達にふさわしい婿を探すことができようか。天に捧げることにしよう」といって、人の住まない北の地に高いやぐらを築き、娘達をその上にのせた。「天よ、この娘達をお受け取りください」。一年後、老いた狼が姿を現し、夜もすっかりふけた頃、やぐらのまわりをうろつきまわって遠吠えをした……「お父さんは天に捧げようと私達をここに上げたんだわ。狼がああして現れたからには、あれは天の御遣いなのでしょう」といって、妹娘はやぐらを降り始めた。姉娘は叫んだ。「あれは獣だわ、獣の母親になんかなれない！」。妹娘は姉の言葉を無視してやぐらを降り、狼の妻となって男の子を生んだ。やがてこの子孫は国中に広がった。こういうわけで、この種族は狼の遠吠えのように歌うのが好きなのだ。

トルコの狼伝説はチンギス・ハーンの時代にも流布していたに違いない。やや変形された話が一四世紀の『元朝秘史』に出てくるのだ。冒頭の詩節はこうなっている。「チンギス・ハーンの出自。天より宿命を得て生まれた蒼い狼（ボルテ・チノ）があった。その妻は野生の牝犬（コアイ・マラル）だった」。数節おいて、「チンギス・ハーンは人間の女アラン・コアと、身ごなしが黄色い犬に似た「光る黄色い人」との子孫である。黄色い人／犬は天帝の化身だと考えられていた」と続く[★071]。モンゴルの文献『アルタン・トプチ』によると、アラン・コアは三人の息子を生んだ。子供達を身ごもったときのことを、彼女は次のように語る。「暗い夜、光が私の天幕に射し込んで、光輝く若者が入ってきた。その若者は私のお腹をさすると、黒い（? kaljin）犬になって、舌なめずりしながら去って行った」[★072]。

おそらくはモンゴルの影響力によって、狼祖神話は中央アジア諸民族の間に広く伝播したが、犬祖伝説も同様の広がりを見せた。後者が前者の変形なのか、それともモンゴル伝承のように、独立した伝承が前者と混じり合ったのかは断定できない[★073]。ここでは、トルコに関するブルガリアの伝承を紹介するにとどめたい。この伝承によると、トルコは王女と犬との交わりによって生まれたという。それが今も、犬人族のトルコがブルガリアの子供を食べる、という俗謡に歌い継がれている[★074]。

北シベリアの民族も、多くが犬祖神話を伝えている。たとえば、満州のトナカイ狩猟民ツングース（牝犬と天降った男との子孫だと自称する）、コリヤーク、チュクチなどもそうだ[★075]。サハリンと北海道に住むアイヌにも犬祖伝説が伝えられている。さらに、アイヌとは、北米エスキモーのイヌイット同様、「犬」（oinu, inu）を意味する。日本の伝承では、八世紀に成立した現存する最古の文献『古事記』に、五世紀の雄略天皇にまつわる犬伝説が見える[★076]。

ここまで、中国、インド、ヨーロッパの資料に記された、中国のはるか西方に位置する中央アジアやチベットの、ドッグマンや女人国伝承を見てきた。彼らはトルコ＝モンゴル系とアルタイ語族系の諸民族であり、彼らの源郷は、近隣諸族の移動に付随して、中国の広大な北部や極西部へと移っていった[★077]。すでに見たが、満州の契丹の場合、一二世紀には南西方向へと何千キロも移動せざるをえなかった。中国の西方に住んでいたもう一つの民族はキルギスだが、彼らが持つ土着の犬祖神話もまた、彼らの民族名（キルギスとは「四〇人の娘」の意）の由来を通俗語源説的に説明するものだ。この神話によると、ある汗《ハーン》の後宮の女達四〇人が旅から戻ってみると、ハーンの宿営地は壊滅し、生き残っていたのは一匹の赤犬だけだった。一年後、おそらくはその犬の奮闘により、小さな居留地は二倍の大きさになったという[★078]。同じ地域のカザフとツングースも犬祖神話を伝えている。さらに西方のペルシアとアルメニアにもよく似た伝承がある[★079]。これに関連し、本章の冒頭で論じた、チベットの犬頭鬼やハッダ遺跡で発掘された五世紀以前の漆喰の鬼の頭部が想起される[★080]。中国とインドの伝承にいうストリーラージャ、すなわち女人国の話もくり返し指摘しておきたい。（唐朝の文献によれば）それはカシュミールの北、チベットの西、犬王国の南に位置し、男達はスピー・「フン」とみなされていた。

チベット地域にあるとされる女人国と犬の国についてのこれら中国西部の伝承は、ドッグマンがアマゾン族の女達と住んだという契丹北部や、タタール北東部、北の海のかなたといった地域の伝承を補完するものだ。これらほとんどの伝承より古いものが中国東岸、より正確には南東岸に関する文献である。この、中国の犬人族／女人国伝承が集まるこの第三の地域には、インドシナ出身の諸族並びに中国南辺の異民族が住んでいた。東方の女人国に関する最古の言及は、前二世紀の『淮南子』に見られる。[★081] フイ・シェンは、東方の女人国と犬人族に関する最初の詳しい記述を残している。五〇七年に、ある男が彼らと遭遇したという。[★082]

フ・サン（この土地自体、中国が知る最北東端の地からさらに東に二万里の距離にあるという）の東千里余のところに、女人国「ヌクオ」がある。女達は容姿美しく、肌は抜けるように白かった。身体は毛深く、髪は地面につくほど長かった。二番目の月か三番目の月になると、女達はしきりに水に入る。そうして身ごもり、六番目の月か七番目の月になると子を産む。女達の胸には乳房がないが、うなじに付け根の白い毛が生えていて、その毛にふくまれる汁を吸わせて赤ん坊を育てる……五〇七年にチンアン（福建省）の男が乗った船が風に吹き寄せられてこの島にたどり着いた。男が上陸してみると、その島には人が住んでいた。女達は中国の女に似ていたが、言葉は通じなかった。男達の体は人間のそれであったが、頭部は犬そのもので、声も犬の吠え声のようだった……彼らは丸い形の土の壁を造り、その入り口は犬小屋の入口（コウトウ）のようだった。

フイ・シェンの遭遇した犬の国は女人国（ヌクオ）でもあった。学者のなかには、北東の半島部と、アジア島嶼部に暮らしていたアイヌ族だとする者もいる。想像力溢れる解釈を行ったのはグスタフ・シュレーゲルである。彼によれば、この記述はカムチャツカ、朝鮮、北海道で母系家族制を守るクリル漁民社会を指すという。さらに、女達の夫たる犬人とは、トドに他ならないと！[★083]

これら女人国を海辺におく説は世界中でよく見られるが、ヨーロッパでもっとも際立つ例は、ブレーメンのアダムが述べたアマゾンの国だ。アダムの記述では、「テラ・フェミナルム（女人国）」はバルト海の東岸とされている。また、ドッグマンの男と暮らすアマゾンの女達は、ただ風に身をさらすだけで、あるいは水を飲むだけで妊娠する。彼女達が泉や川で水浴びをしたり、ただ風に身をさらすだけで子を孕むという記述は、アジアの多くの文献にも見られる。[★084] このような類似性が文化の伝播によるとすれば、それはどんなルートや伝承によって伝わったのだろうか。

次章で見るが、中国の犬人族／女人国を南東の沖合いの島に位置づけている点は、中国南部の異民族マンの祖先である犬の槃瓠が妻と共に移った「犬封国」の位置と符合する。槃瓠に関する最古の文献の一つは五世紀に書かれた『後漢書』で、この書の内容はすでに本書で検討してきた他の文献とも共通する。また、槃瓠に発する犬人族と女人国の記述を並置する点でも似通っている。『後漢書』第一一五巻は（東方の島に位置する）女人国、第一一六巻は槃瓠神話と南方異民族マンの犬祖に関する記述に当てられている。[★085] それでは、この後者の伝承を見てみよう。

第7章 中国の犬人伝承——槃瓠と犬戎

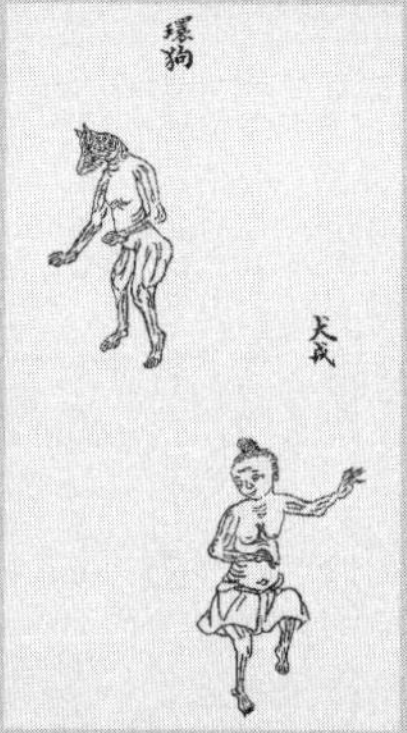

『山海経存』の犬戎国の人

1 『後漢書』の槃瓠神話

中国は世界でも群を抜く犬人神話の宝庫である。古くからアルタイ語族とチベット＝ビルマ語族の両文化と接触したことに加え、宮廷による「史書編纂主義[★001]」の伝統があったためであるのは間違いない。そのうえ、中国の文献には注釈つきの参考資料が付随することが多い。漢民族の目を通して屈折された伝承解釈が加わるため、中国の資料からは、少なくとも二つ以上の異なる「土着異民族」伝承が浮かび上がる。こうして、中央アジアおよび中国南部の祖先神話は、多くの場合、天地創造神話や、帝国と従属国間のさまざまな経済的関係を説明する物語へと形を変えた。まずは『後漢書』の槃瓠神話が持つ重層的な意味あいを探ってみよう。この神話は、おそらく西暦紀元の初め頃に生じたと思われる、中華王国と南方の異民族マン（蛮）との主従関係の始まりを説明するものだ。たとえ起源はマン族にあるにせよ、この神話には中国式解釈が色濃くにじんでいる。後述するように、中国の伝承は数々の証拠をかき集めて漢民族の純粋性を主張するが、じつは漢民族には異民族の血が大いに混じっている。槃瓠神話を見ると、マン族が漢民族の神話の系譜を借りて部族の起源を説明しているように見える。だがじつは、借りたのは「漢民族」の系譜でなく、「漢民族」と「異民族」が未だ区別できない始原の状態からさほど隔たっていない頃の「自分自身の系譜」に他ならないことを、本章と次章で示そうと思う。

槃瓠神話は『後漢書』の第一一六巻の始めに登場する。この巻は本体の補遺に当てられている。補遺とはいえ、「南蛮傳」と題された長さ数章にわたるものである。范曄は五世紀に『後漢書』を書いたが、この神話は少なくとも三世紀には中国人に知られていたはずである。[★002]神話の内容は次のようなものだ。

昔、高辛の治世の折、皇帝は西北辺境の犬戎の強盗略奪に悩まされ、討伐を行ったが成果は上がらなかった。犬戎の首領、呉将軍はとりわけ手ごわかった。そこで皇帝は全土から勇者を募った。犬戎の首領、呉将軍の首を挙げた者には金一千鎰《いつ》と一万戸を擁する都邑、それに末の皇女を与えようと触れを出したのである。

ところで当時、皇帝は槃瓠という五彩の毛並みの犬を飼っていた。この触れが出されて間もなく、槃瓠は人間の首をくわえて宮殿に現れた。廷臣達は大いに驚いたが、調べてみるとまさしく呉将軍の首だった。皇帝はいたく喜び、槃瓠に褒賞を与えたいと思ったが、どうしてよいものやらわからなかった。犬に人間の娘を娶らせたり、位階や賞金を与えたりはできないと考えたからだ。だがこのことを聞いた当の皇女は、ひとたび父帝が天下に下した布告を取り消すことはできないと考え、父帝に触れどおり行うよう頼んだ。皇帝は皇女を犬に与えるしかなかった。槃瓠は娶った妻を背にのせて南山（湖南省、盧渓県）へと走り、石室のなかに留まった。そこは人跡未踏の不安定で危険な場所だった。皇女はそこで衣服をぬぎ、犬の髪型に結い、犬の尾のついた衣服を身につけた。皇帝は悲しみにくれ、皇女恋しさから使者を送って捜させたが、その度に風雨や地震が起こり、暗雲が垂れ込めて先へ進むことができなかった。[★003] 結婚して三年の間に皇女は男女六人ずつ、計一二人の子を生んだ。やがて槃瓠が死に、子供達は互いに相手を選んで夫婦になった。彼らは樹皮を紡ぎ、草木の絞り汁で染めて衣服を作ったが、五色の服を好み、尾の部分は必ずくり抜いてあった。その後、母である皇女は宮殿に戻り、父の高辛すなわち白帝に子供達のことを頼んだので、皇帝は孫達を宮廷に迎えた。彼らはまだら色の衣裳を身につけ、奇妙な話し方をした。[★004] また広々した平地は好まず、山や谷に住むのを好んだので、皇帝は孫達の願いを聞き入れて雄大な山と広大な沼を与えた。その後子孫は増え、以来、蛮夷（異民族）として知られるようになった。彼らは見たところ愚かそうだが、実際は抜け目ない。古い習慣を守り、自分達の土地に住むことを好む。彼らの父方の祖「槃瓠」に功績があり、また母方の祖が皇女だったため、土地から得た利益への租税は免除されている。彼らは村をつくり、地主や酋長を頂くが、その任に当たる者には朝廷から印綬が授けられる。あるいは彼らの代理人に授けられることもある。彼らはカワウソの皮の冠を被っている。彼らの偉大な指導者はチン・フー（精夫＝活力ある者）と呼ばれ、彼ら自身は互いをハン・ツーと呼び合っている。[★005]

現在の長沙（湖南省）武陵のマン族は彼らの子孫である。

2　槃瓠と犬戎族、マン（蛮）族、ヤオ（瑤）族

槃瓠神話は紀元前二四世紀、伝説の王朝、夏の高辛皇帝の時代までさかのぼる。皇帝に刃向かうのは、世界はともかく、中国では最古の犬人種族、犬戎族に他ならない。したがって、犬人族としての彼らの系譜は槃瓠のマン族よりはるかに古い。犬戎族の起源伝承が初めて文献に登場するのは、戦国時代（紀元前四〇三～二二一年）の、いわば初期神話概説ともいうべき『山海経』である。それによると、犬戎族はつがいの白犬の子孫とされ、系譜の大元は中国古代の英明なる伝説の帝王、黄帝にまでさかのぼる。黄帝は苗龍の父、融吾の祖父、卞明の曾祖父にあたり、この卞明が戎族を起こした二匹の白犬の始祖となる。[★006] だが犬戎には別の祖先神話もある。槃瓠の文献ではもっとも古い三世紀の『魏略』と四世紀に編纂された『捜神記』には、戎は『後漢書』に出てくる犬戎の将軍の首を咬み切った槃瓠の子孫だと書かれている！　この込み入った事情を解明するために、本章の一部を割くことにしたい。[★007]

匈奴や戎族、マン族を犬と関連づけるある現象がある。戎や匈奴を示す漢字には、「犬」つまり「けもの」を示す部首が用いられるのだ。これは蛮夷に対する漢民族の中華思想を如実に示すものだ。戎とその親戚筋の匈奴に加え、先ほど述べた槃瓠神話の子孫に当たる南方のヤオ族、マン族、ミャオ（苗）族についても、中国の正しい書法に基づ

けば、彼らの名称を表す文字には同じ意味あいが含まれる。[★008]

それだけではない。中国の文献では、一般に異民族、とりわけある槃瓠神話に出てくる槃瓠は、混沌の神話的主題と密接なつながりを持つ。言語学的に見て、渾沌の主題と異民族諸族との関連は明らかだ。匈奴、つまりフン族をあらわす語（フン・イ）、犬祖の槃瓠（パン・フー。大皿と瓢箪）、混沌（フン・トゥン。そこから宇宙が生じた瓢箪のような原初のかたまり）、「混（フン）血」――これらの語は、語源学上互いに関連がある。

この語群はさらに、「崑崙」の正しい書法、およびその象徴性ともつながりを持つ。崑崙（☆渾沌に通じ、原初のカオスを意味したとされる）は西方（現在のチベット北辺の青海、ココノール湖地方）にあるとされた伝説の山で、後代になると、二つの瓢箪の口と口を合わせた形で表現された。崑崙山脈は槃瓠の洪水（混沌）神話の場でもあり、犬戎の父祖の地でもあるとされている。事実、犬戎は漢代（前二〇六～二二〇年）と晋の時代に西へ移動し、その地域の吐蕃（チベット族）や羌族と混じり合った。さらに、紀元前一二世紀の『禹貢篇』（『書経』中の一篇。禹の定めた租税地誌）によれば、殷王朝の終わり、崑崙は当時まさしく犬戎が占める地域に位置していた。したがって、彼らの移住に伴って混沌神話と関連する場所も移動したと考えられる。崑崙山は、少なくとも紀元前二世紀には、殷代後期にあったとされる位置よりずっと西の、青海地方にあるとされていたのだから。この重要なテーマは後でもう一度扱うことにしたい。[★009]

『山海経』には「崑崙の北に大行伯という者がおり、その東に犬封国がある。犬封国は犬戎国とも呼ばれる」という記述があり、[★010]崑崙と関連させて「犬封」「犬戎」という犬の文字を付した二つの地名を出している。面白いのは、『山海経』の重要な注釈者郭璞（二七六～三二四年）が、「封」と「戎」の中国音が似ているために、この二つが誤って同一視されたとしていることだ。実際には、犬封国の中心会稽（浙江省の東岸）は犬戎国のはるか南のさらに東に位置するのである。[★011]つまり、すでに『山海経』では、北西起源（戎）および南東起源の、まったく異なる二つの犬祖伝説が混同融合されていたと推測される。

郭璞はこの事実を知りつつも、『山海経』の記述と『後漢書』の基となる文献との整合性を保つため、「犬封国」を中国本土から東海を隔てた地域に置いている。彼は『山海経』の注釈（一二・一a―一二・二a）で、上記の槃瓠神話の結末を次のように述べている。「高辛は槃瓠をなだめることができなかったため、槃瓠を会稽の海岸から東海の沖に泳いで行かせた。そこで、槃瓠と妻は三百里の領地を授けられた。妻とその子孫が子をなすときは、男は犬、女は美しい人間として生まれた。これが犬封国である」[★012]。『元中記』は郭璞の資料を引き写したものだが、わずかに変えられており、彼らが送られた土地は犬封国ではなく、犬（狗）民国と呼ばれ、面積は方三〇里、会稽の沖二万一千里に位置する、とされている。[★013]

郭璞を弁護していえば、晋王朝（二六五～四一九年）の干宝の著作とされる『捜神記』に親しんでいた彼が、それを元に『山海経』の注釈を書いたと受け取るべきであろう。彼は『後漢書』篇の槃瓠神話にはなじみがなかった。『後漢書』篇より約一世紀前の『捜神記』篇（とはいえ『後漢書』に採録された神話の口述伝承はすでに存在した）には、槃瓠は会稽（浙江）ではなくて、桂林（広西）で領地を授けられたとあり、彼が犬戎の祖とされている。[★014]また郭璞は、槃瓠伝承の中心を桂林や武山（いずれも中国中西部の広西省と湖南省にあり、マン族の槃瓠信仰の場となっている）ではなく、会稽（中国南東岸の浙江省）だとして、さらに混乱を引き起こす。結局彼は、自分が知るかぎりの犬祖伝承――犬戎やマンの犬祖伝承――にこの後者の地名を当てはめてしまったのだ。

だが郭璞が桂林のマンの領域や「崑崙山に近い」戎の領域でなく、中国南東岸の会稽を槃瓠伝承の中心に選んだ背後には具体的な根拠があった。ヤオ族という別の南方系民族の存在がそれだ。これから詳しく述べるように、ヤオは独自の槃瓠信仰を持っていた。さらに、ヤオ族の槃瓠信仰の中心は、まさしく郭璞の指摘した中国南東岸の浙江省会稽に中心を置いていた。つまり郭璞は、ヤオ、マン、戎の三つの伝承を一つに融合したことになる。[★015]

これから見るように、中国はこの点の混乱を解消できていない。だがそれは、マン族とヤオ族が陝西省、湖南省、安徽省から南の雲南、そして南東の浙江、福建や他の海岸地域へと移住を続けたことにも起因する。[★016]また、ヤオ族や他の南東系民族が自分達の祖先神話を中国人から「相続」し（中国人自身は北のトルコやモンゴルといったアルタイ語系諸族から聞き知ったらしい）、いつの間にか自分達固有の伝承と思い込んだ、いわゆる「ピザ効果」の結果ということもあるだろう。[★017]

その後、中国人はこれら槃瓠を祖先とする「蕃夷」の神話を伝承するに当たり、それら南方系の種族をほとんど同じものとして、その時々に応じ、ヤオあるいはマンと呼んできた。マンは、『後漢書』がこれら民族に関する記述の最後で使った言葉であり、ヤオは、おそらく一一世紀頃から中国人が南方の異民族に対して使用したもう一つの総称語である。なお、中国語でヤオは「子犬」を意味する。だが、ヤオ語では「マン」は人間の意味になり、そのマンが槃瓠の子孫を自称する、もう一つの「蛮族」（マン族）の名と同じであることは、注目に値する。[★018]

犬祖神話の起源や伝承の筋道のもつれとは関係なく、マン族もヤオ族もみずからを犬の子孫としながら、自分達を決して犬とは呼ばなかった。そう呼んだのは中国人だけであろう。マン、ヤオもまた、匈奴をはじめとする多くの部族同様、多様な異民族の大海に飛び散る飛沫のように区別されぬまま、他の外来異民族と同じく動物を意味する名前をつけられたのだ。いまの中国にも、数多くの異民族や部族が存在する。彼らは「蛮（マン）」「瑤（ヤオ）」「苗（ミャオ）」「遼（リャオ）」などと大まかに分類されてはいるが、実際には、社会構造のみならず、各々の伝承解釈にもそれぞれ大きな違いがある。シアミン、シアポー、ロロ、リー、シャン、シャカ、ルンチアなどといった民族についても同様のことがいえよう。[★019]

エドワール・メストレは、ヤオ族とマン族の違いだけでなく、ヤオ族の異なる部族同士の間に生じた歴史的相違点についても明確に述べている。[★020]

ヤオ（瑶）族のなかにはみずからを部族に分けるものもあるし、氏族に分けるものもある。また、定住するものもあるし、焼き畑農耕を行うものもある（後者は槃瓠の長男の子孫とされる）。ヤオ語を話すものもあるし（ヤオ語では「人間」をマン、ミエン、ムンなどという）、中国南部の方言を話すものもあり、さらにタイ族の方言を話すものもある。われわれは疑いもなく民族のるつぼのなかにいる。

……「ヤオ族」をより古いマン族と区別し、みずからの独自性を維持することは、彼らの重大関心事である。マン族は中国政府によってその地位を認証された首長が統轄する部族として組織された。彼らは定期的に（中国人に）貢ぎ物を行い、その折に漢族への帰化を度々願い出て、徐々に許されるようになった……こうしてマン族人口の大部分は中国の「体制」に組み込まれ、いつしか消えていき、宋時代にはその居住地区をヤオ族が占めるようになった。ヤオ族の残した文書によると、彼らは「中央から離れた位置」に留まった。とはいえ、現在のヤオ族人口の中心をなすのは、中央から身を退き、古い生活様式を守るために他の民族集団と提携したマン族の末裔なのである。だとすれば、時と場所に応じ、槃瓠崇拝がさまざまな形で現れるのも驚くには当たらないであろう。

現在中国本土には、ヤオ族とマン族の末裔が中国南東岸の地やベトナム、ラオス、タイ、ビルマと国境を接する地域に固まって暮らしている。槃瓠に関連する地名はこうした地域にもいくつかあるが、集中しているのは湖南省の北部と内陸部だ。このことは、郭璞が招いた混乱にも関わらず、中華帝国と最初に接触があった当時、マン族が北部に住んでいたことを裏づける。

『後漢書』に記録された時代には、湖南つまり当時の荊州は南の地域、揚子江南部全域にわたっていた。漢はすでに紀元前一二七年には揚子江の南まで勢力を伸長させたが、南蛮民族との実質的交渉はなかった。中国南部に初めて本当の「漢」王朝が建てられたのは、ようやく西暦二二〇年、後漢が滅びた後のことだ。蜀（二二一～二六三年）と称する短命な王国だったが、中国「中世」の始まりとされる三国時代、後漢の残党を盛り立てようとして、北方の魏（二二一～二八〇年）および南東の呉（二二一～二八〇年）と戦った。事実、槃瓠と共にマン族が文献に登場するのはこの時代からであり、いずれも確かに湖南を舞台とする。

　マン族について記した中国の文献（Ch'ien-pao chi）には、こう書かれている。「武陵（湖南省の長沙廬江近辺）には槃瓠の子孫のイ（彝）族がいる。彼らは五渓地区の随所に住んでいる。槃瓠は危険な山の要塞をよじ登ることができたが、他の者は怪我することが多かった。イ族の者は魚と肉を長細い桶のなかでまぜ、叫び声をあげる。こうして槃瓠に生贄を捧げるのだ。彼らは尻が赤く、たすきを交差させた下衣をつけると漢人はいう。これらはまぎれもない槃瓠の子孫である」。この記述はこれよりわずか前の文献、『晋書』（晋王朝年代記二六五～四一九年）の内容とほぼ同じである。『晋書』は後年の多くの晋代史を参考に書かれたが、マン族の風習に関するこの文献の記述とも一致し、彼らは「いつもさまざまな面倒を引き起こす」とつけ加えられている。また、同地域のヤオ族にも同じ風習のあることが一二世紀の文献に見える。[★021]

　『後漢書』には、槃瓠が新妻を伴ってたどり着いた山は南山と呼ぶとある。これは湖南省南西の武山であることがわかっている。この山は六世紀の『武陵記』のなかで次のように描写されている。

> 高さは数万尺。中腹にある「槃瓠の石室」は数万人が入れる広さだ。内には「石牂」をはじめ、動物の石像が置かれている。古代の遺物やめずらしい不思議な物が数限りなくある。やや離れて洞窟を見ると、それぞれの洞窟は居間を三つ合わせたほどの広さがある。遠くから眺めると、犬に似た形の石が見える。人々はそれが「マン」だという。それは槃瓠の像なのだ。[★022]

似たような洞窟が唐代の二つの文献に記されている。その場所は辰州といい、五渓にあり、武陵と長沙のやや北西に位置するとある。文献の一つ『蛮書』には、そこでは槃瓠の皮膚と骨を見ることができると書かれている。また六世紀の『水経注』は、槃瓠の中心地は烏江の水源地帯にあると述べている。この地域そのものは五渓として知られ、その地の居住民は五渓蛮と呼ばれている。[★023]

中国南部一帯には「ウ（Wu）」音を含む名前や地名が非常に多い。それらは槃瓠伝承にも多く見られ、槃瓠が咬みちぎって高辛皇帝に差し出した首が呉（Wu）将軍のものだったことを想起させる。実際、神話や地理学における槃瓠と呉の複雑な関係は、マン族とヤオ族の相互関係や、漢民族と接触を始めた当時の彼らの対漢関係を解く鍵となるものだ。一方でこれらの諸民族の接触の歴史を理解し、また一方で槃瓠伝承を理解しようとするならば、まずは五世紀に范曄がまとめた『後漢書』の槃瓠神話と同根の、三種類の物語を検討する必要がある。三種類とは干宝が四世紀頃に書いた『捜神記』と、それよりはるかに時代を下った福建省のシアポー族と浙江省シアミン族に伝わる槃瓠伝承である。まずは捜神記篇から見ることにしよう。

> 昔、高辛皇帝は房王の反乱に心を悩ませていた。王国の平和を守るために皇帝は房王の首を持ってきた者に、金一千斤と美女を褒美に与えると布告を出した。
>
> 皇帝は槃瓠という犬を可愛がっていたが、高辛皇帝の布告が出された日に姿が見えなくなった。槃瓠は房王のところに行ったのだった。房王は大いに喜び、犬のために祝宴を催した。その夜、王がひどく酔ってぐっすり寝込んだすきに、槃瓠は王の首を咬みちぎり、それをくわえて高辛皇帝の許へ戻った。皇帝は房王の首を見て、犬の大手柄をこのうえなく喜び、肉と米をたっぷり与えるよう命じた。だが犬は何一つ食べなかった。一

日が過ぎたが、犬は皇帝の呼びかけに答えようともしなかった。皇帝が「なぜ何も食べないのか？　手柄への酬いがないのを怒っているのだな。よし、約束通り褒美を取らせよう。どうじゃ、それでよいか」といった。

槃瓠は皇帝の言葉を聞くが早いか、喜んで飛び跳ねた。皇帝は槃瓠を桂林の領主とし、五人の美女と桂林一千戸分の領地を褒美として与えた。美女達のなかから息子三人と娘六人が生まれた。子供達の外見は人間であったが、犬の尾だけは残っていた。年月を経るにつれて子孫の数はますます増え、犬戎（犬の部族）として知られるようになった。周王朝の幽皇帝はこの犬戎に殺されたのである。上述の領地の民は槃瓠の子孫である。[★024]

シアミンもシアポー（ショオ族。いずれも中国南東のヤオ族の支族）[★025]も彼ら独自の「槃瓠伝」を持っており（☆ヤオ族中には「評皇券牒」あるいは「過山榜」という族源を記した古文書を持つものがある）、成立の時期は疑いもなく『後漢書』より新しいとはいえ、異なる数多くの伝承をまとめて筋の通った物語に仕上げており、非常に有益な資料である。シアポー篇[★026]では、槃瓠が呉将軍の首を持っていくのは、高辛皇帝でなくプ・クとなっている（ただしプ・クは高辛皇帝と同一人物と思われる）。

王は直ちに犬の手柄に酬いるために高い位階と良質の食事と住居を与えるように命じた。だが、犬は少しも喜ばず、血のしたたる首をくわえて王女の部屋へ駆け込み、出てこようとしなかった。

プ・クは約束を思い出し、王女と犬が結婚するわけにはいかないといい聞かせた。「お前は犬だからのう」と王はいった。それを聞くなり、犬は床に首を垂れ、「四九日の間、私の上に鐘をかぶせ、誰も覗かないようにしてください」といった。王はそれを聞き入れた。だが四八日目に、皆は犬が飢えて死んだに違いないと思い、鐘を取り除いた。[★027]するとそこには犬でなく、男が一人いた。だが、全身を変えるには時間が足らず、頭だけは犬のままだった。王は約束を守らないわけにはいかないと思い、王女をこの犬頭の男に娶らせた。人々は王女を犬頭の王女と呼んだ。王女は犬頭の夫を恥じ、二人は遠く離れた森のなかに住んだ。

　妻は夫の顔を見るのを恐れ、髪を頭の上に結い上げて赤い布きれを結び、夫が近づくと、その赤い布を顔の前に下ろして夫を見ないようにした。王女は三人の息子を生んだ。父王はそれぞれに盤、藍、雷の名を与えた。[★028]

　一八〇三年にまとめられたシアミンの物語は、この民族の起源を示す文書に記されており、これにより彼らは中華帝国の一員と認められていた。[★029]

　呉軍は彼らに悩まされていた。彼らの侵略により、国には戦乱が起こり、人々は殺され破壊に苦しんだ。家臣のなかに危急を救える者はいなかった。すると、金色の犬が地上に降りて月心虎を服従させるだろう、という天からのお告げがあった。そして、金色の犬が高辛皇帝の宮殿に降りてきた。医師達は黄金虫を取り出した。宮廷の大臣達が槃瓠を蓮の葉で覆って数日間養うと、[★030]やがて犬は竜犬に変じた。その身体には一二〇の斑点があった。

　皇帝はしだいに不安が募り、こういった。「布告を出そう。もしもこの国に平和を取り戻してくれる勇者がいたら、第三皇女を与えてわしの婿にするとしよう」。竜犬だけが、敵軍を捕えてみせますと、布告に応えた。竜犬は金の竜に変じ、大海を飛び越えた。七日七晩の後、彼は燕王の大広間にやってきた。王が酔いつぶれて寝たところに金の犬が現れて、王の首を咬み切った。

　竜犬は人間に変身できたが、頭だけは犬だった。皇女は彼の妻になることを望んだ。王国が平定されたので、

文献	皇帝の名	敵将名	槃瓠信仰の場所
後漢書	高辛（嚳）	呉	武陵と長沙（湖南）
蛮書[★032]	高辛	呉	辰州（湖南／江西）
捜神記	高辛	房王	桂林（広西）
シアポー篇	プ・ク（高辛）	‥	‥
シアミン篇	高辛（呉将軍の主君）	燕王[★033]	会稽（浙江）
ヤオ篇[★034]	平	高	会稽（浙江）

諸国から毎年のように貢ぎ物を持って謁見を受けに来るようになった。だが、われら「シアミン」の先祖は皇帝の婿としての称号を与えられ、槃瓠王の印爾を賜った。彼は息子三人娘一人を授かった。長男は盤、二男は藍、三男は雷の姓をそれぞれ王から賜った。彼らは会稽山に住み、すべての税を免除された。[★031]

3　三国時代におけるマンとヤオ

これまで見た槃瓠神話には矛盾する要素が多い。槃瓠の飼い主である皇帝の名や、敵将の名、それに槃瓠信仰の中心地、および、その子孫の居住地などに見える矛盾を整理し、表にまとめてみよう。

これら三つの要素について、一つずつ考えてみよう。まず皇帝の名だが、『後漢書』と『捜神記』では高辛となっている（上述のさまざまな伝承を記すに当たり、『後漢書』をまとめた郭璞は『捜神記』を大いに参照した）。『シアミン篇』では皇帝の名は高辛だが、呉将軍は彼の敵でなく高辛の臣下であり、呉に代わり燕王が高辛の敵になっている。さらに奇妙なのは、ヤオ族に伝わる槃瓠伝承のいくつかで、敵将の名が高で、槃瓠の皇帝の名が平となっていることだ。さらに、三世紀の『魏略』と『捜神記』、九世紀の『蛮書』では、（『後漢書』の槃瓠神話に、

犬戎の将軍呉の首を槃瓠が食いちぎったとあるのに）槃瓠自身が犬戎の祖とされている。[★035]

最後に槃瓠信仰の場所の違いが挙げられる。すなわち、西（湖南省南部は広西省北部と境界線を共有し、辰州は湖南省武陵の北西に位置する）にも、東（会稽は浙江省にある）にも存在するのだ。

この謎を解く鍵の一つは「呉将軍」の名前にある。この問題について長年研究を重ねたエドワール・メストレは、「呉将軍」とは呉の国（二二二〜二八〇年）のパン・シュンという名の将軍であるという。上述の文献（Ch'ien pao-chi）によれば、この将軍は誕生日に、槃瓠の南山と桂林の南方のさほど遠くない場所で、槃瓠への供え物に似た生贄を受けていた。呉将軍、すなわちパン・シュンは五渓地域のマン族を打ち負かし、種族の首を多数挙げたとして感謝され、毎年生贄を捧げられていたのである。槃瓠の場合、通例の肉、魚、米、酒に加えて、「呉将軍の首」と称する生贄を供えられていた。三世紀には、本物の人間の首を生贄とすることは禁じられていたが、少なくとも一七世紀までは、サゴヤシの澱粉、豚肉、羊肉で作った代用品が用いられた。六朝時代（二二〇〜五八九年）には、この地域のマン族の隣に暮らしていたリャオ族が、人間の首を象る彼らの神に犬の首を捧げていたという。この逆転は、ある意味で、これまで論じてきた槃瓠神話の変化と軌を一にするものであろう。[★036]

これで終わりではない。中世の文献によれば、現在の湖南省と広西地方の境界にほぼ重なる東西の軸を間に挟んだマンと呉の対立とは別に、もう一つの「紛争の種となる」境界があったとされる。現在の湖南と貴州とを分ける東西の境界がそれだ。これこそ湖南のマンと貴州のヤオ諸部族を隔てる（あるいは両者に紛争をもたらす）境界だった。槃瓠神話の一つで、槃瓠が「境界紛争調停者」とされているのはそのためだろう。[★037]

ここまでは説明がつく。だが貴州に住むヤオの一部族ミャオ（苗）についてはどう解釈すべきなのか？　毎年、彼らは一〇月に行う新年の祝いで、「五渓地区のマンを根絶やしにした者」、つまり槃瓠に生贄を捧げていたのである。とすれば、他の文献に呉の将軍パン・シュンとして登場する者と同じように、槃瓠はマンを倒したヤオの英雄だという結論になる。このことを裏書きする他の文献もある。たとえばヤオ族は、槃瓠は高の首を咬みちぎって持ち去り、蛮夷の王国を滅ぼしたという。同じ理屈で、貴州のミャオ族は、みずからを五渓のマン族を絶滅させた槃瓠の子孫と称している。また、一五世紀の明の文献『大明一統誌』は、貴州の東部地域は湖南西部の五渓地区から伸びる地域であり、「槃瓠（すなわち五渓地区長沙のマン族）の喉元を抑えている」と述べている。最後に広西、広東から南に起源を持つヤオ族の槃瓠神話を見ると、槃瓠は高辛のために敵将の首を食いちぎったとあり、敵将とは犬戎の変身した山熊であるとされている。ここでもまた、これまで見た文献中の部族や人物に与えられた役割が一定の規則で逆転していることに気づく。[★038]

幸いにも、三国時代の歴史がこれらの問題の多くを解決してくれる。紀元二二一年からの六〇年間は、それまで続いた漢王朝の領土が三分され、三国が鼎立して互いに帝国の覇権を競った時代である。三国のなかで最強を誇ったのは魏であり、揚子江の北を支配した。揚子江の南は、四川から南西を蜀が治め、南京の東南を呉が支配した。蜀と呉は、「漢民族」の王朝の首府が南部に置かれた歴史上最初の例である。結局は、両国とも北方の魏の将軍達によって征服統治され、領土もその軍勢に占領される。

北方の魏はおそらくもっとも「正統的な」後漢の後継者であったが、蜀は漢王朝の直系の子孫として覇権の正当性を唱えた。だが実際には漢王朝との縁故はごく浅く、主張の根拠は薄弱だった。蜀は三国のなかでもっとも弱体で、二六三年に滅亡する。呉の領土は、主に沼の多い平地と細長い谷からなっていた。南へ移動した蜀と呉の支配者達は、北方の小麦栽培を諦め、米の栽培に切りかえざるをえないと悟る。米の栽培は、彼らが征服したタイ族系の諸部族がすでに手がけていた。また、彼らの臣下たるヤオ族は、山に住み、狩猟や原始的農耕を行っていた。[★039]

呉は六〇年の統治において、二度の軍事作戦を展開する。最初の戦いでは、蜀の東の土地を首尾よく手中に収めた。これこそが、「神話中の」呉将軍（すなわちパン・シュン）が展開した戦闘である。将軍は蜀との境界を押し戻しながら、五渓地区のマン族を撃滅した。それが歴史であれ、神話であれ、この物語のそもそもの出所は范曄が三世紀に書いた『後漢書』である。

覇権を目指した呉の二度目の作戦は、前回ほどうまくは運ばなかった。南満州に興った新勢力の燕王国が呉を引き入れ、魏を北と南から挟み撃ちする作戦に出たが失敗し、魏は二三七年に燕を徹底的に叩く。二八〇年、呉も滅亡する★040。

以上を基に、同じ物語の表裏をなす二種類の正反対の伝承をまとめてみよう。一方には『後漢書』の伝承があり、その記述は「現在の長沙武陵のマン族は彼らの子孫である」と結ばれている。これをマン篇と呼ぶことにする。他方、マンを呉あるいはヤオに滅ぼされたとする一連の伝承をヤオ篇と呼ぶことにしよう。（左ページ表参照）

ここから引き出される明らかな結論は（ここでもまたメストレの論に従うことになるが）、ヤオとマンという二つの異なる「槃瓠部族」があり、彼らは（二つとはいえないまでも）少なくとも一つの境界を挟んで対峙する位置にあったことだ。さらには、中国人（漢人）と南の諸族とが接触したこの古い時期に、（マンと蜀、ヤオと呉といったように）両者の間に何度か衝突があったと思われる★041。これらの諸伝承で唯一の「真実」は、ヤオの記録にある「絶滅させられた部族」が五渓地区の原マン族であったことだ。范曄の『後漢書』に、槃瓠を祖先とするマン族が湖南省の高山のとりでに住み、忠誠の絆で漢人と結ばれていたとあるのを見ると、「絶滅させられた」というより、「一定の地域に閉じ込められた」というのがふさわしい。事実、湖南のマン族は漢の武帝（紀元前一五七〜八七年）の時代から、漢代中国の辺境に住んでいた。漢の武帝といえば、同名の小王国や将軍などと混同されるはずもない絶対的権力の主である。その頃からマン族は漢族化政策に概して協力的だった。三国時代に漢の正統なる後継者を主張した蜀と同盟を結んだのもそのためだ。槃瓠の飼い主を古代皇帝高辛とするのはここに根拠がある。事実、神話で言及しているのは蜀王国の支配者のことだ。マン族と対立した——漢族化に反対しただけのことだとしても——のはヤオ族である。ヤオ族もまた南方系の

マン篇	ヤオ篇
槃瓠はマン族の先祖。	槃瓠はマン族の絶滅者。
槃瓠は高辛皇帝の愛玩犬にして守護者。	槃瓠は平皇帝の守護者。
高辛の敵は犬戎国の呉将軍。	平の敵は高。
槃瓠は五渓地区の「境界紛争調停者」。	呉のパン・シュンは五渓地区のマン族を壊滅し、蜀との境界を押し戻した。
槃瓠が呉将軍に勝利したことを祝って「呉将軍の首」の生贄が毎年捧げられる。	パン・シュン将軍がマン族に勝利したことを祝って彼に生贄が捧げられる。犬の生贄が（呉将軍の？）首に捧げられる。

民族だが、漢帝国との境界から遠く離れていたために漢族の影響を受けなかった[★042]。ヤオ族は呉の属領となり、呉の将軍パン・シュンは蜀の東部を征服しようとして、境界を隔てて住むマン族を攻め滅ぼした。ヤオ族も槃瓠と呼ぶ犬祖への独自の信仰を持つが、彼らの信仰は浙江省北部の呉の首都南京に近い会稽に集中していた。むろんそこは、四世紀に書かれた『山海経』に関する注釈で、郭璞が犬戎国と同一視した犬封国のあった場所だ。ちなみにいえば、中国人（漢人）による槃瓠についての記述は、呉の家臣シュー・チェンが三世紀の『五運歴年記』のなかでふれたものが最初である。

　争いが絶え間なく続き、その影響が南方諸族に波及した三国時代の状況が、槃瓠伝承の別の神話的要素への説明になるだろう。とりわけヤオ篇で、高辛が善玉の主役でなく敵方になった背景には、こうした状況があったはずだ。高辛に代わって槃瓠の主君の役割を果たす皇帝「平」は、呉と満州の燕王国との間に結ばれた同盟によって説明がつくだろう。平とは、この頃中国北辺に位置した国の名前である[★043]。変転のきわめつけは、ずっと後のシアミン篇で、高辛と呉が味方同士となり、燕王がその敵になっていることだ。燕は呉が二三二年に同盟した当の相手なのである！

　次に解決すべきは、ライバル関係にあった二つの「槃瓠種族」マン族とヤオ族にとって、槃瓠とは何者なのかという問題だ。槃瓠は、ライバルである両民族いずれにも共通する犬の先祖なのか？　中国人に関する限り、まさしくその通りだ。ヤオは七世紀の『隋書』の「地理志」に「莫徭《モーヤオ》」(☆Mo-Yao＝徭役の莫《な》い人)と呼ばれるまでは、名前で呼ばれることすらなかった。一一世紀の文献以前、彼らはマン族と明確には区別されていない。ようやくこの一一世紀の文献で、マン・ヤオ族はヤオ人であるが、「真のマン」ではないと説明されている。[★044] この事情は、会稽の槃瓠信仰について述べた三世紀の文献(『魏略』と『捜神記』)が、なぜ犬戎国と犬封国を一つと考え、槃瓠を犬戎(つまり犬封国のヤオ族)の先祖と誤認したかの説明になるだろう。一方マン族は、『後漢書』の祖先神話にあるように、独自の槃瓠信仰を持ちつつ湖南の長沙地方に集まり住んでいた。それからやや後に、おそらく九世紀の『蛮書』以後、中国人はヤオ族とマン族を区別し始め、両者をマンと呼ぶやり方から、逆に両者をヤオと呼ぶやり方に変わっていく。マン族はしだいに力を失い、数世紀を経てヤオ族や漢族に吸収されるが、その間に神話が書き直されるうちに、歴史的事実との関連が少しずつ薄れ、遂にシアミン(ヤオの一支族)篇では、高辛と呉が同盟して燕に対抗する話になってしまう。また『蛮書』を要約すれば、犬戎の呉将軍を殺したはずの槃瓠が、犬戎の祖先であるということになる。[★045]

　これまで長々と試みた槃瓠神話の歴史的解釈により、槃瓠神話の発展と広がりに関する正確な年表は作れたとしても、この神話をみずからの系譜を語る資料として今世紀まで持ち続けた民族にとって、それがどんな意味を持つのかはほとんど明らかにならない。ここで語ろうとしているのは、「ラングとパロール」、「コンテクストとテキスト」、「システムとイベント」の違いなのだ。系譜の公布ともいうべき槃瓠神話の経緯は、中華帝国との結びつきを徐々に強めていった南方の諸族にとって、どんな意味があったのだろうか?

　シアミン篇や他の文献における槃瓠の祖先神話は、中国人(漢民族)以外の民族が中国人の支配する政治、社会、文化の圏内へと入る「パスポート」の役割を果たした。こうして、土着民族から発生した神話が、結局は中華帝国の帝国主義的イデオロギーに奉仕することになった。槃瓠は(人と動物の間の存在として)天帝のために働く小役人へと「漢化」される。彼は皇帝のために敵将を倒し、その勲功によって封土を賜り、皇女を妻にする。彼の子孫は「土着」

のマン族、あるいはヤオ族になり、租税免除の恩恵にも浴する。このエウヘメロス流神話観（☆神々も元々は勲功を残した人間に過ぎないという神話観）に従うと、中華帝国の立場でいえば、槃瓠が天帝への奉仕のために地上に降りてくるまでは、槃瓠もマンもヤオも存在さえしない。同じような中国化の傾向は、槃瓠神話の「原形」をなす『後漢書』篇にすでに見える。そこではマン族の始祖が夏の皇帝の忠犬だとされている。マンやヤオが、みずからの祖先神話を（南方諸族の系譜に関する中国の文献から）借用したことは、一方で「ピザ効果」の実例でもあり、土着の伝承の継承でもあった。そしてかれこれ千五百年も経つ間に、両者は互いに区別できないほどもつれ合ってしまったのである。

4 異民族の漢化を映す神話

登場人物やその相互関係が多様に変化する槃瓠伝承にあって、いずれの話にも共通する点が一つある。それは帝国のために挙げた手柄によって、槃瓠が皇帝から報賞を受けることだ。どの話でも槃瓠は封土を授かり、皇女と結婚し、男女の子をもうける。やがて彼（または妻）は、その子らを伴って皇帝の謁見を賜り、皇帝は槃瓠の勲功を愛でて、彼らに土地と称号を授ける。中国側の観点からすれば、これは彼らの存在を皇帝が認めたことになる。

数多くの槃瓠伝承には、二千年近くの間、中国独特の帝国主義的イデオロギーに貫かれたある状況が反映されている。このイデオロギーに基づいて取られたのが、未開の諸民族を「内」と「外」の二つに大別する中華帝国の政策である。[★046] この区別には地理的要素が大きく関わった。中華帝国の国境周辺に暮らす民族は概して漢化されやすく、帝国の中心部から遠く離れた民族に比べ、位置的にも文化的にも「内」化を深めていった。この区別はまた、中国王朝そのものにも適用された考え方の反映でもあった。前漢では、中華帝国の中央地域は「中原」と呼ばれ、異民族と国境をわかつ周辺地域は「辺境」と呼ばれた。この区分は初期中国の宇宙観にもはっきり見ることができる。この点については、また後で検討するとしよう。

「内」と「外」の集団がどう異なっていたかを論じる前に、まず中国的イデオロギーに基づく両者の共通点を考えてみよう。一般に異民族は人間以下の存在とされ、人間性という境界――それは中華帝国の国境とも重なっている――の外側で生きるものとされた。これまで見てきたように、これら諸民族の名には、時として「混血」とか「雑婚人種」とかの意味あいを持つ言葉が当てられた。さらに、もっとも古い時期の神話によれば、彼らはすべて不服従の罪によって追放された先祖の子孫となる。この二つの考え方は、シュヴァパーカ（最下層民）に対するインドのそれに酷似する。[★047]

漢字では異民族はすべて動物（四つ足動物あるいは虫）や、その種の部首で表されている。犬を示す部首（けものへん）は、獠、猫、猶、猺、狆といった南蛮諸族の名に使われた。また、犬の意味を持つ語「狄」は、紀元前一八世紀から少なくとも紀元前一世紀まで、中国北方の異民族を示すのに用いられた。なぜなら、彼らは混沌と非定義の世界に住んでおり、動物、悪魔、異民族は同一視され、区別できないとされたのだ。中国語の「鬼」はこうした事情を雄弁に物語る。この語は「奇妙な、人間に似た猿のような生き物」、「外の人あるいは民族」、「恐怖、不思議、巨大、狡猾」、「蛹」、「死者の幽霊」などを意味する。だから皇帝の息子や将軍が異民族の討伐に出ることは、軍事行動というより狩猟のための遠征と考えられた。[★048]

さらに、古くから異民族は、中華王朝に服従した者と服従を拒んだ者とに区別され、前者には「熟蛮《じゅくばん》」、後者には「生蛮《せいばん》」という、一対の用語が用いられた。ある未開犬人部族の伝承に、犬に生まれて肉を生で食べるのは男の方であり、女は人間として生まれ肉を煮て食べる、とある。このように、男は「生《なま》」の野性、女は「熟化」の性質を持つ。槃瓠神神話の一つでは、槃瓠にかぶせた鐘を一日早く取り去ってしまい、犬から人間への変身を完成させなかったのは、人間である槃瓠の妻だったとされている。[★049]

まさしくマン族は、中華王朝のイデオロギーが「内化」あるいは「熟化」と規定した存在であった。中華王朝は異民族を用いて異民族を制圧する「以夷伐夷」政策を取ったが、マン族はその意味で頼りになる部族だった。その見返りに、王朝から名ばかりの栄誉と称号を受け、租税や貢ぎ物が免除された。「外」の異民族の代表格は匈奴であり、彼らの襲撃に備えて紀元前三世紀に万里の長城が構築された。紀元前一七七年の資料にはこの二部族の名前が登場し、匈奴が陝西省に侵入し、砲塞蛮夷（マン・イ）、すなわちその地の「辺境守備部族」に対し略奪を働いたとある。漢の文書には、マン族のほか羌族も「辺境守備軍」であったとされている。羌族とは、周に追い散らされた後の犬戎と同一視される民族である。[★050]

それはともかく、中華王朝と異民族との関係には、歴史的に見て二つの普遍的傾向があった。第一は宮廷の気分次第で、免税がたちまち徴税に変わりえたこと。第二は「内化」という身分の変化が、異民族の生活様式にしばしば変化をもたらしたことである。多くの遊牧民（あの匈奴まで）が農民になった。こうして私達は米の問題につき当たる。

三国時代に初めて揚子江の南に移動する以前の中国人は、米について何の知識も持たなかった。北方の主要産物は小麦だった。中国人の南下の目的が政治的あるいは軍事的征服にあったとすれば、それは彼らの農業と食習慣を犠牲にして達成された。彼らは、新たに征服した領土に住む異民族から米の栽培法を学ぶ。そこにはマン族も含まれていたと考えていいだろう。初期の槃瓠神話である『捜神記』篇には、忠犬が房王の首を持ち帰ったとき、皇帝は米の飯を与えたとあるからだ。[★051]

また、宮廷と税を免ぜられた臣下との間では定期的に儀式的交換が行われたが、その際に皇帝への貢ぎ物とされたのは米、皇帝からの下賜品は加工製品や装飾品であったと思われ、その逆であった可能性は低い。この点を念頭において、エドワール・メストレが槃瓠伝承の「原典」たる『後漢書』篇について提起した解釈を検討してみよう。

農民の祭りが活気を帯びるのは、農業の発展のゆえでなく、貴重な産品の交換が始まったことによる。古代にあっては、産品の交換には、探険旅行とまではいわないが、かなりの危険を冒して往き来をしなければならなかった。そんななかで、異民族、とりわけマン族は中国社会にとって欠くべからざる存在だった。彼らの祖先の槃瓠犬——一説には踊る犬——は、何よりもまず支配者への貢ぎ物の体現であり、かつ、支配者から下賜される報酬と栄誉と紋章を象徴するものである。[★052]

この見解によれば、南方の異民族に残る槃瓠神話は、中華王朝とその臣下である民族との贈り物の交換を脚色したものにほかならない。マンの側から見たこの取引きとは、中華王朝にとりわけ貴重な米などの農産物を贈り、その見返りとして報酬と栄誉と紋章を受け取ることであった。[★053]さらに、中国最南部、東京、広西、広東のヤオ族は彼らの祖先を槃瓠ではなく槃王としている。この「槃王」という呼称を与えられた神話上の存在が他にも三つある。まずは盤古である。盤古とは道教の伝承に登場する宇宙的巨人だが、盤古については後ほど検討したい。二つ目はシアミン篇でかいま見た「竜犬」である。そして三つ目に、「人類に米をもたらした神」となる。[★054]

犬と米の神を同一視する現象は、中国南部の他民族や東南アジアの伝承にも見られる。たとえば、雲南（『蛮書』に記録されている地域）の狆族には、天から穀物を持って降りてきて、人々を飢えから救った犬を祀る新年の行事がある。「この犬こそがわれらに食べ物を運んでくれた。だから誰よりも先に食べ物を捧げなくてはならない」[★055]として敬うのだ。湖南でも、六月には「最初の収穫」をまずこの犬に供えることになっている。[★056]

中国南部一帯に、天帝の飼い犬だという犬の神話が存在する。大洪水があって人々はひどく貧しくなった。天帝は彼らの暮らしを助けようと、動物に命じて米を地上に届けさせた。穀物を運んだ動物のなかで、天帝の犬だけが何とか洪水を泳ぎ切り、人間社会の文化再生のため米粒を尻尾に乗せて届けたとされる。[★057]この話から殷王朝以来の「土着の中国人」の伝承が生まれ、犬が古代の米の神である上帝と関連づけられた。また、秦および漢時代の生贄は「類」（この漢字は米、犬、頭からなっている）と呼ばれた。犬の肉と米を供えることにより、手足を切り離された上帝が儀式的に再統合されて甦る。周王朝のもとで上帝は天と一つになり、天の猟犬、龍座の星となった彼の犬を伴う神となった。史記では上帝を「帝犬」として、ホウチー族およびタイ族の先祖としている。『周礼』によれば、生贄の犬を育てて選ぶ法務官が二人いて、犬の生贄の仕事を勤めた人は「犬人」[★058]と呼ばれたという。

宇宙レベルにおける、平帝（平地の創造主）と彼の敵、高（天または太陽）の名の意味については、すでに槃瓠神話のヤオ篇でそれとなくふれた。この最後のシンボル群のなかに、大洪水（いわば混沌の水）と天帝の使者である犬（天の猟犬）、そして米穀文化（南方、すなわち異民族の農業）の創始者たる犬、さらにはトルコ＝モンゴルの神の結婚伝承を想起させる特徴、などなどの諸テーマを見ることができる。[★059]こうしたテーマを携えて、次章では、（当時そんな区別が可能であったとするならば）中国のものでもあり、かつ「異民族」のものでもあった、犬の象徴性についてのもっとも古い地層を掘り返すことにしたい。

盤古

第8章
古代中国の異民族が織りなす混沌

1 天地創造神話と道思想

中国南部には、新年を槃瓠の誕生日とし、みずからの犬祖神であり文化的英雄である槃瓠を祝う人達が少なくない。彼らは頭髪を「犬型に」まとめ、「犬のしっぽ」がついた衣裳を身に着けて、槃瓠の創世神話を踊り演じて槃瓠をしのぶ。こうした踊りの起源は晋王朝にまでさかのぼる。晋王朝の時代、この踊りは「槃踊り」と呼ばれた。槃瓠を「踊る犬」とする資料もある。この踊りでは、器をのせた大皿を上下に返す所作をするが、「渾沌踊り」と呼ばれるリヤオ族の踊りもこの踊りとつながりがある。[★001]

槃瓠とは「大皿と瓢箪」という意味である。ここから、槃瓠と、渾沌（「渾沌卵」にも「渾沌器」にも、さらには中華スープに浮かぶかのワンタンにもなぞらえられる）や、道教の宇宙巨人にして創造神でもある盤古や、洪水のモチーフや、南方の異民族などとの間に、重要な関連を導き出すことができる。[★002] 関連の第一は、ある文献が渾沌も踊りを踊り、しかも熊に似た長い毛を持つ犬であるとしていることだ。同じ文献に、渾沌は崑崙山に生息したとあるが、この崑崙という語は、そもそもは異民族の戎の呼称であった。[★003] それだけではない。渾沌には息子が一人いたとされ、多くの伝承がこの息子を盤古としている。盤古と槃瓠は発音がきわめて似ている。また、いずれも中国南部に起源を持つ槃瓠と盤古と渾沌の間にはいくつかの共通点がある。槃瓠と渾沌との間に見られるつながりを見てみよう。

そもそも渾沌とは、定まった形のない、不活発な固まりのことである。道家の書、なかでも有名な『荘子』の一節に、二人の儒家が渾沌に穴を開けて活力を与えようとしたが、結局は「死に至らしめた」という渾沌神話が見える。[★004]

南海の天帝をシュク（倏）と呼び、北海の天帝をコツ（忽）とよび、中央の天帝を渾沌と呼ぶ。シュクとコツは、しばしば渾沌の国を訪れた。渾沌は二人を厚くもてなした。シュクとコツは渾沌の徳に報いようと話し合った。「人には必ず七つの穴があり、それで見たり、聞いたり、食べたり、息をしたりする。なのに、渾沌だけにはその穴がない。渾沌に穴を開けてやろうではないか」。シュクとコツは毎日一つずつ穴を開けた。すると渾沌は、七日目に死んでしまった。

荘子はこの寓話で、道家と儒家の思想の基本的な違いを示そうとした。道家にとって、渾沌とはあらゆる可能性と力を秘めた、何より手にしたいと欲するものだ（削られていない石、裁断されていない布、そして道（タオ）そのもの、これらはすべて無為自然の存在である）。一方、儒家は干渉好きのおせっかい屋ということになる。

道家の思想については後ほど見るとして、まずはこの神話の背景にある儀式について述べておこう。中国の神話に登場する武乙という殷の王がいた。王は天帝に見立てた人形を相手にすごろくをして、人形が負けるとそれを侮辱し、「天を射る」と称し、血をいっぱいに詰めた革袋をぶらさげて矢で射たという。これは古代中国で一年の重要な節目に行われた儀式の所作の一つと見られ、稲妻と関係があるとされる。

七世紀のある文献には、湖南省南部と湖北省のミャオ（苗）族やマン（蛮）族の槃瓠神話が記されているが、どちらの神話にも、「槃瓠は狩りに出て『石の牡羊』に出会った。羊は槃瓠を角で突き、木の茂みに投げ上げた。槃瓠の息子達はカラスの鳴き声を頼りに森に入り、彼の骸を見つけた」というエピソードが含まれる。また同じ資料には、この地方で行われていた「大熊を突き刺す」と呼ばれる葬儀のことが記されている。この葬儀では、槃瓠の体を木の上から引き下ろすために行われたであろう所作が演じられる。四川省南部の武寧マン族もよく似た所作をすることが、唐時代の『酉陽雑俎』に書かれている。彼らは葬儀において「天を針で突く」が、これは死んだ槃瓠を木の上に置き、針で突いたことに由来するという[★005]。

渾沌は「渾沌器」、血の革袋、肉の塊などになぞらえられるが、卵、風が吹き抜ける洞窟、割れた（あるいは二本の）木、冥土、あるいは瞑想の部屋、つぼ、繭などになぞらえられもする。これらにはすべて深いつながりがある。ここでは最後にあげた「繭」と槃瓠神話とのつながりを見てみよう。『後漢書』の槃瓠神話の注釈に引用された三世紀の『魏略』の一節に、槃瓠誕生に関する最古の神話を見ることができる。

> 高辛帝に年とった后がおり、耳の病にかかった。つつくと何やら飛び出した。見るとそれは、ちょうど繭ほどの大きさのものだった。それを瓢箪（瓠）のなかに入れ、大皿（槃）で覆っておいたところ、やがてそれは五彩の毛を持った犬に変わった。そこで、この犬は槃瓠と名づけられた。[★006]

この短い記述には、槃瓠と高辛皇帝の関係の始まりや、渾沌をつつくという行為だけでなく、槃瓠という犬の名前の由来と、その犬が鐘の下におかれて人間（正確には犬頭人）に変わるという神話の原型も見ることができる。何より注目すべきは、この神話に出てくる「繭のようなもの」の呼び名だ。じつはそれは「繭（chien）」でなく、「渾沌（hun-tun）」と呼ばれている。[★007] つまり槃瓠は渾沌（Hun-tun）の「息子」ということになる。槃瓠は渾沌から生まれたばかりでなく、この場合、渾沌の存在する場所もまた渾沌であると解釈できる。道教思想では、人体は二室構造を持ち、これは煉丹術で丹薬を作る際の二頭の蒸留器に対応する。また、二つの瓢箪（瓠＝hun-tun）が互いに口を合わせてつながった崑崙山（☆崑崙は渾沌にも通じ、原初のカオスを意味するとされる）にも呼応する。こう考えると、年とった后の頭も渾沌とした瓢箪の内側と同じといえよう。このテーマはさらに、高辛王の娘と槃瓠の間に子供が生まれる話へと仕上げられる。『広異記』によると、槃瓠は王女と結婚し、「王女は七つの肉の塊を生んだ。それらを切り裂くと、なかから七人の男の子が生まれた」という。[★008]

この文献は槃瓠の誕生を次のように述べている。[★009]

高辛帝の時代、ある家の妻が一匹の犬を生んだ。夫は仰天し、道端の溝にこれを捨てた。だが犬は七日過ぎても死ななかった。動物達が乳を飲ませてやると、それは日に日に大きくなった。犬を捨てた男は再びその犬を家に連れ帰った。初めにその犬を道端に捨てた時、男はそれを大皿にのせ、その上から木の葉をかけておいた。そこで男はこれは吉兆と思い、この犬を皇帝に献上した。こうしてこの犬は槃瓠（大皿と瓢箪）と呼ばれるようになった。

つまり最初期の槃瓠神話によれば、槃瓠は原初的無秩序の器である渾沌から生まれたとなるようだ。渾沌のもう一つの重要なモチーフは大洪水である。洪水のなかから堅い大地の塊（鶏卵の形をしていることもある）が現れる。尾の先に籾《もみ》をつけて洪水のなかを泳ぎ渡り、天界から人類に米をもたらした犬の話はすでに述べた。この神話の変形に、槃瓠が登場するものがある。大洪水で地上の人間はみな溺れ死に、ある兄妹だけが（多くの場合大きな瓢箪のなかに入って）洪水を生き延び、後の人間の祖先となるという話だ。

この話では、槃瓠は巨大な瓢箪に支えられた大皿に乗って大洪水を生き延び、その後、新たな人間の祖となる。[★010] 数ある槃瓠神話の少なくとも一つに、犬祖神である槃瓠が海の彼方へ王女を船出させる話がある。王女は島に漂着し、槃瓠との間にできた子供を生み育てる。このように、多くの槃瓠神話では、槃瓠の子供達同士が結婚してある特定の部族が生じたとか、地上のすべての地域の人間が生じたとされる。この話とアマゾン（女人国）との関わりは軽視できない。アマゾンの住む陸地の岸辺（あるいは海を隔てた対岸）には、犬頭人あるいは犬族の男達が住んでいたのだ。[★011]

洪水は文明社会のとりでに押し寄せ、ときにはそれを乗り越えて侵入する異民族を連想させる。インドやヨーロッパでも異民族を押し寄せる群れと描写しているが、中国の文献にもその様子がありありと描かれている。これらを初期神話の儒教的解釈と論ずることもできるが、最初期の神話からくり返し登場するテーマであり、後世の注釈者達の創作でないことは明らかだ。ノーマン・ジラルドはこう述べている。「いわゆる中国南部の異民族文化は……中国文化の発展に欠かせないものだ。さらに、そうした外来文化は古代中国の新石器時代、殷時代の伝承形成にも一定の役割を果したと思われる。たとえ渾沌のテーマが「南方の性質」を帯びてはいても、それが中国文化の本流から外れているとか、まったく異質なものだということにはならない[★012]」

要するに、神話では洪水は異民族を表し、土木技術者は儒教思想による為政者を象徴している。土木技術者という点でいえば、これを如実に体現するのが伝説的王朝である夏の君主「禹」であるが、彼については後でふれることにしたい。洪水のモチーフは、中国人の宇宙観に深く組み込まれている。中国人にとって、世界は「方形」(四角錐を水平に切ってできる平面)であり、それを四つの海(四海)が囲んでいる。この「四海」とは、四方に存在する異民族のことでもある[★013]。中国人は南部の文化英雄に関する伝承を知っていたが、そこから一つの問題が生じた。「これらの英雄は無秩序な異民族に秩序を与えたが、彼ら自身も異民族だ。とすれば、彼らは洪水の側なのか、それともダム建設者の側なのか?」。原初のカオスを意味する渾沌やその他の神話上の存在は反逆的な異民族や怪物として扱われたが、槃瓠は漢民族に柔順な異民族の生みの親という役割も演じている。彼は大洪水を渡り切るのだ。もう一人の南方異民族の英雄は、インドシナの扶南国(☆カンボジアにあったクメール族の古代王国)の建国者である。彼の名は混填であり、「荒海の王」の意味にもなる[★014]。

これまでhunという音を持つ言葉をさまざま見てきた。それらは洪水であり、渾沌であり、二層の山であり、異民族であり、犬人であり、槃瓠であった。また、マン族やヤオ族の犬祖神槃瓠の「槃」は「大皿」の意味であることも知った。さらに「槃」は、同じ渾沌の息子であり、それ自身が渾沌とした存在である盤古の「盤」と同じ発音であることも知った。「瓠」がなぜ「古」に変わったかは謎めいているが、いずれにしろ槃瓠のもじりであろうとされている。メストレは、自分達の始祖が人間でないことを隠そうとしたヤオ族やリャオ族が、意図的に盤古と変えたのだろうという。だがデイヴィッド・ユーによれば、ヤオ族もミャオ族も実際には盤古を「槃瓠」と呼んでいるという。[★015]

盤古神話の成立は、少なくとも文字で記録されたものについて見る限り、槃瓠神話より新しいという点で意見はほぼ一致する。また、最古の盤古信仰の拠点は広西省と東部沿岸地方にあり、ここには三国時代にヤオ族とミャオ族が住んでいたとされる。また、盤古神話の起源は、南方のマン族あるいはヤオ族の西にあったパ文化（四川省？）に求められるという説もある。パ族はヤオ族とつながりを持っていたが、戎族とも関係があった。戎とは犬が先祖とされる異民族で、その民族名の一つは、ごく古い時代における崑崙という言葉の用法と関係があった。[★016]

盤古が渾沌から生まれた様子は、槃瓠誕生の様子と似通った点がある。[★017]

> 天と地はいまだ分かれず、大きな鶏卵のように渾沌（hun-tun）とした状態にあった。盤古はこの鶏卵のなかで生まれた。一万八千年が過ぎ、澄んだ「陽」は天となり、くすんだ「陰」は地となった。盤古は天と地の間にあって、頭で天を支え、地を踏みしめ、その体は天地の変化につれて日に九度も変身した。天は毎日一丈ずつ高くなり、地は毎日一丈ずつ厚くなり、盤古も毎日一丈ずつ背が高くなった。こうしてまた一万八千年が過ぎ、天と地はいまのように九万里離れることになった。

六世紀の『述異記』には、盤古が死んで体が四方に飛び散ると、その四散した体のそれぞれから宇宙ができたと書かれている。盤古の二つの目は太陽と月になり、四肢は天を支える四極となった。歯と骨は金属と石になり、骨髄は金と珠石となり、身体に寄生していたさまざまな虫は風に孕んで人になったという。唐代のある文献では宇宙巨人は

もはや盤古でなく、道教の開祖である老子になっており、人間は老子の生殖器から生まれたと記されている。[★018]
老子と同一視されることで、盤古は中国の神話に確固たる地位を占めるに至る。事実、盤古神話の考え方は道思想そのものである。世界誕生に先立って、まず渾沌があった。この渾沌とした世界は形を持たない塊で、無限の創造力を秘めている。この渾沌とした生き物の体が分解し萎縮するとき、それぞれからさまざまなものが生まれる。これは儒教思想がいう創造とはまったく異質なものだ。この見地からもまた、特殊な乗り物で海を泳ぎ渡る槃瓠は、カオスに回帰するという大洪水のテーマを想起させる。だがこのカオスは、道思想のいう万物一体の存在である道（タオ）に他ならない。すなわち、「天地が生じる以前から存在する、渾沌としてはいるが完全なるもの」（道徳経二五・一）である。じつのところ、渾沌、槃瓠、盤古は、個々の事物の生成と未分化の渾沌の間を行き来する道教的宇宙観の出発点であり回帰点である。これまで見てきたさまざまなモチーフの神話的つながりは、おそらくまずは道家によって創案されたものであるが、それでもなお類似する数多くの「儒教」的テーマとも重なり合っている。[★019]
天地創造神話における道思想と儒教思想の間の共通点を論ずるためには、槃瓠犬の父親であり、巨人盤古の生みの親でもある「渾沌」の神話的あるいは神話学的起源を探求する必要があろう。

2 渾沌の儒教流解釈

すでに何度も述べたように、中華思想は異民族を洪水、混沌、怪物の類と同列におき、これらすべてに偏見に満ちた目を向けた。「辺境」に対する中国政府の態度を貫くこの思想は儒家のそれと規定していいだろう。一方、渾沌の構造を知るための思索こそは、まさしく道家の関心の向かうところであった。こうして儒家が宇宙の誕生やその秩序を論ずるとき、彼らは自国である中国の起源と国家機構——スタンリー・タンビアの言葉を借りれば、宮廷を核とする「光り輝く政体」――について語ることになる。一方、根っからの反体制派である道家の関心は、言葉で表せない道（タオ）、社会や政治に邪魔されずに本来の同一を取り戻す手段としての道《タオ》にあった。この章では初期の創世神話についての道家と儒家の解釈を交互に見てきた。また前章では主に異民族と国家（国とは儒家のもの）としての中国との神話上の関係を見た。ここからは中国上代の創世神話と、それについての主流派の（つまりは儒家の）エウヘメロス的解釈、あるいは正史に基づく解釈を検討しつつ、儒教以前の神話の結合体から生まれ出た「異民族イデオロギー」の起源をのぞき見てみよう。

ノーマン・ジラルドによると、中国の天地創造神話は六つの層からなっている。すなわち、①宇宙生成以前の渾沌(hun-tun)とした状態。多くの場合、宇宙卵あるいは瓢箪として表される。②宇宙卵が割れて宇宙巨人の盤古が生まれる。盤古は人類誕生以前の宇宙に形を与える。③人間が生まれ、大洪水を含む天変地異が起こる。④地上に秩序が戻る。人間社会は未開の野蛮な状態にある。⑤賢帝の治める第一の時代。⑥賢帝の治める第二の時代、となる。[★020]

すでに述べた通り、道家の最たる関心は、永遠が時間によって区切られ、帝王の歴史が始まる以前がどうだったかを知ることにある。では儒家はどう考えたか。

> 熱心に昔をたどって手本を探しはするが、（文明化された）人間社会の始まりを越えること、すなわち歴史性を越えることは決してしない。儒家にとって、世界は伝説で語られる諸賢帝の時代に始まった。人間と「四つ足の生き物や鳥」とは明確に区別されるべきであることを人々に教えたのが儒家であった。……この世界に背を向け、文明以前の時代に時計の針を戻したり、空間的に未開の地に逃げ込もうとしたりすることは、儒家にとっては野蛮な振る舞いであり、夢想だにできないことであった。[★021]

一口にいって、儀式も礼儀も官吏も賢帝も、およそ儒家にまつわるものは古臭かった。だが、その古臭さにも一定の手法、つまりエウヘメロス的手法という一貫性があって、あながち捨てたものでもない。儒学者達は、古代神話に登場する想像上の怪物や生き物を人格化して歴史上の人物——多くは賢帝達——を作り上げ、彼らの年代記を通して理想の政治とは何かを教えたのだ（中国人が異民族について書く時にも同じイデオロギーが作用する。ただし、発想の方向は逆であり、動物であるべき異民族の文化や社会を生んだ者は人間以下の存在、たとえば槃瓠のような神話上の存在でなければならなかった）。

それを雄弁に物語るのは、『書経』や『山海経』に記された周時代（ほぼ紀元前四世紀）の神話に対する、中国正史の父、司馬遷（紀元前八〇年頃没）の扱いであろう。まずは、司馬遷と彼が生きた時代についてごく簡単に記しておこう。司馬遷が『史記』を書いたのは国の防壁、万里の長城が匈奴の脅威にさらされている時代であり、彼が暮らした竜門（現在の陝西省）はその長城の近くにあった。『史記』の第一一〇巻に見られる、強大な異民族に対する「科学的な」論述（匈奴伝）は中国文学史における傑作の一つだが、これが書かれた背景には、彼の関心がつねに匈奴の脅威に向けられていたことが指摘できよう。『史記』には、合わせて六巻の異民族に関する記述がある。[★022]

竜門はまた、古代中国文明の基を築いた聖王や聖帝にまつわる神話伝説の宝庫でもあった。司馬遷は賢明にも、これらの神話から正史上価値なしと見たものを捨てた。彼は『史記』のなかで、「『禹耳篇』や『山海経』に見られる不思議な話の類を語るつもりは毛頭ない」と述べている。[★023]

古代神話の宝庫といえる文献に『尚書』（書経）があるが、一部は奇蹟的に秦の始皇帝による焚書をまぬがれ、残った部分は司馬遷の時代にまた一つにまとめられた。この不完全な書物の「校訂版」を編纂するために司馬遷と仲間達が採用した解釈学的手法は、当時の宇宙観をありありと示している。[★024] 初期の資料編纂者達とその後を継いだ者達は、中国と宇宙は調和の取れた秩序を保つ統一体であり、帝王の継承さえもその影響下にあるとした。こうして彼らの年代記は、何よりも宇宙の「気」に注目し、万物を「五行」（木・火・土・金・水の五元素）に帰結させるという、象徴性を帯びたものとなった。五行の影響は、たとえば都城の四つの門とその中心にある皇城、五つの方位（東西南北と中央）、五色（赤、黒、黄、青、白）、五つの音階、五つの季節（春夏秋冬と土用）、五つの気質、五種類の動物などに見ることができる。[★025] こうして年代記編者達は神話的遺産を否定するのでなく、それをすでに存在する高度に洗練された宇宙のシステムに適合させた。この点で、彼らはソクラテス以前の哲学者に似ている。彼らは受け継いだ怪奇な神々をそのまま容認することはできなかったが、それらにより高い原理を見出すことはできた。だが、プラトンがそうした原理を論ずるのに神話という形式を採り続けたのに対し、中国人はそれらを皇帝へと変容させた。

　これらの原理を空間的、ベクトル的に解釈すると中国の宇宙観ができあがる。そのもっとも根本的形状において、宇宙とは皇帝の馬車あるいは皇帝の居城と同じなのだ。床（地）は矩形でその上を円い天蓋（天）が覆い、それは四隅に立つ四つの柱によって支えられている。[★026] そして天は九層の重なりからなっている。

　五行が調和を保って作用していた原初の時代、英明なる聖王達と官僚機構によって宇宙は順調に動いていた。だが反逆行為が生じて五行の働きが狂い、大異変が起こってシステム全体がおかしくなった。この大異変は宇宙の秩序を狂わせたばかりでなく、中国の異民族やその他の膨大な怪物を跋扈させた。この出来事は、道家の説く渾沌への回帰に符合する。それはジラルドのいう六つの発展段階の第三番目、すなわち怒れる共工（☆中国の神話に見える洪水神）が引き起こしたという大洪水神話に符合する。[★027]

　もともと共工は大地を生み、秩序づけた五人の聖王の末裔であったが、彼の無思慮が彼自身と世界に衰亡をもたらした。五行によれば「木」の後を継ぐのは「火」であるにも関わらず、「木」である女神の「女媧」が崩御すると、「水」である共工がその権力を握った。理法に合わないこの共工の支配によって、「水」の元素が過剰になった。地上は溢れた水によって完全に覆われ、やがてその水は天にも達するばかりとなった。こうして万物が混じり合い、宇宙は渾沌の危機に直面した。

天を支える四岳の柱のうち、『書経』に取り上げられているのは西北の頂きである「不周山」のみである。共工はこの頂きに陣を置き、彼を討つために遣わされた風の神と戦った。風の神は共工を頂きから投げ落とすが、落ちた共工の角《つの》が山裾にぶち当たって不周山は崩れ落ちた。天を支える西北の柱が折れたために天は地に対して斜めに傾き、北極星は天の中心から外れ、天は西北に、地は東南に傾いた。こうして天の星々は東から西へ動き始め、地上の川はみな西から東へ流れるようになったという。

奇妙なことに、共工が引き起こしたこの被害を修復したのは、共工の息子であるという伝説もある。息子は地上に秩序を回復し、再び農業を起こした業績によって、后土（大地の王）という尊称を得た。共工はまた大地と土壌の古い神でもあった。さらにその起源は、古代中国家屋の北西方向に設置された、雨水を受ける溜め池にさえ見出されよう。たまった水は地下に流れるが、地下の水は四方に存在する異民族の群れ（海）の水や、死者の国と結びつけられた。[★028]

洪水を治めるこの神話には数々の変形があるが、それらに登場する、共工の悪を正した「治水責任者」の名前もいろいろである。その代表が禹だ。禹は共工と同じく「公共事業の指揮官」であり、共工の息子と同じく怪物の息子でもあった。禹の父親は驩兜（カントウ）ないしは鯀（コン）という南方の怪物であった。この文化英雄の働きによって洪水は治まるが、この業績は生まれの正しくない怪物を中国の九州（☆すなわち中国全土。九州は天の九層に通じる）の外へと追放する作業にも比肩される。[★029]

共工の追放は四凶の追放の一つにすぎない。四つの方角にはそれぞれ反抗的な怪物がおり、それらを追放することで四方に異民族が生まれた。『史記』によれば、共工は北方の辺境に追放されて北狄と同化し、驩兜は南方に追放されて南蛮と同化し、三苗は西に追放されて西戎と同化し、鯀は東に追放されて東夷と同化したという。[★030]

もちろん、この秩序づけには似たような諸説がある。『史記』より古い『書経』では、共工を北の果ての幽州に流し、驩兜を南の果ての崇山に追放し、三苗を西の果ての三危に押し込め、鯀を東の果ての羽山に閉じ込めた、とされている。『史記』に見られる西の三苗は、とりわけ手ごわい異民族であった。三苗三瑤は「翼を持つ者」達で、彼らの悪事を防ぐために、天と地をつなぐ運河を壊さなければならなかったという。『周書』によると、彼らは西へ追放されて崑崙山脈近くに住むことになった。もっとも『史記』では、彼らは度重なる反抗によって、南方から西方へ流されたとある。渾沌は三苗だという説もあるが、帝鴻《ていこう》すなわち人間文明の開祖「黄帝」の息子であるともいわれ、ついには、南に追放された怪物の驩兜ともされた。この場合の南とは四川盆地を指し、彼は「悪霊祓いの護符」代わりとしてそこに流された。周の時代、西の戎とはすなわち匈奴であった。殷の時代、西の戎の地モンゴルは鬼方（悪魔［異民族］の住む未開の地域）と呼ばれていた[★031]。

　こうした伝承の変形に見えるのは、東西南北の四極を柱とするイデオロギー構造を、中国と周囲の異民族との力関係の変化に沿って修正しようとする一連の試みだ。三苗の移動がそれを雄弁に物語っている。内容や位置は変化しても、構造そのものは一貫して変わらないし、イデオロギーそのものも変化しない。罪を犯して追放された者たちや、『史記』に記された、人間世界を秩序づけた禹帝の行いがそれを示す。『史記』には、舜帝が「蛮夷が中国に侵入し、逆臣が……五刑が正しく行われ、……流刑に処せられるものは……それぞれしかるべきところにおらしめよ」と促すくだりもある。

　五刑とは五種類の刑罰のことであるが、ほとんどは都からの追放で代えられ、流刑地は罪の重さに応じ、中心から同心円状に区分された遠・中・近の三つの地域のどこかに決められた。上述のくだりについて後の注釈者は、国の法を侵した者に加え、異民族もまた国に対して先験的に悪をなす者とされていたと解釈する[★032]。こうして、沼地の干拓と、罪を犯した怪物の追放と、罪を犯した異民族の追放とはどれも同じ意味を持つ行為となった。城壁は堅固に固められ、中心の安泰がはかられた。

3 古代中国の天の犬

とはいえ、部外者に対する中国の扱いは、中国の宗教や文化上の理念だけでなく、国内政策を反映するものでもあった。たとえば古代から中世に至るインド＝ヨーロッパ語族の伝承でも、狼男は犯罪者であって追放という罰を受けたし、追放される個人への罰は、カインの子孫に見られるように、反逆的な部族全体に及ぶものだ。これと同じことは中国の『礼記』（☆中国古代の礼を規定した書物）の定めに見ることができる。他の補佐役の一致した意見に賛成できない皇帝の補佐役にとって、みずから国を去ることがただ一つの解決方法であり、彼は国や先祖との関係をすべて断ち切ることになる。[★033]

> 国境を越えると、彼は土をすくって盛り土を作った。それから顔を国の方角に向け、大声で嘆き悲しんだ……喪服をまとい……なめしてもいない皮の履物を履き、……乗り物の車軸は白犬の皮で覆われていた。爪を切ることも、髭を剃ることも、髪を切ることも止めた。食事の際には神への献酒もしない（神々とのつながりも断ったのだ）……。三か月経てば、また元の衣服を身につけられるだろう。

犬は中国北西部の異民族だけでなく、中国人にとっても死を強く連想させる動物であった。殷の帝王達は飼っていた番犬と一緒に埋葬されたらしい。漢の皇帝達の墓には犬の埴輪が埋葬されている。[★034]おそらく死後も犬が皇帝を護るためであろう。殷の時代、犬はまた皇城の宮柱としてその土台の下に埋められた。殷から漢に至る時代には、そうした埴輪が見られない。おそらくわらの犬が用いられたものと推測される。[★035]

わらの犬を使う風習は今でも中国北方民族の間に見られるが、その起源は非常に古い。この風習について記した古典は『道徳経（老子）』だが、そこには、賢者は人間の社会をわらの犬の集まりと思えと書かれている。[★036] 中国ではわら人形の使用はきわめて古い時代から行われていた。紀元前二世紀に淮南王の劉安が編纂した『淮南子』には、「わらの犬と粘土の龍は青と黄に塗られ、何枚もの絹の布で包まれ、赤い紐で結ばれた……当時、疫病の流行を防ぐために使われたわらの犬は王を意味した」とある。後漢の王充が書いた『論衡』には、わらの犬は葬式に使われたとあるが、事実満州のソロン族に今でもその風習が見られる。犬は死者を黄泉《よみ》の国へと導き、そこでの案内役を務めるものと考えられた。契丹、ツングース、烏桓といった部族も同じように考えており、犬は死者を「赤い山」に導くものとされた。似たような風習は女真族にも見られた。彼らは白犬を長い竿の先に突き刺した。この犬は、天への供物であり、地と天をつなぐ役目を果たし、疫病の流行を防ぐとされた。疫病を防ぐという点では、わらの犬も同じ目的で使われたことが、一四世紀に完成した『元史』に記されている。一月の一一日から二〇日の間、人と犬のわら人形が作られる。それらにつけられたさまざまな色の糸は内臓を表している。それから、人形がぼろぼろになるまで矢が放たれる。お神酒が捧げられ、参列者は衣服を脱ぎ巫女のお祓いを受けるという。[★037]

　このわらの犬を射るという所作は、血の皮袋を射るという所作や、死んだ槃瓠を木の上に置いて針で突く所作を想起させるし、あの「大熊を突き刺す」と呼ばれる葬儀をも連想させる。これらは弓で空から九つの太陽を射落としたという「南方の」英雄神「羿《ゲイ》」ともつながりを持つ。「羿《ゲイ》」は時代を少しさがって、「二郎」という神と混じり合う。四川起源のこの神は犬を連れて悪鬼と戦うが、この犬は、じつは「天の犬」と同じものだ。チベット北東部の安多地方では子供が生まれると空に向かって矢を射るが、その標的となる犬が「天の犬」である。中国起源のこの風習は、新生児や幼児に災いを及ぼすとされるこの犬の悪事を封じるためのものだ。[★038] この「天の犬」の起源はおそらく殷の穀物神である上帝にある。この神は周の時代になると天と同一視され、分身して天帝とその守護犬となる。[★039] 天帝の宮殿

の戸口に侍るこの守護犬は、りゅう座の尾の部分の星とされている。[★040]

シリウスはヨーロッパ神話では「犬星」であるが、中国では「天狼星」となる。ふつう中国では大犬座の三つの星とアルゴ座の一つの星を天の狼に向けられた矢とみなす。天狼星を射ることと、供物の犬を射る神話との関連を証明する直接の証拠はないが、天の犬と天の狼が同じ機能を持つことは確かだ。どちらも上帝の天上の宮殿（古代中国では死んだ英雄が住むところとされた）、すなわち大熊座の守護犬なのである。『史記』ではこれを天の犬と呼び、また別の資料ではこれを天の狼と呼ぶ。後者の「天の狼」についてはこう書かれている。「鋭い目つきの狼が行ったり来たりして、まり遊びでもするかのように人々を空中にゆっくりと放り上げる。狼は天帝への忠誠心から人々を深い淵に放り投げ、それから眠りにつく」[★041]

天の犬はしばしば流星や凶星となり、疫病や戦争を引き起こしては人間に災いをもたらす。また、人民を食い物にする官史とも同一視される。『唐書』によると、官史は七世紀と八世紀にそれぞれ一度ずつ、犬の皮を被って人々の五臓六腑を引き裂き、天の犬への供物として捧げたとされる。これら残酷な官史達の手先はチェン・チェンと呼ばれ、八世紀の文献には、湖南出身の「毛むくじゃらの悪鬼」あるいは「毛むくじゃらな男」とある。[★042]

人間を犬の供物として捧げることがあれば、当然その逆もあってこそバランスが取れる。犬を供物にする儀式の一つが紀元前六七六年に制定された「伏」である。これは犬を媒介にして、土用が人に及ぼす邪悪な影響を取り除こうとするものだ。犠牲となる犬は都門で引き裂かれ、土用の暑さで死にひんしている人間の代わりとして捧げられる。[★043]この儀式は周の時代（殷の時代とまではいえないにしろ）に行われた「類」の四つの供犠の一つが発展したものだろう。この四つの供犠には、犬の体をばらばらにして穀物神の上帝に捧げるという共通点がある。これらの供犠のあるものでは、旅に出る前に東西南北の全方位に向かって加護を祈った後、そのなかのある方位を選んで犬を馬車で轢く。こうしたことから、インドと同じように、中国でも犬が移動や天空を連想させたことがわかる。犬を捧げるこれらの供

犠のすべては、神をなだめ、悪霊や病気や災害や疫病を祓うための魔除けの儀式であった。[★044]

4 古代中国における家屋・墓・宇宙

都門に犠牲となって供えられた犬と、家の戸口を護る番犬のように天宮を守護し、時として供犠の対象となる天の犬との間にはあるつながりがある。[★045] この関係は、たとえば家屋、墓、祭壇などに代表される中国の古代建築の原理——それは宇宙の形状を特徴づける原理でもある——に見出すことができる。前述したように、古代中国人は彼らの住む世界を同心円状に秩序づけた。円形の天の下にある彼らの住む世界は、入れ子式構造を持つ方形の土地である。中心には日時計の役目を果たす一本の木があり、それを囲んで都が築かれ、城壁の東西南北に都門がある。

異民族の占める場所がこの構造の外縁部にあることはすでに見た。彼らの存在する時空間とはそうしたものだが、その時間は英明なる賢帝達以前から続く原初の時間であり、その空間は天帝の統べる世界（天下）の外にある。中華思想によれば宇宙の中心に皇城がある。この皇城は神話に出てくる宇宙の木に相当し、古代の王達はこの木を伝って天界と地上を行き来した。漢王朝の始まり以降、帝王を世界の軸になぞらえる考えが、「明堂」という建造物の儀式的復元を通してはっきりと示された。明堂とは、中国古代の帝王がそこで政教を明らかにした建物であり、その復元は皇城の中心に宇宙を象徴的に作り出そうとするものであった。[★046]

明堂と、それが意味する秩序ある宇宙は、古代中国の住居をひな型にしている。この住居には三つの型があり、紀元前八世紀の『詩経』に初めてその記述が見える。すなわち、①カボチャないしは瓢箪型の住居で、創世神話の「渾沌とした瓢箪」をイメージしたもの。②「高床式」と呼ばれる、高く組んだ杭の上に住居を載せたもの。③竪穴式の穴居で、形状はおそらく陶器を焼く窯に似たもの、の三つである。

こうした住居は漢の時代までには姿を消し、代わりに現れたのが、中庭の四方を建物で囲む住居であった。中心に中庭があり、中庭には自由に出入りできるが、外部に通ずる出入り口は一つしかない。九つの四角形からなる全体の構造は古代中国の「九州」を反映し、殷墓の並び方、漢の明堂、儒教が理想とする土地制度「井田制」に通ずる。[★047]そこには古代中国の象徴的要素が付与されているが、そもそも中国人が高床式住居や穴居の手本としたのは異民族の住居である。前者はタイ族とチベット族に見られ、その高い塔は七世紀以降の中国の文献に記されている。後者の穴居はツングース族や満州族から取り入れたもので、彼らの多層式穴居や丘陵の横腹に掘った住居については『後漢書』に記載がある。[★048]

異民族の住居様式が彼ら独自のものか、古代中国の様式を模倣したものかは議論の余地があるが、いずれにせよ中国人が異民族の住居をみずからの家造りの参考にしたことは間違いない。これらの住居が殷代前期（紀元前一七九六〜一三二七年）に現在の山西省に当たる地域に見られることが、前述の『詩経』に記されている。この時代、彼らのもっとも近くにいた異民族は羌族であり、周の皇帝の祖先は彼らであるともいわれている。この羌族の近くにいたのが犬戎族であり、彼らは漢朝成立後しだいに羌族に同化する。[★049]

中国人はまた、マン族の高床式住居や竪穴式住居についても知っていた。そのことは『蛮書』にある槃瓠神話の最後のくだりを読めばわかる。槃瓠は新妻を高い山に連れていき、六人の息子と六人の娘を生んだ。

> 一二人の子供達は六組の夫婦になった。……皇帝が彼らに南方の山々を与えると、彼らは住まいをどんどん高くし（すなわち高床式）、そこにとどまった。彼らの子孫は増え続けて四方に広がり、ついには自分達の王国を形成した。[★050]

高床式であれ穴居であれ、古代中国の住居の理想は階を重ねることにあった。脚柱の上に建造する高床式の理想は九層の住居であり、窪地あるいは山腹に穴を掘る場合にも九層の家を理想とした。九は天が九層からなるという古代中国の宇宙観に由来する。この二つの住居を合わせたものは、砂時計の形をした神話中の崑崙山を象徴する。ここでもまた、住居に込められた宇宙観を見ることができる。『詩経』では、三層の穴居あるいは山腹の住居を崑崙と呼んでいる。崑崙山が、二つの瓢箪の口を合わせた形の二層の山であることが想起されよう。つまり、崑崙山は高床式と穴居式の住居が結合した一つの建造物とみなすことができる。この二層のイメージは、中国医学のいう陰陽二つの気が宿る、人間の頭部と胴体という小宇宙に通じるものだ。[★051]

何より興味深いのは、これらの住居を貫く垂直の軸だ。上下の層に行き来する場合、住居の中央にある穴を貫く形で立てられた木の柱を使う。昔の北米の消防署に見られた、消防士が滑り下りる例の柱を思い浮かべてもらえばいい。穴居の場合、屋根に開いた穴は戸口の役目を果たす。高床式の場合、屋根の穴は空に向かって開いている。だがどちらの場合も、建造物のかなめは中央にある一本の柱だ。これは、巫女や古代の帝王が天に上り、地下に下りたとされる「宇宙の木」と同じものだ。この宇宙の木のてっぺんは北極星を指す。またこの木の根元には、下水溝、豚を飼う場所、便所、黄泉の国に通じる戸口などがある。この図式で重要な役割を演ずるのは弓の名手羿《ゲイ》である。羿《ゲイ》は空から九つの太陽を射落としたが、猰貐《アツユ》という人食いの怪物を退治してもいる。猰貐《アツユ》は家の下水の守護神となり、羿《ゲイ》は家の中心軸の守護神となった。羿《ゲイ》はまた、運命の神、司命神と同一視されもした。[★052]

北極星と死者の国は宇宙における正反対の存在だが、すでに見たように、中国の神話では犬はこの双方とつながりを持つ。天の犬は守護犬として天帝の宮殿に侍るが、その一方で、犬は死者をこの世からあの世へと導きもする。この二つの要素は、住居の構造において、いささかわかりにくい形で融合されている。

面白いことに、この関係を媒介しているのは西北という方角だ。反抗的な怪物共工が投げ落とされた時、その角《つの》がぶつかって崩れた不周山の方角が西北である。共工の角《つの》で不周山という柱が折れ、そのため起きた大洪水が地上を覆ったが、それを修復したのが土壌の神となった共工の息子であった。また、共工をはじめとする反抗的な怪物達が犯した罪の罰として追放されたことや、異民族が永遠の追放のなかで暮らしていることも忘れてはならない。中国家屋の西北の角の部分はチョンリュウと呼ばれ、屋根の雨水がそこを伝って排水される雨樋の役目を果たしている。[★053] 西北の不周山が崩れ、天がそちらに向かって傾いたこととの関連は明らかだ。加えて、この角の部分は雨水受けの溜め池とも関連する。この溜め池は家という小宇宙にあって共工（あるいは彼の手下）の「居場所」となる。さらにこの溜め池は、地下の死者の国とも関連づけられている。おまけに西北とは、犬戎族とも深い関わりを持つ崑崙山の方角でもある。[★054]

家の西北にあったチョンリュウは、やがて住居の中心軸と同一視される。その概要はすでに『礼記』に記されている。この住居の中心軸となる柱を護る神は、村や国の社会生活の土台となる土壌の守護神とも同一視された。それだけではない。この家という小宇宙の中心軸の根元には排水溝があり、豚の飼育場や家人の便所の役目も果たし、古代の人々はその周囲で暮らしていた。中心の柱の根元にある排水溝は混沌とした世界への出口であり、死者の国への出口でもあった。こうしてこの排水溝は、北極星、屋根の穴、かまど、運命の神、土壌神などと「一列に並ぶ」ことになる。[★055]

では、これらすべてに占める犬の位置はどのようなものか？　漢代の明堂は殷の王墓の構造を復元しているが、この墓自体、王が死後の住居として使うために造られたものだ。そうした墓のなかには十字の形をした墓もあり、その中央部にはくぼみ、東西南北の位置には四つないし八つの穴がある。これらの穴は中国家屋の柱に相当し、中心のくぼみは多層の住居を象徴する中心軸の柱に呼応する。こうした十字形の王墓の中央のくぼみから、王と共に埋葬された犬の骨が見つかった。これは、家や町の主要な戸口や門前で犬を犠牲として捧げる古代中国の風習に通ずるものだ。

もちろん実際には、番犬は高床式住居の戸口の下で飼われるか、穴居式住居の中心の柱につながれる。これら漢民族の風習は満州、シベリア、チベットの諸部族、および南方の「蛮族」の間で、少なくとも漢代以降、現在に至るまで踏襲されている。こう見ると、木の上に投げ上げられた槃瓠、天宮の入り口を護る天の犬（あるいは狼）、都門で神に捧げられる犬、天幕の下に犬の頭蓋骨を埋める契丹などなど、これまで見てきたさまざまな犬にまつわるモチーフの多くは、非漢民族ないしは原漢民族の、高床式あるいは穴居式住居の建築様式にその源があるといえよう。そして、その建築様式そのものが、中国人の宇宙観における、調和《コスモス》や渾沌《カオス》のモデルにもなっているのだ。★056

さて、犬や犬人にまつわる中国神話は語り尽くしたようだ。だが、中国の伝承を相手に文明と未開部族との境界を論じることは、ヨーロッパやインドの伝承を相手にするよりはるかに困難な作業であり、まさに五里霧中といった気分を味わわされる。古代および中世世界を通じて異民族は一つであった、つまり、文明世界のあらゆる怪物神話はすべて同じ中央アジアの民族にその起源がある、という大雑把な予断をもってこの考察を行ったとすれば、どこで異民族が終わり、どこで文明が始まったかはわからずじまいになったことだろう。結局のところ、周到な記録を残した中国の史書編纂者達は、自身のなかの混沌とした異民族的要素を、はからずも露呈しただけなのかもしれない。

この混じり合いは、中国の史書や神話を一貫して、さまざまな次元で見出すことができる。宇宙観しかり、渾沌観しかりである。宇宙創造神話のモチーフは、その多くが南部の異民族からの借り物であろう。殷墓は、異民族あるいは漢族の高床式住居や穴居式住居に似ていなくもない。周王朝の開祖は犬戎族の親戚筋に当たる羌族であるし、周に続く秦の開祖は戎族の居住地出身である。中国人は南方や西方の異民族を「犬人」とさげすんだ。だが、古代殷の穀物神、上帝は、周代になると天帝に昇格するが、もとはといえば、おそらくタイ族の犬であった。結局のところ、異民族の場合でさえ、どの民族がどの民族で、どの民族から、どんな伝承を引き継いだのかはほとんどわからない。個々の事例を手がかりに、本書で「歴史的に」検証したマン族とヤオ族の伝承の関係にも問題は残ったし、

「南部」の異民族と「西部」の戎族の関係について述べた内容も一応の可能性にすぎない。

私が研究手法を手本にしたヴォルフラム・エーベルハルト（☆ドイツの中国学者）は次のように述べている。

> 周囲に住む民族とは異なる民族に属し、その民族のみに当てはまる特徴を持つ文化という意味でいえば、中国には「中国文化」といえる文化が存在しない時期があった。中国という地理的範疇の内部にはもともと数多くの地域文化があって、……時代を経るにつれ、そうした初期の地方文化の一部は、その頃に生まれた古中国文化に溶け込んでいった。また一部は融合や軋轢の外にあって地方文化のまま残った……おそらく融合の過程は紀元前二千年以前に始まっていたと思われるが、それから数世紀を経て古中国文明が生まれ、そして、それは現在に続いているのである[★057]。

中国の資料が私達に教えてくれることは、何よりもまず、代々の学者達が綿密に分類し、区分し、階層づけてきたものが、すべて相互に緊密なつながりを持っていたということであろう。異民族どうしが絶えず交わり合っていただけでなく、中国自身も彼ら異民族とつねに交わっていたのだ。とはいえ、中国の異民族が織りなす混沌は、れっきとした独自性を持つそれぞれの民族が生み出したものであり、それが匈奴であれ、タタールであれ、トルコであれ、マンであれ、そうした数多くの民族を、便宜上ただ一つの渾沌とした犬人種族に帰着させてしまうことは正しくない。ある意味で、私達はぐるりと一巡りしたあげく、また元の地点に戻った観がなくもない。

第9章 他者を認めて共に生きる

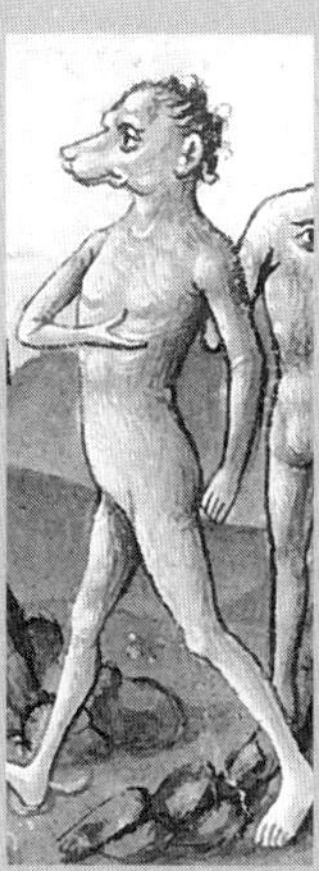

犬頭人キノケファロイ

われわれは内なる野蛮人と外なる野蛮人の二重の奔流にいつ押し流されるかわからない。

マルセル・プルースト『花咲く乙女達のかげに』

1 還元主義と内部矛盾

前章で見た中国の資料からは、内部と外部、人間と蛮族との間に原初的調和が存在したことがうかがえる。だがそこに「法的擬制《リーガル・フィクション》」が幾重にも重ねられ、調和は対立する二極へと分裂していった。その昔、賢帝達とその一族はただ一つの調和ある社会を形作っていたが、やがて反抗という背徳行為が秩序を破壊する。罪を犯した者――ここでは「火」がくるべき順序に「水」を持ち込んだ共工――への罰は、世界の果てへの追放という形を取った。神話に語られるこの共工の追放が、「罪人」である異民族誕生の起源となった。[★001]

罰として反抗者に与えられる追放は、これまで見てきたすべての神話にくり返し現れる。インドの神話では、シュナハシェーパを迎え入れようとしたヴィシュヴァーミトラに五〇人の息子達が反抗し、その結果、彼らは北の果てに追放された。[★002]ヒンドゥー教の戒律に背いたクシャトリア族はシャガラ王に手酷く打ち負かされ、ヴィシュヴァーミトラの年長の息子達と同じように、犬食い族というアウトカーストの境涯に落とされる。[★003]キリスト教世界では、神に背いたアダムが神の恩寵を失って地上の楽園から追放される。この話は、聖書中の民族（あるいは異教民族）の血筋を語る神話や文学に、形を変えてくり返し現れる。野蛮人、異教民族、怪物的種族は、弟を殺したカインの末裔であったり、大洪水の後に父親ノアの裸体を見てしまうハムの子孫であったりする。[★004]より端的な例はニムロデ（彼自身もハムの孫）の子孫だ。堕落し切った彼らは、アレクサンドロス大王――その東征はヨーロッパの歴史にあって、たちまち啓示的意味あいを帯びた――によって文明世界の外側に閉じ込められてしまう。[★005]

だがすでに述べた通り、これらの話はすべて「法的擬制」であり、「俺達とやつら」という単純な二者対立の図式の背後には、より複雑で入り組んだ現実がある。[★006] こうした単純化によって生じる内部矛盾は神話レベルにおいてさえ明らかだ。たとえばヨーロッパでは、犬頭人は怪物的種族との烙印を押され、狼変身は反社会的罪悪として断罪されるが、ローマの建国者ロムルスとレムス、アケメネス朝のキュロス大王、聖書中のヤペテなど、いずれも犬人あるいは狼男の範疇に属し、中央アジアの遊牧民族の祖先と同じように、犬や狼の乳を飲んで育っている。[★007]

ストア学派に属し、偉大だがいささか軽信のきらいがあった古代百科全書派（大）プリニウスは、地球の膨大な動植物相を研究することで、宇宙を秩序づけるロゴスの現れを見つけようとした。新プラトン主義派も、異文化神話によってみずからの学説を説明した。中世ヨーロッパはイスラム教徒を通じてアリストテレスを学んだが、同様に、スペインを支配したイスラム教徒との接触再開を機に、自分達が失った異教の神々を、「東洋的変装」を施したうえで東洋から借用した。[★008] キリスト教もまた、みずからの利益に合致するとの判断により、犬頭の聖人、聖クリストフォロスをあえて受け入れた。

インドでは、犬食い族は一般に混交の結果生じるとされるが、偉大な聖者ヴァシシュタとパラーシャラは、そもそも異なるカーストの混交によって生まれている。犬人ヴラーティヤもバラモンと同じ由緒ある家系を持つし、インドラ神さえも（ヴェーダの注釈書『ニルクタ』の著者ヤースカによれば）牝犬サラマーの息子だとされている。[★009] 中国を見ても、天地生成の元である団子状の渾沌は異民族三苗であり、原始巨人盤古や、マン族、ヤオ族の祖先となる槃瓠の父でもある。その一方で渾沌は、五帝の一人で中国世界の秩序を築いた黄帝の息子ともされる。[★010]

こうした神話上の矛盾は、入り組んだ社会政治的背景から生まれたものだ。ヨーロッパは野蛮人種族や怪物的種族と交易も行えば、政治的関係も持ったし、時には彼らに支配されもした。六世紀のある時期には強大なフン族の支配を受けていたし、商人達は東洋の財宝や珍品を求めてインド洋を往復してもいた。洗練された文化を持つ異教徒イスラムはヨーロッパ人の尊敬すら受けた。中世キリスト教世界の西の牙城、神聖ローマ帝国を創建し統治したのは、その数世紀前まで「Hundingar（＝犬人間）」とみずからを呼んでいた北ヨーロッパ蛮族の血を引く者であった。インドでは、必然的に発生する汚物を上品な社会から除去するために、アウトカーストの犬食い族をみずからの囲いのなかに取り込んだ。彼らを排除すべしとする考えは、社会の要請の前に建前と化していた。カースト間の混交は強く非難されたが、そのこと自体、依然としてカースト間の混交があることを示している。[★011]

紀元前三世紀、中国王朝は匈奴の侵入を防ぐために万里の長城建造に着手するが、その後何世紀もの間、結局は匈奴と同盟を結び、交易を行い、政略結婚によって姻戚関係を結んでいる。周と秦（秦はChinaの語源となった）は、犬戎族が大部分を占める地方出身の氏族によって建国統治された。[★012]ヨーロッパであれ、インドであれ、中国であれ、偉大な伝統や文明[★013]の運命は、周辺の野蛮な異民族の運命と深く絡み合っていることがわかる。

一般に、ある文明がその独自性と他者への優位を誇示する「法的擬制」は、分裂という過程を第一段階とする。内部に曖昧な複雑さを抱える原初的統一体から、単純化された二つの対立が生じるのだ。第二段階を特徴づけるのは融合（これもまた露骨な単純化）である。それは、明らかに異なる多様な民族を、画一的な集団や群れに括ってしまう。[★014]

この傾向は、中華思想を奉じる中国でひときわ顕著だった。奇妙なもの、薄気味悪いもの、さなぎ、よそもの、妖怪などを意味する「鬼」という言葉がある。[★015]中国は異民族を分類する明確なシステムを発達させた。異民族が住む方位に応じ、彼らの名前に四足獣、昆虫、爬虫類などを示す漢字を当てたのだ。「犬の分類辞」がまず振り当てられたのは、南西地域の異民族である。犬祖神話を持つ異民族と初めて遭遇したのがその地域だったからだ。その後、それはあらゆる方位の異民族にも用いられるようになった。[★016]こうして分類システムの体裁は整ったが、多くの異なる民族を一括りにしたために数々の内部矛盾が生じた。おかげで犬人槃瓠の正体すら混乱したままだ。槃瓠はマン族の祖先であったり、マン族を皆殺しにしたヤオ族の祖先であったり、マン族の「官製神話」に皇帝（および槃瓠）の敵として登場する犬戎族の祖先であったりする。[★017] 中国人に周辺異民族を区別する意志がなかった、あるいは区別できなかったために混乱が生じ、槃瓠神話や槃瓠崇拝は東部（浙江省の会稽）にも、南部（湖南および広西省の桂林）にも同時に存在することになり、さらにははるか西、犬戎族の発祥地である犬戎国にまで及ぶことになる。[★018] 中華帝国内部の山西と陝西は区別するくせに、この三つの異民族の違いを尊重する気持ちなどさらになく、中国人は彼らを異民族としてひとからげに括ってしまったのだ。

こうした大雑把な括り方は古代中国に限らない。インドでは、シュヴァパチャやチャンダーラという言葉は隷民のみならず、文化的、政治的意味あいでさまざまな部族民にも用いられ、さらにはクシャン、シャカ、フーナなど、数世紀にわたって北インドの広い地域を支配した異民族に対しても用いられた。古い文献を調べても、異民族がどこに居住し、どんな民族と隣接し、どの民族と同盟、あるいは敵対していたのかまったくわからない。叙事詩中の戦争場面では「大砲の餌食」（兵卒）として登場しはするものの、彼らはすべて社会という領域の外に置かれていた。

ヨーロッパでも、農奴は領主の領地からも、教会や社会からも締め出されており、状況はヨーロッパの怪物的種族（とりわけアレクサンドロス大王に封じ込められた種族）と大差なかった。農奴の卑しさは、醜く誇張された怪物もどきの相貌にまで及ぶ。アウグスティヌスの思想が規範となるに従い、怪物的種族さえもが死後の救済を得たのに、農奴にはそれさえも与えられなかった（この点については後にまたふれたい）。怪物的種族に関するヨーロッパの伝承については、怪物《モンスター》に当たるUngeheureというドイツ語が多くを示唆しているだろう。本来この言葉は「部族に属していない者」という意味だ。[★019] 中国と同じように、ヨーロッパでも怪物的種族や犬人はあらゆる方角にいた。それらがいる方角は、ヨーロッパへの侵入と征服を行う異民族の方角と重なったのだ。エチオピアがアフリカやインド、さらにはロシア北部やスキタイとさえ同一視されたことが、その事情を雄弁に物語る。[★020]

ここで想起したいのは、第6章で簡単にふれたように、ヨーロッパ、インド、中国のドッグマンや、アマゾンその他の蛮族が交差した地域が中央アジアであることだ。偽メトディオスをはじめとするヨーロッパの文献は、アマゾン族や犬頭人やその他の蛮族の居住地をはるか東方とし、インドの文献は犬面人、女人国、一妻多夫のエフタル・フン族などの居住地を北方とし、中国の文献はアマゾン族と犬頭人の居住地をはるか西方としていることはすでに述べた[★021]。だがより詳しく読むと、これらの文献に記された内容の多くは古代と中世の「創作的地理学」の所産であり、さまざまな場所にあった彼らの居住地を、中央アジアという一つの型にはめようとした試みの結果であることがわかる。

これまで検証した犬人族とアマゾン族の伝承でもっとも豊富に資料を残すのは、中国南部のマン族と北満州の原チュルク語系、契丹《きったん》およびその周辺諸族についての伝承である。前者の伝説は、アッサムの女人国について記した中世ベンガルの文献や、イブン・バトゥータなどによってさらに広められた。また後者の伝承を詳細に検討すると、犬人族やアマゾン族の居住地が奇妙に歪曲されているのがわかる。この点に関するもっとも古い資料は六世紀初頭の中国の文献で、それによると、彼らの居住地は北東アジアの果ての海辺となっており、同様の記述はウィグルやチベットの文献のみならず、後の中国のさまざまな文献にも見出せる。タタールの伝承を元にプラノ・カルピニが語った「犬人国」とアマゾンの所在地もこの地域のはずだが、モンゴルとアレクサンドロス大王伝説の融合によるこじつけの結果、チンギス・ハーン（彼は「モンゴルのアレクサンドロス大王」となっている）とその軍隊は、この「犬人国」を彼らモンゴルの本拠地の北東でなく、南東方向に見出している[★022]。

これはアリアノスの『アレクサンドロス遠征記』やクイントゥス・クルティウス・ルフスの『アレクサンドロス大王伝』が、世界制覇の途上でアレクサンドロス大王が引き返したと伝える、中央アジアのヒンドゥークシュ山脈中のある場所と符合する。この地こそ、アレクサンドロス大王の軍隊がこれ以上進軍を拒んだという、世界の東端に位置する山々のてっぺんなのだ。またそこは、インドの女人国シュヴァムカやフーナのあった場所ともおおむね一致する。さらに、この「南トルキスタン」の広い地域には犬祖神話を持つ多くのトルコ族、モンゴル族が居住する。

ヤハルテス川流域の峡谷とサマルカンドの間の要害の地に位置する「鉄門」と呼ばれる峡谷地帯は、古代および中世の民族誌学や神話学に出てくる「アレクサンドロス大王の壁門」と符合する。だが、中世ヨーロッパの尊重すべき教父地理学の規範に照らすと、ヒンドゥークシュ山脈は「アレクサンドロス大王の壁門」の伝承地とするにはいささか東に寄りすぎていた。そこで、この伝説の英雄が人食い犬頭人やアマゾン族をはじめ、二〇を超える蛮族を封じ込めたのは、一般にカスピ海の南および西に当たる、カフカスのダリエル峠かデルベンド峠とされていた。

結局アレクサンドロス大王伝説に従えば、カフカスから北（あるいは東）の海までは、カスピ海（当時は同じ東の海の湾か入江と考えられていた）の東海岸沿いに進んでわずか二〇日で踏破できる距離となる。地理学の先入観に合わせてむりやり話をでっち上げた偽メトディオスのやり方はあまりにもひどすぎた。彼はアレクサンドロス大王に東の地で不浄の蛮族を発見させる。そして彼らを北に（あるいはまず西に、それから北に？）移動させた。つまり大王が蛮族を閉じ込める前に、彼らをヒンドゥークシュ山脈からザカフカス（カフカス南方の地域）へと連れ戻しているのだ。[★023]

カスピ海を北の海の大きな入江とみなし、アジア大陸の広さを半分に縮小するという地理的改竄《かいざん》を加えない限り、中央アジアがあらゆる犬頭人神話の渦の中心であるとする議論は不可能だ。マクガヴァンに倣って犬人族やアマゾン族、蛮族、食人族の居住地を「トルキスタン」という言葉で呼べば、多分私達には好都合であろう。だがそうなると、犬頭人伝説の発祥地を特定したとする議論は放棄しなければならない。トルキスタンとはトルコ＝モンゴル遊牧民の居住する、北緯三〇度以北、東経四〇度以東のアジアの大部分、すなわちトルコからシベリア、バルト海から中国西部までを包含するのだから！

犬祖神話を伝承するトルコ＝モンゴル族のうち、もっとも多くの資料が残されているのは、一二世紀初頭まで、本拠地の満州から中国北部を支配した契丹である。犬面トーテムや犬祖神話のみならず、アマゾン族とおぼしき部族が登場する神話伝承を有するキリスト教のネストリウス派に改宗し、一二世紀にプレスター・ジョンの王国と目されたのは歴史の皮肉といえる。契丹は蛮族の地におけるキリスト教世界の最東端の基地であり、道に迷った地上の楽園の子供達とみなされた。ここでもまた、ネストリウス派の役割に注目しなければならない。東洋でただ一つのキリスト教勢力として、中世を通じ、ネストリウス派の教会は宗教的、文化的、神話的伝統を受け渡しする重要な場所であった。ネストリウス派は、プレスター・ジョンやアレクサンドロス大王その他の伝説のみならず、聖トマス、聖バルトロマイ、聖アンデレなどの行伝普及のため、(主導的とはいえないまでも)仲介者的役割を果たしたのである[★024]。

2 人間の想像力の行き着いた先

「真」の地理的な位置がどこであれ、ヨーロッパやインドや中国の文献に見られる怪物的種族の古典的居住地は、ザカフカス山脈南麓、トロス山脈南麓、トルキスタンの広大な北部地域、中央アジアなどの無人地帯であった。すでに示したように、シベリアからカフカス、バルト海からビルマに至る地域に点在する多くの異民族は、文明のイデオロギーによって一つの群れに括られ、この地域に位置づけられた。この群れとは、ヨーロッパの伝説に登場する蛮族であり、インドのムレッチャ、すなわちバーヤであり、中国の戎、蛮、匈奴などである。ヨーロッパでは、スキタイからパルティア、フン、トルコに、インドでは、シャカからパラータ、フーナ、トゥルシュカと、時代と共に呼び名は変わるものの、三大文化圏のイデオロギーが、これらの異民族を単一の群れとする認識は一貫して引き継がれてゆく。

彼らをひとからげに括った理由は明らかだ。まず第一に、少なくとも紀元前二世紀以来、三大文化圏は互いの勢力と偉大さを認めていたが、自分達以外の地域(ペルシアを除く)については、その文化伝統を認めなかった。相互に影響し合う「文明的」伝統を持たない「非文明的」な世界など取るに足らないものとされ、ヨーロッパやインドや中国の世界地図には記載すらされていなかった。近代に例を取れば、さしずめ一九世紀のアフリカ地図がそれに当たるだろう。当時のアフリカ地図では、未知の土地は空白のまま捨て置かれ、地理学上かつ概念上の連続性はそこここでぽっかりと途切れていた。

もちろん、この三大文化圏は中央アジア諸民族と交流を持っていた。千年にもわたり、東西の主要な交易路であったシルクロードは、トルキスタンの大部分を結んでいた。中央アジアの諸民族は時として（しかし非難されるほど頻繁にではなく）周辺地域に侵入し、占拠、略奪、征服をくり返し、ヨーロッパ、インドおよび中国の一部を支配しさえした。そのため、彼ら異民族に関する三大文化圏の記述は当然偏見に満ちたものとなった。一九世紀にインドと中国が西欧列強の植民地になる以前、この三大文化圏が互いに征服し合うことはなかったが、そのいずれもが中央アジア諸民族の猛襲にたびたびさらされた点は注目に値する。中央アジア諸民族のほとんどは文字による記録や伝承を残さなかったため、野蛮で好戦的な遊牧民とのイメージが増幅された。文字で非難する者を前に、彼らはみずからの名誉を守る手段を持たなかった[★025]。

とはいえ、中央アジア諸民族の民族誌学上の少なくとも一項目が、ヨーロッパやインドや中国によって（たとえ歪曲はあろうとも）吸収され、伝承されたことは疑いない。中央アジアの大部分の民族が共有する犬祖神話（あるいは狼祖神話）がそれである。きわめて興味深いのは、三大文化圏に入り込んだこの神話が、それぞれに異なる変形を施された点だ。中央アジアと密接かつ長年の交流を持つ中国では、犬祖神話はさほど手を加えられないまま、犬戎族の話として『山海経』に記される[★026]。だが時と共に、この話がより広範な「異民族」と結びつけられるようになると、しだいに内容が怪奇なものへと変化する。

隣接する中央アジアの犬祖伝説をインドが知った時期はより遅く、内容も断片的で、支離滅裂の様相を呈している。多少なりともまとまりのある例は、ほとんど神話となった、流罪に処されたシュヴァパチャの祖先の話だろう。シュヴァパチャŚvapacaとは「犬食い族」という意味だ。だがインドのどの文献にも、シュヴァパチャが犬を料理する場面は出てこない。中央アジアの犬祖神話との関連は、むしろ同根のシュヴァパーカŚvapākaという言葉の方がより深いと思われる。語根のパー（pā）は「授乳する、養育する、飲む」の意味で、この語は「犬に乳を与えられた者」という意味になる。同じ解釈は、プリニウスがインドとエチオピアの両地域に居住していたとするCynamolgi（犬の乳を飲む者）にも当てはまるだろう（ただし、このプリニウスの説は明らかに古代世界を支配した地理学上の混乱からきている）[★027]。いずれにせよ、ロムルスとレムス、キュロス大王などの伝説と同じように、こうした伝説の起源には犬祖神話の影響があると思われる。九世紀以前のある時期、槃瓠の子孫を自称する中国のマン族あるいはヤオ族が雲南地方に移住し、現在のアッサムやビルマとの境界あたりでインド文化と接触した[★028]。こうした接触によって、インドのシュヴァパチャ伝説は生き続け、一四世紀のアラブの旅行家イヴン・バトゥータも、この伝説を元にビルマ地域に住む犬頭人とアマゾンの話を旅行記に記したのであろう[★029]。

何より興味深いのは、ヨーロッパでもインドでも中国でも、犬人族とアマゾン族（女人国）がつねに併置されていることだ。ここにもまた、中央アジアの犬祖神話の影響が見て取れる。というのも、通例中央アジアの犬祖神話には、犬や狼の牡と通婚して種族をなす人間の女が登場するからだ。この主題は中国の周辺各地に居住する異民族のみならず、ヨーロッパの東部、西部、北部に居住する怪物的種族に関する文献にも見出せる。ただしインドの資料では、犬顔族（シュヴァムカ）の居住地と同じ方角に女人国（ストリーラージャ）があり、クルの女達が犬食い族と暮らしていることがほのめかされているだけだ[★030]。だが時間が経つにつれ、アマゾン族（および彼女達と併置される犬人族）の居住地は、しだいに中央アジアから他地域にも広がり、ついにはバルト海やカリブ海やインド洋のような遠隔地にまで及ぶことになる。

実際、牡犬と人間の女が部族の祖となる世界各地の伝承を詳しく見ると、厳密な民族誌学というより神話的なモチーフが頻繁に顔を出す。興味深いのは、この女達が島や川の向こう岸といった場所に住み、隣人（多くは犬頭人）である男達から隔離されていることだ。これはアレクサンドロス大王伝説の「タタール記」、セイロンのマハーヴァンサ、インドのペタヴァットゥ、ブレーメンのアダム、中国の文献中の槃瓠の妻をはじめとする、多くの資料に共通するテーマである[★031]。

また、種族、性別、機能の異なる犬頭人の男とアマゾン族の女を並置させるのは、民族誌学的事実に対する歪曲の見事な例である。中央アジアの犬祖神話は、人間の女が牡犬あるいは牡狼と通婚して部族をなしたり、男の子供が牝犬や牝狼に育てられ、長じてそれらと通婚し、部族をなすという内容にすぎない。ヨーロッパや中国の文献にはこの記述はまったくなく、記されているのは、異種だが生殖可能な種の間の混交という、犬頭人とアマゾンの間でいつまでも続く行為である。男はすべて犬頭人として生まれ、女はすべて人間として生まれるのだ。

二つの異なる「種」とまではいわないが、異なる種族の混交が、自然の(それとも反自然の)巧妙さによって、どう実現したのかはほとんど語られない。何とも都合のよい見落としといえる[★032]。この曖昧さが、二つの異なる種族あるいは種の性的交わりを、怪物的で、野蛮で、非人間的なものとして描くことを可能にした。ヨーロッパ[★033]やインドでは、異種族混交は体面を失墜する恥ずべき行いであり、追放の罰を受ける。インドのアウトカーストであるシュヴァパチャは、本来カーストに属していた祖先が混交の罪を犯し、追放されて下僕となった者達だ。しかもシュヴァパチャは両親のいずれのカーストにも、あるいは人間の範疇にも属さない人間以下の存在である。マヌ法典の注釈者クルーカ・バーッタは、ラバが馬でもロバでもないように、チャンダーラは両親のいずれのカーストにも属さないと記している。五番目のヴァルナは存在しないのだ[★034]。中国でも「内部の蛮族」の女は中国人と通婚できるが(男はできない)、人間の女と牡犬から生まれた子孫は動物の身分に落とされる[★035]。こう見ると、犬祖神話改変の第一の目的は、カースト、階級、部族間の境界が乱された結果を示し、それを抑止することにあったといえよう。ふさわしくない相手と混交した者は罰せられ、追放されたあげく、人とみなされなくなる。少なくともこれはエリート階級が生み出した掟であった。もっとも、エリートがこの掟を破った時、みずからの権力で制裁を免れることはあったが。

今述べた中国の事例は「犬人／アマゾン」現象のある側面を想起させる。道徳的には否定されるべきものではあるが、何よりもこの現象は力を持つ側の男にとって夢物語であった。「土地の娘」への憧れは今に始まることではない。異民族の男を動物におとしめることにより、妻以外の女との性的交渉が許される。中国人や上流インド人やヨーロッパの貴族がそうだったし、民族誌学者達（たとえばトロブリアンド諸島におけるブルーノ・マリノフスキー）や船員や兵士達（タイ駐留の米軍兵士から観光客軍団の一員に至るまで）もそうである。その伝統は今日まで脈々と受け継がれている。やがて「動物」の妻となる女をわが物としてどこが悪いというわけだ。もちろん現実にはその夢をかなえるアマゾンの女は存在しなかった。とすれば、アマゾン伝承は古代や中世の軽いポルノグラフィーといったところだろう。それは、巻貝の形をしたクルの女達の性器や、アレクサンドロス大王とカンダケ女王との逢い引きを想起すれば足りよう。[★036] 偽カリステネスの記述に見られるアマゾンの性習慣についても同じことがいえる。

> われらはアマゾン川のこちら岸の、ある島に住んでいる。島は一巡りするのに一年かかる。島の周囲には川が流れているが、その川には水源がなく、また河口もない。われら、男を知らぬ二〇万の乙女戦士はここに暮らし、われらのなかに男はいない。われらの男達は川の向こう岸に住んでいる。土地の様子はこのようであり、われらは幸せに暮らしている。毎年祭の集いがあって……われらは向こう岸の男のところに渡り、三〇日の間、男達と夫婦のように交わって過ごす。また、男達と交わることを願う者は川を渡り、彼らと一緒に暮らすのだ。[★037]

この一節を翻案したブレーメンのアダムや、このくだりを取り入れたルーマニアの民話『クックーとムグル』では、アマゾンの「男」は犬頭人とされている。アマゾンと犬頭人との「エキゾチック」なセックスと暴力の描写は中世以降の文献には見えないが、牡犬と人間の女との交接は、今でも獣的な性支配という男の原初的夢想を投影するものだといえよう。この根深い夢想はハードポルノのみならず、より穏健な表現形式を借りてもくり返し登場する。たとえば最近のあるフランス漫画の犬頭の主人公がそれだ。彼は上流婦人の寵愛を受ける筋骨たくましいセクシャルな男であり、いささか衝動的でだまされやすくはあるが、善意の戦士でもある。★038 善意の戦士という点で、彼は犬頭の聖クリストフォロスに酷似する。

3 恍惚と恐怖に包まれた怪物的種族

アマゾン族という甘美な同伴者は失われても、怪物的種族という存在が人間にとって永遠の恐ろしき誘惑であり続けることはすでに明らかだろう。部族や民族の間で怪物的種族の神話や伝承があからさまに借用されていることからも、それはわかる。こうした借用のもっとも際立つ例は、ブレーメンのアダムとフ・チャオの記述の類似性に見ることができる。人間の女と暮らす犬頭人の描写において両者はじつに似通っている。また、カシュミールの王統史『ラージャタランギニー』には乳房をあらわにした北方の女戦士が出てくるが、これはギリシアやヨーロッパのアマゾン（片方の乳房がない）伝説と関連があるはずだし、乳房のない女がうなじの白髪の毛根から出る乳を子供に飲ませるという中国の伝説の影響もあるに違いない。とはいえ、こうした個々の類似性より重要なのは、そこから推察しうる事実、すなわち三大文化圏が怪物的種族伝承に変わらぬ憧れを抱いていたという事実だ。なかでも喜ばれたのは、遠方からの旅人がもたらす彼方の地の物語である。それは西洋が東洋に抱く憧れの土台となったが、同時に中国における西洋への憧れや、インドにおける常春の浄土願望（図１３）の土台ともなった。★039 メガステネスの著作を仲立ちに、インド叙事詩中の神話は千年以上にわたってヨーロッパの怪物的種族伝承に影響を与え続けたし、その影響はヨーロッパの伝承を介し、中国の『山海経』に記された怪物的種族伝承にも及んでいる。中世ヨーロッパでは、自然と人間世界の怪奇を記したプリニウスの著書は教会の禁書になったが、それでも大航海時代に至るまで、多くの地理学者や神学者によって敬意をもって論じられた。トルキスタンに話題を移せば、アレクサンドロス大王伝説がモンゴルの「チンギス・ハーン物語」の成立に影響を与えたことは疑うべくもない。[★040]

怪物的種族の由来がどうであれ、それぞれの文化圏が彼らをどう捉え、どう扱ったかを見ていくと、各々の文化圏が何に関心を寄せ、どのようなカテゴリーを形成したかがわかるし、それら文化圏——そこに住む「文明人」——が感じた疑問、自分達は宇宙でどのような位置を占めるのかという疑問からくる不安も明らかになる。怪物的種族が置かれた「境界状況」を三大文化圏がどう捉えたかを見ると、他の方法ではわからない三大文化圏の心の奥がうかがい知れる。怪物的種族という「他者」について語る「自己」は心乱れる自己であり、傲慢なイデオロギーが導く通俗的な結論の裏で、自己に対する自信のなさが露呈される。

まずは、他地域の怪物神話が三大文化圏に持ち込まれた経緯を見てみよう。いずれの場合にも、他地域の怪物はそれぞれの文化圏固有のカテゴリーにそって解釈されたが、[★041]それがとりわけ顕著なのはヨーロッパの犬頭人神話だ。古代ギリシアではポリス外の人間は単に珍奇な存在であり、完全な人間とはみなされなかったため、クテシアスも小人の犬頭人を地の果てに住む愛すべき空想の生き物として描いている。だが、アレクサンドロス大王伝説に再登場する彼らは、巨大で人を食う好戦的な生き物に変形されている。

この変形をもたらしたのは、政治観と古代民族学の変化であった。ギリシアとローマ共和制の民主主義的理念に帝国主義的イデオロギーが取って代わり、アレクサンドロス大王による征服が新たな政治的パラダイムとなった。[★042]帝国主義的世界観のもとで中立を貫ける民族はもはや存在しえず、降伏を拒否するものは軍隊によって制圧された。こう

図13――オリエンタリズム。乳の海をかきまわすインド神話のタブロー画。日本の神を崇める内容の絵になっている。これを描いた画家は、インドの悪魔をよく知らなかったため、「西洋の」犬頭人で代替している。日本の絵が元になっているとも考えられる。H・ピカール『世界の民族の儀式と衣服』（アムステルダム、1723-37）,vol.6,no.3による。

してアレクサンドロス大王伝説に登場する犬頭人は、新秩序の創出を目指す文明の英雄に敵対する好戦的な存在に変えられたのだ。

フレーザー流の「安楽椅子での研究」ではあったが、クテシアスの時代からアレクサンドロス大王伝説の初期の時代にかけて、古代民族誌学や地理学は長足の発展を遂げた。メガステネスやストラボンやプリニウスは、既知の世界に存在する広範な自然現象や文化現象を収集して百科事典的概論集にまとめ上げた。古代地理学者のうちで、誰よりも軽信のきらいがあったプリニウスは多くの著書を著し、それらは広く愛読された。プリニウス以外にも同様の仕事を成し遂げた者はもちろんいるが、アフリカとアジアが一つの大陸だと考える彼の説は、多くの継承者によって広く引用された。プリニウスは、（クテシアスの継承者であるメガステネスがヨーロッパに紹介した）インドの犬頭人[★043]はヘロドトスが言及したアフリカの犬頭人と同一であるとした。このアフリカの犬頭人が東アフリカの犬頭猿（マントヒヒ）であることは間違いない。背丈は人間とほぼ同じだが体格はよりたくましく、犬に似た顔のこのマントヒヒは、確かに大柄で毛深い犬頭の人間そっくりだ。このマントヒヒの実物より大きな像が、上ナイルにある一三世紀の浅浮彫《バ・レリーフ》りに刻まれている。この犬頭人の浅浮彫りは、もとはエジプト世界の東端にあった。そこは、エジプト人がソマリアの海岸から昇る朝日を拝んだ場所である[★044]（図０４）。

このエジプトの犬面猿人がヨーロッパの伝承に取り込まれ、さらに別種の雑種と融合されてできたのが、ジャッカルの頭（後には犬の頭）を持つエジプトの死者の神アヌビスだ。霊魂を冥界に導くアヌビスの役割は、ヘルメス（ローマ神話のメルクリウス）の役割とぴったり符合する。地中海世界が時にヘルメスを犬頭人として描き、聖メルクリウスを犬頭人と結びつけたのもそのためだ[★045]。また、ヘロドトスやクテシアスの時代から「インド」を「日出ずる国」や「犬頭人の国」と結びつける考え方があったため、多くの地理学者や歴史学者が犬頭人をインドに見つけようとしたが、実際には「インドの東海岸」とは東アフリカのソマリアであったり、東シベリアのカムチャツカであったり、コロンブスがキャセイのはるか東に発見した「インド」のキャリバ島であったかもしれない。プラノ・カルピニの記述する、犬の国や闇の地――それは日出ずる所でもある――に遠征したタタール族の話には、蛮族を封じ込め、世界の果てまで遠征したアレクサンドロス大王伝説風の味つけが感じられる。[★046]

中国の記述では、東の海辺に住む犬人は食べ物を生で食べるが、彼らの連れ合いである人間の女は煮炊きして食べるとされている。[★047] そこから犬頭人にある恐ろしい習性がつきまとうことになる。つまり、彼らの獣じみた食習慣――食人とまではいわないにせよ――がそれだ（ちなみにカニバリズム［cannibalism］という言葉は、コロンブスがキャリバ（Cariba）の食人種に出会ったことから生まれた。コロンブスはこの食人種を偉大な汗《ハーン》の「犬の［canine］」従者だと誤認したのだ）。このことは偽カリストテネスや偽メトディオスの著作、『ガドラ・ハワルヤト』、ブレーメンのアダムの記述、その他の文献に記されている。ヨーロッパについていえば、獣じみた食習慣をわざわざ中央アジアに探すことはない。ごく身近な場所にもそれはあった。ヨーロッパには狼の毛皮をまとい、むき出しの「鉤爪」で獲物を引き裂く者がいた。彼らは狼男のモデルとなって、当時の人々にさまざまな着想を与えた。[★048] このように、「ヨーロッパ」の犬頭人の恐ろしい性質はさまざまな土着の伝承の融合物であり、そこにエジプトやインドやヨーロッパの伝承を混ぜ合わせ、ジャッカルや猿や犬や狼までごちゃまぜにしてしまう、無節操きわまりない百科全書的収集が生み出したものだといえる。シュレーゲルは女人国に関する慧深の記述（東海に中国のアマゾンと暮らす犬人の話）を紹介したが、彼の翻訳を信じるならば、今述べた動物に海ライオンも加えなければならないだろう。[★049]

4 ヨーロッパにおける怪物についての神学的考察

西暦七世紀に書かれた偽メトディオスの著書には、ヨーロッパの犬頭人伝承や怪物伝承に関する斬新な解釈を見出すことができる。アレクサンドロス大王が封じ込めた蛮族は好戦的で性向は矯正不能、きわめて穢《けが》れており、おぞましい食習慣（胎児や犬などを食べる）を持つとされ、そのため大王に封じ込められたとされている。[★050]だが、中世に偽メトディオスがもてはやされたのは、彼が蛮族の穢《けが》れを云々したからでなく、蛮族の伝承をキリスト教の救済史の枠組みに組み込んだからだ。異教徒であるアレクサンドロス大王――異教徒にも関わらず、大王はキリストの勝利を告げる先駆者（にしてノアの第四子ヨナトン）だと記されている――の活躍は、善と悪、神とサタンの最後の戦いに決着をつけるため神が準備した、全世界の民族と歴史時代を包み込む壮大な宇宙的ドラマのなかに位置づけられた。この二元的終末論の考え方は、神がカオス――レビヤタン（巨大な海獣で悪の象徴）やバビロニア神話のティアマト（原初の海の化身である竜）の類――を秩序づけ、終末の時には言葉をしゃべる楽園のヘビが七つの頭のドラゴンに変えられるという、聖書の天地創造物語の論理的帰結である。またそれは、ゾロアスター教グノーシス主義からくる論理的帰結でもある。

偽メトディオスがアレクサンドロス大王伝説をキリスト教の枠組みに取り入れた背景には、異教イスラムを奉じる新勢力「トルコ」の台頭と征服があったことは疑いない。偽メトディオスの解釈には、イスラム台頭に対する二方向からの回答が含まれていた。まず、アレクサンドロス大王が閉じ込めた蛮族の脱出は、天地創造の時から神の意志によって予定されていたとして、攻囲されたキリスト教世界に希望を与えたこと。[★051]結局ヨナトンが蛮族を滅ぼすことは、天帝キリストの最後の勝利を予告する。次に彼は、アレクサンドロス大王が閉じ込めた蛮族を、ただ救いがたく、好戦的で穢《けが》れた者と規定しただけでなく、彼らは異教徒であり、神の戒律に従わず、キリストを通じて差し伸べられた罪の贖《あがな》いをも拒絶する者と決めつけた。もちろん、「救済史」（☆キリストを贖罪の中心に置き、神の救済という視点から歴史を解釈する学問分野）という歴史学分野が生まれ、恐ろしい異教民族トルコが歴史の舞台に登場するという背景なしに、こうした類型化は不可能であったろう。この背景のもと、偽メトディオスによって、怪物的種族や封じ込められた種族を一括する総称的名称が生み出された。もはやスキタイでも、パルティアでも、フンでもない。彼らはウマイヤの子孫たる、（イスラムの）トルコという万能のカテゴリーによって一括りにされた。このカテゴリーは、事実上、ヨーロッパのキリスト教世界に今日まで生き残っているといえる。

だが、犬頭人や怪物的種族に関する偽メトディオスの考えが結論であったわけでもなければ、彼の要塞思想が東洋からの侵略に対する西洋の唯一の反応でもなかった。第3章で見たように、怪物的種族についての古典神学を打ち立てたのは聖アウグスティヌスである。偽メトディオスに先立つこと約二百年、この神学者もまた、東洋の遊牧民による西洋文明への侵略に何とか折り合いをつけざるをえなかった。彼の『神の国』は、神に選ばれた帝国と教皇庁に対する蛮族ゴートの侵略を、なぜ神が放置されるのかという悲痛な問いへの答えを探る試みであった。[★052]

彼の結論は、偽メトディオスのそれとはまったくかけ離れたものであった！　アウグスティヌスは世界を異なる二つの陣営に分け、一方を悪魔の陣営（アメリカ人はこの言葉を何度聞かされたことか）と非難し、他方を神の陣営として賛美するのではなく、キリスト教徒と野蛮人、人間と怪物的種族を区別せずに、どちらもより大きな「神の都」の民であるとした。彼の普遍的見地からすれば、人知の及ばぬ壮大かつ巧妙な神の計画に比べ、「人の都」ローマなどほんの些細な事象にすぎなかった。

アウグスティヌスは、自分は神の意志を知っているなどというおこがましい考えは持たなかった。彼が同世代あるいは後世のほとんど誰より明瞭な考えを持てたのは、この点において謙虚であったからだ。また彼は、歴史に示された神の意志を読み取ろうとするみずからの神学的企図において、目先の願望や興味を優先させて神の救済の歴史を観る目を曇らせることもなかった。アウグスティヌスは一人よがりにならず、俗受けを狙ったり、当時の政治的言辞におもねたりすることもなく、また混迷の時代に対する、偽メトディオス的な口当たりのよい答えを世に広めることもせず、この困難な問いを徹頭徹尾みずからに問いかけた。もし神が本当にキリスト教世界を玉座から追い払おうとされているのであれば、それはローマにみずからの腐敗を正せと迫る神の意図の証しではないのか、と。

野蛮なる「他者」の残忍な蜂起に直面し、アウグスティヌスはキリスト教世界という「自己」の再定義を模索した。彼が行ったのはまさにこのことであり、同じ神の手によって生み出された他者の固有の価値と尊厳を無視したり、人間という不完全な存在であるおのれの考えに合わせた自己正当化をくだくだしく行ったりはしなかった。アウグスティヌスは問いかけた。「もし神が善であり全能であるなら、これらの他者もやはり神の無限の善と叡智によって創造された。だとすれば、われらはそも何者なのか？」

怪物的種族について出した彼の結論はきわめて斬新であった。神が彼らを創造して地の果てに住まわせたのは、世界の中心に位置するキリスト教社会に対し、みずからの内部に時として生まれるそうした存在もまた、神の壮大にして深遠なる計画の一部であることを知らしめるためだと考えたのだ。聖書が記すように、怪物的種族もまたアダムの血統に連なる「唯一の原型質」から生じたとすれば、人間と怪物的種族の違いとは「種の違い」ではなく「程度の違い」ということになる。彼らのすべてはわれらの一部と類似するし、われらの一部も彼らと類似する。アウグスティヌスのこの徹底した超教派的理念は、怪物的種族にも神の国に居場所を与えてその名誉を回復しただけでなく、キリスト教世界に暮らす下層民や不具者にも生きる尊厳と権利を与えることになった。アウグスティヌスが生きた時代から千六百年が過ぎた現代に、われこそ指導者なりと胸を張る者は引きも切らないが、布教者偽メトディオスがそうであったように、今の世の指導者もまた、虐げられた者への慈愛、洞察、共感において、アウグスティヌスには遠く及ばない。

本書の研究領域に則して考える時、怪物的種族にも神の贖《あがな》いは及ぶし、最後の審判の暁には彼らも天国に迎えられるという約束を与えたところに、アウグスティヌスの思想の直接的な意義がある。アウグスティヌスの結論はまた、怪物的種族の運命に対する深い神学的思索への道を開き、そうした内省をキリスト教神学の一つのジャンルとして定着させた。彼に続く者の多くはみずからの人気や布教目的のために、アウグスティヌスの卓説を不当に子供扱いしたが、それでもなかにはアウグスティヌスの博愛思想を忠実に受け継ぐ者もいた。彼らは勇気と謙虚さを忘れず、制度という秩序の枠を飛び越え、この世界で自分達のあるべき場所はどこなのかという、困難な実存的問いに答えようとしたのだ。

偽メトディオスとさほど遠くない時代を生きたスペインの神学者、セビーリャのイシドルスもそうした者の一人であった。アウグスティヌスと同様に、イシドルスもまた社会的、精神的価値観の見失われた状況のなかで格闘した。ラテン貴族の血を引くイシドルスにとって、ローマ帝国の最後の砦を自認するみずからの心の内に野蛮人が居続けるのは困惑すべき状況であった。彼は著書『語源録』で人類の種族について考察しつつ、多種多様の人種や民族集団が、厄介な問題をはらむ桁外れの「群がり」として存在する現実を前に、人間の根本的な性質は何かという難問に取り組んだ。キリスト教徒と野蛮人、ヒトと怪物的種族、それらはすべて同じ人間なのか？

この難問解決のため、イシドルスはまず系図から推論する手法、世界の住人の系図から一つの秩序を演繹するという、古く（少なくともバビロニアの天地創造物語『エヌマ・エリシュ』の時代）からの解釈手法を採用した。異民族や怪物的種族の系図学に依拠し、「種族の名前について」という章を書き始めた彼は、すべての種族の起源を恐れ多くも聖書中の先祖へとたどっていった。かりにアダムとノアの子孫である彼らがすべて怪物だとすれば、アダムの子孫すべては——すなわち人類すべては——ある意味で怪物ではないのか？　ここでイシドルスは、彼の膨大な百科事典の名前の元となる解釈手法——語源学——を駆使する。異教信仰の時代から、ローマでは「怪物」とは神の意志、あるいは神による人間への警告を予示するという意味を持った。とすれば、怪物の存在は「反自然」でなく自然の一要素であり、人間の性質の一要素ですらある。筋の通った人間学を打ち立てようとするなら、まず人間自身を正しく知るために怪物とは何かの説明を見出さなくてはならない。[★053]

人間を演繹的に定義しようとするイシドルスの作業には、自意識的でありながら、逆におのれを虚しくしようとする気分が感じられる。イシドルスの宇宙の中心に、彼を悩ませる蛮族が存在しなかったとしたら、はたして彼が（のみならず先駆者アウグスティヌスさえも）このような内省的難問をみずからに問いかけたかどうかは疑わしい。社会・文化・政治的「他者」が厳然と存在したために、今日私達が実存的危機と呼ぶものが彼の心に呼び覚まされた。他者の存在を前に、イシドルスは動揺したり、反撃に打って出たりするのでなく、他者を通じてみずからの世界を知り、みずからの生活を変え、より完全なる真実を求めてみずからの信念を問い直したのだ。彼の著作には、神や悪霊が支配する別の世界や別種の人間との対峙によって揺らぐ中世の人間の危うい姿だけでなく、敵意と脅威に囲まれた世界に生きる人間の根拠の疑わしさも歴然と露呈されている。[★054]

5 文明の伝道者と暗愚の異教徒

イシドルスとアウグスティヌスの反応は、実証的社会科学が採用する方法論の多くや、個人や国どうしの関係の一般法則に照らせば例外に属するといえる。個人的自己主張であれ、政治的宣伝であれ、哲学の基準概念であれ、科学的証明であれ、自分自身についての真実は、他者へのあら捜し、他者を否定的な存在、引き立て役、敵対者、アンチタイプなどにおとしめることを恐れ、ごく控え目に主張されるものだ。アウグスティヌスとイシドルスは人と人が出会う際の真実——「自己」とは他者の存在が投げかける問いへの反作用であるという真実——を示した。さらにいえば自己とはつねに存在そのものへの反作用として現れる。人を刺激し、苦しめ、衝撃を与える外部世界——弱者も強者も死を免れえない世界——がなければ自己を意識することもない。自己の意志や行為に対する他者の優位を否定する自然科学や政治科学による分析をどれほど重ねても、結局、人は世界という鏡に映して初めて自分自身を知ることができる。「われ思うゆえに、われあり」とはいうが、私達を悩ませる、思いも寄らない存在、完全には理解しえない存在こそが、人間を突き動かす原動力となる。[★055]

時が過ぎ、中世に教会が力をつけると、ヨーロッパが世界に拡張するあらたな時代が到来した（教会の守護勢力は数世紀前なら野蛮人のレッテルを貼られた者達である）。[★056]キリスト教世界の御旗を押し立てたヨーロッパは、みずからの帝国主義的主張と経済的利益の追求に「世界教化」の衣を着せた。教化の対象は、卑しむべき野蛮人や非人間的怪物（アウグスティヌスの記述は彼らを対象にしていた）から暗愚の異教徒へと移る。真に「包容力のある《カトリック》」教会こそが、彼らに救いの手を差し伸べ、彼らを教会の保護の下に加えることができるというのだ。もちろん教化の目的は、異教徒を文明化された主人の僕《しもべ》とするためだ。

純朴な異教徒が神の恩寵にふれ、キリストの道の素晴らしさに目覚めるという物語は、今日に至るまで、伝道植民主義への貢献を続けている。現在では異教徒が「第三世界」に変わり、敵が「過激信仰集団」や「悪の帝国（共産主義陣営）」に変わり、救世主が「民主主義」や「自由貿易」に変わっただけのことだ。中世の布教者達は怪物的種族にまつわる古代の物語を知っており、語るべき福音の素材には事欠かなかった。中世の神話には、パウロによる地中海地域の伝道の後、バルトロマイ、アンデレ、マッテヤ、トマスなどによって教化された者達の話が数多く見出せる。

そうした中世版物語の代表例が犬頭の聖人アボミナブルの伝説である。[★057]怪物はそのままで、強力な剣を握る手だけが変わる。かつてはアレクサンドロス大王とその部隊が握った剣を、今度は神みずからが握り、神に仕える武勇の聖人に指図して、野蛮な未開人を降伏させる。その気になれば使徒アンデレとバルトロマイ、および彼らの弟子達を瞬時にむさぼり食うことのできる犬頭のアボミナブルに、使徒達を見つけて彼らを護れという神の言葉が届く。アボミナブルはためらい、腹が減れば猛々しい性質が目覚め、使徒達を食い殺してしまうでしょうと神に訴える。すると神は炎の壁で彼を囲み、その猛々しい性質を手なずけた。恐れをなし、羊のようにおとなしくなったアボミナブルの頭上で御使いが十字を切る。アボミナブルは「正しき信仰を見出したこと」を喜んだ。

アンデレがアボミナブルに「クリスチャン」という名を与えた理由は何か？　危険が迫った時には残忍な人食いの性質が戻り、バルトスの町の人食い達に「キリスト以外に神はいない」ことを知らしめるためだ。クリスチャンは、神の栄光のために、七百人を無慈悲に殺し、はらわたを噛みちぎり、むさぼり食った。生き残った者は神の光を知った。クリスチャンは神に与えられた穏やかな性質に戻り、それを見たバルトスの人食い達はその場で洗礼を受けることを願い出る。[★058]

この話を元に日本がゴジラ映画を作らないのは驚きだ。アメリカならメロドラマのミニ・シリーズに脚色できそうなものである。心優しい怪物がいて、他の怪物を退治するときにだけ荒々しい性質が戻る。最後はいつもハッピーエンド。必要な材料は見事に揃っている。だが、確かにこの物語は竜頭蛇尾のそしりを免れない。キリスト教会のプロパガンダ臭が漂うのだ。キリスト教は暗愚なる世界に勝利し、キリスト教に改宗した怪物や野蛮人が、他の野蛮人を退治する。[★059]使徒達が生き残った野蛮人に洗礼を施せば話はそれで終わりである。

この種の戦術は今日でもよく見ることができる。かつての帝国主義は（相手の勢力の反乱分子を味方につけた）軍隊が布教者と手を携えて異教徒を服従させたし、今も大国は紛争の当事者である両陣営に殺し合いのための武器を売り込んでいる。それは、「以夷伐夷」、すなわち蛮族どうしを戦わせて中華王国の安泰を図るという、漢帝国が採用した戦略にも通じるものだ。[★060]

身分の低い者が高い者に進んで服従する話は、第4章と第7章で述べたインドと中国の神話でさらに極端な形を取る。中国の神話では、アボミナブル＝クリスチャンの話に比べて偽善や信仰の要素は少ないが、皮肉さの点ではさらに上をいく。「内部の野蛮人」マン族は、皇帝の愛玩犬槃瓠の姿を借りて、「外部の野蛮人」犬戎の将軍を殺し、その軍を打ち破る。忠義――皇帝の犬としての忠義――への報奨として、マン族には廷臣としての地位が与えられた。

一方、犬食い族の村を舞台にしたヴィシュヴァーミトラ神話は、エチオピアのアボミナブル神話により近い、排他主義の典型、かつ利己的なプロパガンダといえる。アウトカーストの言葉がこうした典拠正しい文献に記されるのは、もちろんこの話が、社会と自然の大変動期に許される王の権力政治についての寓話だからだ。社会と自然の大混乱を背景に、名もないチャンダーラが「真理」（何を食べ、何を食べてはならないかについての正しい教え）を語る。語りつつ彼は、みずからの部族の卑しさを認める。この話のさわりは、ヴィシュヴァーミトラが置かれた特殊な状況により、それまで彼が説いてきた禁忌が例外として許されることだ。ヴィシュヴァーミトラは犬の肉を料理し、インドラ神の祝福を受ける。だが、食べ物を失ったチャンダーラに感謝の言葉一つかけることもしない。このチャンダーラの配役にふさわしいのはアウトカーストだけだ。憎むべき罪を犯す者が、正論を述べる者に向かい、お前こそ間違っているのだと論駁する。他のカーストの人間なら烈火のごとく怒るはずだ。ヴィシュヴァーミトラ神話のシュヴァパチャが果たすのは、二〇世紀初頭から中葉のアメリカ映画に登場する脳天気な「黒人」や「インディアン」の役割である。現代のインド映画でも、アウトカーストが受け持つのは息抜きの笑いを提供する役どころだ。ボンベイの大物映画製作者がその気になれば、ヴィシュヴァーミトラとシュヴァパチャのやり取りを結構見られる映画に仕立ててしまうだろう。

6　高貴なる野人の屈服

途方もない偽善や冷笑、そして劣った者を偉大な文明が支配するというモチーフだけでなく、これら三つの神話には「高貴なる野人」神話の萌芽をはっきり見ることができる。宇宙的危機の時代にヴィシュヴァーミトラと出会ったシュヴァパチャのみならず、インドの神話的典型の一つ猿神ハヌマーンにもそれはいえる。ラーマ（☆叙事詩『ラーマーヤナ』（の主人公の王子）やシーター（☆ラーマの妻となる姫）のために、猿の軍勢を率いて獅子奮迅の活躍をし、彼らの宿願達成を助けるこのハヌマーン（と彼の軍隊）は、大義に殉じようとする土着インド人の典型であろう。[★061]

同じことは別の神話の主人公、ヤクシャ（☆仏教の夜叉に当たる神）のハリケシンについてもいえよう。ハリケシンは仲間のヤクシャに背いてシヴァ神に仕えるダンダパーニになる。シヴァに仕えるダンダパーニは、ダンダパーネシュヴァラという名の、男根の象徴リンガ＝シヴァへの献身を求められる。インドの「土着の神」が、自分の神殿を侵入者である偉大な文明の神に譲って恭順の意を示すことはよくあることだ。この場合、土着の神の名前が、「シュヴァラ」というシヴァを表す接尾字と共に、シヴァを象徴するリンガの名前（＝ダンダパーネシュヴァラ）に残されている。[★062]ハリケシンと似た例は、文明の王子に身を任せるスリランカのヤクシニー（☆ヤクシャの女性形）、クヴァンナーである。[★063]ヤクシャやヤクシニーをはじめ、さまざまな土着の神は次々とヒンドゥー教や仏教の神々に降伏する。こうした神話は、インドに侵入したインド＝アーリア系遊牧民に抵抗する土着の勢力を悪鬼アスラと規定するヴェーダ的テーマの延長であり、他方では、土着の神々とその神殿を「サンスクリット化」し、ヒンドゥー神に従属する神として、それらを偉大な文明の枠組みに組み入れる根拠となった。

初期仏教建築では、ヤクシャは建物の柱を支える台座となっている。これは文明の神に従属するヤクシャの立場を示すものだ。太鼓腹に歯をむき出した小人のヤクシャは、重い荷を背負って今にも押しつぶされそうだ。だが男であるヤクシャと違い、女であるヤクシニーはしなやかで艶めかしい官能的な姿で描かれ、サンチー（☆インド中部の大仏教遺跡）の大仏塔をはじめ、多くの門の装飾として、その魅惑的な姿を披瀝している。[★064]文明はヤクシニーを性的に隷属させ、ヤクシャを奴隷的に隷属させた。もちろんヒンドゥー神話には、神がアウトカーストの姿で現れることもある。たとえば、アルジュナの武勇を試そうとしたシヴァは、犬を連れた土着の民キラータの姿で彼の前に現れた。[★065]出会った誰かがじつは姿を変えた神かもしれないと思わせるこうした神話は、運命の甘受や他者への親切といった態度を育むだろう。個人的なレベルでのつき合いで示される、見知らぬ者へのインド社会の気前よさ（それは決して自己中心的発想から生じる行為でない）は、そこからきているのだろう。インドを訪れる者は、みなその点に感銘を受ける（時として喜捨を請う「聖人」により、濫用される気味もないではないが）。

ヨーロッパに古くから伝承される「高貴なる野人」も、ブラガマンニと呼ばれる怪物的種族の一員であった。ブラガマンニとは、元来はインドの聖者を指した。アレクサンドロス大王の年代記作者達は、彼らの行動や生の哲学に深い感銘を受けてそれを記録し、その記述がまた多くの人々に影響を与えた。サンスクリット語のブラーフマナ（バラモン）をラテン語読みした「ブラガマンニ」は、ヨーロッパでは広い意味を持つ言葉として用いられ、最高位のカーストであるヒンドゥー教の僧侶達——これまで論じた宣伝臭の強い神話を生み出した集団——を意味したわけではない。むしろヨーロッパの伝承では、運命の甘受、控え目な態度、禁欲などにより、ヴェーダ後のインドでバラモンの権威を脅かす存在となった、世を捨てたインドの苦行僧を指した。[★066] ある正統存在には命取りになるものが、他の正統存在の目には美徳の極致に映る例の現代版は、ある集団にとっての「テロリスト」が、他の集団にとっての「解放戦士」になるという現象であろう。

いずれにしろ、いかにも気高いブラガマンニは、ヨーロッパの地理学者によって、しばしば世界の東の果てにある楽園の住人とされた。[★067] 自然の懐に抱かれて簡素な生活を送り、並外れた力を有したブラガマンニは、高貴なる野人と東洋の神秘の境界をまたいで立っていた。ヨーロッパ人はこの楽園を珍妙な形で利用した。キリスト教世界とイスラム教世界の対立がいつ果てるともなく続くなかで、でっち上げられたある文章が——でっち上げは中世のお手の物らしい——この東方の楽園に突如スポットライトを当てた。一二世紀にビザンティン帝国の皇帝マヌエル一世に宛てたとされる、いわゆる「プレスター・ジョンの手紙」がそれだ。この手紙によれば、世界のはるか彼方——インド、中央アジア、エチオピア——のある場所に、ヨーロッパが忘れてしまった人類堕落以前の楽園があり、そこをプレスター・ジョンが治めているという。プレスター・ジョンと彼の王国に暮らす聖人達（ブラガマンニやアマゾンもその一員）はイスラム教徒の包囲下にあった。歴史家は、プレスター・ジョンの王国は契丹《きったん》（犬人族といわれ、一二世紀にはカラ・キタイと呼ばれたが、その二世紀前には満州に住んでいた）に違いないとしたが、それを思うと感慨が深い。王国を失って中央アジアへ追われ、キリスト教ネストリウス派に改宗した彼らは、いまや楽園の子供となったのだ。★068

「プレスター・ジョンの手紙」はある重要な働きをした。一三世紀に入っても十字軍の遠征が継続されるという結果をもたらしたのだ。十字軍の継続がイスラム勢力に与えた影響はほとんどなかったが、高貴なる野人が住むおとぎの国はとてつもない影響を受けた。聖地の奪還こそできなかったが、十字軍の遠征によって東洋世界と接触したヨーロッパでは、香料や絹といった高価な品々への需要が急速に高まった。数世紀のうちに、地中海は巨大な貿易帝国の一大拠点となった。商業の隆盛がはずみとなり、またそれはキリスト教会の伝道活動とも合体し、東方のおとぎの国の所在地は、中世から大航海時代を通じて、人々の競って探求するところとなった。こうして、怪物的種族の住処をへだてる境界線は先へ先へと遠ざかっていった。インドがヨーロッパに知られるにつれ、怪物的種族の住処はさらにその先のタタール地域やビルマや東インド諸島へと移っていった。★069

こうした探険により、ヨーロッパは古い時代の記述にない新たな民族を発見し（古い時代の名前やカテゴリーそのものは、中世、ルネッサンス、およびその後も生き続けてはいたが）、それらを征服した。その後数世紀にわたり、こうした民族は、中世の聖人伝に登場する犬頭人や食人種と同様に、ヨーロッパによる伝道と植民地化と経済的収奪の対象となった。★070 暗愚の異教徒を教化し、彼らの奇怪な信仰を確かなキリスト教信仰へと変える責務は、ヨーロッパが企図した帝国主義的拡張への格好の口実となった。こうしてヨーロッパはインドと中国の大部分を呑み込んでしまう。

とはいえ、ヨーロッパ人の想像力をいたく刺激したのは、インドや中国といった瀕死の帝国の臣民でなく、南・北・中央アメリカやアフリカの原住民であった。反画一思想の高まりのなかで（本書もその影響の間接的継承者である）、内部での、あるいは外部からの政治的支配に汚されたことのない、こうした「自然のままの人々」こそが、完全なるエデンの住人の最後の子孫、神経症気味の近代世界が回帰を願う理想の人種であると受け止められるようになった。高貴なる野人への啓蒙主義的見解はルソーとその弟子達に始まるが、その影響は実証主義的科学手法の勃興を補完した。この手法に従った研究者達は、まるで生まれ変わったような情熱で自然の真ん中へと入り込み、やがてその自然を自分の意図に合わせて歪めてしまう。高貴なる野人へのこの理想化と「手なずけ」は、今日まで無数の生まれ変わりと再解釈を重ねてきた。「フラワーパワー」（☆愛と平和。六〇年代のヒッピーが掲げた社会変革のスローガン）や、自然への回帰を唱導するエコロジー運動なども、さしずめ現代におけるこの現象のよみがえりであろう。

高貴なる野人は、中世以降のヨーロッパの伝承に登場する怪物的種族の一例にすぎない。ヨーロッパの森に住んだ野人《ワイルドマン》もまた、彼と並べて取り上げるべきだろう。なかば農奴、なかば怪物であるこの野人は、ここ五百年ですっかり手なずけられ、慈愛に満ちたカーニバルのキャラクターやロマンチックなイラストのモチーフと化している。手なずけられた野人やヨーロッパ土着の高貴なる野人は、さらに、これまた「貴人の称号」を与えられたある種の怪物的種族と混じり合った。その一例が一六世紀の動物寓話集にあっぱれな姿で描かれた犬頭人だ[★071]。（図０９）だが、地上から野人が消えたことで、ヨーロッパ人の恐れや不安を投影すべき「経験的他者[★072]」への想像力が失われ、彼らの心にはぽっかりと穴が開いた。このヨーロッパ人の「うつろな心」から、一九世紀の後半に心理学（および精神分析や精神医学へのその応用）という啓蒙の科学が興隆したことは驚くに当たらない。心理学は世界の神話の歴史を内界投射して、コンプレックスやカテクシス（☆心的エネルギーが特定の対象に結びつけられること）やアーキタイプ（元型）といった学問体系へと変えてしまう。フレーザーのいう、呪術から宗教を経て科学へと移る人類の思考様式の進化によって、怪物や野人は不幸な心理学的統一体におとしめられた。他者が自己のよどみを説明する材料にされたのだ[★073]。

7 フン族、共産主義者、中東の狂犬

異邦人もまた中世の他者なる存在であった。さらにいえば、その状況は今も変わらない。市民権を持たない者を意味する英語の法律用語「エイリアン」が、その辺りの事情を雄弁に語る。「他に所属する」という意味のラテン語alienusが、エイリアンの語源である。[★074] ここで想起されるのは、ヨーロッパ世界に入り込んだ犬頭人種族の所在地が、あらゆる方角に位置づけられたことだ。ヨーロッパへの侵入者が住む方角、あるいはヨーロッパが侵略や伝道を行った方角が、しばしば犬頭人種族の住処となった。その結果、犬頭人はエチオピアに住んでいることになった。そこが彼らの住処だとヘロドトスがいったからだ。またインドにも住んでいることになった。クテシアスやアレクサンドロス大王がそこで彼らを発見したといったからだ。後には、ゲルマン人や中央アジアの諸民族がヨーロッパ「文明」の中心地へとなだれ込んだことで、スキタイの古い故郷である黒海北岸がそうした種族の住む方角とされた。ヨーロッパの西に位置するアイルランドにいわせれば、犬頭人は海を越えたヨーロッパから侵入したことになる。

さて、怪物的種族から遊牧民（おそらく彼らにまつわる話から怪物的種族が生じたと思われる）に目を移してみよう。かつて、ヨーロッパ人やインド人や中国人が経験したように、私達はフン族と出会うだろう。というより、ヨーロッパの伝承ではフン族と人食い犬頭人とアマゾンは往々にして同一視されたり、併置されたりしているのだ。さらに東進すると、中国人の宿敵であり、彼らが匈奴と呼んだ民族がいる。紀元前三世紀に万里の長城建設が始まったのも匈奴の侵入を防ぐためであった。にも関わらず、中国が匈奴の執拗な攻撃から解放されるのは、異民族どうしを戦わせる戦略を取り、かつ異民族の漢族化を推進した四世紀初頭のことである。

この時点で南匈奴は漢民族に制圧、あるいは同化された。中国に抵抗し続けた北匈奴は一世紀の末に根拠地を捨て

て中央アジアへと移り、そのまま中国の歴史から消滅する[★075]。だが四世紀の終わり、ヨーロッパの東の外れにフンニという部族が出現する。またインドの資料には、五世紀の末、フーナという北からの侵入者がいたと記されている（時として彼らにはシュベータ［白い］という形容詞がつけられる）。ヨーロッパの資料にも白いフン（エフタル・フン）の記述があって、彼らは皮膚が白く、フン族とは対照的な「ペルシア人のような」風貌であったと記されている[★076]。

ここ二百年の間、学者達はヨーロッパの「フン」、インドの「フーナ」、中国の「匈奴」、そして「エフタル・フン」についての雑多な資料を整理してきたが、その間、これらのすべては一つの（多くても二つの）民族であると考えられてきた。だが、その根拠を詳細に点検すると、彼らの間には——少なくとも古代後期ヨーロッパに災厄をもたらしたフンと、何世紀にもわたって中国を苦しめた匈奴との間には——同一民族としての確固たる証拠がないことがわかる。何よりも、匈奴やフンニの消息がとだえたほぼ百年の間、いったい彼らはどこで何をしていたのかという難問が残る（匈奴は一人残らず殺したとする中国のいい分が問題をさらに複雑にする）[★077]。遊牧民のなかでも際立つ外交性を具えた彼らがあっさりとどこかへ引っ込んでしまい、いっさいの外的接触を絶ってしまうことなどありえようか？　ましてやそこはシルクロードが横切り、古来、何十という文化が交錯した場所なのである。また仮にそれが事実だったとしても、なぜ彼らは一世紀の後に突然西へと向かい、遭遇するすべての部族を征服しつつ、北海にまで至ったのか？

「汎フン」理論を誤りとする学者の一人で、論敵に容赦ない攻撃を加えているのはオットー・メンヒェン＝ヘルフエンである[★078]。彼は言語学的、歴史学的、考古学的、民族誌学的根拠に基づいて、匈奴とフンニがフンとは別物であることを示した。たとえば彼は、匈奴は髭を生やすがフンニは髭を生やさない、（対照できる限られた語彙に関して）匈奴とフンニの間に言語的共通点がない、などといった根拠を上げている。結論として、匈奴もフンニも民族的、文化的、あるいは政治的に単一の純粋集団であるとは認めがたい。どちらにも多くの民族との混血が認められ、長い歴史のなかで変化を重ねてきた。メンヒェン＝ヘルフェンは、現代の歴史学者も中世の神学者や地理学者と同じ還元主義の罠に落ち、未開部族が持つそれぞれの特質を消し去って一括りにし、その時点で「文明」を侵食している部族の名前をくっつけてしまう誤りを犯しうると論じている。匈奴は漢の時代に中国を執拗に悩ませた民族であり、フンニは五世紀から六世紀にかけてヨーロッパを蚕食した民族である。そのいずれもが「フン」という民族に還元されてしまったのだ。

　現代では「フン」は蔑称としても使われる。ドイツ人への蔑称にもなった。ドイツ民族こそもっとも純粋な「アーリア民族の子孫」だとナチスは主張したが、古代にアーリア人が中央アジアで遊牧生活を送っていたことを考えると、「フン」にもつながる彼らの主張は皮肉このうえない。いずれにしろ問題は、「フン」であれ、「未開部族」であれ、「ホルド（略奪民）」であれ、「中世」であれ、ある一つの名称が、異なる民族や運動や現象を一括りにしてしまうことだ。現代におけるもっとも露骨な例は、世界中の保守派の論客がみずからの理想とする「自由」（往々にして「やりたい放題」と同義になる）に抵触するすべての大衆運動に浴びせかけた、「共産主義者」あるいは「マルクス＝レーニン主義者の陰謀」という言葉であろう。[★079] こうして、封建領主に反乱する農民もスターリン主義国の軍事官僚もいっしょくたにされ、どちらも危険な集団として一括りにされたうえ、自由陣営があらゆる手段を尽くして撃滅すべき対象とされた。同じように、初めは外部の脅威と見られたものが、いつしか内部の脅威に姿を変えることもある。一九五〇年代、アメリカの上院議員ジョゼフ・マッカーシーは、知識人、芸術家、同性愛者、労働組合の指導者、外国人、ユダヤ人といった、極右勢力が恐れるあらゆる人士に「共産主義者」のレッテルをはり、根拠もなしに国家転覆を企図する者のリストに加えたが、このやり口こそ内部の敵を生み出す手法であった。こうした大衆扇動は人々から正常な判断力を奪い、陣営のいかんを問わず、政治家や軍事官僚であれば相違点より共通点の方が多いという事実を忘れさせる。東の陣営であれ西の陣営であれ、また、互いにどれほど正反対のイデオロギーを叫んでいるにせよ、どちらも自分自身の権力と特権を際限なく増大させようとするものなのだ。

「赤禍《レッドペリル》（共産主義者の脅威）」の他に、世界の民主主義と自由を脅かすものとされ、本書のテーマとも密接な関連を持つ存在がもう一つある。戦闘的かつ政治性を帯びたイスラム原理主義がそれだ。七〇年代末から現在に至る一〇年の間、石油や軍事的利害関係を持つ者だけでなく、欧米キリスト教世界そのものも、仇敵イスラム世界の新たな権化――それはキリスト教世界自身のイデオロギー的不寛容の鏡像でもある――と対峙し続けている。一触即発の危機にあるのは北アフリカのリビアだ。古代、リビアはローマの侵略を受け、さらにその直後には、ヴァンダル族やアラマン部族同盟などの征服支配を受けた。

「超大国」への敵意を隠さないリビアの支配者ムアンマール・カダフィには、ご多分に洩れず、共産主義のシンパだとか、国際テロリストだとか、性格異常者だとかいう攻撃が浴びせられている。アメリカ大統領ロナルド・レーガンは、リビアの石油関連施設と民間施設に対する空爆という、現代版十字軍ともいえる攻撃を加える直前に、このリビアの指導者を「中東の狂犬」といってのけた。[★080]

レーガンが貼りつけたこのレッテルは、「イヌ」のイメージをプロパガンダ目的に利用する、古代から中世にかけて流行った還元主義の焼き直しといえる。これまで見てきたように、歴史的にも民族誌学的にも、「イヌ」という言葉はヨーロッパやインドや中国できわめて古くから悪罵として使われてきた。[★081]「イヌ」と呼ぶことで、その人の人間らしさが否定される。犬は「人類の最良の友」であり、人類は他のどの動物よりも長いシンボリックな関係を犬との間に築いてきた。だが、種の間であれ個体の間であれ、親密になることによって相手への軽蔑も引き起こされる。また、家畜化された犬にも狼やジャッカルやディンゴといった野性の祖先の名残はつねに残っていて、いらだったり、怒ったりすれば野性の荒々しさが顔を出す。「狂犬」は、（獰猛な野獣のように）飼い主に噛みつく。これは人間にはいっそう危険である。なぜなら外部に広がる荒野でなく、人の住む領域の内側、自宅の炉辺、街の大通りといった、慣れ親しんだ場所の真ん中で加えられる危害だから。飼犬に噛まれることへの恐れは、中世に無法者を「狼男」として扱ったことにも通底するだろう[★082]。

つまり狂犬は、人間が一万年にもわたってイヌ族に抱き続けた信頼を裏切る反逆者なのだ。危害を加えるのみならず、裏切りの罪も含まれる。この罪への罰は死である。狂犬は除去されなければならない。不運にも（だが希でなく）、アメリカ空軍の「外科手術」は目標を外し、一五か月になるカダフィの養女の命を断った[★083]。自由世界の利益のために行われたこの殺人は、なぜかテロ行為とはされていない。

イヌについての悪罵の現象学はこのくらいにしよう。歴史をひもとくと、古代のアフリカにも、カダフィを狂犬になぞらえたように、人と「イヌ」を結びつける現象があった。もちろんエチオピアは、古代の多くの地理学者がインドの犬頭人と同一視した犬頭猿の住処であったし、アフリカには人間の支配者が交代する間、犬を玉座に座らせる国もあった。だがまさしくズバリの例は、現在のリビアとほぼ重なる地域にあったガラマンテス王国だ。プリニウスによれば、この王国の軍隊には文字通り二百名もの「犬兵士」がいたという！　現代のガラマンテス王国の支配者を暗殺しようとする際に、レーガンとその取り巻きはプリニウスに教えを請わなかったらしい。つまり人間は、さまざまな活動領域で長足の進歩を遂げはしたが、政治的レトリックとその実行の点で――数多くのカダフィの養女を犠牲にしてもなお――未だに中世を抜け出していないのだ。

8　他者の顔に神を見る

渾沌の勢力、悪魔の手先、怪物、未開部族、未進化の種、偉大な文明の擁護者がみずからを定義するために引き合いに出す「他者」――どれ一つとして、文明的上位者というカテゴリーのアンチタイプとしての役割以外に、いかなる存在論的価値もないように見える。少なくとも表面的にはそう見えるだろう。だがここでもまた問われるべきは、問題のその表面とは、より多元的で、より深く、多様な要素が絡み合った人間存在の実相を隠すためにでっち上げられた、法的擬制という薄っぺらな顔ではないかという点だ。

もちろんそれは、本書が一貫して追求してきた論点である。本書が試みたのは、教会や政治勢力によって他者に加えられた組織的な歪曲に疑いの解釈学をもって臨み、文献の行間や背後を読み取る作業であった。こうした解釈手法によって、二千年を越える騒乱と怒りの時代の根底にある、実存的、心理学的土壌がいくぶんか理解できたように感じられる。本書で検討した伝承の多くには、ドッグマンは「二言話し、一言吠える[★084]」と描写され、この言語能力の不完全さが、彼らの非人間性を露呈するものとされた。結局、文明側の注釈者や理論家はお門違いの非難を続けてきたといえよう。

第1章で論じたように、政治的、宗教的プロパガンダに利用される二極化されたカテゴリーは、いわば完璧な制御のもとにあるサーカスにも似た観念的環境の類型であり、人がふだん経験する世界とはほとんど共通点がない[★085]。また、整然とした秩序のカテゴリーである「コスモス」には、惰性と沈滞を防ぐため、定期的に「カオス」が注入されなければならないことも指摘した。外部との間に生じる緊張と、境界線を越えて互いに浸透し合う相互作用がない限り、構造と制度は硬直し、当然起こるべき変化に対応できず、「中心《センター》は持ちこたえる」ことができなくなる[★086]。

人間の世界に新たなエネルギーと活力を吹き込む原動力の一つは、奇怪なものやぞっとするものに心を奪われる性向であった。そこに狙いを定めた戦争映画やホラー映画やＳＦ映画は大成功を収めている。人は恐る恐る意味を探し求め、その過程で生じる疑問に直面する。そうした疑問から身を護る盾として、論理的、形而上学的、社会的、文化的防衛メカニズムを持ちながら、人は人間存在としての経験をぎりぎりまで拡大させずにはいられない。時として噴出する、生存の瀬戸際を確かめようとするこの行為は、おのれ自身の人間性の限界を直視しようとする勇気、生存の闇の側、夢と悪夢、自身の暗い熱情と衝動の世界をのぞき見ようとする勇気、そして、人生を生きるために必要な満足すべき折り合いを手に入れようとする勇気の表れだ。

突きつめていえば、非人間としての経験を何も経ずに、人間であることの意味を理解することはできない。だが本書で示したように、「存在の核心部に青虫のように丸くうずくまる」無価値なものへの人間の反応――それは古代や中世の怪物的種族伝承への絶えざる陶酔という形を取って現れる――は、さまざまな支配機構やイデオローグに利用され、プロパガンダ目的に使われてきた。

未知の種族や怪物的種族に抱く庶民の恐れは、たとえプロパガンダで誇張されることはあったにしろ、ほとんどは嘘偽りのないものであった。世界地図に残った空白や謎の地域が、地勢データや人口動態データで埋められたのは、わずか今世紀のことにすぎない。一九世紀以前、地球上のどこかに「失われた環」（☆近縁にある二種生物間の仮説的生物。とりわけ、人間と化石サルの間を埋める霊長類）が今も生き続けているのではないか、という疑問には相応の根拠があった。怪物的種族や犬頭人種族についてさえ同じことがいえる。最後に発見された山脈や内海の向こうにはさらに未知の土地があり、そこに現在の分類システムに収まらない人種が暮らしていない保証がどこにあろう。ごく最近まで、怪物的種族への恐れはしごく正当なものであった。現在でさえ、地図や写真を見たことがなく、地球を俯瞰できるだけの教育を受けていない人々が、そうした恐れを抱くことは十分に理解できる。

これからも地球の住人の大部分は、そうした多くの空白を残した概念世界に暮らし続けるだろう。たとえどんな世界に住もうとも、文化を正しく読み取る能力を持たない限り、それは配線の欠けた世界であり、その欠けた隙間を埋めるのは、無知が姿を変えて現れる無関心、うわさ話、民族差別、偏執などでしかない。こうした庶民の無知こそが、歴史を一貫し、超大国や帝国の利益を代弁するイデオローグの最大の味方となった。彼らのプロパガンダとは、他民族の神話に意図的な歪曲を加え、それを「意味のないただのおしゃべり」におとしめることに他ならない。神話こそ、その民族の自己理解の土台であり、彼らの地理と歴史と真価を知る土台であるというのに。

かつての帝国は滅びたが、悲しいことに帝国主義的思考は健在である。ここにこそ、怪物的種族についての教訓を今に生かすべき理由がある。私達が生きるこの世界の政治的イデオローグは偽メトディオス的要素――要塞心理と偏狭な愛国主義レトリック――に満ち、聖アウグスティヌスやイシドルスのように、みずからを思慮深く問い直す態度が決定的に欠けている。経済、交通、通信網が隅々まで張り巡らされ、この惑星が地球村になった今、彼らの態度は不合理きわまりない。もはや地球上に外部の世界などないし、海の彼方や奥地の山のそのまた向こうに、現実の（あるいは想像上の）怪物を住まわせる余地もない。仮にそんな怪物がいるとすれば、彼らの住処は火星か、「スター・ウォーズ」に出てきた舌がもつれそうな名前の銀河、そして、人の潜在意識のなかに探さなければならない。人の潜在意識に潜む怪物を退治する現代の猟師は精神分析医だ。私達の世界（この世界全体）とは人間の住む世界であるか、さもなければ、聖アウグスティヌスがいわんとしたように、「野蛮人とはわれらのこと」なのである。★087（図１４）

では、いわゆる世界の指導者はなぜ人々を招集し、そうした実体のない恐怖に立ち向かわせ、それらを私達のなかから根絶やしにさせようとすらするのだろう？　連中は一人残らず精神異常者なのか？　もちろん、そんなことはない。彼らは、この章の冒頭に引いたプルーストの、傲慢で、愚鈍な外交官ド・ノルポアと同じように、広い心、普遍的で、国や民族の枠にとらわれない心とは無縁の、「頑迷な偏狭さ」★088にとりつかれている。そうした人間は、互いに絡み合う複雑な存在の有り様を自分だけの偏狭な尺度で意図的に矮小化してしまう。こうして、自国と他国の利害が人為的に二極化されて対立するだけでなく、他国の侵略から自国を護るために城壁を築けという雰囲気が醸成される。時と共に、城壁はますます高く、ますます金をかけたものになるが、城壁への信頼は失われるばかりだ。

この理不尽な状況の核心には、「やつらじゃない、俺達だ」という、根深い問題がある。「やつら」こそ、狂犬、大サタン、悪の帝国、かたや「俺達」は、自称神の意を体した犬捕獲人であり、危機にひんした世界の救済者。マッカーシーやヒトラーという、人間の顔をした化け物を大衆の福利の守護者にのし上がらせ、ありもしない「名簿」に基づく善良な人々への攻撃や、ある民族集団への無差別の迫害を後押ししたのもこの論理だ。こうした他者（そして私達自身）への暴力にどう対処すべきなのか？　結局、「俺達」と「やつら」、人間と怪物、文明と未開の間にはっきりした境界などはない。意味ある出会いに偏見のない心で接し、率直な態度で対話と交流を行う。こうして人は真の自己理解に到達できる。それこそが、こわれやすいこの青い惑星を守る道だ。だからこそ、私達は「他者の顔に神を見なければならない」し、みずからの総決算に当たっては他者の参与を認めなければならない。ちょうど、われらの創造主に最後の審判をゆだねるように[★089]

図14——パリの洋服店のマネキン。1986年、著者撮影

あとがき

本書はDavid Gordon White, *MYTHS OF THE DOG-MAN*(The University of Chicago Press,1991)の全訳である。著者デイヴィッド・ゴードン・ホワイト氏の略歴は本書の著者紹介に譲るが、氏は卓越した宗教史学者であり神話学者、かつ小説家でもあったミルチャ・エリアーデが長く主任教授を務めたシカゴ大学宗教史学科に学んでおり、エリアーデがそうであったように、とりわけインドへの深い関心と造詣がうかがい知れる。本書はそもそも学位論文(Ph.D.University of Chicago,1988)として執筆されたが、この論文のタイトル『The other gives rise to self』は本書の内容と著者の執筆意図を強く示唆するものだ。「他者が自己を生ぜしめる」。自己とは「他者」という鏡に映して初めて認識できる。怪物的種族の一員であるドッグマンは、いわゆる〈文明〉の側に属する人間の自己認識を根底から揺さぶる優れた鏡なのだ。

人と犬の混種であるドッグマンとは耳慣れない言葉だが、その存在は人間にとって、人口に膾炙したウルフマン（狼男）をはるかにしのぐ広がりと歴史を持つ。本書でいうドッグマンとは犬の姿をした人（その代表が犬頭人）のみならず、広く犬の象徴性を帯びた人すべてを含む。古代エジプトで霊魂を冥界のオシリスに導くとされたアヌビスや、犬祖神話を伝え持つ中国あるいは中央アジアの諸民族、犬と同じ地位におとしめられ、ほとんど犬と同一視されたインドのアウトカーストもすべて広義のドッグマンといえる。

人間にとって動物の中でもっとも長く親密な間柄にあるのは犬である。犬は一方で熱烈な愛玩の対象となり、かつ一方では強烈な侮蔑の対象ともなった。この侮蔑が個人の範疇を越えて他民族に及ぶこともある。かつて〈偉大な文明圏〉は、自領域の外縁部やそのはるか彼方に住む異民族を十把ひとからげに犬扱いした（因みに、独自の文化や歴史を持つ国々をひと括りに第三世界と呼ぶ現代の所業もまったく同根であると著者は断じる）。

とりわけ一妻多夫制を有し、多くの犬祖伝説を伝える中央アジアの諸民族は、ヨーロッパやインドや中国という〈文明世界〉からひと括りにドッグマンとされたうえ、彼らの隣には女人王国が存在するというアマゾン伝説まで奉られた。〈文明〉を自称する側のこうした還元手法、あるいは法的擬制（はっきりいえばでっち上げ）を著者は痛烈に指弾する。名も無き（＝価値無き）者としてひと括りにされ、理不尽にもおとしめられた人々への扱いを断罪する著者の姿勢は本書の随所に読み取ることができよう。

もちろんイデオロギーのみが論じられるわけではない。本書の大部分はヨーロッパ、インド、中国、中央アジアといった地域のドッグマン神話を丹念に掘り起こし、その意味を探ることに費やされている（中央アジアこそがヨーロッパ、インド、中国のドッグマン神話の源郷であるというのが著者の推論だ）。本書の読者は知的興奮を喚起してやまないドッグマン神話でたっぷりともてなされることだろう。まずは直接の師であるウェンディ・ドニガー氏の「序文」と、著者自身の「はじめに」からお読みいただけるようお勧めしたい。

本書の訳出がワークショップの形で行われたことを付記したい。翻訳作業の一端を担ってくれたのは、矢田直樹（1章）、（故）鹿野透（2章）、青木早苗（3章）、蜂谷智章（4章）、ハーディング祥子（5章）、月森左知（6章）、工藤恭子（7章）、市川恵美子（8章）、中津純子（9章前半）、井本嘉子（9章後半）の各氏である。もちろん文責のすべては訳者にある。

訳稿の入念なチェックを引き受けてくれたロビン・ギル氏に感謝したい。作業の途中においてロビン氏が活躍の場をアメリカに移したため、訳稿の一部は太平洋を越えて往来することとなった。

末尾ながら、本書の編集を担当された工作舎の森下知さんに心より御礼申上げる。とりわけ巻末の原註については言葉に尽くせないほどご苦労をお掛けした。

二〇〇一年一月末　　金　利光

てに「スキタイ」と「タタール」という名称をとどめていた事実を見れば，われわれはいまだにこの古代の構図から脱却できているとはいえないだろう．凍てついた北からのどう猛な蛮族（ソ連）はいまだ豊かな中心地域，温暖な気候，地中海，ペルシアと南および東南アジアの海港に突入しようとねらっている．

★080——"Reagan Prepared to Strike if Libya is Tied to Terror," *The New York Times*, 10 April 1986.

★081——Sir Edmund Leach, "Anthropological Aspects of Language: Animal Categories and Verbal Abuse," in *New Directions in the Study of Language*, Eric H. Lenneberg 編(Cambridge, Mass.: MIT Press, 1964), pp. 23-63.

★082——Gerstein, "Germanic *Warg*," pp. 143-56.

★083——"Wide Damage Seen: Daughter of Qaddafī is Said to Have Died," *The New York Times*, 16 April 1986.

★084——Plano Carpini, *Historia Mongalorum* 5.31, 第６章４節に引用，第１章★050，061，２章★052, ３章★013, ６章★057も参照．

★085——Smith, *Imagining*, p. 63.

★086——William Butler Yeats, *The Second Coming* (1921), Wendy Doniger O'Flaherty, *Hindu Myths* (Harmondsworth Penguin, 1975), p. 11に引用．内部が健全であるために果たす，外部の重要な役割については，第１章１節参照．

★087——この言葉は，*Village Voice*の Literary Supplement,"Barbarians 'R' Us: Storming the Neo-Con Culture Club," *The Village Voice* 33:50(December 13, 1988)のタイトルから借用している．*De civitate Dei* 16.8のなかで「怪物とはわれらのこと」と述べた聖アウグスティヌスの洞察は，第３章４節，本章４節で論じられている．

★088——地方第一主義についてはMarcel Proust, *A l'Ombre des jeune filles en fleurs* (Paris: Gallimard, 1929),1:65. Mircea Eliade, *The Quest History and Meaning in Religion* (Chicago: University of Chicago Press, 1969), pp. 54-71, とくに p. 69.

★089——Emmanuel Levina, *Ethique et infini* (Paris: Fayard, 1982), p. 86: "Dans l'accés au visage, il y a certainement un accès à l'idée Dieu." 同 *Totality and infinity:An Essay on Exteriority*, Alphonso Lingis訳(Pittsburgh: Duquesne University Press, 1969), pp. 194-219も比較のこと．

していたし，それはしばしば女人国であるとされていた．Gernet, *Anthropologie*, pp. 185, 194-95; Brékilien, *Mythologie*, pp. 13, 22-24; Tyrell, *Amazons*, p. 58（Diodorus of Sicily, *Bibliotheca Historica* 3.53.4に引用）．第 3 章 3 節を参照．

★068——Wright, *Geographical Lore of the Time of the Crusades*, pp. 272-73, 283-86と Skelton, *Vinland Map*, pp. 23, 32, 35, 48-49, 68-69, 103, 119, 131.

★069——第 3 章 4 節と★069を参照．13世紀以降に彼らの住処がより東方へと移ったのは，インドの地理について西洋の理解が深まったことによる．中央アジア，ビルマの奥地，Insulindiaのある島々は，これまで示してきたように，実際に犬祖神話を保持する人々が居住していた．インドのシャバラやアオ・ナーガといった部族も同じテーマの神話を所有する．

★070——ただし，これらの民族の少なくとも一部がヨーロッパによる搾取の前に，自国により近い首長，王，皇帝によって搾取されたことがないというわけではない．人が人に加えた非人間的扱いの歴史のすべてがヨーロッパによって始められたなどというつもりはない．

★071——White, "Forms of Wildness," pp. 27-34とMeslin, *Le merveilleux*, p. 86, 第 3 章 3 節に論議がある．

★072——Long, "Primitive," p.45.

★073——宗教から科学へと進む同様の動きは，Auguste Comteの*Positive Polity*にも見出される．そこでは，将来のポジティブな社会におけるまさしく「カトリックの」聖職者が科学者だとされている．ヘーゲルの世界霊魂それ自身への回帰，現代ドイツ国家における歴史で実現されたその運動から自然への回帰についても同じことがいえる．中世の野人が心理学的カテクシスへと矮小化された経緯については，拙著"Forms of Wildness," pp. 34-36を参照．

★074——ゲルマンの*Ungeheuer*と中国の鬼の類似したケースについては，Meslin, *Le merveilleux*, p. 87とWolf, "Gods, Ghosts and Ancestors," p. 174を参照．

★075——フン族が西洋の文献で犬頭人とほぼみなされることについては，第 3 章 2 節と★029, 031, 033を参照．匈奴と西洋フン族の同定については，McGovern, *Early Empires*, pp. 122-314を参照．

★076——Procopius（紀元 6 世紀）は，このちがいに最初に着目した著述家(*De aedificiis Iustiniani* 3.25)である．Maenchen-Helfen, *World of the Huns*, p. 378. ペルシアと南および中央アジアに残る証拠についてはThakur, *Hūṇas in India*, pp. 27, 48-52と比較のこと．第 6 章 3 節を参照．

★077——Maenchen-Helfen, *World of the Huns*, pp. 451-52.ヨーロッパにおける匈奴／フンの殺戮（紀元73-88年），消滅（紀元165年），再出現（紀元380年）については，Thakur, *Hūṇas in India*, pp. 16-18と比較せよ．

★078——Otto Maenchen-Helfenの死後出版された総合的な著作*The World of the Huns*の内容は，"Huns and Hsiung-nu," pp. 222-43を含むいくつかの論文がすでに予示していたものだ．この主題についての他の文献はRoux, Religion, p. 22, 注 1 を参照．

★079——この視点に従うと，ソビエト連邦は古代の地理学者や歴史家にとっての北方蛮族スキタイの役割を演じてきたことになる．Strabo, *Geographica* 15.1.1.スキタイについてはJ. W. McCrindle, *Ancient India as Describe in Classical Literature*, p. 7と比較のこと．エフタルについてはThakur, *Hūṇas in India*, p. 88. ヨーロッパで18世紀まで使われた地図が黒海の北と東に広がるすべ

とを示している．偽メトディオスの*Revelations*についての一般的な論議は，Anderson, *Alexander's Gate*, pp. 44-50にある．

★051——Anderson, *Alexander's Gate*, p. 45; Budge, *Alexander Book in Ethiopia*, pp.143-44も参照．中国人は，黙示録的伝承の類は持たなかったが，それでも彼らが恐れる匈奴の勃興を天の託宣と結びつけた．Parker, "Turko-Scythian," p. 256と第 6 章 3 節を参照．

★052——Marcus Dods, *The City of God by Saint Augustine* (New York: Hafner, 1948), pp. vii-viiiに引用の*Augustine Retractions* 2.48. *City of God*の初版のはじめの部分でも，異質な存在の問題が扱われている．

★053——大プリニウス(*Naturalis Historia* 7.1)もまた，彼の人種論議をインドのCynocephali, Sciapoda, Blemmyesなどという問題あるグループの描写から始めている．第 3 章 1 節と 4 節．

★054——Roy, "En marge," p. 76.

★055——Martin Heidegger, *Einführung in die Metaphysik* (Tübingen: Max Niemeyer, 1953, 1976), pp. 1, 28-29.

★056——Chénu, *Nature*, p. 194.

★057——これについてとくによいものはKlijn, *Acts of Thomas*, p. 18. この新しい使徒の「様式」についてももっともすぐれた作品の例は，フランスのヴェズレイ教会のティンパヌムである．Vogade, Vézelay図19と付随のテキスト参照. 多くの使徒行伝外典がローマ崩壊とこれまで述べたさまざまな事件の前に書かれたが, 聖アンデレと聖バルトロマイそれに犬頭のアボミナブル／クリスチャンについてのエチオピアの伝説は非常に後のものであり，失敗に終わった十字軍最後の遠征のさらに 1 世紀以上もあとに書かれている．

★058——Budge, *Contendings*, p. 179. 第 2 章 1 節．

★059——キリストを背負う従順な聖クリストフォロスの美術史的伝承については，Vogade, *Vézelay*の注にある図19（ノンブルなし)，それに Réau, *Iconographie*, vol. 3, pt. 1, pp. 3-4, 310-12を参照．

★060——Yu, *Trade*, pp. 65-91, とくに pp. 65-78. 第 7 章 4 節も参照．

★061——これは，インドの「民衆の知恵」に属する理論であり，H. D. Sankalia (*Rāmāyaṇa, Myth or Reality* [New Delhi: People's Publishing House, 1971], p. 49)は，叙事詩における「Lanka」の地理学についての彼自身の理論にそれを組み入れた．この点についてはMadeleine Biardeauに教えられた．

★062——Diana Eck, *Benaras: City of Light* (London: Routledge & Kegan Paul, 1983), pp. 110, 198-99.

★063——Geiger, *Māhavamsa*, p. 57 と第 5 章 2 節を参照．

★064——Sir John Marshall, *A Guide to Sanchi* (Delhi: Government of India Press, 1955), p. 41.

★065——*MBh* 3.40-41.

★066——ストラボン(*Geographica* 15.1.58-61)はバラモン(Brachmanes)と，因襲打破を考える *śrāmana*の苦行者 (Garmanes)を明確に区別している．

★067——「教父の地理学」のこの部分の元になったのはセヴィーリャのイシドルスである．Skelton, *Vinland Map*, p. 146. 古代および中世ヨーロッパもまた天国が極西の日の沈む地にあると

図12参照.

★040――インド叙事詩神話のメガステネスへの影響については，Wittkower, "Marvels of the East," p. 162.中国の『山海経』に対する西洋の影響については，Maspero, "Légendes," p. 37.「タタール記」に見られる，モンゴルの伝承に対するアレクサンドロス大王伝説の影響については，Skelton, *Vinland Map*, pp. 71-75のPainterを参照．プリニウスの著書の多大な影響については，Wittkower, "Marvels of the East", pp. 166-67を参照.

★041――Smith, *Map*, pp.241-49.

★042――初期キリスト教父地理学における「ヨーロッパの」*oikoumenē*とそのアンチテーゼ―*perioikoi, antioikoi, antipodes*―の考え方の発展については，Anderson, *Alexander's Gate*, p. 3とSkelton, *Vinland Map*, pp. 68, 111, 146, 153-54.　第３章１節と★003.

★043――クテシアスのKalustrioi と Kynokephaloiを同一のものとみなしたのはメガステネスであった．第３章１節を参照.

★044――これらの彫刻は，現在ではルーヴル美術館のエジプト・コレクション（no.D31）に展示されており，高さは６フィートを越すものである．これらはルクソール宮殿のラムセス２世（第19王朝）のオベリスクからとりはずしてきたものである．図04を参照．Nōtou Ceras（*nōtos*は南風に当たる言葉でもある）は世界の最南端である．Strabo, *Geographica* 16.4.14, 16. 南「エチオピア」と同じく，ヘロドトス(Historia 3.98)にはじまる古代地理学者たちは，インドを東の世界の果てとした．アレクサンドロス大王の「世界の果て」の描写については，Vollmer, Keall, and Nagai-Berthrong, *Silk Roads-China Ships*, p. 7を参照．中国人もマン族が住む南境の彼方の地を「世界の果て」と書き記している．Luce, *Man shu*, p. 10.

★045――古代エジプトでは，アヌビスという名は「犬頭人」を意味した．Vogade, *Vézelay*, text to plate 19（ノンブルなし)．図03参照．アヌビスとヘレニズム時代の犬頭人ヘルメスとの関係については，Seznec, *Survival of the Pagan Gods*, p. 166 (including plates 65 and 66)を参照．ザカフカスの外エチオピアとアフリカのエチオピアとの融合や犬頭のマントヒヒに対する古代エジプト人の崇拝と、同地域への伝道との関係については，第２章★012，047と119も参照.

★046――Painter, Skelton, *Vinland Map*, pp. 62-75に引用.

★047――これは契丹の北に住む人々についてのHu Chiaoの記述のなかに見受けられる．Chavannes, "Voyageurs," pp. 408-9．こうした女たちもまた自分たちの「調理した乳」を与えて犬男たちを養い育てることが多かった．第３章★011, 4章★004を参照.

★048――Hasenfratz, "Der Indogermanische 'Mannerbund,'" pp. 148-63 とGernet, *Anthropologie*, pp. 201-3. 第1章★051，052と２章２節を参照.

★049――Schlegel, "Problèmes géographiques," pp. 509-10.

★050――この食習慣は，反グノーシス伝承であるエピファヌスの*Panarion* (26.4.3-26.5.8)のなかにも記されている．エピファヌスは，中絶や精子，経血，胎児を食するという，嫌悪すべき習慣を持つこれら異教徒を非難した．*Dictionnaire des mythologies* s.v. "Gnostiques et mythologies du paganisme," by Michel Tardieu. 清浄の範疇に対するこうした注目は，ユダヤ起源にちがいない．Klijn, *Acts of Thomas*, p. 20. 偽メトディオスのなかにペルシアの名がしばしば使われていることは，ヨーロッパ西方と，南アジアや中央アジアとをつなぐ長年の架け橋となったその地域から借りたこ

では，犬の国（住人は人間の女と住んでいる）はモンゴルの母国から川をはさんで向こうにあるとされる．第 6 章 4 節参照．西洋を見ると，西方の女護が島にまつわるケルトの伝承は，*Duanaire Finn*の記述と並置されよう．そこにはケルトの英雄クーフリンが，海を渡ってアイルランドの海岸にやってきた犬頭人と戦ったとされている．Murphy, *Duanaire Finn*, 2:23-27.このアイルランド伝説への，アレクサンドロス大王伝説の影響についてはFriedman, *Monstrous Races*, p. 228, 注40 参照．北方についていうと，ブレーメンのアダムが犬頭人と島を共有しているアマゾンについて書き記している．彼はたぶん初期のシリア伝説の影響を受けていると思われる．伝説はアマゾンがコーカサス山脈の北の「スキタイ」にいたと伝えているのだ．6 世紀頃のシリアの文献(Ahrens and Krüger, *Sogenannte Kirchengeschichte*, p. 253)には，犬頭人とアマゾンがコーカサスの上「Bazgûn」（カスピ海にあるフン族の国）の北に住んでいるとされている．第 3 章 3 節参照．
同じテーマは，ストラボン (*Geographica* 17.1.22)にも見られる．ストラボンは，メンフィスとアレクサンドリアの間のナイル川沿いに女(Gynaecopolis) と犬 (Cynopolis)の都市を特定したのである．このモチーフが社会・経済的状況，神話的タイプ，またはある種の「原型」の伝播の反映であるかどうかはわからない．この問題は南中国のパターンについては，Girardot, *Myth and Meaning*, pp. 236-40, 323-25で，またトルコ，モンゴルのテーマについてはRoux, *Religion*, pp. 182, 194で検討されている．

★032——アマゾンが遺伝子工学にも通じる方法を行っていたことは，ブレーメンのアダムだけでなく，古代ギリシアの文献にも記されている．未開生活を行うアマゾンは，自分たちの種族を絶やさないために，浮浪人とか，野蛮人を「使う」とされていた．Diodorus of Sicily, *Bibliotheca Historica* 3.53.1-3, Strabo, *Geographica* 11.5.1, 共にWilliam Blake Tyrell, *The Amazons: A Study in Athenian Mythmaking* (Baltimore: Johns Hopkins University Press, 1984), pp. 47,54に引用．

★033——ヘブライ語のmŷn については，Hayden White, "Forms of Wildness," pp. 14-15を参照．第 3 章 4 節も参照．

★034——Kullūka Bhaṭṭaの *Manu* 10.4: "Pañcamaḥ punarvarṇo nāsti. Saṅkīrṇajātīnām tvaśvataravānmātāpitṛjātivyatiriktajatyantaratvānna varṇatvam."への批評．

★035——狂信的男性優位社会では上位カーストの男と下位カーストの女の交わりが「本分に沿う」（*anuloma*）として許されているが，上位カーストの女と下位カーストの男との混交はカーストの混乱を招き，「本分に反する」（pratiloma）としている．中国のこの例と通底する考え方であろう．*Manu* 10.25-31.

★036——*MBh* 8.30.21; Budge, *Alexander Book in Ethiopia*, p. xxix.

★037——Wolohojian, *Romance of Alexander*, pp. 141-42 (par. 252).

★038——Moebius and Alexandro Jodorowsky, *Les aventures de l'Incal*, 5 vols. (Paris: Les Humanoides Associés, 1982), vol. 2, *L'Incal Lumière* の随所．ブレーメンのアダムとルーマニア民話の一節は，第 3 章 3 節参照．

★039——Edward Saidの著名な*Orientalism* (New York: Pantheon, 1978)に東洋の不可思議な事物は，西洋の投影であると記されている.その対称となる西洋の不可思議な事物についての中国の記述は，Chavannes (1905), p. 186に引用されている『後漢書』の第108章を参照．同書はまたインドの不可思議な事物についても述べている．p.218．インド伝説にある北方浄土については，第 6 章 1 節，

守らなければならない．「cleave」の持つ二つの意味はまた，神聖なものの曖昧さをよく表している．

★015——Wolf, "Gods, Ghosts and Ancestors," p. 174; Mathieu, *Shanhai jing*, 1:1; Yu, "Creation Myth," p. 493. いずれもエチオピア人は偽*Acts of Andrew*: Schneemelcher, *New Testament Apocrypha*, 2:400で悪魔とされている．第2章3節と7章4節と★048.

★016——これはとくに，南，東，西の異民族の場合である．Pelliot (1931), p. 470; *Dictionnaire des mythologies*, s.v. "Chine. périphérie"; and Eberhard, *China's Minorities*, pp. 81, 103. 第8章2節を参照.

★017——Liu (1941), p. 293; Chavannes (1907), p. 521; Luce, *Man shu*, pp. 100-101.第7章2節を参照.

★018——Mestre (1945-46), pp. 29-30; 同 (1946-47), pp. 108-14.第7章2節を参照.

★019——Meslin, *Le merveilleux*, p. 87.

★020——第2章3節と★020と★046，3章4節を参照.

★021——紀元6世紀，チベットに初めて目を向けた中国は，一妻多夫制を行っていた彼らの国を女人国として記録した．Eberhard, *China's Minorities*, p. 69. 第6章1節と4節を参照.

★022——「タタール記」18. 地理的偏見に合わせて物語を故意に変えたもう一つの例は, Skelton, *Vinland Map*, pp. 70-71にあるPainterの注, pp.64, 65と「タタール記」13.

★023——Anderson, *Alexanders's Gate*, pp. 27,50; Grousset, *Sur les traces du bouddha*, p.83; Skelton, *Vinland Map*, pp. 62-63, 136, 151と Budge, *Alexander Book in Ethiopia*, p. 146.アレクサンドロス大王の門が各地にあることについての議論は, p. 55を参照.

★024——Skelton, *Vinland Map*, pp. 28, 48-49.

★025——14世紀に書かれた『元朝秘史』は，中央アジアの人々が自分たちの言葉で自分たちについてまとめた最初の記録である．Eberhard, *China's Minorities*, p. 39.

★026——Eberhard, "Kultur," p. 293; Chavannes (1907), p. 220, 注1．第7章2節も参照.

★027——Strabo, *Geographica* 16.4.10. 第3章★018と4章1節と★004を参照.

★028——Luce, *Man shu*, p. 92 と随所．中国の文献は，槃瓠の子孫であるマン族の居住地をすべて9世紀における『蛮書』の編纂以前にHunan とKwangsiのもっと北の地方に置いていたので，この移動は多分紀元4～9世紀の間に発生したと思われる．さらに仏教の聖地インドへ赴いた三蔵法師はアッサムの北にある山脈の麓に住んでいるこれらの中国異民族について語っている．Grousset, *Sur les traces du Bouddha*, p. 188.

★029——Ibn Battuta, *Voyages*, 3:291, 310-13. Matsyendranāthに関する中世の伝説もまたKāmarūpa（アッサム）に女人国があるとしている．Das Gupta, *Obsure*, pp. 222-23.

★030——*MBh* 8.30.20-23. 多くのペルシア＝アラビアの文献が，この場所の存在を確証している．Ṭakka-deśaはカシミールの南，Sialkotの北東にあり，物語に書かれている女性の美しさは有名である．*Hudūd al-'Alam*, p. 249. 第6章1節参照.

★031——スリランカでは，女性の*yakkhinī* Kuvaṇṇāは「犬面の」*yakkhas* of Sisiravatthu（第5章2節）と混交する．ある島にあった中国の女人国は，女と犬頭人の男により共有されている．島に流された槃瓠の妻は混交により犬の男児と人間の女児を生んだ．第7章2節参照．「タタール記」

とくに 19-20を参照．マン，ヤオ，戎，チベット，シャカ，その他の山岳民族とその文化が出会った可能性のある地点としてのパ（四川）の文化領域については，Eberhard, *Local*, pp. 44-45, 143, 171; "Kultur," pp. 202-3; *Typen*, p. 75; McGovern, *Early Empires*, pp. 136, 331-33; and Girardot, *Myth and Meaning*, p. 171を参照．

【第9章】

★001——Maspero, "Légendes," pp. 97-99; Chavannes, *Mémoires*, 1:67-68, 77-79.第 8 章 2 節を参照．

★002——*AB* 7.18.第 4 章 3 節を参照．

★003——*Harivaṁśa* 10.21-45 and *Manu* 10.43-45. Mukherjee, *Pāradas*, pp. 52-55 and Muir, *Orijginal Sanskrit Texts*, pt. 1, p. 486も参照． 第 4 章★036と 6 章★007.

★004——Genesis 9.19.第 3 章 4 節．

★005——Anderson, *Alexander's Gate*, pp. 45-49. 第 3 章 2 節参照．

★006——Eliade, *Zalmoxis*, p. 127.

★007——イスラム伝説のヤペテについてはCordier, *Les cynoéphales*, pp. 15-17.キュロス大王に関するヘロドトスの記述は*Historia* 1.110-22.第 3 章 4 , 5 節参照．

★008——Seznec, *Suvival of the Pagan Gods*, pp. 85, 183; Friedman, *Monstrous Races*, p.8.同じくストア学派のストラボンは*Geographica* 17.1.36-38のなかでこの「方法論」を発表している．

★009——*Rām* 1.60.5-1.61.27. インドラがサラマーと血縁関係にあることは，Yāska *Nirukta* 2.17. 第 4 章 3 節と 5 章 3 節参照．

★010——Chavannes, *Mémoires*, 1:77-79, 88によれば，黄帝もまた犬戎の祖先である．第 7 章 2 節と 8 章 2 節．

★011——Narain Chaudhari, *The Continent of Circe* (Bombay: Jaico Books, 1965), p. 73.

★012——Chavannes, *Mémoires*, vol. 1, pp. 220, 251, 254, 258-59, 277, 285, 290. 第 6 章 3 節を参照．

★013——Milton Singer, *When a Great Tradition Modernizes: An Anthropological Approach to Indian Civilization* (Chicago: University of Chicago Press, 1972; reprint 1980), pp. 55-56 と随所. Singerは，彼が師事した教授Robert Redfieldを大小さまざまな伝統を人文地理学的に研究した先駆者とし，Redfieldの*Peasant Society and Culture: An Anthropological Approach to Civilization* (Chicago: University of Chicago Press, 1956)を引用している．

★014——英語の「horde ＝遊牧民」という言葉はペルシア語の軍隊の野営に当たる言葉からきている．またウルドゥ語の名前の語源でもあり，もとはエフタル語である．Thakur, *Hūṇas in India*, p. 34. サンスクリット語のガナは英語のhordeと同じような意味をカバーする．中国の異民族は，中国王朝の四方を取り囲む辺境を浸食する人の群れ（四海）として描写されている．Granet, *Pensée*, pp. 284; 288-90.第 1 章 3 節， 8 章 1 節を参照．

相互に結ばれていた原初の状態を，やつらとわれら，善と悪などという二極に分けてしまう，分裂と融合という二つの過程は「cleave」という言葉が持つ二つの意味（「裂ける」と「くっつく」）でいい尽くされる．形成されたある単位は多くの他者の集合体であり，自己はそれに対してわが身を

Local, p. 456に引用されている『後漢書』1 15.2b.同 *China's Minorities*, pp. 27-28も参照．ここで，犬頭人とアマゾン族の女たちの土地についての二つの異なる資料が想起される．Hu Chiao (Chavannes, "Voyageurs," p. 32)と "Tartar Relation" (par. 13: Painter, in Skelton, *Vinland Map*, pp. 64-65)の記述によれば，彼らは地下に住む．唐代の*Chiu T'ang shu* (197.4-5)には，（東方の）女人国の住人は 6 階建ての家に住み，女王は 9 階建ての家に住むと記されている．Pelliot, "Femeles," pp. 699-700.

★049――Stein, "Habitat," pp. 38-40.

★050――Luce, *Man shu*, p. 100.『蛮書』も 9 世紀のマンの「高床式」と「穴居」についてふれている．pp. 40, 79. ミャオの「高床式」については，Eberhard, *China's Minorities* p. 82を参照.

★051――Stein, "Habitat," p. 41.唐～明の建築のなかで，崑崙という名をもつ塔がある．p. 50.後の資料では，崑崙山はそれ自身天と同じ 9 層構造を持つとされた．同 "Architecture," pp. 172, 176-77. Wheatley, *Pivot*, pp. 423-51参照．道教の錬金術的小宇宙の文脈における瓢箪型の崑崙の象徴性については，Stein, "Jardins," pp. 54-59.

★052――Stein, "Habitat," p. 48 と Granet, *Pensée*, p. 291.

★053――契丹がかれらの犬の祖先の頭蓋骨を埋葬した住居の名も*chong-liu*という．これは，洞穴，墓，それに天と同一視される．Stein, "Leao-tche," p. 136.

★054――Granet, *Pensée*, p. 292, and Stein, "Habitat," p. 46.犬戎族と崑崙の原初的関連については,Girardot, *Myth and Meaning*, p. 173を参照.

★055――Stein, "Habitat," PP 48-49, 70-71, 注31, 39.

★056――前掲書p. 51と p. 71, 注33．上記★048と★053を参照．Steinはまた漢時代の満州民族は数層階に家を掘り出し，中央の柱に犬を結びつけていたが，これは死者を（地下の）死者の国へ導く霊魂案内者たる犬の扱いにおいて，十字形の墓の中央の穴に犬を埋葬した殷の方式と類似するものだと示唆する．この埋葬形式は，殷で必ず行われる習慣だったとはいえない．K. C. Changは，*The Archaeology of Ancient China* 4th ed. (New Haven: Yale University Press, 1986)のなかで，犬を中央に配置することについてはなにもふれていない．

コリアク族は，住居の中央の柱のところに犬の生贄を捧げる．これは，*kalau*（人間の頭をもつ犬）と呼ばれる死者の霊が，中央にある炉床を通って死者の国から生者の世界へと入ってくるという信仰と対になっている．Stein, "Habitat," pp. 51, 65.中国人はまた死者の道と犬を結びつけており，Mu-lien（仏教の伝統のMaudgalyayana）の物語と関連があるとする．Mu-lienは，白い犬の肉を食べたことで地獄に堕ちた彼の母を救うために，地獄に下りていった．(この話の変形では，母は夫の葬儀に犬の肉を会葬者に供したとされる．その一人が犬になってかみついたため，彼女は死んで地獄へ堕ちたとされる．このドラマは，現代の中国民衆の死の儀式でも再現されている．Ken Dean [Charlottesville, Va., Oct. 1987]との個人的交流から．Mircea Eliade, *Shamanism*, Williard R. Trask訳，Bollingen Series 76 (Princeton: Bollingen, 1974), p. 457, 注 1 ; Eberhard, *Folklore*, p. 89; and A. von Gabain, "Kṣitigarbha-kult in zentralasien," *Indologen-Tagung*, 1971, Herbert Hartel and Volker Möller編 (Wiesbaden: Franz Steiner, 1973), p. 69も参照．Von Gabainはこのテーマにはイランの影響があることを示唆している．

★057――Eberhardの中国の高度な地方文化の交流についての一般的理論の記述は*Local*, pp. 19-30,

Lurker, "Hund und Wolf," pp. 212-13によれば，周の時代に，矢の的としての天の「狼」から「犬」への用語上の変化があったという．天の狼がシリウスと同定されるのはもっと後のことである．

★042——Ching-ling hou, "Belief," pp. 221-24.

★043——Schindler (1924), p. 655; and Erkes, "Hund," pp. 217-18.中国の資料は*Shi Chih* (Chavannes, *Mémoires*, 3:23, 237; 4:422-23).天の猟犬あるいは犬星シリウスと，夏至の日に行われるこの犬の生贄との同定ははっきりしない．

★044——Schindler(1924), pp. 626, 631, 651-55; Eberhard, *Local*, p. 463; and Erkes, "Hund," p.217. 4つの *lei* の犠牲者の名は *pa, chih*, tsu, noであった．これらの原典は *Lü-shi Ch'un-ch'iu* 8.11(= *Li Chi* 3[6]81a); *Li Chi* 3 (6)57b; *I-li* 7.20ab, 18.24と*San-kuo-chih* 29.6a.

★045——ドアの下にうずくまる番犬というのは，『説文解字』10.1.31aに記されている．そのなかで，漢字の*li*は背を丸めて戸の下から這い出す番犬として説明されている．漢字の*t'u*（突）は「突進する」という意味で，「犬」＋「穴」という部首からなっている．Erkes, "Hund," p. 210.これまで見てきたように，『魏書』（魏朝の歴史）のなかで残されている匈奴（と他のアルタイ語族）の祖先伝説では，塔の扉の下のくぼみに位置して二人の王女を守るのは狼である．この王女たちはそこで暮らし，まったき種を生み出すために二人のうちの一人と結ばれる．『元朝秘史』や，その他地上の女性を受胎させるために地におりる天の犬あるいは狼の祖先神話を参照のこと．第6章4節と★071と072参照．

★046——Rolf A. Stein, "L'habitat, le monde et le corps humain en Extrême-Orient et en Haute Asie," *Journal Asiatique* 245 (1957): 38; 同著者 "Architecture et pénsee religieuse en Extrême-Orient,"*ArtibusAsiae* 4(1957): 164; Granet, *Pénsee*, pp. 90-95, 210-29; and Wheatley, *Pivot*, pp. 425-51.中国の境界を越える中国の官吏が見聞した，世界の驚くべき変容については，Luce, *Man shu*, p. 10.世界の果て（ヒンドゥークシュ）の恐るべき描写と比較のこと．「兵士たちは居住可能な世界の果てを見ているのだと確信した…そして彼らは日の光と空が彼らを見捨てる前にもどるよう求めた．(Vollmer, Keall, and Nagai-Berthrong, *Silk Roads-China Ships*, p. 7に引用)．天と地を行き来するための木あるいは道筋を切断することについては，Kaltenmark, "Religion de la Chine Antique" p. 934.

★047——「くぼみの家」あるいは「穴」は，商（殷）時代には一般人の住居だった．Levenson and Schurmann, *China*, p. 18.「井田制」の構造は，孟子によって記され，あとに続く儒者にとって社会的調和の理想となった．「井田制」という名前は，それ自身三目並べの盤か中国の「魔方陣」の形をした漢字の「井」(井戸）から来たものだ．この図解では，貴族あるいは世俗の権力者が中心の四角を占め（伝統的な家では中央の屋根の穴が「天の井戸」と呼ばれたように，それは井戸と同定された)，中心に住む貴族や権力者の臣民によって耕される一里四方の8つの区画によって囲まれていた．このシステムは実行に移されなかったかもしれない．しかしこの「井田制」は儒教思想に基づく社会構造や天界の階層を9層化とする考えから導かれる当然の帰結であった.p. 70. 中国の魔方陣についてはSchuyler Common, "The Magic Square of Three," *History of Religions* 1 (1961): 37-80を参照．

★048——季節の変化によって「穴居」と「高床式住居」を交替するツングースについてと，この習慣の南方への伝播および紀元前2000年における中国の「高度な」文明については，Eberhard,

の犬と鳥が従った．Hummel, "Hund," pp. 500-501.女真族が媒介役として白犬を使ったり，弓でわらの犬を射ることについては，Stein, "Leao-tche," p. 135, 注1. N. W. Thomas, *Encyclopedia of Religion and Ethics*, vol. 1, s.v. "Animals: Dog,"によれば，中国では干ばつを防ごうと，人間のように衣装をまとわせた犬を練り歩かせた．

★038——「大熊を突き刺す」儀式については，Girardot, *Myth and Meaning*, p.92, and Eberhard, *Local*, p. 54を参照．IとErh-langと天の犬の関連については，Eberhard, *Local*, pp. 85, 167-68を参照．羿（ゲイ）が服従しない９つの太陽を天から射落とした故事は，現代では10月の満月に天に矢を射ることで祝われる．その神話はEberhard, *Local* pp. 85-86にある．天の犬に矢を射る行動については，Hummel, "Hund," p. 507を参照．矢を射るのとは別に,新生児たちの守護者Chang Hsienを信仰するやりかたもある．Kretschmar, *Hundestammvater* 2:24.天の犬あるいは狼は，幼児をいじめるだけでなく天体を飲み込みもする．日食や月食はこうして起こるとされた．Lurker, "Hund und Wolf," p. 213; and Schindler (1923), p. 364.チベットにおける犬頭の悪魔の利用については，Oberle, "Hundekopfdämon," pp. 222-33も参照．

★039——Eberhard, *Local*, pp. 211, 462-63とSchindler (1924), pp. 626, 631,　651-56. Schindlerは，秦の暦と漢時代の資料のなかに立証された天の猟犬と上帝を犬の生贄と関連づけた．*Chiu-ko* of Ch'ü Yuan: Erkes, "Hund," p. 196によれば，不思議なことに矢で天の狼を射抜いたのは上帝自身であった．Erkesも,Shansi県の北西のT'aiに対し，Ti-ch'üanという名の犬祖はもともと上帝だとみなしている．Chavannes, *Mémoires*, 5:31も参照．紀元前18世紀の資料で，北方蛮族に使われる言葉もまた*ti*である．DeGroot, *Religious System*, 4:268．犬と卵（この卵は犬が水中から取り出したもの．骨なし王はこの卵から生まれた）—この骨なし王はたぶん槃瓠と渾沌神話をつなぐ重要な存在だろう—を結びつけたHsu神話は，T'ai人の地方を起源とする．その人々は，戎を隣人としていた．Eberhard, *Local*, pp. 44-45. 第７章★033を参照．

★040——Ching-ling hou, "Belief," p. 221. *Hsing-ching*は，星座の*wei*を天の犬と同定している．Eberhard, *Local*, p. 168. *Chou-li* (Biot, *Tcheou Li*, 1:80)は，天球の西方を犬とみなしている．Leopold de Saussure, "La série septénaire cosmologique et planétaire,"*Journal Asiatique* 104 (1924): 344を参照．『礼記』のなかでは，西の星座は戦闘を好む西の蛮族，白い虎（Lin chün とみなされる虎の槃瓠)，戦争とみなされている．Ching-ling hou, "Belief," pp. 215-17.

★041——天の狼に向けて射る矢については，Chavannes, *Mémoires*, 3:353に引用のあるMaspero, "Légendes," p.23, 注１を参照．同書pp. 30-31には，天上の宮殿の守護者としてのこの天狼の役割にふれている．Erkes, "Hund," p.196 は，*Shi Chih* 2.1.3.1と同様 Wang Yiの批評を引用してマスペロの翻訳を取り上げている．同じ天上の宮殿の守護者としての天の犬については，Ching-ling hou, "Belief," p. 221を参照．英雄的な死者の地であるこの宮殿については，Marcel Granet, "La vie et la mort: croyances et doctrines de l'antiquité chinoise," *Annuaire*, Ecole Pratique des Hautes Etudes, Section des Sciences Religieuses, 1920-1921, p.22, 注３を参照．皇都あるいは宮殿と，天宮および現在大熊座，小熊座として知られる西方の星座との同定は，Paul Wheatley, *Pivot of the Four Quarters: A Preliminary lnquiry into the Origins and Character of the Ancient Chinese City* (Chicago:Aldine, 1971), p. 443, fig. 26に説明されている．これは漢の都，長安すなわち「北斗の市」の輪郭を図示したものである．そこでは上記二つの星座が市の見取り図に重ね合わされている．

la Chine Antique," in *Encyclopédie de la Pleiade: Histoire des Religions*, 2 vols., Henri-Charles Peuch 編(Paris: Gallimard, 1970), 1:934 も比較参照. ここでは水の混沌, 禹帝がなした舞踏, 三苗の追放, 天と地の分裂のテーマを描いている. 渾沌を含むさまざまな怪物の同定, 戎と匈奴や「悪魔の地」との同定, それに三苗の西方への「2度目の追放」については, Chavannes, *Mémoires*, 1:77-79, 88, それにWolf, "Gods, Ghosts and Ancestors," p. 174も参照. 他の渾沌の親子関係については, Eberhard, *Local*, p. 439.神話上の三苗と現代のミャオ族を同定することは不可能という点では, 同著者の *China's Minorities*, p. 82を参照.

★032——中国とその蛮族を詳しく同心円状に階層づけした初期の例としてはChavannes, *Mémoires*, 1:83, 注5; 84, 注1.,また pp. 147-49も参照.もっともその外縁にいたのはマン族と「放浪する人々」であった. 傑出した禹が周の伝統(Shanshi県北西のLungmen地方に起源を持つ伝統)に及ぼした歴史的背景, それに禹の神話学的相似性については, Maspero, "Légendes," pp. 59, 71-76, 88-89と92-93を参照.

★033——Marcel Granet, *La civilisation chinoise* (Paris: Albin Michel, 1988), p. 327.

★034——Eberhard, *Studies in Chinese Folklore*, p. 65. Tryjarski ("Dog," p. 301)は, 数多くのトルコ=モンゴル関連のなかで, 建築の生贄として犬の頭蓋骨を埋葬したと語っている.

★035——Erkes, "Hund," pp. 210-11.

★036——*Tao te ching* 5, D. C. Lau訳, *Lao Tzu: Tao te ching* (Harmondsworth: Penguin, 1983), p. 61. Chuang Tzu 14, Burton Watson訳, *The Complete Works of Chuang Tzu* (New York: Columbia University Press, 1968), pp. 158-59も参照. 荘子は, 供犠のなかで踏みつけにされた後の犬がバラバラに捨てられるのと同じように, もはやどんな役にも立たなくなったものは捨てるべきであると強調している.

★037——紀元前2世紀の*Huai -nan tzu*や*Lung-heng*と, Shantungの葬送儀礼については, Eberhard, *Local*, pp. 462-65を参照. その儀礼では, 焼いた髪を入れた犬のビスケットが死者に与えられた. 地獄の犬は長時間ビスケットを食べるのに忙しく, 死人を傷つけることなく通過させるからである. 同じモチーフはHu Chiaoの10世紀の物語にもあり, 犬頭人(Pelliotにより Ch'i-tan of Manchuriaと同定されている)の地から逃げ出した旅人が, 追跡する犬頭人のスピードを鈍らせるために10里ごとに箸を投げたとある. Chavannes, "Voyageurs," pp. 408-9とPelliot, "Femeles," pp.685-86. 「Siao-Tungの北西数千里にある」赤い山に死者の魂を導くとされる霊魂案内人としての犬の役割については, Tryjarski, "Dog," p. 301; Eberhard, *China's Minorities*, pp. 34-35; Roux, *Religion*, pp. 167, 242; Köppers, "Hund," p. 385; and Stein, "Leao-tche," pp. 135-36を参照. 最初の人間の守護者としての犬の役割(忠誠心に欠けたり, 失敗したりもあったが)について, また同じ伝承のなかで犬と「悪魔」あるいは死神との相互作用について, 驚くほど豊かな幻想を秘めた中央アジアの神話に関しては, Waida, "Origin of Death," pp. 665-701と随所を参照.

ミャオは犬を殺して死者の横に置く. 犬が彼方の世界に死者を導けるよう, 紙の帯で犬の口と死者の手首をつなぐ. Köppers, "Hund," p. 385.この話は, Mu-lienと白い犬にまつわる人気のある現代中国の伝承を想起させる. 以下の★056参照. アイヌ民族が熊殺しの儀式を行う時, 他界へむかう(最初のアイヌ人を象徴する)熊に随伴するために犬は熊と共に生贄にされた. 以下も比較参照. Lurker, "Hund und Wolf," p. 204.チベット=モンゴルの神Daitschin Tengriの放浪には, 霊魂案内役とくにpp. 38-76, 176-202, 209, and Table 5, pp. 240-44を参照. *Shan-hai ching*によれば, 盤古の墓は槃瓠の妻が*Hsuan chung chih*に追放された島に匹敵する大きさで, 東には桃の木(*p'an mu*)があった.300 *li:* Chavannes, *Mémoires*, 1:469; Liu (1941), p. 297と Pelliot (1931), p. 469.

★020――Girardot, *Myth and Meaning*, pp. 176-77.

★021――Wolfgang Bauer, *China and the Search for Happiness* (New York: Seabury Press, 1976), p. 32, Girardot, *Myth and Meaning*, p. 41に引用.

★022――Chavannes, *Mémoires*, 1: lxii, clxxix. 異民族（南方マンを含む）に捧げられた『史記』の章は, 110, 113-116と123である.

★023――前掲書 1:clxxxiv.

★024――断片的な*Shu Ching*に対する「校訂版」の編集については, 前掲書 1:cxv-cxxxviと46, 注1.

★025――前掲書 1:cxci, 注2; cxcii; 12, 注1; 25-96 （とくに pp. 25, 56-58, 60-63）. 8世紀にSsu-ma Kuangによってもたらされたマンを Ssu-ma Ch'ienの校訂, 宇宙的秩序に対する変化した視点の基礎については, 1:cci-ccx; ccxiv; 1-22.儒教の世界秩序における「五元素」については, Granet, *Pensée*, pp. 128-45, 同著者の *Danses et légendes de la Chine ancienne*, 2 vols. (Paris: 1926), 1:47を参照.

★026――Granet, *Pénsee*, pp. 284-85, 288-90, 292-95; Maspero, "Légendes," pp. 28-38と同 *Taoisme*, pp. 255-57. 天円地方説が多くの初期の宇宙観の伝統に残っている一方, 天円が方形の大地の上に覆い被さる（つまり, 円に内接する四角形との間に天の領域が残り、地の領域はなくなる）のか, あるいは逆に四角の大地は天に覆われることなく四隅が残るのかは, 文献によってさまざまである. 前者の考え方については, Schiffeler, *Legendary Creatures*, p. v, on the *Shan-hai ching*, and Granet, *Pensée*, pp. 288-89, on the *Shih chi* を参照. 後者については, Granet, p. 293, on the *Ta tai li chi* and Maspero, "Légendes," p. 36, on the *Shan-hai ching*

★027――Girardot, *Myth and Meaning*, pp. 176-77.

★028――共工の神話については, Maspero, "Légendes," pp. 54-55, 88-94; 同 *Taoisme*, p. 262; and Chavannes, *Mémoires*, 1:49-50, 66-67 で論じられている. 彼の衰亡（水である彼は, 木の後を引き継ぐべきではなかった）についての「五行的」解釈は, Ssu-ma Kuangのなかにある. Chavannes, Mémoires, 1:11, 注2. 土地と地下水と共工の原初の関係については, Maspero, "Légendes," p. 68; and Granet, *Pensée*, pp. 291-92参照.

★029――時代は下るが, 禹帝についての重要な神話的伝承については, Maspero, "Légendes," pp. 48-51, 59, 71-76, 88-89, 92-93; 同 *Taoisme*, pp. 263-64; and Chavannes, *Mémoires*, 1:52, 注3; 79, 注3; 81-84. 周王室のために任命された治水大臣は, 理論上は水の制御と活用に責任を持っていた. 洪水を制御することの重要性は, 毎年大河が洪水を起こしつづける中国においてはあまりにも明白である. 周に続く秦は, 洪水を制御し, 万里の長城を築くことを二大優先事業と定めた. Levenson and Schurmann, *China*, pp. 68-69.

★030――Chavannes, *Mémoires*, pp. 67-68, 77-79

★031――『山海経』が三苗三瑤を「翼をもつもの」と性格づけたことについては,Maspero, "Légendes," pp. 97-99参照. Maspero (p. 99)は,「本来の」追放は三苗の追放であり, 他の3つの怪物は4重の対称性をとどめるために作り出されたと見ている. Maxime Kaltenmark, "Religion de

s.v. "Féminines."

★011——この主として南方に広範に浸透したテーマについては，Eberhard, *Typen*, pp. 48-49 と Girardot, *Myth and Meaning*, pp.311-16を参照．犬と皇女の結婚については，兄-妹の結婚というバリエーションがある．

★012——Girardot, *Myth and Meaning*, p. 175. 文化的起源という普遍的な問題は，pp. 170-76に詳細に論じられている．Girardotはまた，Eberhardとthe French Ecole d'Extrême-Orient (Pelliot, Granet, Maspero, Mestre, Kaltenmark, 他)の後継者たちの研究手法の長所と短所を論じている．この点についてGirardotは，「Eberhardの [地方文化] および身元を明らかにする [連鎖] という理論は，理論上は論議のあるところであり，すべてを証拠づけられるわけではない．しかしPorée-Maspero, Kaltenmark, and Ho Ting-juiの著作によって，とくに渾沌をテーマとした文化的基盤という点に関しては彼の発見の多くが実証・発展させられた.」と述べている．

★013——前掲書p.172.この中国における 4 つの古代宇宙創世モデルの一つについてはGranet, *Pensée*, pp. 284, 288-90を参照．他のモデルは社会的（皇帝ないし首長の家あるいは乗り物としての宇宙），天文学的，占星術的なモデルである．これは紀元前 4 世紀以前にさかのぼる，もっとも古い占星術的モデルである．

★014——Girardot, *Myth and Meaning*, pp. 172, 190. 南方の祖先伝来の英雄や治水技師たちと，「治水将軍」という中国の軍事的称号の神話についての網羅的な資料は，Maxime Kaltenmark, "Le dompteur des flots, "*Han-huie* (Peking) 3(1948): 1-112.

★015——Mestre (1946-47), p. 115は，フロイト的ではなく，ヘシオドス的な言葉で渾沌と槃瓠の「親子関係」を解説している．槃瓠は，渾沌たる父を殺したデミウルゴスの息子である．Yu, "Creation Myth," p. 494も参照.

★016——槃瓠の変形である盤古については，Girardot, *Myth and Meaning*, p. 193に引用されているAndrew H. Plaks, *Archetype and Allegory in the Dream of the Red Chamber* (Princeton: Princeton University Press, 1976)を参照．Maxime Kaltenmark (*Dictionnaire des mythologies*, s.v. "Cosmogonie. En Chine")は，中国における盤古のもっとも古い古代文化の中心は広西省桂林と，中国の東岸と南方の島であることに着目している．Pelliot (1931), pp. 465-66は，二つのP'an(s)のいかなるつながりも否定している．3 世紀の*San Wu Li Chi*（7 世紀の*T'ai Ping Yu Lan*に再録）が最古のものとなる盤古の文献資料については，Girardot, *Myth and Meaning*, p. 192 と Pelliot (1931), pp. 466-67を参照．槃瓠と盤古に関して，パ（四川）を経由したヤオと戎の間の文化的波及の可能性については，Eberhard, "Kultur," pp. 72, 241; 同著者 *Local*, pp. 44-45, 170-71; and Luce, *Manshu*, pp. 36-37, 101-2を参照.

★017——Girardot, *Myth and Meaning*, p. 193.

★018——前掲書 p. 194とEberhard, *Local*, pp. 442-43. Girardot (pp. 194-96)は，この点については，Purusaなどのインド＝ヨーロッパ神話との類似を論じている．この論理に従えば，ヴェーダ神話のMārtaṇḍaに登場する 7 人の魅惑的な兄Ādityasと，*Kuang i chu*神話のなかの盤古の 7 人の息子たちとは同じものになる．

★019——くり返すが，Girardot (*Myth and Meaning*)は，道家や儒教家により再翻訳された中国神話における渾沌，槃瓠，それに盤古の神話学について幅広い知識を提供する総合的な資料である．

"Kultur," p. 193; Mestre (1933-34), p. 39; 同著者 (1946-47), p. 115を参照.

★002——この一群のテーマの基準となる言及は，Girardotの代表作，*Myth and Meaning in Early Taoism*であり，その第６章(pp. 169-207)はとくに本書の主題に有益である．Eberhard (*Local*, pp. 438-46)は，「宇宙卵」伝説(chain no. 42)のテーマを発展させたが，それほど広範な内容ではない.

★003——渾沌伝説の南方起源については，前掲書pp. 442, 445-46.渾沌の描写については，*Shen I Ching*を引用したGirardot, *Myth and Meaning*, p. 188を参照．犬戎族と関連する中国の伝承にある，崑崙山とその場所の意義については，Girardot, p. 173を参照．９世紀の中国南部に居住する人々と彼らの領地の地名の崑崙という名前については，Luce, *Man shu*, pp. 19, 57, 60, 91を参照．第７章１節を参照.

★004——Girardot, *Myth and Meaning*, p. 81: "Bored to Death" は,Girardotの第３章のタイトルである.その神話は*Chuang Tzu* 7.7に記されている.

★005——Girardot, *Myth and Meaning*, p. 92とEberhard, *Local*, p. 54. Girardotは，このモチーフからなぜ渾沌と崑崙が錬金術師のふいごと技術に連想づけられたのかについて議論を続けている．Rolf Stein, "Jardins en miniature d'extrême Orient," *Bulletin de l'Ecole Francaise d'Extrême-Orient* 52 (1942): 54-59のなかで，詳細に論じられたテーマである．King Wu-i of Shang（*Hou Han shu* 117, 1bに対する評論のなかで再録）の神話については，Eberhard, *Local*, pp. 443-44を参照．槃瓠の類似点については，Eberhard, *Local*, p. 444; *Dictionnaire des mythologies*, s.v. "Chine. périphérie," p. 160; and Mestre (1946-47), p. 109. これらのテーマのなかに，人間の頭と犬の身体をもつ樟脳の木の精である浙江省のP'eng hou伝承との関連を見ようとする誘惑にかられる人も多いだろう．Wu-ling 山の洞窟にある槃瓠の部屋でみつかる石の牡羊と，彼を頭突きして殺す石の子羊の間にもまた関連が見出せる.

★006——この神話のバリエーションは，ずっと後のシアミン資料に記録されている．「高辛皇帝には，耳痛もちの巨大な耳の女性がいた．医師たちはナイフでそれを開くと，動物が出てきた．金の皿の上でそれを養うと，やがて竜になった（この後は「シアポー」版の槃瓠神話の内容につながっていく)．……やがて竜は鐘楼の下に行かされ，変身するため７日間鐘をかぶせられた．……（この神話の結末は「シアポー」版の結末と同じ)．Liu (1932), pp. 362-63; Eberhard, *Folktales*, pp. 140-41. Hun-tunの一妻多夫制の誤った象徴性についてはGirardot, *Myth and Meaning*, pp. 24, 28, 32, 92を参照．完全版はこれらのテーマで肉付けされている．『魏略』の段落はp. 187 と Liu (1941), p. 293に翻訳されている.

★007——中国語の「pupa」にあたる語としての*kuei*については，Yu, "Creation Myth," p. 493と比較参照.

★008——道教における崑崙の錬金術や「ヨーガ」の象徴性については，Stein, "Jardins," pp. 54-59 と Girardot, *Myth and Meaning*, pp.24, 173, 187を参照．戎族の名として崑崙を最初に使用したことについては，p. 173を参照．*Kuang i chu*の物語は Luce, *Man shu*, p. 100に翻訳されている.

★009——Luce, *Man shu*, p. 100.

★010——Girardot, *Myth and Meaning*, pp. 186-87. Girardotはまたappendix 1, pp. 311-16のなかで，この種の洪水神話をいくつか再録している．宇宙創世のテーマで犬，水，卵を結びつけた他の伝承には，骨なし王YenのHsu神話がある．Eberhard, *Local*, pp. 44-45と*Dictionnaire des mythologies*,

★054――Mestre (1945-46), p. 30.

★055――槃瓠の誕生日とは槃瓠犬が鐘のなかから現れた日で，マンとヤオの伝説では新年とされるが，その誕生月を基礎にして槃瓠あるいは犬租の種々の伝説を統一しようとする試みはまだ実を結んでいない．『後漢書』，『武陵記』および*Ch'ien-pao chi*に言及されている湖南省の洞窟の儀式では，7月25日に槃瓠の誕生日と新年を祝う．だがもっと多いのは中秋の名月の祭りとして，7月と8月いずれかの15日に祝うケースである．これは福建，湖南，広東のヤオの間で始まったもので，彼らの新年は秋の満月に始まる．(Eberhard, *Local*, pp. 46-49, 442と "Kultur," p. 197)．それはほぼ旧暦の8月8日にあたり，北方の契丹族が族長のテントの前に犬の頭を埋めた日である．スタインによれば，その日も犬の頭も，契丹と中国両方の伝説のなかで，太陽系のシリウス（狼星）の昇る日（7月25日！）に続くドッグデイズ（土用）と明確な関連がある．しかし，これは契丹の新年が中国の通例より2か月早い冬至の日かそれに近い日に始まったと仮定するものだ．(Stein, "Leao-tche," pp. 23, 132)．第2章，5節，6節の同テーマに関する西洋の出典を参照．

他の湖南，湖北の人々は10月6日に槃瓠の誕生日を祝う．藍田族，東京（トンキン）のヤオの一部族はやはり10月に祝う．多くのヤオ族は10月か11月にTu-peiなるものを祝う．Tu-peiとは,日の出の場所に住み，犬の顔と動物の耳を持った女性の太陽神，Tu-pi-shihではないかという気がする．南方で満月とされる8月15日と新年の祝いについてのもっとも充実した研究にはEberhard, *Local*, pp. 47-49がある．Liu (1932), p. 364とMestre (1945-46), p. 29も参照．

★056――Köppers, "Hund," p. 381.

★057――Eberhard, *Local*, pp. 209-10とErkes, "Hund," pp. 223-25. これは犬というよりはネズミで，この神話の変形のなかで同様の役割を果たしている．Eberhard, *Local*, p. 336.

★058――Eberhard, *Local*, p. 211; Bruno Schindler, "On the Travel, Wayside and Wind Offerings in Ancient China," *Asia Maior* 1 (1924) [以下Schindler (1924)と略記], pp. 626, 631, 655; 同著者の "The Development of the Chinese Conceptions of Supreme Beings," *Hirth Anniversary Volume* (London: n.p., 1923) [以下Schindler (1923)と略記], pp. 359-64. Schindler の *Shih chi* の引用は Chavannes, *Mémoires*, 4:25-28にある: "l'Empereur me remit un chien (de l'espéce qui se trouve chez les barbares Ti), en me disant, 'Quand votre flts aura attenit l'age mûr, vour ferez présent (de ce chien) à ce garcon.'"Schindler の *Chou-li* (Institutes of Chou) は E. Biot, *Le Tcheou Li ou Rites*, 2 vols. (Paris: 1841), 2:324, 333から．卵の形で水のなかから犬が拾い上げた，とされる燕王の神話はタイ族の間にもあった．Eberhard, *Local*, pp. 44-45. 周の「犬役人」については Erkes, "Hund," p. 220 を参照．

★059――平と高については，Mestre (1945-46), p. 30および Eberhard, *Typen*, p. 74参照．本章★043も参照．

【第8章】

★001――pu-chien と tu-liの挿絵については，Liu (1932), p. 366およびEberhard, *Local*, pp. 45,49-50;同著者"Kultur," pp. 193, 198, 212; 同著者, *Typen*, p. 74と Köppers, "Hund," p. 378も参照．浙江省のシアミンは，（上記と関連した彼らの神話版には存在しない）高辛皇帝が登場する槃瓠のドラマを実演した．Kretschmar, *Hundestammvater*,1:20. 槃瓠と結びついた舞踏については，Eberhard,

★044——Mestre (1946-47), p. 110; Eberhard, *History*, p. 143.ヤオ族は槃を固有名として使わない.(Mestre [1946-47], p. 114)「槃の名は厳密にはヤオを指すようだ.私は歴史書のなかで,マンの首長の名として出会ったことはない」. これはマン族が先祖の名の使用をタブーとして禁じているためであろう. たとえばチベット＝モンゴルの吐蕃族では「犬」という語を使うのをタブーとしているのと同様の事例である. Eberhard, *Local*, p.463,唐時代の*Feng-shih wen-chien chi*から引用されている.

★045——Luce, *Man shu*, pp. 100-101.

★046——この政策の概要的研究は, Ying-shih Yu, *Trade and Expansion in Han China:A Study in the Structure of Sino-Barbarian Economic Relations* (Berkeley:University of California Press, 1967), pp. 65-91. この政策は「辺境封建制」と同調するものだった. "frontier feudalism": Eberhard, *China's Minorities*, p. 137.

★047——Girardot, *Myth and Meaning*, p. 174; Chavannes, *Mémoires*, 1:67-68とHenri Maspero, "Légendes mythologiques dans le *Chou king," Journal Asiatique* 204 (1924), pp. 97-99を参照. 第4章と5章, 随所を参照.

★048——DeGroot, *Religious System*, 4:267-68; Marcel Granet, *La pensée chinoise* (Paris: Albin Michel, 1968), p. 296; and *Dictionnaire des mythologies*, s.v. "Chine. périphérie." 鬼という言葉については, Wolf, "Gods, Ghosts and Ancestors," p. 174; and David C. Yu, "The Creation Myth and Its Symbolism in Classical Taoism," *Philosophy East and West* 31:4 (October 1981), p. 493を参照.『蛮書』によれば, 南方の蛮族マンは霊（鬼）に仕え, 一方東方の蛮族夷は道（道教）に仕えた. Luce, *Man shu*, p. 102.「犬頭」の怪物の伝説の場所は, 青海省のKuei-te 地区である. Oberle, "Hundekopfdämon," pp. 222-33.移動する蛮族の群れは『山海経』では魚群に (Mathieu, *Shan-hai jing*, 1:xliv),『蛮書』では蟻の群れに (Luce, *Man shu*, p. 8)譬えられている.

★049——*Dictionnaire des mythologies*, s.v. "Chine. péiphérie."

★050——同じような文脈では,『蛮書』は槃瓠を「辺境鎮定侯爵」, マン族のリーダーI-mou-hsün を「南西の防壁」と呼んだ. Luce, *Man shu*, pp. 36, 100.マン族に与えられた中国の称号, 恩恵については, pp. 28-29, 45, 103-7を参照. 羌族に関してはp.8およびEberhard, *China's Minorities*, pp. 24, 65, 74を参照.

★051——晋時代からの米穀税の免除は,『蛮書』に記録されている. Chü-jen 蛮は「白虎」の前進に矢を射込んで討ち取った功により, この免除を受けた. Luce, *Man shu*, p. 102.Eberhard, *History*, pp. 111, 113も参照.『捜神記』の米に関する記載については, Liu (1941), pp. 292-93.

★052——Mestre (1932-33), p. 39.「辺境封建制」の関係, たとえば米栽培のタイ族とその封建地主, マンとの間に存在した関係については, Luce, *Man shu*, pp. 103-7. Eberhard, *China's Minorities*, pp. 9-10, 16, 24-25, 76-77, 79, 81, 86, 137 も参照.

★053——Maspero (*Taoisme*, p. 225)は, 高地に住むマン族とヤオ族の現在の農業を, もっと低い地（海抜2500フィート以下）に住むタイ族の米栽培と同じく焼畑式と特徴づけている. 彼らは何世紀もの間に南に追いやられたように, だんだん高いところに追いやられたらしい. タイ族の創世または建国神話は, 古代中国の神話を多く取り入れたものであるが, 彼らがriziculture (p. 264)を述べている点が異なる.

した．いわゆる［辺境封建制度］といわれるものだ．このような場合，権力を代表する人たちは，山の高いところは下部の人に回して，自分たちはいちばんいい土地をとる傾向があった．雲南省では最近までそうだった．Eberhard, *China's Minorities* pp.24, 137.

★035――Luce, *Man shu*, pp. 100-101.

★036――Mestre (1945-46), pp. 29-30と同著者の (1946-47), p. 113. Wolfram Eberhard (*Volksmärchen aus Sudöst-China*, Folklore Fellows Communications, no. 128 [Helsinki: Academia Scientiarium Fennica, 1941], 以降*Sudöst*と略記)は，呉将軍の生贄の儀式について，理解を深めるために役立つ点をいくつか提供している．自分たちの神に犬の頭を供える遼族については，頭蓋骨の儀式を行う首狩りの種族だとしている（p.132）江西省には船乗りの神Chouへの信仰があり，２月８日の誕生日にはこの神に犬の肉を供えて祝う（p.169）８月15日のヤオ族の満月の祭り（同著者, *Local*, pp.47-49）は，現在福建省の茶どころ（同, *Sudöst*, pp.214-15）となっている武夷山の神武夷に今も捧げられている．これらのテーマのかげには，マン族の間で虎の槃瓠と犬の槃瓠と二つのグループのライバル意識がある．前者の英雄Lin chünは中国の星座では白虎と見られる．同著, "Kultur," p. 204と*Dictionnaire des mythologies*, "Chine. périphérie," pp. 160-61.『蛮書』にマンのライバルのなかには９世紀まで人食い人種がいた，と指摘している箇所がある．「Chiang-hsi将軍の軍隊はマン人の肉を火であぶった」(Luce, *Man shu*, p. 40)

★037――『蛮書』(Luce, p. 100)によると，槃瓠は高辛によって「辺境鎮定侯爵」に封じられた．同じ文献（p.36）に，同時代のマンのリーダーI-mou-hsünは「雲南の皇子」「南西地域の防壁」と呼ばれている．

★038――Mestre (1945-46), pp. 29-30; 同著者 (1946-47), pp. 108-9. ヤオ神話はKretschmar, *Hundestammvater*, 1:24にある．

★039――山地に住むヤオ族と米を栽培するタイ族の間の永久的分裂については，Eberhard, *China's Minorities*, pp. 25, 77, 86を参照．

★040――呉将軍についてはMestre (1945-46), pp. 29-30. 三国時代の通史については,Wolfram Eberhard, *A History of China* (London:Routledge & Kegan Paul, 1971), pp. 109-17を参照. その時代の地図はHerrmann, *Atlas of China*, p. 25.

★041――『蛮書』(Luce, *Man shu*, pp. 9, 37-39, 57-60)によれば，マンとヤオは約６世紀後の雲南で，戎とチベット族も含めて，同じ部族として一括りにされている．

★042――Mestreのマンとヤオの相違については，本章の★020を参照．Eberhard, "Kultur," p. 193; 同著者, *China's Minorities*, pp. 80, 134も比較のこと．『蛮書』(Luce, pp.28-29, 36, 45-46, 103-7)の記述からは，マンが中国人に進んで協力し，貢ぎ物をおさめて見返りを受ける関係を喜んでいたことが十分うかがえる．

★043――平王国の境界線の変遷は，Herrmann, *Atlas of China*, pp. 25, 28-29に示されている．平はまた平地の創造神に対する中国語であり，高はおそらく太陽（Eberhard, *Typen*, p. 74）と空に関するもので，それがこのような創造神話に形を変えたものであろう．Mestre, (1945-46), pp. 30-31. "Count P'eng" (P'eng hou)は，木の神の名で，江西省に残る３世紀の文献によれば，この神は樟の木から人の頭と犬の身体をもって現れたという．Eberhard, *Local*, p. 64.ヤオ族特有の樟の木崇拝は浙江省でもっともさかんである．Eberhard, *Folklore*, pp. 21-24.

256-66には，まったく同じ神話が福建，広東のシャカ族にもあるとされる．

★029——このようなヤオの伝統は，少なくとも1260年にさかのぼる．1260-61年頃の南方ヤオの認証式の名簿には，槃瓠の子孫とされる者たちの名前もあるが，そこには槃瓠の名は出てこない．これはおそらくヤオ族が彼らの犬祖神話から自らを引き離そうとした結果であろう．この出典によると，12のヤオの系統は最初の祖先の息子と娘，それぞれ6人から出たものとされる．それはさらに，「娘は漢人［pai-hsing］と結婚してはならず，ヤオ族の間で結婚すべきこと，それも同地区の同系統に限ること」を規定している．*Pien-ch'iang lun-wen-chi (Frontier Studies)* 1 (1943), p. 584, Eberhard, *China's Minorities*, p. 134に引用．これはOhlinger("Visit," pp. 265-68)の民族誌学と矛盾する．それにはシアポー（ヤオの下部集団）の女性は中国人男性と結婚してもよいが，その逆は禁じられていると述べている．

★030——物語は始め宇宙，天文学的方向に向けられる．月心虎は星座の名前で，高辛は太陽神（帝舜Ti-hsün）の神話化されたものであろう．Eberhard, *Typen*, p. 74.さらに「虎」は南方マンの言語では「偉大な虫」(po-lo-mi）と呼ばれる．Luce, *Man shu*, p. 68.白虎（天上の西方神）も天の犬も南蛮族の祖先である地上の英雄と対をなす．すなわちLin chünと槃瓠である．9世紀雲南におけるこの二人の相互関係やパ族に対する関係については，Luce, *Man shu*, p. 101を参照．マン族の下部集団（虎槃瓠部族）の間でこの両人物に対する信仰が一つに融合した事情については，次を参照．Mestre(1933-34), p. 26; Eberhard, "Kultur," p. 204; and *Dictionnaire des mythologies*, s.v. "Chine. périphérie."白虎Lin chünについて，星の位置が地上の出来事にどんな影響を与えたかに関する中国の事例については，Ching-ling hou, "The Chinese Belief in Baleful Stars," in Welch and Seidel, *Facets*, pp. 210-19（とくにp. 217）を比較．

この記述のなかで，槃瓠を覆った葉は，Wang T'ung-ming の*Kuang i chu*（kuangの怪異な事柄の記録）のそれを思わせる (*Man shu*に引用，Luce, *Man shu*, p. 100).

★031——Eberhard, *Studies* (1970), pp. 138, 140. ここで槃瓠は斑点があると描かれる．槃には「斑点のある」という意味が含まれているからである．

★032——Luce, *Man shu*, pp. 99-101. この話は，『後漢書』の槃瓠神話をほとんど同じ言葉でくり返しているが，物語の最後でのマン族の描写が異なる．

★033——他の伝説では，燕王は犬が水から拾い上げた卵から生まれたとされている．*Dictionnaire des mythologies*, s.v. "Féminines (Divinités) et aieules en Chine ancienne," by Maxime Kaltenmark. この神話はタイ族が起源である．当時タイ族の隣に戎族がいた．Eberhard, *Local*, pp. 44-45.トルコ族の犬祖イト・バラクも卵から生まれた．Tryjarski, "Dog," pp. 304-5.第6章4節も参照．

★034——Mestre (1945-46), p. 30 と (1946-47), p. 108,それに Ohlinger, "Visit," pp.265-68. Ohlingerの記述によれば，この山岳族はもとは広東省に住んでいたと自称していたという．Girardot, *Myth and Meaning*, p. 322には，ベトナムのヤオ族の槃瓠神話が述べられているが，主要人物名がまた変わっている．「当時中国蘇州を治めていたPen Hungは襲撃者Cu-Hungの攻撃をくい止めてくれた者には，娘と領土の半分を与えると約束した．王は勝利をおさめた［犬の槃瓠］に娘を与えたが，王国の肥沃な土地は自分にとっておき，犬には山の上の未開墾地のみを分け与えた．犬王が不公平だと憤慨したので，それをなだめるために子孫には特権が許されるようになった．」知行を与えられた部族の主だった者たちは，宮廷の代理として税を集めたり，他部族を管理したり

★020——Mestre (1946-47), pp. 110-11. 漢王国に同化を希望するマン族の傾向については，Luce, *Man shu*, pp. 28, 46, 103-7.同じ問題をさらに包括的に扱ったものとしては，Eberhard, *China's Minorities*, pp. 24-25, 77-78, 81, 134を参照.

★021——*Ch'ien-pao chi*の参考箇所が674年の『後漢書』の注（Rob Campanyにより翻訳）にある．晋史（320年頃）の翻訳はLiu (1932), p. 366と Mestre (1946-47), p. 112にある．これらの年代については，Mestre (1946-47), pp. 111-12を参照．塩漬けの肉や魚を食べる（p.113）のは，中国の新年の祝いの一般的習慣である．Rolf A. Stein, "Religious Taoism and Popular Religion," in Holmes Welch and Anna Seidel編，*Facets of Taoism: Essays in Chinese Religion* (New Haven: Yale University Press, 1979), p. 69. この行事は，ヤオ，リー，マン，槃瓠，Pan-shun, Lin chunの部族の間で新年の祝いとして守られている．Eberhard, "Kultur," pp. 203-4を参照．新年の祝いと道教の竈の神（3世紀以来，Ssu-ming「運命の管理者」とされている）崇拝のさらに一般的な検討についてはHolmes Welch, *Taoism: The Parting of the Way* (Boston: Beacon, 1966), p. 100.中国文献に記されたマン族の面倒を引き起こす好戦的性格については，Luce, *Man shu*, p. 8と Eberhard, *China's Minorities* pp.100-102を参照.

★022——槃瓠の名を持つ地名には他にも広西省の槃瓠の丘と，雲南の槃瓠城，槃瓠寺があり，これらはみな宋時代（960-1276）羅泌の『路史』に報告されている．槃瓠寺は他にも四川省，安徽省，関東省，雲南省，湖南省に見られ，北京にもある．槃瓠関係の名前（高辛の息子Chung-hsiung Chi-li or Chung-jing Chi-li）や地名の検討にはEberhard, *Typen*. p. 74;*Local*, pp. 45-46; Mestre (1945-46), p. 29; and Liu (1932), pp. 362-64を参照.

★023——Mestre (1946-47), pp. 109-12.

★024——幽は周の皇帝幽王（紀元前781-769 年に栄えた）のこと: Luce, *Man Shu*, p. 101. その話はLiu (1941), pp. 292-93と Mestre (1945-46), p. 29 に見られる.

★025——Eberhard, *China's Minorities*, p. 80.

★026——短いながらこれらの民族の「民族学誌」はF. Ohlinger, "A Visit to the 'Dogheaded Barbarians' or Hill People, near Foochow," *The Chinese Recorder and Missionary Journal* 17 (July 1886): 265-68にある．シアポー族も彼らの先祖Go Sing Da (Ko Hsing-ta)を元旦に礼拝する．女性は中国人男性と結婚してもよいが，男性は中国人女性と結婚してはならない．Pu-k'uは，中国人が高辛を呼んだ名前Di Kuが訛ったものかもしれない.

★027——この神話の福建省版では，約束の日数は7日で，鐘は6日後に除かれ，同じ結果となっている．Liu (1932), p. 363．広西，広東，浙江，福建の伝説では，槃瓠は犬頭人になっている（その他のところでは，犬そのままである）Eberhard, *Typen*, p. 72. 中国の葬送の儀式では，49日が死者に対する喪の期間とされる．49日目には紙の家や霊のお金などを死者のために燃やす．Stephen Teiser, "Ghosts and Ancestors in Medieval Chinese Religion:the Yü-lan-p'en Festival as Mortuary Ritual," *History of Religions* 26:1 (August 1986): 54-55と Eberhard, *China's Minorities*, p. 84.

★028——皇女の髪の結い方は，槃瓠の先祖の伝統である僕鑒pu-chien,すなわち「犬の髪型」になっている．槃瓠伝説のシアポー版は，Liu (1932), pp. 362-63とKretschmar, *Hundestammvater*, 1:18-20に見られる.Girardot, *Myth and Meaning*, pp. 321-22に再録されているHo Ting-jui, *A Comparative Study of Myths and Legends of Formosan Aborigines* (Taipei: The Orient Cultural Service, 1971), pp.

★016——Pelliot (1931), p. 464では，彼らは湖南から東に移住したという．Eberhard, "Kultur," p. 203では，湖南から南へ移動したとされる．犬戎族は西方，現代の西チベットおよび青海地方に，ヤオあるいはマン族が南東に追いやられたとほぼ同じ時期に移った．現在これらの「南蛮」族は，さらに南の浙江，雲南，広西，貴州，東京，東南アジア(*Dictionnaire des mythologies*, s.v. "Chine. périphérie")に住んでいる．中央政府から雲南に派遣されていた役人の書いた『蛮書』では，むろんマン族はその地方にいたとしている．Eberhard (*Local*, pp. 44-45)は，槃瓠神話の帝国代表たる高辛の巴文化は，ヤオの原文化でもあると示唆しており，このことはMestreも支持している．"Religions de l'Indochine," *Annuaire*, Ecole Pratique des Hautes Etudes, Section des Sciences Religieuses, 1933-34, p. 26 [以降Mestre (1933-34)と略記].「うち負かされた」戎は，西方に移り，巴文化と接触した．巴は漢の領地，武陵地方の北西の境界にあった異民族の住地．*Times Concise Atlas of World History*, p. 29.

★017——Pelliot (1931) p. 465は，槃瓠伝説は「ピザ効果」の典型的な例であると見ている．この意見はMestre (1945-46), pp. 28-31やその他随所，(1946-47), pp. 108-16でも反響を得ているが，重要なニュアンスを伴っている．Eberhard (*Typen*, pp. 74-75と"Kultur," p. 193)は，一連の槃瓠伝説は「土着」のものであり，漢民族や後世に内在化したものから採ったというよりは，ヤオ，マン族固有のものだと考えている．

★018——「ヤオ」には「狼（の子ども）」の意味もあるようだ．以下を比較参照．Kretschmar, *Hundestammvater*, 1:16; Köppers, "Hund," pp. 375, 378; Edouard Mestre, "Religions de l'Indochine," *Annuaire*, Ecole Pratique des Hautes Etudes, Section des Sciences Religieuses (1932-33), pp. 38-40 [以下 Mestre (1932-33)と略記].

★019——苗（ミャオ）族は広西，貴州，湖南に集中し，獠族は四川に，シアミンとシアポーは浙江，福建に，ロロ族は四川と雲南に，リー族は海南島に，シャン族（中国ではPuoyi）は雲南，ビルマ間に，シャカ族は浙江，福建，広東に，Lung-chia は貴州に住む．マンの名で今日まで生き残っているマン族の数は少ない．時の流れと共に，彼らは漢民族やヤオ社会に吸収された．この現象がすでに9世紀に雲南で見られたことが，Luce, *Man shu*, pp. 9, 34-41, 57-60に証明されている．これらの部族と居住区については，以下を参照．Eberhard, *Typen*, pp. 74-75; *Local*, pp. 24-30, 140; "Kultur," pp. 193-204, 209, 222, 237, 259-68; *China's Minorities*, pp. 77-90, 121, 134; and *Studies in Chinese Folklore*, Indiana University Folklore Institute Monograph Series, vol. 23 (Bloomington: Indiana University Press, 1970), pp. 137-43, 224. Eberhardも貴州に住む非中国-南方系人の詳しい分類を*Westlichen*, pp. 314-20に記している．以下も参照．Kretschmar, *Handestammvater*, 1:25-27, 35; Köppers, "Hund," pp. 375-85; Liu (1932)の随所; Liu (1941), pp. 289-307; Mestre (1933-34), pp. 26-27 と(1946-47), pp. 108-16; Maspero, *Taoisme*, pp. 320-22. Eberhard ("Kultur," pp. 193-212 と259-68)は，これら多くの部族の間に伝わってきた槃瓠説話を，犬の生贄，犬のタブー，犬の髪型などの彼らの伝統の有無など，年代的資料と共に詳しく描写している．これらの文献は中国南部の犬祖伝説とアッサムのアオ・ナーガ，ジャワのカラング，スマトラのアーキニー，ベンガル湾のアンダマニーズとニコバリーズ，あるいは琉球諸島，台湾，海南，セレベス，ニューギニア，その他の東南アジア，太平洋の島々の部族の間に伝わる類似の話と結びつけている．現在仏領ギアナやアメリカにも住むベトナム系フモン族は，マン族である．

★007——犬戎が槃瓠の子孫だという『魏略』の論点については，Edouard Chavannes, "Les pays d'occident d'après le Wei *Lio," T'oung Pao* 6(1905):521 [以下Chavannes (1905)と略記]を参照．干宝の『捜神記』では，槃瓠は桂林（広西省北部）の侯爵として，封土を授けられ，高辛帝から美しい娘５人を与えられる．彼とこの娘たちの間の子孫が犬戎族であろう．Liu (1941): 293. Luce, *Man shu*, pp. 100-101を比較参照．この神話は，以下のp. 148に再録されている．

★008——「蛮族」の中国名に犬の部首が用いられることについては，第６章★038を参照．

★009——Herrmann, *Atlas of China*, pp. 10-11によれば，崑崙の地名は，最初東経105-110度，北緯35-40度の地域を指した．もっと後の標準的な崑崙山の位置は青海地方である．この地はまたチベット北辺の境界でもある．同地域は，*kuei*（鬼）の住む場所とされ，犬頭鬼神の伝説の場所でもある．Oberle, "Hundekopfdämon"' pp. 222-33.この地はまた紀元前２世紀の羌族の郷里とも一致する．(Herrmann, *Atlas of China*, pp. 17, 22-23, 30-31).『蛮書』では，崑崙を雲南のマン族の境界から北へ81日の行程にある地域，王国，部族の名としている．(Luce, *Man shu*, pp. 91-92)．しかしLuceの地図では（p.116に続く），崑崙はなんとはるか南方ビルマ海岸の近くに位置している！　『魏略』（３世紀半ば，魚豢の作とされるが，『北宗誌』 [372-451]のなかの『三国志』についての評論，第30章のみ残っている）は，羌，戎，匈奴を同じ西域に集めていっしょにしているが，情報不足は認めている．Chavannes (1905): 519-28 と Leslie and Gardiner, "Chinese Knowledge," p. 257.『蛮書』(Luce, *Man shu*, pp. 8-9, 12, 19, 37, 100-101)は，マン，戎，羌を雲南地方にまとめている．フン，槃瓠，渾沌，犬戎，崑崙の用語の間の言語学的交替については，Girardot, *Myth and Meaning*, pp. 172-74, 201. DeGroot, *Religious System*, 4:269も参照．秦時代後の犬戎の動きについては，Liu (1932), p. 365; Eberhard, "Kultur," p. 393; 同著者の*Local*, pp. 44, 463とPelliot (1931), p. 464参照．Eberhard (*Typen chinesischen Volksmärchen*, Folklore Fellows Communications, no. 120 [Helsinki:Academia Scientiarum Fennica, 1937], p. 73 同著者の*Local*, p. 45)は，北方の戎と犬戎は同じ民族ではなく，中国の文献が両方を合体させているのは，犬戎と犬封（中国南東岸浙江省，会稽にあるヤオ族の儀式の中心地）と，二つの語が似通っていることに由来すると思われる．

★010——Kuo P'u on *Shan-hai ching* 12. 1a; Eberhard, "Kultur," p. 293; Chavannes (1907), p. 220, 注１; and DeGroot, *Religious System*, 4:269. Pelliot ("Femeles," p. 688)は，「『海内北経』に述べられている犬封王国は，『大荒北経』（17.2b,これら二つの章は『山海経』に追加されたもの）のなかの同じ箇所の北東の海を越えて住む犬戎国と同じもののようだ」と推量する．

★011——Eberhard, *Typen*, p. 73.

★012——『山海経』12.1a-12.2aの郭璞の注釈，Pelliotの訳による，"Femeles," p. 688.犬か犬頭人の男が共に住むNü Kuo「女人国」の場所は，はるか北方Fu-sangの東3000里にある．第６章★082を参照．

★013——Liu (1941), p. 297.

★014——この話は，Liu (1941), pp. 292-93 とEdouard Mestre, "Religions de l'Indochine," *Annuaire*, Ecole Pratique des Hautes Etudes, Section des Sciences Religieuses, 1945-46, p. 29 [以下Mestre (1945-46)と略記]にある．以下に再録されている『捜神記』の神話の歴史については，本章★002を参照．

★015——Mestre(1945-46), pp.29-30と同(1946-47), pp.108-14.

これらの民族に関する中国の文献『淮南子』も，カナリア諸島を霊魂を冥界に導く犬の島であり女人国（ヘスペリデス）でもあるとするギリシアとケルトの伝承も，明らかにアレクサンドロス大王伝説以前のものである．ヨーロッパの伝承については第3章3節で詳しく論じている．

【第7章】

★001――「scribalism」（史書編纂主義）というこの用語は，Smith (*Map*, p. 70)から借用したものである．Smithはこの用語を，官僚が権威者に対して自己の主張を通すために（神話や典礼などの）テクストを作り，それを絶えず研究，反復することにより，自己の地位や権力を維持するべく慣例化した，官僚による自己の利益追求活動を表現する言葉として用いている．

★002――この神話が最初に文献に現れるのは，三国時代（紀元220-264年）にさかのぼる．すなわち『魏略』（3世紀中頃），南東の呉王国のHsü Chenが著した*Wu-yin li-nien chih*（『五代年記』），『三国志』である．『晋書』（晋史）のような晋（紀元265-419年）の文献，Ko Hungの*Chen-chung shu*（『枕中書』），それに干宝の『捜神記』（超自然の探求）である．この『捜神記』は，初期に失われた伝承を4世紀に再編纂したものである．

『後漢書』 116巻の翻訳に対して，Rob Campanyに謝意を表する．これは*juan* 86 (Zhonghua shuju編[Peking: 1965], pp. 2829ff.).

★003――「犬の髪型」はpu-chien,「犬の尾のついた衣服」はtu-liの訳．中国語ではないこれら二つの用語は，タイ語で前者は「髪を頭の上にまるく束ねる―戴髻」，後者は「ウールの布地の類」を意味する．Chungshee Hsien Liu, "The Dog-Ancestor Story of the Aboriginal Tribes of Southern China," *Journal of the Anthropological Institute of Great Britain and Ireland* 62 (1932): pp. 366-67 [以下 Liu (1932)と略記].「世界の涯」の荒れた土地と気候については，Luce, *Man shu*, p. 10を参照．ヒンドゥークシュの高地についての類似の話が，Quintius Curtius Rufusの書いた1世紀のアレクサンドロス大王の遠征の話にある．「兵士たちは…居住できる世界の涯を見ていると信じた…そして太陽の輝きと天が自分たちに落ちてくる前に絶対にもどるべきだと主張した」．Vollmer, Keall, and Nagai-Berthrong, *Silk Roads-China Ships*, p.7.プラノ・カルピニとde Bridiaの著作のなかで，チンギス・ハーンの「タタール人」もまた，これとよく似た大地の涯まで行っている．Painter, in Skelton, *Vinland Map*, pp. 64-65, 71, 注3.

★004――彼らの話し方は奇妙だったということである．専門家たちはこの表現が南方のマン族とイ族の発音を含むとしている（Rob Campany [Chicago, Dec. 1986]との個人的交流から）.

★005――これらの語もタイ語で，明らかな意味がある．*ching-fu*には「首領，族長」の意味があり，*hang-tu*は一般的な呼びかけの語である．Liu (1932), p. 367.マン族の使用する尊称（なかには宮廷から授けられたものもあるが）の例は, Luce, *Man shu*, pp. 36, 45に見られる．中国と蛮族の関係におけるもっと一般的な例についてはEberhard, *China's Minorities*, pp. 10, 79, 137も参照．

★006――Kuo P'u on *Shan-hai ching* 12.1a. 郭璞の『山海経』のこの箇所は「海内北経」と題されている．Pelliot, "Femeles," p. 688.およびEberhard, "Kultur," p. 293; Chavannes (1907), p. 220, 注1, DeGroot, *Religious System*, 4:269も参照．『山海経』の部分的な英訳はJohn Wm Schiffeler, *The Legendary Creatures of the Shan-hai jing* (Taipei:n.p.,1978).完全なフランス語訳はMathieu, *Shan-hai jing*の第1巻である．犬戎の『山海経』の系譜はKretschmar, *Hundestammvater*, 1:5にある．

in Early Taoism (Berkeley: University of California Press, 1983), p. 211.Pelliot ("Femeles," p. 683)によれば，中国にはフ・チャオが語った「コウクオ」（犬王国）と同じ話で中国起源のものがあり，そこでは犬または犬人族が「アマゾン」の女と住むという．

★077——少なくとも中国人はそのように見ている．中国が北方異民族を語る時，契丹，匈奴，トルコは，まったくといっていいほど区別されていない．Stein, "Leao-tche," p. 17.

★078——Eberhard ("Kultur und Seidlung der Randvölker Chinas," *T'oung Pao* supplement to vol. 36, série 2 [1942] [以降Eberhard, "Kultur"と略記] p. 46)によれば，キルギス神話の赤い犬はもとは赤い牛であったが，後に置き換わったのだという．

★079——Roux, *Religion*, pp. 193-94; Liu (1941), pp. 279-80; Kretschmar, *Hundestammvater*, 1:11-12; Eberhard, *Local*, p. 464と Tryjarski, "Dog," pp. 303-6.

★080——吐蕃のチベット人はおそらくそこに移住した犬戎の子孫で，犬頭鬼崇拝という独自の複合文化をもっていた．Oberle, "Der Hundekopfdämon," pp. 222-33など随所．本章１節と★008を参照．

★081——*Huai-nan tzu* 4.9a, Eberhard, p.463に引用．これら３つの伝説の地についての概略は，Pelliot ("Femeles," pp.685, 711, 721-23)を参照．

★082——この部分の翻訳は，Pelliotのもの("Femeles," pp. 684, 724).この話は最初，『遼書』(54.12-13)に記されている．その後(「Fu-sang」)については)，『南史』（東方異民族の伝記）の第79．3-4章，*T'ung tien* (186.6a); *T'ung chin* (194.15b); and *Wen-hsien t'ung-k'ao* (327.lb): Pelliot, "Femeles," pp.684, 724. Liu(1941), p.298にも再現され議論されている．Kretschmar, *Hundestammvater*, 1:18-19, 24; Chavannes, "Voyageurs," p.408, 注3; Klaproth, "Aperçu," p. 288, 注1n.; Laufer, "Supplementary Notes," pp.357-58; Gustave Schlegel, "Problèmes géographiques. Les peuples étrangers chez les historiens chinois: III. Niu kuo. Le pays des Femmes," *T'oung Pao* 3(1892): 495-510, とくに pp.495-97と509-10に記録がある．Eberhard (*Local*, p. 464) は，男を単に犬ではなく犬頭人としている唯一のものが『遼書』版だという．

★083——犬の国と女人国を同一視した資料として，Laufer, "Supplementary Notes," pp. 356-58; Liu (1941), p. 295とSchlegel, "Problèmes géographiques," pp. 509-10を参照．Erkesは,"Hund," p. 222で，『山海経』は犬戎そのものが牡犬と人間の女が結婚して生まれた種族だとほのめかしているとの解釈を示している．

★084——Pelliot ("Femeles," pp. 675-76, 682-85)では，このテーマについて十分な説明を加えている．また，Liu (1941), pp. 297-98も参照．その他の中国の伝承は，女人国を中国北西部(Schlegel, "Problèmes géographiques," p. 497; Eberhard, *China's Minorities*, p. 69)，ジャワ北東部の島，ローマ＝ギリシア文化圏下の東洋(Liu [1941], p. 295)T'ai Ch'inに置いている．Girardot (*Myth and Meaning*, pp. 236-40, 323-25)は，このように子を孕む「アマゾン」のテーマがいかに宇宙創造神話に組み込まれたかについて論じている．

★085——Liu (1941), p. 296; Laufer, "Supplementary Notes," p. 358; Pelliot (1931), p. 463. Lauferは，アレクサンドロス大王伝説が最終的にはすべてのアマゾン／犬頭人伝承の源であると確たる自信を持って主張しているが，これは単純すぎる説である．これはHenri Cordier, *Ser Ḿarco Polo: Notes and Addenda to Sir Henry Yule's Edition* (New York: Scribner's, 1920), p. 110に記されている．

pp. 34-35.エフタルとチベットの「女人国」については共にHerrmann, *Atlas of China*, pp. 38-39.本章★013と★030も参照.

★066——これら二つの民族の名前は，現代トルコ語に同語源語がある．gu-šu はトルコ語の *kücük*（犬）と同族；*ge-žir*（トルコ語では*qizil*）は「赤」を意味し，*ga-ra*（トルコ語の*qara*）は「黒」である．このように，二つの民族は，赤い子犬と黒い子犬となる．

★067——Ligeti, "Rapport," p. 183と Jacques Bacot, "Reconnaissance en haute Asie septentrionale par cinq envoyés ouighours au VIIIé siècle," *Journal Asiatique* 244 (1956): 137-53.これらはやや前でふれたウユルコロンの話に出てきたウィグル人である．これについては，Painter, in Skelton, *Vinland Map*, p. 71，注 3 を参照．しかしRoux, *Religion*, p. 193とも比較せよ．Painterは，ウィグルの外交使節が「ドルグ」の北にある国から脱出するのに要した 3 日という期間は，この話の後半に出てくる要素と共に，アレクサンドロス大王伝説ともタタール人とNarayrgenの北にある国に関するプラノ・カルピニの話とも一致すると主張している．p. 71，注 5．

★068——キュロス王の出生譚については，ヘロドトスの*Historia* 1.110-22. この神話がインド＝ヨーロッパ系起源である可能性については，Roux, *Religion*, p. 188を参照.

★069——Roux, *Religion*, p.188とPelliot, "Femeles," p.689.

★070——紀元 3 世紀の『魏書』の記述は，Chung-hua shu-chü版の2307pにある．この段落を翻訳してくれたRob Campanyに謝意を表する．「『元朝秘史』の一節は，『魏書』のそれと同一である．匈奴の名前をイヌ科を表す文字に書き換えたことについては，Tryjarski, "Dog," p. 305を参照. Roux (*Religion*, p. 188)には，原トルコ人Kaokiuあるいは Ting-lingの同じ話の 4 世紀成立の版が載録されている．

★071——『元朝秘史』1.1, 21, Francis Woodman Cleavesの翻訳による*The Secret History of the Mongols*, 2 vols. (Cambridge: Harvard University Press, 1982) 1:1, 4. Cleaves は Ko'ai Moralを「淡黄褐色の牝鹿」と訳している．しかしRoux (*Religion*, pp. 189-92)は，他の多くの類似した文献と共に「野生の牝犬」の訳を支持している．また天降った蒼い狼と地の色をした牝犬の結合は，神聖受胎の一例であるとも主張している．つまりモンゴルの天と地が結婚し，その子孫がチンギス・ハーンなのである．

★072——Roux, *Religion*, p. 191.

★073——前掲書p. 193. 牡狼と人間の女が関係したその他の族祖伝説はpp.188-95に概説してある．トルコ系民族は自ら「狼」*buri*を名乗っていた．これがBuritabethという地名の由来となったのであろう．これは，タタール人がノコイ・カザールと遭遇した後に，トルコ系民族と出会った場所である．Painter, in Skelton, *Vinland Map*, p. 72, 注 1 を参照．トルコ系民族と狼については，Sir G. Clauson, "Turks and Wolves," *Studia Orientalia* 28 (1964): 3-22.

★074——Kretschmar, *Hundestammvater* 134-35; 犬頭あるいは豚頭のトルコ人に関するデンマークの伝承のうち，豚頭のほうは食人族とされている．Holbek and Piø, *Faheldyr*, p. 258.

★075——Roux, *Religion*, p. 193; Liu (1941), pp. 284-87.

★076——前掲書pp. 287-88.Köppers, "Hund," pp. 374-75; and *Dictionnaire des mythologies* s.v. "Esquimaux. La mythologie des Inuit de l'Arctique central nordaméricain," by Bernard Saladin d'Anglure.『古事記』は主に中国南部の神話にその材をとっている．Girardot, *Myth and Meaning*

★060——Edouard Chavannes, "Voyageurs chez les Khitan et les Joutchen," *Journal Asiatique*, 9 èsérie, 9 (1897): 408-9.同じ話の別の版では，この国の男は犬の身体と毛深い頭を持つとなっている．また，女たちについてはクロテンの毛皮を身にまとっていると述べているが，人類学上の特徴については何も伝えていない．最後に，旅行者が犬の国から北京にもどるのに要する期間は２年２か月であると記されている．ここで載録したフ・チャオの話のChavannesの翻訳は,その初期の文献 "Peoples of the Four Frontiers," an appendix (chapter 13.8) to the *(Chiu) Wu tai shih* (Annals of the Five Dynasties) of Ouyang Hsui (1017-72)に基づく．「原モンゴル人」としての契丹については Roux, *Religion*, p. 182を参照．その後の書誌学上の文献の翻訳と参考文献については，Liu (1941), p. 293; Kretschmar, *Hundestammvater*, 1:24; and DeGroot, *Religious System*, 4:262.

★061——この同定は，Pelliot ("Femeles," pp. 685-86)によるもので，中国の史料に基づいている．カルピニの話はそのような定義とは相容れないように見える．ノコイ・カザールはタタールの南東に住むとしているからである．しかしこれが，地理的にはでっちあげであることは明白だ．なぜならそのすぐ後に，タタール人の旅程を記した部分で，チンギス・ハーンとその部下が，北の海に面したカスピ山脈のふもとで地下生活をしているthe Men of the Sun (*Narayrgen*)の国を訪れたというエピソード（「タタール記」13節）が記されているからだ．Painter (in Skelton, *Vinland Map*, p. 64, 注5)が指摘しているように，これはアレクサンドロス大王伝説にあるゴグ－マゴグの軍を城壁で閉め出した話と酷似している．「タタール記」によると，チンギス・ハーンの部下たちは，アレクサンドロス大王の門を越えてからその場所に着くまでに３か月かかっている．フ・チャオの話の主人公は犬人族とアマゾンの住む北方の国から中国にもどるのに２年と２か月かかった．上記★060.これらの地理上の問題については第９章で再び論じたい．

★062——Stein, "Leao-tche," pp. 23-25, 132, 134-36. 13世紀の*Hei Ta shih-lüeh*はNo-hai I-lu-tsü を中国の犬の国（コウクオ）と同じ国だとしている．Pelliot, "Femeles," p. 686.

★063——Roux, *Religions*, pp.193-95; Painter, in Skelton, *Vinland Map*, pp. 70-71, 注３, citing F. Erdmann, *Temudschin der Unerschütterlische* (Leipzig: n.p., 1862), pp. 471-72, 475-78, 499-500; and Eberhard, *Local*, p. 464.

★064——ウィグル人もまたこの当時はネストリウス派キリスト教徒だった．("Tartar Relation," par. 5). この新たに発見されたプレスター・ジョンの王国は1177年頃にはインドへと「移動」させられた．Skelton, *Vinland Map*, pp. 26-28, 48, 58-59, 69.

★065——Stein, "Leao-tche," p. 24, 注1; and Louis Ligeti, "Rapport sur les rois demeurant dans le Nord," in *Etudes tibétaines*, p. 183.一妻多夫制はヒンドゥー教徒と同様，中国人をも驚倒させたにちがいない．中国人は，*MBh* 8.30.9-82に記されているのと類似したエフタルの一妻多夫制の話を伝えている．*Chou shu* 50. 14b, Miller, *Accounts of Western Nations*, p. 12に翻訳されている．中国人はまたチベットの一妻多夫制にも同様に驚かされて，6 世紀以降ずっとこれについて記録してきた．この文献でも，ある女性の２番目の夫は，最初の夫の兄弟であることが多い．チベットに関する同じ中国の最初の記録では，女人国(Nü kuo or Tung-nü)がその地にあるという．Pelliot ("Femeles," p. 688)は，チベット人が一妻多夫制または女系制社会を営んでいたという事実は，中国が彼らを女人国としたことに一役買ったことだろう，という．Eberhard, *China's Minorities*, p. 69も参照．Eberhardもまたツングース（後のWu-huan）が妻方居住の結婚形態をとっていたとも述べている．

★051——Thakur, *Hūṇas in India*, pp. 113-37.

★052——Maenchen-Helfen, *World of the Huns*, pp. 91-168.

★053——Roux, *Religion*, pp. 19-23.

★054——古代，現代共に，アルタイ，ウラル-アルタイ，スキタイ系の民族が，どのような言語，文化的背景をもっているか，また，アマゾン＝犬頭人神話とそれから借用した多くの伝承に関する参考文献（p.194）については，前掲書pp. 19-23を参照.

★055——プラノ・カルピニ(*Historia Mongalorum*, chap. 5, par. 3)は，この話は「ロシア人神父やモンゴルに長く暮らしている人々に」聞いたものだと主張している．いわゆる「タタール記」はC. de Bridiaなる人物が書いたとされており，これは明らかにポーランド人の修道士ベネディクト（プラノ・カルピニの旅行の同行者）がカルピニの話を口述筆記した作品を順序正しくまとめたものである．（Skelton, *Vinland Map*, and translated and annotated by George D. Painter, pp. 54-106にある）．ベネディクトにならって，De Bridiaは，モンゴル人自身がこの話を語ったとしている．（「タタール記」18節）*Vinland Map*, pp. 21, 40-45.この話はじつのところ，キルギス人や他のトルコ系民族にも知られていた．Eberhard, *Local*, p. 464

★056——1247年に成立したプラノ・カルピニ の記録の題名は，*Historia Mongalorum [sic] quos nos Tartaros appellamus*, "Description of the Mongols whom we Call Tartars"である.ここでde Bridiaのいわゆる「タタール記」(Painter, in Skelton, *Vinland Map*, pp. 54-106)を採録した.

「タタール記」の18節は，ラテン語に翻訳され（Plano Carpiniの*Historia Mongalorum*から注釈にその異譚を付して），さらにそれをもとに注釈と共に英訳したのがSkelton, *Vinland Map*, pp. 70-73である.プラノ・カルピニの原本は簡約化した形ではあるが， Vincent de Beauvais, *Speculum Historialis*の第31巻11節（ドゥエー版では第32巻）に載録されており，その最終版は1255年頃発行された．Skelton, *Vinland Map*, pp. 21-23. *Speculum Historialis*は，最初にドゥエーで編纂され（1624年），ついで１世紀後にハーグで編纂された（5 vols., [Bergeron, 1735], vol. 5, cols. 42-43）．この節はJules Klaproth, "Aperçu des entreprises des Mongols en Georgie et en Arménie dans le XIIIe siècle (suite)," *Journal Asiatique* 12 (1833): 287, 注１．英語，ドイツ語，フランス語に翻訳され，それぞれA. W. Pollard編, *The Travels of Sir John Mandeville* (London: Macmillan, 1900; reprint New York: Dover, 1964), pp. 226-27; Kretschmar, *Hundestammvater* 1:12-13; and Cordier, *Les cynocéphales*, p. 9にある.

★057——Painter, in Skelton, *Vinland Map*, pp. 33, 50, 74-75. Kretschmar, *Hundestammvater*, p. 14と比較せよ．その他，犬と関係のあるモンゴル周辺の民族については，Rolf Stein, "Leao-Tche," *T'oung Pao* 35 (1939): 23-24, 132-36を参照.

★058——*King Het'un*が書いたとされるこのテクストは，じつは*Kirakos of Gandsak* なる人物が1271年に著したものである．その英訳本はBerthold Laufer ("Supplementary Notes on Walrus and Narwhal Ivory," *T'oung Pao* 17 [1916]: 357-58),フランス語訳はEdouard Dulaurier ("Les mongols d'après les historiens armé niens: fragments traduits sur les textes originaux," *Journal Asiatique*, esérie, 11[1858]: 472).

★059——この話の原典の歴史については，Pelliot "Femeles," pp. 681-85を参照．Hui-shenにも類似した中国の話がある．本章の★082を参照.

章5節で，ガーディが「フーナ」または「ブータ・マンダラ」に迷い込んだという話を参照.

★046——エフタルが紀元前2世紀に起こったインド=ヨーロッパ語系の民族移動の生き残りであるのはまちがいない. この時期，この民族はインドやペルシアを越え，東トルキスタンへ移動し，おそらくはモンゴルまで達したらしい. 彼らの流入によって，原トルコ系，原モンゴル系民族はその定住地域である森林地帯を追われ，これらの民族の間で草原を遊牧する生活様式が生まれることとなった. Levenson and Schurmann, *China*, p. 27. Paul Pelliot, "Les influences iraniennes en Asie centrale et en Extrême-Orient," *Revue d'Histoire et de Littérature religieuses* 3:2 (1912):97-119, and Grousset, *Sur les traces du Bouddha*, pp. 51-57, 80-81で，西暦紀元の中央アジアにおけるインド=ヨーロッパ系民族とその言語の継続的な影響を比較のこと.

中央アジアにおけるトカラ族，月氏，フン族の関係の歴史については，M. Rohi Uighur, *The Original Home of the Tukharians*, Pakistan Historical Society, Memoir no.8 (Karachi: Pakistan Historical Society, 1965), pp. 1-45を参照. インドと中央アジアにおけるエフタル・フン帝国については，Thakur, *Hūṇas in India*, pp. 3-61と随所，McGovern, *Early Empires*, pp. 302, 405-19; Chavannes (1907), pp. 188-92; and R. C. Majumdar et al., eds., *A Comprehensive History of India*, 11 vols. (New Delhi: People's Publishing House, 1957-85), vol. 3, pt. 1: *AD. 300-985*, R. C. Majumdar and K. K. Dasgupta編，pp. 225-234を参照. エフタル・フン帝国の地図は，Herrmann, *Atlas of China*, p. 32, and Miller, *Accounts of Western Nations*, p. 33 [see also p. 12, on Ephthalite polyandry]. エフタルの民族発生についての学術論争の流れについては，Roux, Religion, p. 22を参照.

★047——民族移動は「ユーラシアの平原」に始まったとするこの「ビリヤード・ボール」説(E. Gibbon, *History of the Decline and Fall of the Roman Empire* [London, Methuen, 1897-1900]: 3.261)の落とし穴については，Maenchen-Helfen, *World of the Huns*, p. 61を参照.

★048——ヨーロッパにおけるフン族の伝統的な歴史と彼らの西欧史への間接的な影響については，McGovern, *Early Empires*, pp. 356-98を参照. Otto Maenchen-Helfenは，彼の代表作*The World of the Huns*と同様，二つの論文("Huns and Hsiung-nu,"と "The Legend of the Origin of the Huns," *Byzantion: International Journal of Byzantine Studies* [American Series, 3] 17 [1945]. 222-43, 244-51)においても，中国の匈奴とヨーロッパのフン族がまったく同一の民族であるという，西欧史書の永遠の仮定を容赦なく覆している. 彼は言語学，歴史学，考古学，民族学上の根拠に基づいて自説を展開している. Maenchen-Helfenは「現代」西欧の歴史書が中国の主要な異民族をヨーロッパのそれと混同し，古代の西洋がすべての異民族に同じ顔を与えながら，歴史の流れに応じて呼称を変えていくという態度を踏襲しているにすぎないと論じている. 彼は ("Huns and Hsiung-nu," pp. 230-31)で，西洋の歴史書が中国のフン族として扱ってきたのは，アヴァールかエフタル・フンで匈奴ではないと暗に述べている. 西洋が多くの中央アジア系異民族をゴグとマゴグ（☆終末の日にサタンに惑わされて神の国に攻め入って滅ぼされる王）の軍勢と同一視してきた歴史については，Anderson, *Alexander's Gate*, pp. 1-104と随所を参照.

★049——これらの使徒の活動については本書第2章1節と3節を参照. アッティラの侵略前後のこの地域のフン族の動きについては，Maenchen-Helfen, *World of the Huns*, pp. 23, 34, 74, 101, 444, 449を参照.

★050——McGovern, *Early Empires*, pp. 115-22, 165-70, 283-84, 294-302, 311-14, 324-38.

複雑な関係を記した非常に貴重な文献である.

★038——一般に中国で，隣接する異民族の名前に犬と関係のある部首を使用することが多かったという点については，Paul Pelliot, review of "Der Hund in der mythologie der zirkumpazifischen Völker" by Wilhelm Köppers, in *T'oung Pao* 28 (1931): 470 [以降Pelliot (1931)と略記]; *Dictionnaire des mythologies*, s.v. "Chine:périphérie de Ia. Mythes et légendes relatifs aux Barbares et au pays de Chou," by Maxime Kaltenmark; Eberhard, *China's Minorities*, p. 103; and J. J. M. DeGroot, *The Religious System of China*, 6 vols. (Leiden, 1892-1910; reprint Taipei: Ch'eng-wen, 1969), 4:267-68.

★039——犬戎との関係を記した中国の初期の歴史については，司馬遷の『史記』(Chavannes, *Mémoires*, 1:220, 251, 254, 258-59, 277, 285, 290); Luce, *Man shu*, pp. 100-101そしてEberhard, *China's Minorities*, p.46を参照.周王朝の血統は元をたどれば異民族Ch'iangに始まるという話—周の始祖である「穀物の君」后稷の母，Chiang-yuanは，Ch'iangの女だった—については，Joseph R. Levenson and Franz Schurmann, *China: An Interpretive History From the Beginnings to the Fall of the Han* (Berkeley: University of California Press, 1969), p. 28を参照. McGovern, *Early Empires*, pp. 7, 21, 88-93, 96-98,100も参照

★040——M. E. Cavignac, gen. ed., *Histoire du Monde*, vol.6, Louis de la Vallé Poussin, *L'Inde aux temps des Mauryas et des barbares, grecs, scythes, parthes et Yue-tchi* (Paris:De Boccard, 1930), p. 329.

★041——E. H. Parker, "Turko-Scythian Tribes—After Han Dynasty," *China Review* 21(1894-95): 256.

★042——McGovern, *Early Empires*, pp. 122-314, 331 とEberhard, *China's Minorities*, pp. 49-52.ヤオは11世紀頃まで，南方異民族に対する包括的な用語ではなかった．これ以前は，後に中国がヤオと認めるようになった民族は，マン族とは根本的に異なった民族であるにも関わらず，マンという包括的な呼称のもとに括られていた．Eberhard, *China's Minorities*, p. 80と Edouard Mestre, "Religions de l'Indochine," *Annuaire*, Ecole Pratique des Hautes Etudes, Section des Sciences Religieuses, 1946-47, pp. 109-110 [以後 Mestre (1946-47)と略記].

★043——この時期の中央アジアとインドの歴史については，McGovern, *Early Empires*, pp. 126-28, 248-51, 302, 401; Edouard Chavannes, "Les pays d'occident d'après le *Heou han chou," T'oung Pao* 8 (1907) [以後 Chavannes (1907)と略記]: 149-234, とくに 188-92; Eberhard, *China's Minorities*, pp. 56-57; A. F. P. Hulsewe, *China in Central Asia, the Early Stage*: *125 B.C-AD. 23* (Leiden: Brill, 1979); Bagchi, "Presidential Address," p. 16; and C. Krishna Gairola, "Les conditions sociales et religieuses a l'époque des Śatavāhanas dans l'Inde (Iè siècle av. J.-C. au IIè siècle ap. J.-C.),"*Journal Asiatique* 243 (1955): 284, 291-95. この時代の地図については，D. D. Leslie and K. H. J. Gardiner, "Chinese Knowledge of Western Asia During the Han," *T'oung Pao* 68:4-5(1982):301-8と Herrmann, *Atlas of China*, pp.17, 26-27, 30-31.

★044——Wolfram Eberhard, *A History of China* (London: Routledge & Kegan Paul, 1971), pp. 116, 141-42. エフタル・フンの歴史は，Thakur, *Hūṇas in India*.

★045——Thakur, *Hūṇas in India*, pp. 186-221など随所．これらの6世紀後のフーナ侯国は，一般に「フーナ・マンダラ」と呼ばれ，「フーナの勢力範囲」は主にインド北部と西部にあった．第5

治史についてはMcGovern, *Early Empires*の随所を参照.
中国領土内で，トルキスタンに含まれる地域は，モンゴル系民族とトルコ系民族の母国であると同時に５つの少数民族の居住区のうち最北端にあたる．この南には広大な中国文化の支配する地域があり，さらに南下して，中国南部とインドシナ北部にはさまざまな南方系異民族が住む．さらに南には，中国の南方異民族とはまったく異なる種族（主としてモン－クメール語族）が住んでいる．最後にインドシナ平原とヒンドゥー教化した国々，ビルマ（ミャンマー），タイ，ラオス，カンボジアなどがある．偉大なフランス人シナ学者アンリ・マスペロの言葉に「そこには人類学，民俗学，言語学上の区分はない……単に，社会構造と文明の根本的な要素に基づく分類があるだけだ.」Henri Maspero, *Le taoisme et les religions chinoises* (Paris: Gallimard, 1971), pp. 223-24.

★035――Wolfram Eberhard (*The Local Cultures of Southern and Eastern China*, Adile Eberhard訳 [Leiden: Brill, 1968], p. 464; and *China und seine westlichen Nachbarn:―Beiträge zur mittelalterlichen und neueren Geschichte Zentralasiens* [Darmstadt: Wissenschaftliche Buchgesellschaft, 1978], p. 149 [以後Eberhard, *Westlichen*と略記]は，そのような同起源語の可能性を退けているが，イヌ科の動物に由来する北方系（と北京方言）の語*ch'üan*は，ホータン方言の*śu-van* と関係があるかもしれないとしている．Eduard Erkes ("Hund," p. 199 と注２， ３)は，中国語の(**kiwen*)とインド＝ヨーロッパ語の**kuen*は同語源語であるというAugust Conradyの説と同様に，チベット語(*k'yi: *kyið?*)と中国語(**kiwen*)でイヌという語は，「ウル-インド-中国語」の言葉に由来するというW. Simonの説を論じている．Erkesはどの説も説得力があると結論づけているが，そのような類似性が生まれた理由として（犬の吠える声の）擬音語を引き合いに出している．「古体の」*k'nvon*,「古代の」*k'iwen*,近代北京語の*ch'üan*の発音については，Bernard Karlgren, *Grammata serica recensa (Bulletin of the Museum of Far Eastern Antiquities* 29 [1957], reprinted as a separate volume), p. 132と比較せよ．Oswald Szemerenyi ("Iranica," *Zeitschrift der Deutsche Morgenländischen Gesellschaft* 101 [1951]: 210-11)は，西暦紀元の初期にインド北部と中央アジアの一部を支配したシャカ族の名前（ペルシア語で「犬」を意味するsägの派生語であるという）について論じた部分で，この問題についても触れている．しかしながら，中央アジアの「犬」という言葉に対する考察(Sir Ralph A. Turner, *A Comparative Dictionary of the Indo-Aryan Languages* [London: Oxford University Press, 1962], p. 726, and Mayrhofer, *Kurzgefasstes etymologisches Wörterbuch*, 3:402-3)は，中央アジア起源説を強固にするものだろう．トカラ語の*ku*(Edward Tryjarski, "Dog," p. 308)がインド＝ヨーロッパ語と中国語の術語学の接点となるものかもしれない．Eberhard (*Local*, p. 464)は，「黄耳」は犬を意味するふつうの中国語だと述べている．インドやイランの文献にも，犬を「黄色い耳」と記したものがあることが想起される．

★036――Erkes, "Hund," pp. 210-11 と Eberhard, *Local*, 462-65.

★037――『後漢書』(25-220年）の第115-120巻は，中国の敵国匈奴や他の異民族への対応策の歴史を伝えるもっとも重要な文献である．なぜなら紀元前２世紀の司馬遷の著した『史記』(Edouard Chavannes, *Les mémoires historiques de Se-ma Ts'ien*, 6 vols. [Paris: Ernest Leroux, 1895-1905; reprint Paris: Adrien-Maisonneuve, 1967-1969])の第110章,113-116章，118章は中国の異民族の記述にあてられている．『史記』や『後漢書』より新しい，９世紀の『蛮書』（マン族の歴史）は，初期の中国の地理学を網羅した記録(Luce, *Man shu*, p.1)で，中国唐王朝とその南方異民族マン族との

1912])は,それ自身*SP*の一部であると称している．しかしこのテクストは*SP*の同じタイトルの部分とはまったく類似点はない．その成立年代は，ナガ語版の*SP*の Kedār Khaṇḍa (1.1) より確実に新しい．

★030——*Encyclopedia of Religion and Ethics*, 12 vols., James Hastings編 (New York: Scribner's, 1908), vol. 1, s.v. "Abode of the Blest (Hindu)," by H. Jacobi. *MBh* (2.48.2-7)は，多くの北方異民族について，同様に「メール山とマンダラ山の間を流れるシャイロダ川の畔に住み，［そこで彼らは］キーチャカ竹の葉陰で憩う」と記す．Liu（[1941], p. 280）は，参考文献を明示せず，犬と同じように毛深く，犬と共に住んでいるというGhotaien (Khotan?)の女たちを描写している．この地域の女人国に関する中国最古の記述は，郭璞の『山海経』の注釈書（紀元300年頃）である．この国についての唐代の主要文献は，700年頃の*Liang ssu kung chi* である．同書とその他の文献については，Pelliot, "Femeles," pp. 677-80, 688, 695-96, 699-700, 703-4, and 711-18を参照．また Mukherjee, *Pāradas*, pp. 79-80, n. 128; and Herrmann, *Atlas of China*, pp. 34-35も参照．上記の★013および以下の★061も参照．

★031——「ピザ効果」とは，Agehananda Bharatiによる造語である．ある民族が実際は外部から，外来の文献や代理人，通訳者などによって押しつけられた自己認識を意味する．「ピザ効果」の歴史上の実例としては，12世紀初頭のパーリ語原典協会が南アジアの仏教に与えた影響があげられる．パーリ語の仏教原典を英語に恣意的に翻訳することで，この英国人を母体とする組織は，シンハラ族の仏教徒に自分たちの伝統に対する理解を大きく変えてしまった．特定の題材を選んで翻訳が行われた結果，哲学的な形而上学の理論に根ざした静寂主義（☆17世紀末の極端な神秘主義的宗教思想［運動］）的信仰が，多くの「迷信」じみた儀式に取って代わった．今日多くのスリランカ人が，原典にもどって仏教への理解を正そうとしているのは，歪曲されたパーリ語原典協会の翻訳を見直そうという動きである．Wolfram Eberhard (*China's Minorities:Yesterday and Today* [Belmont, Calif.: Wadsworth, 1982], p. 79)は「ピザ効果」を中国王朝と異民族の関係を例に引いて，説明している．

★032——中国のマン族は 9 世紀には独自の文字を持っていた．しかしその事実は中国人にはほとんど顧みられなかった．*The Man Shu* (*Book of the Southern Barbarians*), Gordon H. Luce訳 ・G. P. Oey編，Cornell University, Department of Far Eastern Studies, Southeast Asia Program, Data Paper no. 44 (Ithaca, N.Y.: Cornell University Press, 1961) [以降Luce, *Manshu*と略記], p. 115.匈奴／フン論争に関する最新の参考図書については，Jean-Paul Roux, *La religion des turcs et des mongols* (Paris:Payot, 1984), p. 22, 注 1 の参考文献を参照.

★033——Luce, *Man shu*, pp. 1, 8.

★034——トルキスタンはトルコ系モンゴル遊牧民の母国を指す広義の地理用語である．その語に含まれる地域はアジア全域におよび，東はヒマラヤ山脈の北側斜面から西はチベット，モンゴル，イラン高原を経て，コーカサスを縦貫し，北へバイカル湖北岸，アラル海，カスピ海，黒海を越えている．測地線でいうと，北緯30度から50度，東経40度から120度にあたる．政治的には漢帝国の北方に広がる匈奴の母国で，西方と南方（チベット）は漢の属領となっている．クシャンとパルティア王国およびその北方に広がる大草原地帯や紀元100年頃には東ローマ帝国があった地域の北方の草原地帯も含む．この地域の地図はHerrmann, *Atlas of China*, pp. 26-27を参照．また文化史・政

★017――A. K. Narain, *The Indo-Greeks* (Oxford: Oxford University Press, 1957), pp.172-73.

★018――Thakur, Hūṇas *in India*, pp. 77, 255, 277. 今のところ，アーラッタと同語源の語は，現代インド語，古代中国語あるいはヨーロッパ語のなかに見出せていない．

★019――Thakur, *Hūṇas in India*, pp. 92-95.

★020――これは，彼らの名前の語源を語るものである．*MBh* 8.30.10. 同じように8.30.44で語源が述べられているが，ここで彼らはBāhiとHlīkaという名の二つの*piśācas*の子孫とされている．

★021――*MBh* 8.30.16-17. 8.27.86では，彼女たちはラクダやロバのように尿を排泄するという．

★022――*Tasmāt teṣāṃ bhāgahāra bhāgineya na sūnava* :この解釈はかなり多くの写本に見られるが，*MBh*の重要な解釈本のなかには見あたらない．該当個所は，Krṇa Parvan (Paresvaram Laksman Vaidya編[Poona: Bhandarkar Oriental Research Institute, 1954])版のp276の392節．写本については，同じ巻のpp. xiとxiii-xviii を参照．マードラカの女を女の屑と貶める詩節(8.30.67-72)は，ヒンドゥーの王や仏教の悪鬼と同じ名前をもつ，カルマーサパーダという名のラークシャサが語ったことになっている．

★023――この章句 (*Ritual of Battle*, pp. 272-78)についてHiltebeitel は，シャリヤとバーヒカが「卑猥」を連想させる点を強調している．彼はまた，シャリヤは「(叙事詩ではその出身が) 中央のクル王国外の国の王侯だという点でも職を解かれた」(p. 266)とも述べている．(Hiltebeitelが強調するのは)，彼は女性の意匠，すなわち細長いくぼみ（女陰）を旗印にしているたった一人の王であるということである．

★024――バーリカがかつて支配していた領土をフーナが占領したのも事実である．Mehrauli Iron Pillar 碑文は，チャンドラグプタ２世が，その頃５つの川流域に住んでいたパンジャブ地方のヴァーヒカあるいはヴァーリカをうち負かすためにインダス川を渡ったことが記されている．後に，これらの民族はクマーラグプタ王の治世にフーナ によって征服され，支配された．Thakur, *Hūṇas in India*, pp. 71-72. Thakur (p. 231)はまた，フーナの一妻多夫制についても説明している．息子は死んだ父親の妻と結婚し，弟は兄の妻と結婚する．

★025――この時代にインドが接触をもった中央アジアのすべての民族のうち，エフタル・フンのみが母系制社会を営んでいた．McGovern, *Early Empires*, pp. 406-7; Thakur, *Hūṇas in India*, p. 56. 中国の文献としては，７世紀の『周書』（北周朝の歴史）がRoy Andrew Miller, *Accounts of Western Nations in the History of the Northern Chou Dynasty*, Chinese Dynastic History Translations, no. 6 (Berkeley: University of California Press, 1959), pp. 11-12.に翻訳されている．

★026――ストリーラージャ（女人国）は，*MP* (58.39) のMadhyadeśa（F. Eden Pargiter, *The Mārkaṇḍeya Purāṇa*, p. 375の訳注を参照）の外に住む民族の一覧表では，バーリカと併記されている．中国の資料については，Pelliot, "Femeles," pp. 677-80; 713-18.

★027――*MBh* 1.102.1-12; 1.113.8. これらの女性たちに対するバーリカの賛歌は*MBh* 8.30.20-23にある．

★028――*Petavatthu* 2.12, in *Petavatthu: Stories of the Departed*, Henry Snyder Gehman編, Pali Text Society, The Minor Anthologies of the Pali Canon, no. 4 (London: Pali Text Society, 1974), pt. 2, pp. 58-63.

★029――『ケダール・カルパ』(15.1-26.53, とくに 26.38-53 [Bombay: Venkatesvara Steam Press,

ては記されていない．第５章３節，図10を参照．

★011——『クブジカーマタタントラ』*Kubjikāmatatantra* 21.8, 33 (*The Kubjikāmatatantra Kulālikāmnaya Version*, T. Goudriaan and J. A. Schoterman編 [Leiden: Brill, 1988], pp. 395, 399のなかにある)．この同定は微妙な身体の部位や，サンスクリットのアルファベット文字を根拠に行われている．『クブジカーマタタントラ』 はシャークタ派の出典であり，その手稿の伝承はネパールに起源があり，少なくとも12世紀に特定できる．この資料におけるśvamukha とsvāmukaの綴りの正しい語尾変化についてはpp.52 と197を参照．

★012——*Rājatarm̐giṇī*, 4.173, 185, 587.

★013——*MBh* 3.48.19-22; *Rājataramgiṇī* 4.165-85. そのような分類表は，*MBh* 2.48.2-7, 12-16; 12.65.13-14; 13.35.17-18; *Rām* 1.69.24-30; *BhP* 2.4.18; *Brahmāṇḍa Purāṇa* 3.63.120-21; *MP* 57.37-39; *Brahmā Purāṇa* 8.29-30; *Matsya Purāṇa* 12.40-50; 121.45-46; *Vāyu Purāṇa* 2.88.122-23と*Śiva Purāṇa* 6.61.23-24に，さまざまに変形されてくり返し記録されている．これらについてはMukherjee, *Pāradas*, pp. 52-55 と注，Muir, *Original Sanskrit Texts*, 1:480-95; Thakur, *Hūṇas in India*, pp. 52-60とP. C. Bagchi, "Presidential Address to the Indian Historical Congress, 6th Session, Section 1" (Aligarh: n.p., 1943), pp. 1-28を参照．ヴェーダ文献や叙事詩によるこれらの民族の地域分布は*A Historical Atlas of South Asia*, Joseph Schwartzenberg編 (Chicago: University of Chicago Press, 1969), pp. 13-14にある．

他のインドやある中国の文献では，ストリーラージャの場所は，チベット東部，パンジャブ地方のストレジ川沿岸またはヴァンガ（ベンガル）の東方としている．*Bṛhat Sam̐hitā*, vol. 1, p. 177 (notes to 14.22)．これは多分二つの女人国(*Nü kuo*)についての７-８世紀の二つの中国の伝承に対応するものだろう．その伝承は，女人国はチベットの北東，四川省北西部にある犬の国(*Kou kuo*) の南，あるいはチベットの西方とカシュミールの北方のホータン地方にあるという．この二つの伝承は後の文献では一つにまとめられている．Pelliot, "Femeles," pp. 677-80, 688; and Albert Herrmann, *Historical and Commercial Atlas of China*, Harvard-Yenching Institute Monograph Series, no. 1 (Cambridge: Harvard University Press, 1935), pp. 38-39. 以下の本章４節，★030と061を参照．

★014——Thakur, *Hūṇas in India*, pp. 34-35, 96 とThapar, *History of lndia*, pp. 96-97. 本章の★046を参照．

★015——*MBh* 8.27.71-91; 8.30.9-82. この節はまたHiltebeitel, *Ritual of Battle*, pp. 272-78でも論じられている．Monier-Williams (*Dictionary*, s.v. "Bāhlika") は，バーヒカとバーリカは二つの異なる民族であると述べている．一方はパンジャブに，他方はバクトリアに住んでおり，その二つはインドの文献では混同されたのだという．本書で後に述べるようにエフタル・フン（フーナ）もまた，上記二つの地域に似たような重要拠点をおいた．

★016——Monier-Williams, *Dictionary*, s.v. "Bālhika," "Madra.".Van Buitenen (*MBh*, vol. 1, p. 459)によれば，マードリーはバクトリアの女である．マドラ族の祖マードラもシビの息子であるといわれている．そうなると，シビはシャイビヤと同一人物かまたは兄弟ということになる．シャイビヤは，インドラがシュナハサカ「犬の友」 (*MBh* 13.94.5-13.95.81) あるいは シュノムカ「犬の顔」(*Skanda Purāṇa* 6.32.1-100)に姿を変える神話のなかで，ヤーツダーニーを創造した王である．第５章３節を参照．

このグループは，ヤーヴァナ，パーラダ，カンボジャ (Gandharans)，パーラヴァ，シャカである．この話 (*Harivaṃśa* 10.21-79)はさらに，クシャトリア・ダルマに属するすべての人々—上記の民族に加えKolas（豚），Sarpas（ヘビ），Mahīṣas（水牛），Darvas，CholasとKeralas—は高潔なるサガラ王に追放されたと語る．

この神話では，シャガラ王がこれらの「堕落したクシャトリア」を打破した後，王は「彼らのダルマを殺し」，強制的に外見を変えさせたという．シャカは頭髪を半分剃る．ヤーヴァナとカンボジャは丸坊主に剃る．パーラダスはザンバラ髪，パーラヴァは長い髭をたくわえなければならなかった．これらの民族が征服者によっていかに屈辱を舐めさせられたかについて，類似の話がLalitāditya-Muktapada, in *Rājataraṁgiī* 4.178-80にある．トカラとフーナの髪型はじつにこの屈辱の表れだとわかる．トカラは二ふさの前髪と後頭部の弁髪を残して剃っており(Grousset, *Sur les traces du Bouddha*, p.64)，フーナは頭頂部に一ふさ，後頭部に長い三つ編みを残して剃り落としていた(Thakur, *Hūṇas in India*, pp. 228, 237)．ヴィシュヌ・プラーナは「こうして宗教的儀式から隔てられバラモンから見捨てられ，これら異なった民族はムレッチャとなった」と述べている*Manu* 10.43-45参照. これらの民族，ヴィシュヌ・プラーナとマヌ法典の「堕落したクシャトリア」とフーナの関係については，Thakur, *Hūṇas in India*, pp. 52-60; Muir, *Original Sanskrit Texts*, 1:481-95; Mukherjee, *Pāradas*, pp. 40-57 と注，R. C. Hazra, *Studies in the Puranic Records on Hindu Rites and Customs* 2d ed. (Dacca, 1940; reprint Delhi: Motilal Banarsidass, 1975), pp. 199, 202-9, 216-17を参照.

★008——Alois Oberle, "Der Hundekopfddämon im Volksglauben des Westtales und des Chinesisch-tibetischen Kontaktgebeites im Osttale von Kuei-te in der Provinz Ch'ing-hai," *Ethnographische Beiträge aus der Ch'ing-hai Provinz (China)*, Museum of Oriental Ethnology, Folklore Studies: Supplement no.1 (Peking: The Catholic University of Peking, 1952), pp. 222-33と随所.

★009——3つの「犬頭の鬼の像」はMusée Guimet (M. G. 17234, 17349, and 17350.)の所蔵．この発掘品の説明は2種類の博物館の図録にある．*Catalogue* (1939), pp. 98-99, and *Le Musée Guimet I*, by Odette Monod (Paris, 1966), pp. 360-61.発掘研究報告によると，これらの擬人化された悪鬼の身体の部分は頭部より破損しやすい素材でつくられており，発掘現場に遺棄された．図12参照.

紀元2，3世紀頃のハッダの場所と，475年頃この地域に侵入したエフタル・フンについては，Thakur, *Hūṇas in India*, p. 47; John E. Vollmer, E. J. Keall, and E. Nagai-Berthrong, *Silk Roads-China Ships* (Toronto: Royal Ontario Museum, 1983), p. 54; and Grousset, *Sur les traces du Bouddha*, pp. 96-98.ハッダはジャララバッド地方ナガラハラから8キロ南にある．

★010——それにも関わらず，「ハリヴァンシャ」(27.16-17, 31) と*MBh*のなかでは，Śunaka（子犬），Śaunaka（子犬の子），Śunaskarṇa（犬面人）と呼ばれるリシ（聖仙）の血統，それに Kukkura（子犬）と呼ばれる部族についての言及がある．*MBh*のなかの寓話 (12.136.109-10)では，Parigha（鉄の棒）という名のチャンダーラは明らかに犬頭人として描かれている．「色黒，髪は黄褐色，見るからに恐ろしい．太い腰，犬の群れが周りを囲んでいる．汚く，とがった耳，耳まで裂けた大きい口……死神ヤマの遣いに似ている.」ヒンドゥーの文献に出てくる犬頭の生き物はそのほとんどすべてが悪鬼(Tulsī Dāsではシヴァのシュヴァムカ*gaṇas*, *MBh*ではSkandaのSvavaktra *gaṇas*)あるいは神（*SP*ではŚunomukhaに変身したインドラ）として描かれているが，人間または亜人間とし人が存在することへの似たような説明がある．ここで，父Yayātiの呪いが息子Turvaśuにかけられ，彼の子孫Yāvanas（バクトリア系ギリシア人の「イオニア人」）は「慣習も法律も堕落し，卑賤な業につき，肉食をする最下層の者……畜生の法に従う邪悪な野蛮人」となった．(*MBh* 1.79.11-14)．この翻訳はJ. A. B. Van Buitenen, *The Mahābhārata, I. The Book of the Beginning* (Chicago: University of Chicago Press, 1973)にある．

★002――４つの目をもつ犬は*aśvamedha*では「悪運」とみなされ，生贄とされた．しかしこの犬は不純や異郷のものとは無関係で，古代のさいころ遊びと関わりがある．拙著「Dog Die」の諸処参照．ヴェーダ期のインドでは，２匹の４つ目の犬は死神ヤマと関係がある．ヤマの「死者の国」は，しかし幸福の場所とされる．そのうえこれら２匹の霊魂を冥界へ導く犬は，似たようなイランの伝承では，最高の吉兆とされる．これらの２匹の犬は，女神サラマーの息子とされる．この女神は，パニスがヴァーラのために盗んだ牛を見つけだし神々のために大きな貢献をした．*RV* 10.108．ヴェーダの他の節では，インドラは生贄として犬を捧げられ，犬を生贄にした（そして多分食べただろう）ゴータマを是認している．*RV* 4.18.13．

★003――そのため，*Hudūd al-'Ālam* (Minorsky, pp. 30, 50-51, 58-59, 179, 193)（直訳すれば「世界の辺境」）という書物の原作者は，自分の住む領域（アフガニスタンの北西部）を世界の果てにはおいていない．それどころか，この10世紀の著作では「辺境」は，ヨーロッパ西岸（とバルト海にある「女護が島」)，中国の東岸（と「暗黒の海」の所在地）とされている．

★004――Thapar, *History of India*, 1:93-103, 140-3.

★005――トカラ（サンスクリット語ではトゥハラと呼ばれる)，クシャン（モンゴルの西匈奴，月氏と連合してインド北部を征服したトカラ族)，エフタル（「白フン」）はたがいに，民族的（インド＝ヨーロッパ語系とトルコ系の混交）にも政治的にも（クシャンとフンによるインド北部への侵略はトハリスタン，すなわちワッハン［護密］に端を発し，パミールとバルフの北東，つまり現在のアフガニスタンへと広がった）密接に関わり合っている．William Montgomery McGovern, *The Early Empires of Central Asia: A Study of the Scythians and the Huns and the Part They Played in World History* (Chapel Hill: University of North Carolina Press, 1939), pp. 405-7, 473-74,479-83.

★006――インド＝ヨーロッパ語族のうちこれらインド後期の文献に言及がないのは，ペルシア人(the Pahlavas)である．ペルシア人が地の利もあって，ここまでに登場した中央アジア系民族のすべてと数々の交流をくり返してきたことはつとに知られている．またヘロドトス (*Historia* 1.110-22)によって，アケメネス朝ペルシアの創始者キュロス大王がスパコ（牝犬）という名の女に育てあげられたこと，犬はアヴェスター経典（☆イラン最古の文献）ではきわめて崇拝される存在だったことも知られている．このことから，中央アジアの犬祖伝説の起源をインド＝ヨーロッパ語族に求めることができるのだろうか．あるいは，まったくの偶然であるとみなすべきなのだろうか．最後の侵略民族であるトルコ系民族（Turuṣkas）もまた犬祖伝説を伝えている．Afshar, *Immortal Hound*, pp.117-63と以下の４節，本章の★071，072を参照．

★007――シャカ，クシャン，フーナをまとめてムレッチャとしている点については，Thapar, *History of India*, vol. 1, pp. 97, 184.を参照．これらの民族との遭遇は，ハリシュチャンドラの玄孫サガラ王の神話に記されている．シャガラ王の父Bahuは北方・西方民族の連合軍に自国を奪われたが，それらはHaiheyas, Tālajaṇghas（平底)，「五大略奪民」(*pañcagaṇa*)といわれる民族だった．

の名前を唱えていたのである！　後にその犬は，この行為によってVaikuṇṭhaの天に生まれ変わるのである．

★096——およそ12世紀の*Kulārṇava Tantra* (14.17)のなかにある「犬によって浄化されたバターから牛乳を絞り出すように」という語句も，これと同種の象徴操作から出てきたものであるのは明らかだ．

★097——*Cittaśodhana prakāraṇa* 59, Das Gupta, *Obscure*, p. 76に引用．実際ヒンドゥー教の人々は，ガンジスより劣る川であっても，犬を清めることができると主張した．*MBh* (9.42.21-34)によれば，ヴィシュヴァーミトラは，サラスヴァティをアルナ（赤い血）と呼ばれるティールタに変え，そこでアウトカーストや犬が触れた食物を食べたことでカーストを落とされた人たちを，ラクシャサやブラフマハッティヤと同様に罪から清めた．

★098——Caryāpada 10.本章★068も参照．

★099——*Uddalaka Jātaka* (Cowell, *Jātaka* 4:191), *Mātaṅga Jātaka* (4:235-44), *Setaketu Jātaka* (3:154). ヒンドゥー教と仏教のアウトカーストに対する倫理的姿勢が似たような発展過程をたどったことを示す二つの仏教神話がある．一つは，偉大な仏教の師の地位にあげられたマータンガの仏教神話である．(Sutta Nipāta 137-38, Sharma, *Śūdras*, pp. 147-48に引用．この神話はヴィシュヴァーミトラとマータンガにまつわるヒンドゥー神話と同列のものである．*MBh* 13.27.7-39, 29.22.13-30.30.1-13). インドでは，マータンガはアウトカーストである．あるチベットの伝承では，チベットの王室はマータンガあるいはチャンダーラから出たといわれる．Ariane MacDonald, "Essai sur la formation et l'emploi des mythes politiques dans la religion royale de Sron-bcan sgom-po," in *Etudes tibétaines: dediées à la mémoire de Marcelle Lalou* (Paris: Librarie d'Amérique et d'Orient, 1973), p. 216. *Aśvaghosa's Buddhacarita*によれば，ブッダ自身も，自分を迎えてくれた家の主人の父親の生まれ変わりである犬を改心させた．Albert C. A. Foucher, *The Life of the Buddha*, abridged tr. Simone Brangler Boas (Middletown, Conn: Wesleyan University Press, 1963), p. 186. （ユディシュティラがマハーバーラタのなかで助けたように）犬を助けたアサンガにまつわる仏教神話もある．この犬は未来の仏陀となるマイトレーヤであった．*Buddhism (Chos-hbyung) by Bu-tson*, E. Obermiller編・訳 (Heidelberg: Harrassowitz, 1931-32), p. 138.

★100——*Jātaka* 22, in Cowell, *Jātaka* 1:58-61. *Dīgha Nikaya* 1.60-61のなかで，仏陀が隷民の価値を高貴な人間の上に置いたことについてはSharma, *Śūdras*, pp.150-51を参照．

★101——*Tāranātha's History of Buddhism in India*, Lama Chimpa Alaka Chattopadhyaya訳, Debiprasad Chattopadhyaya 編(Simla: Indian Institute of Advanced Study, 1970), p. 242.

【第6章】

★001——ヴェーナ神話の変型が*Bṛhaddharma Purāṇa* 3.13.1-16, 3.14.1-45で, O'Flaherty, *Evil*, p. 327に引用．紀元前 6 世紀の*Bṛhadāraṇyaka Upaniṣad* (1.3.8,10) の魅力的な対句は，地の果ての危険性に関する一般的な考えと，シュナハシェーパのヴェーダの血統 (Ayāsya Āṅgirasa) とを結びあわせている．「その方はAyāsya Āṅgirasaと呼ばれる……まことに，その神力で，神々の悪も死さえもうち倒し，これを天の果てへと追いやられた．そこが悪の宿る所．ゆえに，死と共にその地に落ちる時でなくば，人は地の果てへ赴いてはならぬ」．古代のYayātiの物語では，インドの北方に蛮

The Wonder That Was India, 3d rev. ed. (London: Sidgwick & Jackson, 1985), pp. 512-15.

★085——*Rājataraṁgiṇī* 5.354-413.

★086——*Haṭhayogapradīpika* 2.12.

★087——Dumont, *Homo hierarchicus*, p. 269.「このように，清浄の対極の存在は，理想的な社会階層を構成するうえで，必要な観念形態である」.

★088——同じ規定が，Somadevaの10世紀の*Yaśastilaka* (6.3), a Jam textにある．そこでは，マヌ法典に述べられている不浄な生き物に加えて，カーパーリカも登場する．Lorenzen, *Kāpālikas*, p. 68. ある仏教のジャータカ(Cowell, *Jātaka* 3:154, 4:248の注397と498)によれば，この世で最下層のチャンダーラは，彼らと身体を接触する他者を汚す．仏教，ジャイナ教，ヒンドゥー教におけるこのような清浄についての規範は，Sharma, *Śūdras*, pp. 139-42, 284-86, 292を参照.

★089——Dumont, *Homo hierarchicus*, pp. 192-93.

★090——Marriott ("Hindu Transactions," p. 133)は，バラモンのなかでの交流に限られたものだが，この点を明確に表現している例を一つ挙げている．Kishan Garhiで60人の人々が祝宴を行った時のことだ．彼らは主人役にも招かれた客にもなりうる立場にあった．結局彼らは順位づけられたグループに分けられた．すなわち「「特別な人」(食物を与えるが，自らは与えられない人)，「普通の人」(時には食物を与え，時には与えられる人)，「従者」(与えもしないが，与えられもしない人)，「犬」(与えられるだけ) である」.

★091——すべてのプラーナ異本におけるヴェーナ-ニシャーダ-プリトゥ神話の完全な論述についてはO'Flaherty, *Evil*, pp. 324-26を参照．土着のアウトカーストとしてのヴェーナについてはSharma, *Śūdras*, pp. 141-42.を参照.

★092——*Vāmana Saṃhitā* 26.4-62, 27.1-23, O'Flaherty, *Evil*, p. 326に引用.

★093——*Rām* 7.56, in appendix I, no. 8 (lines 361-465) 校訂版.

★094——*SP* 3.3.4.1-64. Kumāraの川の徒渉場でスカンダを礼拝したシュードラや，シュバヴァパチャ，汚れた女性などが天に昇った (*SP* 1.1.31.32-33)．犬あるいはシュヴァパチャが徒渉場，すなわちリンガの作用によってシヴァロカになるという他の神話についてSP 1.1.33.1-61, 2.1.14.2-46, 3.3.3.3-101, 3.3.17.11-61, 5.2.53.1-56にある.

★095——*BhP* 3.16.6, 3.33.6: 2.4.18, 6.16.44, 10.70.43, 11.12.4-7も参照. *BhP* が取った反正統主義と人類平等主義の立場についてはThomas J. Hopkins, "The Social Teaching of the *Bhāgavata Purāṇa," in Krishna: Myths, Rites and Attitudes*, Milton Singer編 (Chicago: University of Chicago Press, 1968), pp. 13-22を参照．この人類平等主義は，Sahajīyaの仏教徒 (彼らの詩やタントラの実践のなかで，ドンビーを始めとするアウトカーストの女性をほめ称えた) の無律法主義的傾向と溶け合って，Sahajīya Vaiṣṇavismの一つの構成要素となっている．たとえば，前世紀のSahajīya Vaiṣṇnavaは，ディークシャを死んだ犬に与えている．(June McDanielからの個人情報 [Chicago, March 1983], *Gauḍīya Boiṣṇab Liboni*に引用). *Caitanya Carit Amṛta* (*Antya Līlā*, 1:9-17)のなかで，犬はシヴァナンダを巻き込んだ陰謀の中心になる．一方，このJagannāth とCaitanyaへの崇拝者は，年中行事である神や聖人のためのダルシャナを実行するためにPuriへ行く途上にあり，彼は川をわたる時いっしょに犬をのせるためにOriyaの船頭に法外な船賃を要求される．犬は姿を消し，どこにも見えなくなり，シヴァナンダと彼の仲間がジャガンナートへ着いてみると，なんとそこで犬がHari

もと，太陽が北への道に向かいはじめる冬に行われた．しかしこれは，インド亜大陸においてはほとんど意味をもたなかったので，モンスーンが終わる10月—11月の時期にダシャハラーの祭りが移された．この後に，王たちはその年の残りを軍隊の作戦行動に出かけることができた．p. 44.

★079——Daniel Wright編, *Hirtory of Nepal*, Munshi Shew Shunker Singh and Pandit Sri Gunanand訳 (Calcutta: n.p., 1958), p. 87．バイラヴァが悪魔払いの犬の姿で現れることについては，Ganga Prasad Gupta, Bhāt Vidyā (Aligarh:Ganga Prasad Press, 1971), pp. 33-34を参照.

★080——Joshi, *Dattātreya*, pp. 187, 189. トゥカラーンが彼の*dohās*の一つとして，マッラーリとバイラヴァに関係した Khaṇḍobāと Maharashtran 神にその「吠え声」によって献身を誓う.ダッタートレヤの４匹の犬はまた，目に見える４つの惑星すなわち大犬座の４つの大きな星であるかもしれない．p. 187. *BhP* (1.3.11; 2.7.44)のなかでは，ダッタートレヤは，Alarka（「犬のように鳴く」という意味の名前）の教師だといわれる．*MBh* (12.3.12-13)のなかでは，Alarka は，カルナの太股から血を吸う虫として出てくる．犬と虫の両義を持つこの男の名前のなかに，古代ギリシア語の*kunokephalion*—「犬の頭をした」ノミの草の意—の影響を見たい誘惑にかられる.Liddell and Scott, *A Greek-English Lexicon*, s.v. "kunokephalos."

★081——*Śaṅkara Digvijaya* of Mādhavācarya (Srirangam: Vilasa, 1972), 6.29-35, and 11.1-42; and *Gorakṣasiddhāntasaṁgraha*, Gopinath Kaviraj編, Princess of Wales Sarasvati Bhavana Texts, no. 18 (Benares: Vidya Vilas Press, 1925), pp. 16-17.Lorenzen, *Kāpālikas*, pp. 32-36のなかに，これら３つのテクストのうちの後ろ２つの翻訳がある.

★082——フーナ・マンダラ「フンの国」は,K.Narayanaswami Aiyerの翻訳による*Laghu Yogavasiṣitha*, 2d ed. (Madras: Adyar, 1971), pp. 255, 257のなかで，この北方の地域を指すのに使われている．筆者が調べたテクストのサンスクリット語版(Srikrsnapanta Sastri編 [Varanasi: Acyuta Granthamala-Karyalaya, 1976- 77] 1:654, 655, 657)では，ブータマンダラ (Land of Bogeymen)がガーディの行く北方の地に与えられた名である.

Aiyer (*Yogavasiṣtha*, p. 257, n. 1)は，キーラをカシュミールと同一とみなす．*Bṛhat Saṃhitā* (14.29)では，キーラは，カシュミールと共にインドの北部に位置するとある．カシュミールのテクスト*Rājataraṁgiṇī* (Raghunath Singh 編[Varanasi: n.p., 1973], pp. 439-74; Sir Aurel Steinのすぐれた注釈と巻末付録付きの英訳*Kalhaṇa's Rājataraṁgiṇī: A Chronicle of the Kings of Kashmir*, 2 vols. [London: A. Constable & Co., 1900; reprint Delhi: Motilal Banarsidass, 1979]には，カシュミールの近辺に住んでいるキーラの人々 (8.2167)について一度だけ言及がある．フーナ・マンダラ，キーラとラジャスタンにおけるUttarāpatha, Sind, パンジャブ，カシュミールの場所の詳しい検討については，Thakur, *Hūṇas in India*, pp. 205-19など随所を参照.

★083——ガーディ神話は *YV* 5.45.1-5.49.47のなかにある．この神話や*YV*の他の神話についての信頼できる検討は，O'Flaherty, *Dreams*, pp. 134-35 と随所にある.

★084——ドンビーḌombī はḌomの女性形で，グプタ王朝以降に初めてインドに現れたアウトカーストの集団である (Sharma, *Śūdras*, p. 290)．北方起源と思われるḌomは，鍛冶屋，音楽家，死体処理人などである．ドンビーは，Sahajīya仏教徒や他のタントラの書のなかで，女としての強烈なエネルギーを有し，性的に交わる相手としては最高であるとされている．Ḍomが,後の中世や近代ヨーロッパのジプシーであるRomaniと同じ人々であるという可能性は非常に高い．A. L. Basham,

ュチャンドラ王を救う．クリシュナミシュラの11世紀の *Prabodhacandrodaya* (act 3, line 12) では，カーパーリカはもっと親しみやすく描かれている．

Vāmana Purāṇa (2.17-4.1)における，ダクシャの供儀を破壊するシヴァの話では，ダクシャは最初シヴァを招待することを断ったとされている．シヴァはブラフマーの５つ目の頭を切り落としたカーパーリンだったからである．(Lorenzen, *Kāpālikas*, p. 20). 今日のインドでも，自分たちはカーパーリカだと主張する人々が散在している．その一人，ベナレスのマニカリカのガートに住む人は，自分は観光客の人気者だと自称する．彼については，Jonathan Parry が"Sacrificial Death and the Necrophagous Ascetic," in *Death and the Regeneration of Life*, Jonathan Parry and Maurice Bloch編 (Cambridge: Cambridge University Press, 1982), pp. 74-110で取り上げている．

★072——*Mattavilāsa* 20, *Mattavilāsa Prahāsana of Mahendravikramavarman*, N. P. Unni 編・訳 (Trivandrum: College Book House, 1974), pp. 64, 87にある．

★073——Daniel H. H. Ingalls, "Cynics and Pāśupatas: The Seeking of Dishonor," *Harvard Theological Review 55* (1962): 281-98.ヨーロッパのタロット・ゲームでは，愚者として知られるカードは，キュニコス学派の人間を図柄としている．キュニコス学派もパーシュパタも公共の場では愚者，気が狂った人間，犬として振る舞う．これは彼らが退廃していると信じる社会に対して，道徳的な指導と非難を誘発するためである．

★074——アスラのMalla を殺し，犬に乗るParameśvara（シヴァ）の化身であるマッラーリについては，Ānandagiriの *Śaṅkara Vijaya* 29で議論されている．ウジャインにあるマッラーリ寺院については，M. Monier-Williams, *Religious Thought and Life in India: Vedism, Brahmanism and Hinduism*, 4th ed. (London: J. Murray, 1891; reprint New Delhi: Motilal Banarsidass, 1974), pp. 243, 266. バイラヴァとダッタートレヤにちなんださまざまな名前をもつシヴァの軍事組織（アクハーダ）が1146年にウジャインで結成された．Hariprasad Shioprasad Joshi, *Origin and Development of Dattātreya Worship in India* (Baroda: Oriental Institute, 1965), pp. 188, 191. 図11を参照．

★075——マッラーリ-カンドバー-マータンダ-バイラヴァ崇拝については，Günther D. Sontheimer, "The Mallāri-Khaṇḍobā Myth as Reflected in Folk Art and Ritual,"*Anthropos* 79 (1984): 155-70 と随所，"Dasarā at Devaraguḍḍa: Ritual and Play in the Cult of Mailar/Khaṇḍoba," *South Asian Digest of Regional Writing* 10 (1981): 1-27に明確に記録されている．

ダシャハラーの祭りで*vāghya*の犬崇拝者たちが吠えるのは，パーシュパタの意味もなくぶつぶついう所作を再現している．Sonthiemer, "Mallāri," p. 166. パシューパタのヴラタの一部をなす猛烈な震えの所作は，「犬」を襲うてんかん*śvagraha*とつながりがあるのかもしれない．

★076——とくにSontheimer, "Dasarā," p. 6 と注９, 11, "Mallāria," p.166, *Māllari Māhātmya*に引用．あるラムダスによって1857年に書かれた（書き直された）*Brahmāṇḍa Purāṇa, Mārtanda Vijaya* of Gaṅgadharaの一部を参照．マラーティ語の「犬」*vāghya*はサンスクリットの「虎」*vyāghra*とほとんど同じである．Falk, *Bruderschaft und Würfelspiel* p. 18を参照．Stella Kramrisch (*Presence of Śiva*, pp. 322-23)によれば，シヴァの*gaṇas*は彼に随伴する時３万頭の犬の形をとるという．

★077——Sontheimer, "Dasarā," p. 8.

★078——Falk, *Bruderschaft und Würfelspiel*, p. 41. ヴェーダ時代—ヴェーダ以前のインド＝ヨーロッパでさえも—と現代のちがいは，Falkによればこれらの儀式の時間枠である．*dvādaśaha*はもと

★067——*SP* 4.1.31.1-157; *Vāmana Purāṇa* 2.17-55, 3.1-51, 4.1; *Varāha Purāṇa* 97.1-27; *Kārma Purāṇa* 2.31.3-73; *Śiva Purāṇa* 3.8.1-66, 3.9.1-71. これらの神話は，O'Flaherty, *Evil*, pp. 277-86とStella Kramrisch, *The Presence of Śiva* (Princeton: Princeton University Press, 1981), pp.250-65によって，翻訳，分析されている．

★068——タントラの人類平等主義と反バラモン主義については，Shashibhushan Das Gupta, *Obscure Religious Cults*, 3d ed. (Calcutta: Firma KLM Private Limited, 1976), pp. 51-61を参照．この際だった例は，原始ベンガル神話の*Caryāpada* 10 (p. 103)にある．そのなかでアウトカーストのドンビーの女は，姿を見たすべての独身のバラモン修行僧と肌を接するよう命じられている．『マハーニルヴァーナ・タントラ』(14.187)の古典的証言と比較されたし．「彼らを劣ったものと考え……チャンダーラまたはヤーヴァナ（異邦人）を導くことを拒否するKaula [tantrika] は，堕落への道を進む」．バイラヴァ寺院をチャンダーラが建立したことについては，P. V. Kane, *History of Dharmaśāstra*, 5 vols. (Poona: Bhandarkar Oriental Research Institute, 1941), vol. 2, pt. 1, p. 176,（*Nirṇaysindhu*に引用されている）を参照．バイラヴァのシャバラ祭りについては，*Śabarotsava*, J. R. Van Kooij, *Worship of the Goddess According to the Kālikā Purāṇa* (Leiden: Brill, 1972), pp. 9-10と*Kālikā Purāṇa* 62.10, 31-32; 63.17-18を参照．

★069——アオ・ナーガについては，J. P. Mills, *The Ao Nāgas*, 2d ed. (Bombay: Oxford University Press, 1973), pp. 16-17; Chungshee H. Liu, "On the Dog-Ancestor Myth in Asia," *Studia Serica* 1 (1941): 302 [以下Liu(1941)と略記]を参照．両書とも犬祖神話を再現している．Gondsについては，Per Juliusson, *The Gonds and their Religion* (Stockholm: University of Stockholm, 1974) p. 117を，シャバラについては Verrier Elwin, *The Religion of an Indian Tribe* (Oxford: 1955), p. 295を参照．シャバラを歴史的にたどった民族誌学上の労作にはAlexander Cunningham, *Report of a Tour in the Central Provinces and Lower Gangetic Doah in 1881-1882*, Archaeological Survey of India, vol. 17 (Calcutta: Office of Superintendant of Government Printing, 1883; reprint Delhi: Indological Book House, 1969) pp. 124-33があり，そこではアレクサンドロス大王を含めて，プリニウス，プトレマイオス，アーリアンからインドのアウトカースト人種に至るまでの記述がある．Banaの*Kādambarī*では，シャバラが重要な役割を演じている．小説のほぼ始めのところで，オウムがたくさん群れている木を殺したマータンガというシャバラの指導者が（恐怖の*rasa*の生まれ変わりとして）登場する．彼とその従者は，犬の群れを連れていた．犬は彼らの仲間であり，梟は彼らの宗教的な助言者である．(Pant, *Kadambarī*, 1:101-120とくにpp. 110-11). 梟は，ヴィシュヴァーミトラが訪れたチャンダーラの村の宗教的生活にも登場する．第4章1節を参照．

★070——*SP* 6.278.4-141によれば，ヤージュニャヴァルキヤ・スムリティの著者と思われるヤージュニャヴァルキヤは，シュナハシェーパの孫であったという！　カーパーリカ派に関するカーパーリカ・ヴラタの徹底した議論については，Lorenzen, *Kāpalikas*, pp. 73-82を参照

★071——カーパーリカは数多くの恐怖あるいは喜劇の*rasa*を呼び起こす芝居に使われる．こうして彼らは7世紀のBhāvabhūtiの*Mālatī Mādhava* (act 1, lines 15-20) とダンディンの7世紀の*Daśakumāra Carita* (M. R. Kale, *The Daśakumāra Carita of Daṇḍin*, 4th ed. [Delhi: Motilal Banarsidass, 1966], pp. 172-74)に登場する．Kṣemeśvaraの10世紀の*Caṇḍakauṣika* (act 4, lines 26-34)では，ダルマはカーパーリカの英雄的な錬金術師として描かれ，4章で述べた困難からハリシ

★059——「[インド=ヨーロッパの] 戦士の3つの罪」に関連するインドラの没落については，Dumézil, *Mythe et épopée*, 2:17-132; 同著者の *Destiny of the Warrior*, pp.53-107と Hiltebeitel, *Ritual of Battle*, pp. 229-43.を参照.

★060——バイラヴァがサンスクリット・テクストの伝承に登場する（たいていはタントラの「裏口」からだが）のは，7世紀以前とは考えられない．金石学的証拠に加えて，Bāṇaのなかに,バイラヴァあるいはタントラの女神チャンディカーを連想させる恐ろしい礼拝に関する言及がある．(David Lorenzen, *Kāpālikas and Kālamukhas: Two Lost Śaivite Sects* [Delhi: Thomson, 1972], とくにpp. 16-22)を参照．バイラヴァはヒンドゥーとタントラ仏教双方にとってもっとも重要な神の一人であり，このバイラヴァの姿をした女神に対する秘密の伝承を教えるために，シヴァがよくその姿をとって現れる．ここでは，ヴェーダのインドラとヴィシュヌ，後には叙事詩のアルジュナとクリシュナを同一視するかもしくはペアとみなすDumézil *Mythe et épopée* (1:210-13)とは違った観点をとる．

★061——Puhvel, *Comparative Mythology*, p. 55. ルドラ神群は，ヴェーダの神々のなかでインド=ヨーロッパでは2番目の役割を表す武士階級にあたる．1番目の階級にある神々は，王侯僧侶を代表するAdityas，3番目の神々は繁殖，農耕，家畜産業を代表するVāsusである.:pp. 56-59.

ルドラは,マルト神群の父（彼らの母は牛である）と呼ばれる．*RV* 1.85.3.この点と，ルドラ神群の一人であるインドラについては Falk, *Bruderschaft und Würfelspiel*, pp.64-65を参照.

★062——Falk, *Bruderschaft und Würfelspiel*, pp. 18, 64, 67.

★063——*Kāthạka Saṁhitā* 10.6, Heesterman, "Vrātya and Sacrifice," pp. 29- 30と *MBh* 9.40に引用．この意味で，ヴラーティヤ—とくに彼らの*sthāpati*あるいは*gṛhapati*の主導者—が悪鬼を追い払うのは，ルドラをなだめるために彼自身が生贄を殺す罪を引き受けて犠牲となるようなものだ．Heesterman, "Vrātya and Sacrifice," p. 27. ルドラと犬たちは，満月のもとで牛を苦しめるとされる．満月の夜は，ルドラ・パシュパティに属し，この夜眠っている牛に犬が入りシュヴァルチタ「犬の抱擁」で苦しめた．*Śatapatha Brāhmaṇa* 11.1.5.1-2と Wendy Doniger O'Flaherty, *Hindu Myths* (Harmondsworth: Penguin, 1975), p. 125

★064——*Kāthạka Saṁhitā* 17. l3, *Maitrāyaṇi Saṁhitā* 2.9.4.5と *Kapiṣthạla Saṁhitā* 27.3. Falk, *Bruderschaft und Würfelspiel*, p. 18を参照.

★065——イランの伝承である「二本足の狼」(*Vendidād* 7.52, *Yasna* 9.18)は，Daevasとアエズマの崇拝者という役割がある．この神々には，ダイヴァ・ヴラーティヤがルドラ（ここでは*iśmin*という通り名に変わる）に対して行うのと同じように生贄が捧げられた．Falk, *Bruderschaft und Würfelspiel*, pp. 18-19, 62.ヴラーティヤの「人肉」消費と類似するのは，イランでの*daxima*「沈黙の塔」の儀式である．*Vendidād* 7.54, 55,58; 8.73; 16.17, Falk, p. 38に引用．また，イランの最高神アフラ・マズダの聖なる動物も犬である.スパコと呼ばれる牝犬の乳を吸うキュロス大王もまた，この観点から見るとさらに意味深い．Mainoldi, *L'Image du loup*, p. 72.

★066——*RV* (1.71.5, 8; 1.164.33;10.61.5-7)に由来し，*Śatapatha Brāhmaṇa* (1.7.4.1-8)から*Purānas*まで続くこの神話は，O'Flaherty, *Śiva*, pp. 123-30, Heinrich Zimmer, *Myth and Symbol in Indian Art and Civilization*, Joseph Campbell編, Bollingen Series 6 (Princeton: Princeton University Press, 1974), pp. 128-30などの翻訳があり，かつ詳細に論じられている．

Pañcaviṁśa Brāhmaṇa, The Brahmana of Twenty-Five Chapters (Calcutta: Baptist Mission Press, 1931), pp. 454-55. *BŚS* (18.26)では，呪いはヴラーティヤにも発せられ，それによって彼らは「排除」されている．『パンチャーラ（のバラモン僧）はいう，「われらは永遠におまえたち（ヴラーティヤ）を無知なるものとして呪う，我らはおまえたちを排除する」．「こうして父は彼自身の息子を呪った」彼らヴラーティヤは彼にいった．「おまえのすべての子孫が貧しくなるように」こうして彼の家族は貴族であったのに,貧しくなっていった』

Falk, *Bruderschaft und Würfelspiel*, (pp. 56-57)によれば，このようにして呪いを返すことはヴラーティヤの間では一つの決まりとなった．そのうえヴラーティヤは，ヴラーティヤのようにふるまい，サットラを実行することで，彼ら自身をバラモンの息子であると考えていた．

★047——これはブラーフマナの「偽情報戦略」の中心をなすもので，これによってヴラーティヤの地位は落とされてしまった．彼らは供儀の仕方を知らずに供え物をしたといわれる．この件に関してのもう一つの重要な神話によれば，彼らと彼らの指導者Keśinは，パンチャーラのバラモン僧の問いに答えられず呪われたとある．僧は彼らの無知を理由に排除したのである．*BŚS* 18.26（Falk, *Bruderschaft und Würfelspiel*, pp. 55-56に再現）を参照．その他の箇所では，*daivya*ヴラーティヤ（マルト神群と少なからず同一視されるが，ここでは*devas*と対立するものとされている）は，神によって置き去りにされ，彼らが*vrātyastoma*を行うまでは天に昇ることができない．Heesterman, "Vrātya and Sacrifice," pp. 3-5, 17-18, 33と注96.

★048——Falk, *Bruderschaft und Wiirfelspiel*, p. 42.

★049——Puhvel, *Comparative Mythology*, p. 55; Falk, *Bruderschaft und Wiirfelspiel*, p. 18.

★050——Falk, *Bruderschaft und Würfelspiel*, pp. 28, 31, 34, 40. *AB* 4.26.3に引用されている．

★051——*Bharadvāja Gṛhya Sūtra* 2.7, *Hiraṇyakeśi Gṛhya Sūtra* 2.2.7.2と *Mantrapātha* 2.16.9. これもヴィジャヤのマハーヴァンサ神話によれば，スリランカ島にあるヤッカの首都シシラヴァッチュを想起させる．Geiger, *Mahāvamsa*, pp. 54-57.サイコロゲームの儀式が見られたのもまたシシラの季節である．サイコロ賭博における犬のシンボリズムの重要性に関しては，Falkとこの本の著者が述べている．第 4 章★001を参照．

★052——しかしながら，ヴラーティヤの指導者スターパティが象徴的にとはいえ「彼自身」（アートマーナム）を生贄に捧げたのだから，たとえ実際に殺されたのは牛であっても，これは犬を捧げたと見ることもできる．

★053——『カータカサンヒター』(34.9) は，12日のサットラ—これは 1 年の12か月を表しているが—は「13番目の月」すなわち「次の年の胎児」が生まれるときに終わる．つまりそれは，新しい年を生む母体が姿をあらわす時（そして太陽が北に向かい始める時）である.Heesterman, "Vrātya and Sacrifice," pp. 29-30.

★054——しかしながら，ヴラーティヤの供犠の過程は，ブラーフマナのシュラウタの儀式の一助となっているようである．Heesterman, "Vrātya and Sacrifice," pp. 29-37.

★055——Heesterman, "Vrātya and Sacrifice," p. 8.

★056——*MBh* 9.94.10-12.

★057——*MBh* 9.95.4-10.

★058——上記★046と047を参照．

1975), pp. 363-64を参照．図10.

★026——拙著 "Dogs Die," pp. 283-303.

★027——ヴェーダに登場するヴラーティヤが犬としての性格を持つことを論ずる際に，Falk はスカンジナビアの資料やイランの資料も補足している．*Bruderschaft und Würfelspiel*, pp. 18, 62.

★028——*MBh* (1.110.18-21) でパーンダヴァ兄弟の父であるパーンデュが，数多くの犬のメタファーを使いつつ，リシの呪いによって彼に課せられた貞節について次のように述べる時，彼はヴラーティヤを意識しているように思われる．「誰をも見ることなく，己れ自身をマータリシュヴァンのダルマに則って律し，つねにそのように生き……，この道をうちたて，恐れることなく我が身を保つ．（私は今）精力をもたない身（ではあるが），私は犬たち[*śvācarite marge*]の導く道に留まってはならない，自分たちのダルマから離れ，惨めに非人間的に生きるもののように．欲望を持ち，欲情を目に宿らせ，別の生活をする者は，犬の道を歩むものである．[*śunāṃ vartate pathil*] .」マータリシュヴァンについては，上記★021を参照．

★029——これについては，Jan Heesterman, "Vrātya and Sacrifice," *Indo-Iranian Journal* 6 (1962): 3-4を参照. J. W. Hauer, *Der Vrātya* (Stuttgart: 1927), pp. 5-40に引用．

★030——Heesterman, "Vrātya and Sacrifice," pp. 3-37

★031——前掲書 pp. 4-7, 11-15, 18と Falk, Bruderschaft *und Würfelspiel* pp. 18, 31, 67-71.

★032——Falk, *Bruderschaft und Wüfelspiel*, p. 55. *BŚS* 18.26に引用．

★033——前掲書 p. 28, *AB* 4.26.3に引用．

★034——*Pañcaviṃśa Brāhmaṇa* 24.18.1. Falk, *Bruderschaft und Würfelspiel*, pp.12, 30, 32, 40, 41, 57を参照．

★035——もっとも直接的な関連は，「犬にとり憑かれた」てんかんの人間に向かって発せられる「Ekavrātya!，放せ，犬，放せ！」という治癒の言葉である．(*Hiraṇyakeśi Gṛhya Sūtra* 2.2.7.2).

★036——*Chāndogya Upaniṣad* 1.12.1-5, Swami Swahananda 編・訳(Madras: Sri Ramakrishna Math, 1956), pp. 86-90.

★037——*Jaiminīya Brāhmaṇa* 2.225.ここでは，彼はKeśin Dārbhya，「毛深い」Dārbhyaと呼ばれている．これについてはHeesterman, "Vrātya and Sacrifice," pp. 16, 29と注83でふれられている．

★038——*Chāgaleya Upaniṣad* 3.

★039——*Kāṭhaka Saṁahitā* 10.6.この神話はHeesterman, "Vrātya and Sacrifice," pp. 29-30と Falk, *Bruderschaft und Wiirfelspiel*, pp. 59-60で議論されている．

★040——Falk, Bruderschaft und Würfelspiel, pp. 40 と59に引用されているChāndogya Upaniṣad 1.2.13, Kāṭhaka Saṁhitā 10.6 と *Pañcaviṁśa Brāhmaṇa* 25.6.4を参照．*MBh* 9.39.32-9.40.25, とくに9.40.3.も参照．

★041——*Chāgaleya Upaniṣad* 3.

★042——*MBh* 1.3.1-9.

★043——*Taittirīya Saṁhitā* 7.2.10.2, Falk, *Bruderschaft und Würfelspiel*, p. 37に引用．

★044——*Kāṭhaka Saṁhitā* 34.8, 11, Heesterman, "Vrātya and Sacrifice," p.25に引用．

★045——Falk, *Bruderschaft und Würfelspiel*, p. 37 と注 96.

★046——*Pañcaviṁśa Brāhmaṇa* 24.18.1-3.ここでの「神」とはルドラである．Wilhelm Caland,

MBh 3.166.7-3.170.62ではアルジュナの御者になる．Weberの*Indische Studien* 1:416の引用では，Adelbert Kuhnは，Mārari/Mātaliは死者の魂を上方に導く風であると同時に，犬の姿をした霊魂を導く者であると要約している．この章の★028を参照．

仏教のMahākaṅha Jātaka（Jātaka no. 469, Cowell, Jātaka 4:112-15にあり）では，Sakka（インドラ）は，御者のマータリを大きな黒犬に変える．この犬がシュヴァダルマから迷い出た人間を罰する．この物語では，Jambu-dvīpaという中央大陸の「４つの代表的な音」の一つは，犬に変装したVissakamma (Viśvakarma) の吠え声で，Kassapa(Kaśyapaの) の統治の衰退後すべての悪人をむさぼり食うと脅す声だとされる（*Jātaka* 4:113 と注４）．どうやらこれは終末の時に，Fenrir という名の狼犬が呪縛から解き放されて大惨事をもたらすというスカンジナビアのRagnarokのインド版であろう．

★022――インドラとサラマーの同盟は，*RV* 10.108.1-11にあるBṛhaspatiの牛を取り戻し，最後にはインドラが悪鬼 Vala-Vṛtra を永遠に打ち負かすためには，なくてはならぬものだった．ここでは，サラマーだけがPaṇisによって山の下に閉じこめられていた牛の居所を突き止め，インドラとAṇgirasas を（ヴェーダ世界の境界である海のような）Rasāの流れを超えて導くことができた．この神話の宇宙的な象徴性については，Stella Kramrisch, "The Indian Great Goddess," *History of Religions* 14:4 (May 1975): 240-45を参照．インドラとサラマーの血縁関係については，Yāska, *Nirukta* 2.17, 11.25を参照．インドラの敵ヴリトラが Ahi Dāhakaの一つの姿であった可能性と，Ahi Dāhakaが非インド＝アーリア系のダーシュの悪魔化であるという議論については，Steven E. Greenbaum, "Vṛtrahan－Vərəthragna: India and Iran," Larson, *Myth*, pp. 95-96にあるものを参照．

★023――*RV* 1.133.2-3と Sāyaṇaの注．*AV* 19.34.2 と*RV* 1.133.2-4参照．ヤーツマティ（魔術師）は時には*gṛtsis*「利口者」と見なされる．あるGṛtsimadaは「Śaunakaの息子，すなわち子犬の息子の意」と呼ばれ，Bhṛgu/Aṇgirasa の血統のリシで，*RV*の２番目のマンダラ賛歌の作者である．M. Monier-Williams, *A Sanskrit-English Dictionary* (Oxford: Oxford University Press, 1899; reprint Delhi: Motilal Banarsidass, 1978), s.v. "Śunaka," と Harry Falk, *Bruderschaft und Würfelspiel* (Freiburg: Hedwige Falk, 1986), p. 104, 注337と p. 106を参照．

★024――この名はハリシュチャンドラの妻シャイビヤーの名を想起させる．シャイビの息子（もしこれが同語源なら）も，*BŚS* 18.48.10 と *Pañcaviṁśa Brāhmana* 17.12.6. のなかでは，Śunaskarṇa（「犬の耳」）と呼ばれている．*Śunaskarṇa stotra* すなわち*Śunaskarṇa yajṇa*は*ÁpŚS* 22.7.20, *Hiraṇyakeśi Śrauta* Sūtra 17.3.19と *BSS* 24.11.2 と 26.33.14でふれられている．*Pañ cavimśa Brāhmaṇa*はまた*Taṇḍya Mahābrāhmna*というタイトルでも知られている．参考文献を参照．

★025――シヴァ神とパールヴァティの結婚式(Tulsī Dās, *Rām Carit Mānas*, chanda 93)にはシヴァのガナ（群れ）が何人か出てくるが，スカンダの軍隊 (*śvavaktra*)のある兵士たちと同様に犬の顔をしている．: *MBh* 9.44.76. ムガール朝時代のインド細密画には動物の頭を持つものや犬頭の悪鬼がごくふつうに現れる．仏教のタントラ（儀軌）では，Śvanasya（犬の顔）と呼ばれた女仏が，Hevajra とKālacakra の伝承と関連づけられている．Śvanasya は，東方あるいは西方の守護神で，一つの犬の頭もしくは人間の３つの頭の上に一つの犬の頭を乗せた姿で描写される．Marie-Therè se de Mallmann, *Introduction à l'iconographie du tantrisme bouddhique* (Paris: Adrien Maisonneuve,

Calcutta Press, 1948; reprint Delhi: Motilal Banarsidass, 1976), 1:17-29を参照．Kramrisch (pp. 30, 93) もまた犬は寺院建立に際し南西に割り当てられたといわれ，Puṣān, NirṛtyāとVastupuruṣaともみなされている．別のインドのモデルでは，２つの円（王都と聖者の森の隠れ家のマンダラ）の間に一定の距離を置いていた．それは，王が荒野を横切った後にいきついた神聖な森でアーシュラマをみつけたという叙事詩やプラーナ神話から出たものであろう．しかし実際にはアーシュラマたちは，通常町や都市の「郊外」におり，荒野やアウトカーストやその他の部族が住む場所はそのずっと彼方である．これはおそらく四角のなかの円に相当するであろう．

★016――これらは，*Ormazd Yašt* 10 of the Avesta (in James Darmesteter, *The Zend-Avesta*, Sacred Books of the East, no. 23 [Oxford: Clarendon Press, 1883], vol. 2, p. 26) での言及と比較できるだろう．そこではヤトゥ（yatu）となっており，「二本足のAshemaogha」, *pairikas*（妖精），*daevas*（悪鬼），「二本足のごろつき」それに「四本足の狼」などとされている．

★017――*TS* (2.4.9.2; 6.2.7.5); *Kāṭhaka Saṁhitā* 8.5; 10.11); *Jaiminīya Brāhmaṇa* (1.185); *Pañcaviṁśa Brāhmaṇa* (8.1.4)と*AB* (7.28.1). 後の文献に出てくるヤマの地獄の一つに住むシャーラヴリカ（家の狼）は，ある種の犬であろうと思われる．*MBh* 3.170.43; 12.34.17. Weber (*Indische Studien*, 1:413)は，狼人間であろうと推測する．ヴェーダの女神サラマーの子犬サーラメヤウは後のヒンドゥー (*Śiva Purāna* 5.10.35) および仏教 (Jātaka no. 544, Cowell, Jātaka 6:124にある)の伝承では，地獄の犬となる．これは猟犬として高い評価を得たKauleyakasと同じである．*Rām* 2.64.21と*Garuda Purāṇa* 2.3.34-35. ビーマの通り名である Vṛkodara（狼腹） やロヒタの息子 Vṛka （狼）と同様，これらの名前のなかにインド＝ヨーロッパの狼人間伝説における犬あるいは狼についての言及を見ることは有益であろう．Gerstein, "Germanic Warg," in Larson, *Myth*,とくにpp. 143-56とHasenfratz, "Der indogermanische 'Mannerbund'" pp. 148-63を参照．

★018――Sāyana on *RV* 8.6.18 と *Kausītaki Upaniṣad* 3.1を参照．Arthur Berriedale Keith and Arthur A. Macdonnell, *A Vedic Index of Names and Subjects*, 2 vols. (Oxford: Oxford University Press, 1912; reprint Delhi: Motilal Banarsidass, 1967), 2:185, 447と Weber, *Indische Studien*, 1:412も参照．ヴィドゥラの ヤティダルマ（苦行）に対する賞賛は *MBh* 15.33.32にある．

中世のNāth 伝承 (*Naravai Bodh* 12d, *Gorakh Bānī Viśeṣānk*, Ramlal Srivastava編 [Gorakhpur: Gorakhnath Mandir, 1979], p. 338にある)と，現代インドで一般的に使われる名言のなかでも，寝ていても油断しない犬とヤティは共に賞賛されている．

★019――*Atharva Veda* (8.6.6) (*Atharvaveda*, with the commentary of Sāyaṇa, 5 vols. Visva Bandhu編 [Hoshiarpur: n.p., 1960-64] [以降*AV*と略記])のなかに別の種類の犬殺し*Śvakiṣkin* ("Dog-Killer")が出てくる．ヴェーダ時代のインドでもプロの賭博師は「犬殺し」(*Śvaghnin*). と呼ばれる．賭博師についての解釈は拙著 "Dogs Die," pp. 283-303を参照．*yātu*と*yātudhāna*については，Keith and Macdonnell, *Vedic Index*, 2:190を参照．*Yātu*もまた「魔術師」にあたるアヴェスタン語の言葉である．*Ormazd Yašt* 10; *Haptan Yašt* 11; and *Tir Yašt* 12, 44, Darmesteter, *Zend-Avesta*, 2:26, 38,97, 108にある．

★020――*RV* 4.18.13, 8.55.3

★021――*RV* 8.52.2において，インドラが共に供犠を捧げた王マータリシュヴァンは，*AV* (8.1.5)のなかでは風と同一視される．インドラの乗り物の御者はマータリだと*MBh* 5.95.12にある．彼はターに親切をほどこした．ここでは，彼女はPrajāpati の娘シャイルシー（おそらく「娼婦」）と呼ばれるGandharvaの女とされている．: E. Washburn Hopkins, *Epic Mythology* (Delhi: Motilal Banarsidass, 1970), p. 42. 以下の★021, 022, 023, 024も参照.

★009——これと似たある伝承でも，中国の辺境の蛮人征服物語が，狩りの遠征話として語られている．第 6，7 章を参照．インド王の森への追放が持つ儀式的側面に関しては，Nancy Falk, "Wilderness and Kingship in Ancient South Asia," *History of Religions* 13:1 (1973): 1-15と David Dean Shulman, *The King and the Clown in South Indian Myth and Poetry* (Princeton: Princeton University Press, 1986), pp. 214-40など随所．ヴェーダにおける火の祭壇の建設は，仏教におけるストゥーパの建立，キリスト教における十字架の設置と同じ意味をもつ．それは，与えられた領土の拡張の象徴であると同時に，その印でもあった．(*Śatapatha Brāhmaṇa* 7.1.1.1-4, Eliade, *Sacred*, p. 30に引用)

★010——インド＝ヨーロッパの比較的視点から見たこの物語の別の解釈では，女性の権利(Śrī)を勝ちとることが前面に押し出されている．Alf Hiltebeitel, *The Ritual of Battle: Krishna in the Mahābhārata* (Ithaca, N.Y.: Cornell University Press, 1976), pp. 181-85参照.

★011——*Mahāvamsa* 6.47; 7.9-37, Wilhelm Geiger, *The Mahāvamsa; or, The Great Chronicle of Ceylon*, Pali Text Society (London: Henry Frowde, Oxford University Press, 1912), pp. 54-57にある．島にある*yakkhas*の中心Sisira-vatthu は，サーラメヤウの神話的父祖シーサラ (*Hiraṇyakeśi Grhya Sūtra* 2.2.7.2 と *Mantrapāṭhạ* 2.16.9)を想起させる．ここでもまた，海の彼方に住むドッグマンを連れたアマゾンの女のモチーフが見え隠れする.

★012——五息（プラーナ）としてヨギ（ヨーガの行者）の身体内に内面化された風は，精神あるいは心に影響を及ぼすプロセスの原動力であり，それによってヨギは心身ともに変容する．ヨギは呼吸を通してこれを可能とする.呼吸というこの身体の動きの要素が,「月」の体液と「太陽」または「炎」の熱という 2 極のエネルギーを完全に静止した大地（肉体実質部分）とエーテル（肉体の空洞）との間でやりとりさせる.

★013——*Bṛhat Saṁhitā* 89.1 *.ka-kha*: この資料ではまた，犬が子牛の乳を吸うと凶とされる (45.56)．予兆や凶についての中世の他の資料にも犬は現れる．たとえば12世紀の*Manasollāsa (Manasollāsa of king Bhūlokamalla Someśvara*, G. K. Srigondekar編, 3 vols. [Baroda: Oriental Institute, 1967]1:103-4) 2.13.824-32や14世紀の*Śāringadhara Paddhati (The Paddhati of Śāringadhara, A Sanskrit Anthology*, Peter Peterson編, 2 vols. [Bombay: Central Book Depot, 1888] 1:340-60) 86.1-120.

小便をする犬は，*Caitanyacaritāmṛta* of Krsnadasa Kaviraja Gosvami, Bhaktivedanta Swami Prabhupada訳 (New York: Bhaktivedanta Book Trust, 1974-75), *Ādi Līlā*, vol. 2, chap. 10, p. 251にも登場する．このなかで犬のような非信者が聖なる木 *tulasī plant*に小便をかける．この章で述べたCaitanya伝承の犬についての記述は．June McDaniel と Bo Sax の研究に基づくものである．ヒンドゥー語でマッシュルームは*kukkuramuttā*で「犬の小便」の意味.

★014——*Bṛhat Saṁhittā* 89.8と *Sārngadhara Paddhati* 86.106-7を比較参照.

★015——この概念モデルについてはKapil Vatsyayana, *The Square and the Circle of the Indian Art* (Delhi: Roli, 1983)の随所とStella Kramrisch, *The Hindu Temple*, 2 vols. (Calcutta: University of

【第5章】

★001――この末世とは，*MBh*戦争の末世と同じである．この戦争が，*varṇasaṁkāra*すなわちカーストの職の区分が犯されたことや異種族混交によってもたらされたことは，よく知られるところである．これは，教訓的な叙事詩のなかで犬の話として寓話的に描かれている．ある修行僧に飼われてより高位の動物に変えられる時，「その地位を高められた」という犬の話である．これにより，森の社会ははなはだしい混乱が起こり，犬の主人である人間もまきこまれる．ここにはそれぞれのダルマ（法）に忠実であるようにという明確な教えが含まれている．犬はもちろんこの寓話のなかでは，チャンダーラを象徴している．(*MBh* 12.115.1-12.119.20).

★002――*MBh* 13.48.7-57;*Manu* 10.1-19.

★003――同じ章の28節に，シュヴァパーカはチャンダーラの男とニシャーダの女の間に生まれたとある．

★004――*Manu* 10.16, 19. Kullūka Bhaṭṭaの19節の注釈によれば，身分の高い女と低い男の混交による血統は「逆混交」と呼ばれ，身分の高い男と低い女の「普通の混交」の子孫よりも地位が低い．この点は第9章2節でさらに詳しく述べる．

★005――*MBh* 13.112.40-74; 13.119.7-9; 12.104.3, 16; 13.133.22-23. このような物語は，他にも*Kathasaritsāgara* of Somadeva (17.1.16-144, とくに17.1.108-30)に見られる．この物語では，パールヴティーが自分の二人の侍女に対して，バラモンに始まり，ブラーマーラークシャサ，ピサーチャ，チャンダーラ，泥棒，尻尾を切った犬，白鳥の順に生まれ変わるよう呪いをかける．この部分の英訳は*The Ocean of Story, being C. H. Tawney's translation of Somadeva's Katha Sarit Sagara*, H. M. Penzer 編(London: Chas. Sawyer, 1927): 8:132-43にある．

★006――*Manu* 3.92; *Āpastamba Dharma Sūtra* 2.9.5-6; *MBh* 3.2.57; *Śaṅkhāyana Gṛhya Sūtra* 4.7.22.イデオロギーとしては排除しつつも，実際にはヒンドゥー社会に犬料理人その他のアウトカーストを受け入れていた点については，Greg Bailey, *Materials for the Study of Ancient lndian Ideologies: Pravṛtti and Nivṛtti*, Pubblicazioni di "Indologica Taurinensia," no. 19 (Torino: Jollygrafica, 1985): 53-54を参照．

★007――*MP* 57.50 では，Madhyadeśaの西の境界に住む種族をシュヴァパダと名づける．翻訳者のPargiterは，シュヴァパチャと同一だと見なしている．Al-Biruniは，「ヴァーユ・プラーナ」を引用し，もっとも高い地下のtālaにはシュヴァパダという名のアスラが住んでいると述べている．Edward Sachau, *Al-Biruni's India: An Account of the Religion, Philosophy, Literature, Geography, Chronology, Astronomy, Customs, Laws and Astrology of India ahout AD. 1030*, 2 vols. (London: Kegan Paul, Trench, Trubner & Company, 1910; reprint New Delhi: Munshiram Manoharlal, 1983), 1:23 1.

★008――*Yajur Veda* 30.21. 叙事詩のなかで他に犬を連想させる名前を持つのは，Śvāsana (*MBh* 1.28.19; 1.52.16); Śvāsa, the mother of Vāyu (1.60.20); Sāramejaya (1.177.18)と Mātali (3.164.35; 3.167.6).

ヴェーダのなかでインドラの牝犬であるサラマーは，風，ハヌマーン，マルト神群と関係がある．Puhvel, *Comparative Mythology*, p. 93. 『ラーマーヤナ』では,サラマーは悪者ラーヴァナの義理の妹の名である．ラーヴァナの善なる弟ヴィビシャナの妻サラマーは，ランカで閉じこめられたシー

DP(7.10. 1-7. 14.24)版のなかのサティアヴラータ-トリシャンク神話に挿入されていることからうかがえる．また，サティアヴラータがヴィシュヴァーミトラからの恵みを選んだということも，サティアヴラータ-トリシャンク神話(9.88-10.20)のなかのハリヴァンシャ版に記述がある．「そのムニは，恐ろしい干ばつが12年の間続いた王国に雨を降らせた．そして彼のために生贄の儀式を行った．ヴィシュヴァーミトラはヴァシシュタと神々両方のライバルだった.」(10.19-20)．マータンガはヴィシュヴァーミトラによって天界へ上げられたもう一つのアウトカーストである．*MBh* 13.27.7-39, 13.29.22-13.30.13.

★035——*Rām* 1.58.14-20: 左記の文章に Muṣṭikas 族は，「犬の肉しか食べぬ恥知らずの民族」とある．ヴィシュヴァーミトラは確かにこのシュヴァパーカートリシャンクを天に上げるが，インドラ（！）に導かれた神々は，そのような邪悪な生き物が自分たちの住むところにやってくることを恐れ，これを許さなかった．そこでヴィシュヴァーミトラはトリシャンクのために「別の天空」を作ったのである．(*SP* 6.6.5-18; 6.7.1-19).

★036——Ikṣvākusの「情熱，思い」はハリシュチャンドラ以降も残っている．とくにそれは，Sagaraが野蛮な民族のさまざまな群れ，すなわち「堕落したクシャトリア」と争った戦いによく現れている．これらの点については，Upendra Thakur, *The Hūṇas in India*, Chowkhamba Sanskrit Studies, vol. 58 (Varanasi: Chowkhamba Sanskrit Series Office, 1967), pp. 52-60; John Muir, *Original Sanskrit Texts on the Origin and History of the People of India, Their Religion and Institutions*, 5 vols. (London: Trubner, 1868-74; reprint New Delhi: Oriental Publishers, 1976), 1:481-95 と B. N. Mukherjee, *The Pāradas* (Calcutta: Pilgrim Publishers, 1972), pp. 40-57と注を参照. Ikṣvākuの血統は Bhagīratha, Ambarīṣa (シュナハシェーパ神話の*Rām*版にハリシュチャンドラの代わりに登場する), Kalmāṣapāda, Dasaratha, Rāma, Niṣādha, そしてNalaと連綿と続く.

★037——この叙事詩全体が，二つの犬にまつわるエピソードで構築されている．*MBh*は，神犬サラマーが　ジャナメージャヤの蛇の生贄に呪いの言葉をかけるところから始まり，ユディシュティラが神になるという劇的な最後となっているが，この最後にも犬が関係する話が入っている．ヒマラヤ山中の雪降る砦で，インドラが彼の空飛ぶ車で天に昇ることをユディシュティラに命じた時，ユディシュティラはその時点まで忠実につきしたがってきた犬と別れるのを断った．そしてその犬はダルマ，すなわち道徳律の化身としての姿を現した．*MBh* 1.3.1-8 と 17.3.7-20.これが Afshar, *Immortal Hound*, とくに pp. 174-294の中心的なテーマになっている．Hummel, "Hund," p. 505と比較参照.

★038——*DP* 6.13.30と7.16.56-59.

★039——叙事詩やプラーナ伝承では，ダルマはヴァルナの代わりをしている．ヴァルナはヴェーダ時代の法と秩序の神であり，*AB*にでてくるシュナハシェーパ神話では法の執行者の役を果たしている．Georges Dumézil, *Mythe et épopée*, 3 vols. (Paris: Gallimard, 1968), 1:57, 151-57.

★040——彼の通り名と同様，チャンダーラに身をやつしたこのダルマの最後の様子から，ダルマはシウァ神が変身したバイラヴァと同一視される．バイラヴァは，同じジャンルの後の神話で重要な役割を果たす．第5章4節を参照.

★041——DP 7.17. 45-7.18.58; *MP* 7.1-69; 8.1-270. この後者の版については，英訳による要約がある．O'Flaherty, *Dreams*, pp. 143-45.

テーマに関する主要な文献については，拙著"Sunaḥśepa Unbound," *Revue de l'Histoire des Religions* 203:3 (July-September 1986): 227-62を参照.

★026——この神話(48 7.13.4)の初めで，ナーラダ-ヴァシシュタはハリシュチャンドラに子供を持って，世捨て人の「汚い隠れ家」に住むのはやめるように促すが，それはインドラが体現するイデオロギーに対立する行動であった.

★027——彼が歌いかける神々やその神々を呼び出す儀式は，シュナハシェーパという名のリシに捧げられたリグヴェーダの賛歌をほぼ正確に再現する.（*RV* 1.1-15 と 5.2.7）. これらの賛歌にはまた，シュナハシェーパ自身，あるいはその場にいた人々がヴァルナの生贄となる情景も歌われている. この件についての詳細な論議は，Friedrich Weller, "Die Legende von Śunaḥśepa im *Aitareya Brāhmaṇa* und *Śānkhāyana Śrauta Sūtra, "Berichte über die Verhandlungen der Sachsischen Akademie der Wissenschaften zu Leipzig, philologischehistorische Klasse* (Berlin) 102:2 (1956): 8-21を参照.

★028——*Śānkhāyana Śrauta Sūtra*では*udantya*の代わりに*udañca*「北の」という言葉が使われている.

★029——シュナハシェーパとギリシアのKunosauraの類似点，Kunosaura が同じ 3 つの星を表している点については，Scherer, *Gestirnnamen*, pp. 158, 177, 224, Albrecht Weber, *Indische Studien: Beiträge für die Kunde des Indischen Alterthums*, 18 vols. (Berlin: F. Dümmler, 1850-63; Leipzig: F. A. Brockhaus, 1865-98), vol. 2 (1854), p. 237, n. Aを参照. シュナハシェーパ伝承の民話的な部分のうち星座に関する起源は，Raymond Chermetの場合まったく失われているが，それでもヨーロッパの「民話的」伝説との類似の一覧は"La légende de çunaḥçepa et les contes populaires," これは Appendix 2 to Georges Dumézil, *Flamen-Brahman*, Annales du Musée Guimet, Bibliothè que de Vulgarisation, vol. 51 (Paris: Guethner, 1935), pp. 97-112にある.

★030——この言葉は，Wendy O'Flaherty, *Śiva: The Erotic Ascetic* (New York: Oxford, 1973; reprint New York: Oxford, 1981), pp. 22, 24, 375など随所から借用.

★031——*MBh* 13.3.8, 14. この二つはまた*DP*でも関連づけられており，シュヴァパーカ村のヴィシュヴァーミトラ神話 (7.14.257. 1729)とシュナハシェーパ神話とを併記している.

★032——100あるいは101人のグループが二つに分割され，その片方が追放される話には天文に関係する起源があるだろう. *Śatabhiṣaj*（水瓶座）は「100人の治療者」の意味があるが，牡羊座の時代の終わり（約紀元前2000年）頃のある時，分点歳差によって天の地平線下に沈んだ. ヴァシシュタの100人の息子たちが死んだこと，あるいは大*MBh* 戦争において100人のKauravas が死んだことは，この天体の現象に基づくものかもしれない. Lerner, *Clef astrologique*, pp. 69-73を参照.

★033——他ならぬあのウィリアム・フォークナーは小説*Absalom, Absalom* (New York: The Modern Library, 1964, p. 258)のなかで，バラモンが犬を食うことに対して，実存的恐怖を抱くことを示唆する描写を行っている.「そして彼は，今まで味わったこともないようなうまいウイスキーをひとすすりすすった. 同時にそれは，バラモンが犬を食う事態を想像できぬのと同じほど、彼にとってあり得ぬはずのひとすすりであった」

★034——これはおそらく，この章の中心的神話のなかで，シュヴァパーカ村のヴィシュヴァーミトラを苦しめた干ばつであろう. それは，シュヴァパーカ村の神話(*DP* 7.13.9-27)が，後の

は*YV*にももたらされ，今度はヴァシシュタが若きラーマを教え，ヴィシュヴァーミトラが天敵であるヴァシシュタと論じあう展開となる．

★019——王の地位（*rājarṣi*）とバラモンの地位（*brahmarṣi*）をわけることについては，*Rām* 1.17.35 と*MBh* 1.65.34 (in the D4 or Kumbakoanan version of the critical edition)で，直接ヴィシュバーミトラとヴァシシュタを例に出して詳しく述べている．ヴァシシュタはヴィシュバーミトラと戦う神話ではあたかも正統派の手本になっているが，じつはヴァシシュタ自身は売春婦の息子の役割なのである．Sharma, *Śūdras*, p. 70に引用の(*MBh* [D4] 13.53.13-19, 38. もう一人のリシParāśaraは，他ではヴァシシュタの息子とか孫とされているが，同じ出典ではシュヴァパーカの息子とされている．『デヴィーバーガヴァタ・プラーナ』 [以下*DP*と略記] 6.14 では，ヴァシシュタは，ミトラ－ヴァルナが妖精Urvaśīを見て漏らした精液から生まれたことになっている．

★020——たとえば*Chāndogya Upaniṣad* 5.11-5.24を参照．Aśvapati Kaikeya王は宇宙魂について5人のバラモンの家長に教えている．その結論は「それゆえ，もしこのことを知る者が万一チャンダーラに食べ残しを差し出すとすれば，それは宇宙の魂に差し出されたことになる．」

★021——上記★019および Puhvel, *Comparative Mythology*, p. 257を参照．

★022——*RV* 10.124.4にある，「アスラ」ヴァルナに対する「デーヴァ」インドラの「勝利」についてはVarenne, *Cosmogonies védiques*, pp. 168-79.

★023——この記述は*MBh* 13.4.1-47; *Viṣṇu Purāna* 4.7.12-36; *Vāyui Purāṇa* 2.29.63-88; *Brahmāṇḍa Purāṇa* 3.66.35-36と『ヴァーガヴァタ・プラーナ』 [以下*BhP*と略記] 9.15.3-13などに見られる．この「混血」によってヴィシュバーミトラがアウトカーストになったとは，これらの記述のどこにもはっきりと書かれていない．

この神話のヴァリエーションに，Jamadagniの妻Renukāの話がある．Paraśurāmaは父にそそのかされてRenukāを殺してしまうが，後に命を復活させるというものである．*MBh* 3.116.1-18．タミールの話では，Paraśurāmaは母親の首をアウトカーストの女の胴体に，そして母親の胴体にアウトカーストの女の首をつけて復活させている．前者が女神 Mariyamman に，後者が女神Ellammanになったという．どちらも「バラモンとアウトカーストの身体同士をつなげた合成人間」である．(David Dean Shulman, *Tamil Temple Myths: Sarifice and Divine Marriage in the South Indian Saiva Tradition* [Princeton: Princeton University Press, 1980], p. 265).

★024——*araṇya* 「森」という言葉の語源は，「別の」あるいは「外の」（*anya*から派生した）であるという説もある．Charles Malamoud, "Village et forêt dans l'idéologie de l'Inde brahmanique," in *Cuire le monde*, pp. 95-96と注．

★025——Aitareya *Brāhmaṇa* [以下*AB*と略記] 7.13-18と*Sāṇṭkhāyana Srauta Sūtra* 15.17-27には，最初期の版が見られる．この神話の後期の解釈としては*MBh* 13.3.6-8; *Rām* 1.60.5-1.61.27; *BhP* 9.7.7-23, 9.16.30-34と *DP* 6.12.37-6.13.30, 7.14.25-7.17.46 が挙げられる．儀式に関する多くの文献は，王の神による祝福の儀式(*rājasūya*)の際にシュナハシェーパ伝承を朗唱することを勧めている．これらのなかには，*Taittirīya Brāhmaṇa* 1.7.10.6; *Āpastamba Śrauta Sūtra* [以下ĀpŚSと略記] 18.19.10-14; *TS* 5.2.1.3; *Kātyāyana Śrauta Sūtra* 15.6.1-7; *Hiraṇiyakési Śrauta Sūtra* 13.6.38; *Baudhāyana Śrauta Sūtra* [*BŚS*と略記] 12.15-16 と109.10-110.1, and *Āśvalāyana Śrauta Sūtra* 9.4.9-16がある．インド神話のなかで，これほど西洋の専門家に取り上げられたものはない．この

で現れる．再浮上するとは，それ以前に入り込んだ深層から上の層にもどってくることで，結局最後には，長大な物語のあとでいちばん最初にもどるまで続くのである！

★010——Edmund Leach, *Genesis as Myth and Other Essays* (London: Grossman, 1969), pp. 8-9.

★011——*MBh* 12.139.6.

★012——*MBh* 12.139.13-63, 77-94.

★013——この教訓的な話をさらに要約したものが，*Skanda Purāṇa*（以下*SP*と略記）6.90.4-22, 54のなかにある．この話はヴィシュバーミトラがこの機会に口元に運んだ犬の肉を嫌って，アグニ神が供犠の祭壇と世界から定期的に不在になることを説明するものである．Bāṇaは*MBh*の物語のそれと非常に似通ったチャンダーラの部落の話を彼の*Kādambarī* *(Śrīmadbāṇabhaṭṭā Pranīta Kādambarī*, 2 vols., Sri Mohandev Pant [Delhi: 1977] 編・訳, vol. 2, *Uttarabhāga*, pp. 267-69 [この作品に関する内容紹介はすべて同著者編集による1971年の*Pūrvabhāga*にある]）に載せているが，もともとは*Yoga Vasiṣṭha* [以下*YV*と略記] 5.45.5-20; 5.48.1-12に引用のある"Vālmīki"でも語っている．

このテクスト*(MBh)*は，この時代におけるインドのアウトカーストに対する用語に互換性があったことや，シュヴァパーカが一般的な言葉として使われていたことを証拠づけている．この話では，ヴィシュヴァーミトラの対話者が，チャンダーラ，シュヴァパーカ，マタンガ，アンタヴァサナなどとなっているが，テクストの主要な対話部分で使われる言葉はシュヴァパーカである．

★014——O'Flaherty, *Evil*, p. 223で引用されている*MBh* 12.122.14-29のなかでは，このような時代はまた「犬が犬を食う」時代ともいわれている．また現代インドと同様，*MBh* (5.42.22)でも，「犬が反吐を食う」 *(śva . . . vantādaḥ)* 時代が同じ視点で使われる．ベナレス，1985年１月のSiddhinandan Misraとの個人的な会話．

★015——インドラ自身，犬を調理し，犬を神々に捧げる放浪の聖者を救っている．*RV* 4.18.13; 8.55.3.この聖者はおそらくゴータマ(*Manu* 10.108に記載)であろう．*Bṛhaddevatā* 4.126-27.同じようなヒンドゥーの現実妥協主義の例も，もちろんKauṭiliyaの*Arthaśāstra*や『ラーマーヤナ』 [以下*Rām*と略記] 1.24.15にも見られる．そこでは，王は殺人をふくむあらゆる可能な方法を使っても４つのヴァルナを守るべきだとされている．

★016——同様に，*Rām* (1.60.5-1.61.27) 版シュナハシェーパ神話でも，インドラ（通常はヴァルナだが）は，シュナハシェーパの呪いを解く．インドラはまた，ハリシュチャンドラの息子であるロヒタに父親の歩んだ放浪生活を受け継ぐように促し，この神話にさらなる緊張感を作り出した．この神話については，本章の３節で紹介される．

★017——*RV* 3.31.6, Sāyaṇaの注がある．

★018——この神話の *MBh* (1.166.1-39) 版では，Sudās の孫で，Kalmāṣapāda という名の王は，ヴィシュヴァーミトラにヴァシシュタの息子たちを食べる*rākṣasa*を造らせている．*MBh* 8.30.67-70と仏教の*Mahāsūtasoma Jātaka* (E.B.Cowell, *The Jāltaka*, 6 vols. [Cambridge: Cambridge University Press, 1895; reprint London:Routledge & Kegan Paul, 1973], no. 537, 5:258-63)のなかに，Kalmāṣapādaという*yakkha*が出てくる．二人のリシが協力しあう唯一のケースである．ヴィシュバーミトラが，ヴァシシュタの息子たちを食べる残酷なラクシャーサと戦い，これを退治するよう若きロヒタを訓練するのだが，それをヴァシシュタが手助けするのだ．*Rām* 1.18-33. この協力関係

Sharma, *Śūdras in Ancient India* (Delhi:Motilal Banarsidass, 1980), pp. 139, 226, 229-231と 291を参照.

★003——Pliny, *Naturalis Historia* 7.21. インドの犬の乳を飲む部族については，アエリアヌス(*De natura animalium* 16.31)も言及している．おそらくクテシアスの説に従ったものであろう．第3章★018を参照.

★004——クテシアスが使っているインドのドッグマンを指す言葉Kalustrioiは，犬の乳を飲む部族を意味するペルシア語の*sa-dauzštr*あるいはサンスクリット語の*śva-duhitr*に由来するという説については，Marquart, *Die Benin-Sammlung*, pp. 207-9を参照.

★005——これについては Wendy Doniger, O'Flaherty, *The Origins of Evil in Hindu Mythology*(Berkeley: University of California Press, 1976), p. 173を参照. 犬と生贄の儀式を行う特定の部族が同一視されていることは第5章3節で論じられている.

★006——バラモン（と牛と乳製品）とアウトカースト，あるいは不可触賤民の思想上の両極性についてはDumont, *Home hierarchicus*, pp. 77-78に明確に述べられている.『リグ・ヴェーダ』[以下*RV*と略記]もすでに,「生きた牛」が「火を通した乳」を蓄えていると記されている.(*RV* 1.62.9; *Taittirīya Saṁhitā* [以下*TS*と略記] 6.5.6.4と. *Satapatha Brāhmaṇa* [以下*SB*と略記] 2.2.4.15も比較参照). これらのテーマは, Jean Varenne, *Cosmogonies védiques* (Milan: Arché, 1982), p. 117とCharles Malamoud, "Cuire le monde," in Cuire le monde, p. 52 と注 51に詳しく論じられている．犬やアウトカーストが生贄の儀式に使われる食器に触れるとその食器が汚れるとされることについては第5章5節を参照.

★007——この用語の詳しい説明は,Hayden White, *Tropics of Discourse: Essays in Cultural Criticism* (Baltimore: Johns Hopkins University Press, 1978), "Introduction: Tropology, Discourse and the Modes of Human Consciousness," pp. 1-25にある.

★008——*Yogatattva Upaniṣad* 1.31-37, Jean Varenne, *Yoga and the Hindu Tradition*, Derek Coltman訳 (Chicago: University of Chicago Press, 1976)p. 47に引用. Paule Lernerは，*Clef astrologique du Mahābhārata: L'Ere Nouvelle* (Bibliothèque de l'Unicorne: Série Francaise, no. 40 [Milan: Arché, 1987], 随所）のなかで，バーギヤとダイヴァは『マハーバーラタ』［以下*MBh*と略記］に描かれた一大戦争を引き起こしたした宇宙的分裂と同様，春分点歳差の宗教的な表現だったのではないか，という説得力ある主張を行っている．春分点歳差については紀元前のインドですでに知られていたようだ.

★009——ヒンドゥー教の永遠性に特有の周期は，個人，社会，文献学，宇宙，そして物語とそれぞれのレベルで起きてくる．最後の物語の分野では，*Wendy O'Flaherty*が「後退構造」と呼んだ物語の展開手法は，インドの語り部あるいは編纂者が聞き手や読み手の視点を一時的なものから永遠の時へと変える効果的な手法になっている．この手法でひとたび永遠の舞台に投げ出されると，短期的，一時的なものの見方が意味をなさないものになってしまう．O'Flaherty, *Dreams*, pp. 197-205. *MBh*は，後退構造あるいは永遠の循環のもう一つの例である．最初と最後にJanamejayaの供犠があり，物語の中身はある物語が別の物語のなかにあり，その物語は別の物語の一部であるという具合で（あるいは運命の輪のなかに別の運命の輪，その輪がまた別の運命のなかにある），一つの物語は，別の物語からより深い物語の層に入り込むか，逆に物語の上部に再浮上する，という形

Tristandichtung (Zurich: Atlantis, 1971), pp. 9-16を参照.

★093——*vilain*は 天国からも地獄からも閉め出されている. 後者の場合, 悪臭のため(Tuchman, *Distant Mirror*, p. 175)あるいは身体から魂が抜け出る時に出口をまちがえたためである. たとえば足の先から魂が抜けてしまうこともあるのだ！ (Stanley Leman Galpin, *Cortois and Vilain* [New Haven: Ryder's, 1905], p. 84).いっぽう, A Francoprovençal *passi* は原住民たるヨーロッパ人と異国人たるCynocephaliの双方にふさわしい贖罪を与える (Friedman, *Monstrous Races*, p. 229, n. 42). 土着の農民あるいは野人が「高貴なる」という称号を授けられるのは, ルソーやマルクスの著作が出るまで待たねばならなかった.

★094——ピグミーについては Friedman, *Monstrous Races*, pp. 194-96と Pietro Janni, *Etnografia e mito: La storia dei Pigmei* (Rome: Ateneo & Bizzarri, 1978)を参照. ユダヤ人については, Friedman, *Monstrous Races*, pp. 61, 69とKretschmar, *Hundestammvater*, 2:183-84.

★095——Jacques LeGoff, "Les paysans et le monde rural dans la littérature du Haut Moyen Age (Ve~VIc siècles)," *Agricoltura e mondo rurale in occidente nell'altoMedioevo*, Settimane di Studio del Centro Italiano di Studi sull'alto Medioevo, no. 13 (Spoleto: 1966), pp. 731, 734-38.

★096——Galpin, *Cortois and Vilain*の随所, とくに p. 87.

★097——前掲書p. 77 と Micheline de Combarieu, "Image et representation du *vilain* dans les chansons de geste," in *Exclus et systèmes d'exclusion dans la littérature et la civilisation médiévales*, Colloque, Aix-en-Provence, 4-6 mars 1977 (Aix-en-Provence: n.p., 1977), pp. 12-14. 中世の農奴の姿は*Tristan et Yseult*, *Aucassin et Nicolette* (24.11.12-24)と Chretien de Troye's *Yvain* (293-324)のなかにある.

★098——*Vita sancti Geosnovici*, Lecouteux, *Les monstres dans la littérature allemande*, 2:24に引用.

★099——Meslin, *Le merveilleux*, p. 86.

【第4章】

★001——同じ箇所 (*Amarakoṣa* 2.10.44-46)に賭博用語のリストがある. インドにおける犬とサイコロ賭博の象徴的な関係の詳細な研究については 拙著の記事"Dogs Die" *History of Relligions* 23, no. 4 (May 1989): 283-303を参照. アウトカーストの別の言葉, *antyavāsāyin*は, 厳密にはチャンダーラの男とKṣattṛ, Sūta, Āyogava, Vaidehika, Māgadha jātis, あるいは準カーストの女との子孫に対して使われる. このジャーティ（カースト）のうち最初の３つは, *aśvamedha*の儀式における４つ目の犬, すなわち「４の賽」の犬の犠牲に重要な役割を果たす.

★002——Pāniṇi (2.4.10)はニラバシタシュードラという語を使っているが, これはPatañjali が自著*Mahābhāsya* (1.475)のなかで,プルカサ, プリンダ, チャンダーラ, ムルタパと同一としており, このなかではチャンダーラを除いてすべて部族あるいは種族の名である. アントヤーヴァサーインは『マヌ法典』［以下*Manu*と略記］10.39と*Mārkanḍeya Purāṇa* [以下*MP*と略記] 25.34-36で使われている言葉である. マヌも一般的な言葉として*bāhya*と*bāhyavāsina*を使っている. *Avarṇaja*と*antarāla*は, それぞれ同じ意味で*Bṛhat Sainhitā* 89. 1.*kha* と*Kauṭilya*の*Arthaśāstra*のなかで使われている. 後の言葉は「中間地帯」の意味である.『マハーバーラタ』 [以下*MBh*と略記]13.48.7-57では, マヌのなかにあるこれらの言葉に加えて, *hīnavarṇa*と*bahirgrāma*の語を使用している. Ram Sharan

★087――サラセン人はアブラハムの妻サラの末裔ゆえに，そう称されている．サラセン人がイシュマエルの子孫（社会ののけ者）ともいわれるのは，毛深い野人イシュマエル (Isidore of Seville, *Etymologiae* 9.2.6)の子孫だからである．その怪物的様相は，偽メトディオスによって定着した，トルコ＝スキタイという考えから作りだされたものだ．

★088――Sénac, *L'Image de l'Autre*, pp. 55-57, 66, 71-72; Friedman, *Monstrous Races*, p. 67とKretzenbacher, *Kynokephale Dämonen*, pp. 90-91, Pseudo-Turpin 22に引用．Kretzenbacher (p. 90)も，ノルマンの敵，フランク王国のシャルルマーニュを犬頭人だとする，9世紀のカロリング朝時代の資料についてふれている (the *Gesta Caroli* of Notker Balbulus).Lecouteux (*Les monstres dans la littérature allemande*, 2:27)は他の中世の文献を一覧し，敵軍における犬頭人の部隊を描いている．中世にラレースが人食いの犬頭人の霊だとされたことについては第2章5節を参照．

★089――Sénac, *L'Image de l'Autre*, pp. 97-99. ニムロデについては，Friedman, *Monstrous Races*, p. 64を参照. Baptismも黒いサラセン人を「白くした」. pp. 65, 164, 172, 175. 14世紀にキリスト教会を攻撃したウィクリフは，「われわれは西方のムスリム」といった．おもしろいことにイデオロギー上の役割の逆転である．Sénac, *L'Image de l'Autre*, p. 141.

★090――Friedman, *Monstrous Races*, pp.63, 67, 225-27, nn. 6-9, 24-25とHugo Buchthal, "A Miniature of the Pentecost from a Lectionary in Syriac,"*Journal of the Royal Asiatic Society of Great Britain and Ireland* (1939): 613-15 とplates xiv-xvi. Buchthal はビザンチン様式で作られた3つの細密画について述べている．それらの前景には「異教徒」のかわりに，（a）王と動物の頭を持つ人物像（b）一つは2つの頭を持ち，もう一つは動物の頭を持つ2つの人物像，（c）3つの頭を持つ人物像，そのうちの一つの頭はイシュマエルの子孫を表している．3つの頭を持つ像は，ケルベロスかヘルマヌビスのキリスト教的表象かもしれない．9世紀のある聖像画はキリストの側面に立つ2人の犬頭人を描いている．これらはみな，キリスト再臨に際し贖罪するべきユダヤ人を示している．(Kretzenbacher, *Kynokephale Dämonen*, p. 56).

★091――Henri Cordier, *Les Monstres dans la légende et dans la nature: Nouvelles études sur les traditions tératologiques*, vol. 1, *Les cynocéphales* (Paris: Lafolye, 1890), pp. 15-17.「ブロウス」の名はたぶんBuriat が語源であろう．Buriatsとは，中央アジアの人々を指し，その名前*Buri*はトルコ語で「狼」を意味する．(Skelton, *Vinland Map*, p. 72)．ある出典によれば，ヤペテはゴグとマゴグの軍隊の祖，閉じ込められた民族の祖であるとされている．Anderson, *Alexander's Gate*, p. 22

★092――G. G. Coulton, *The Black Death* (New York: J. Cape and H. Smith, 1930), pp. 22-27, Barbara Tuchman, *A Distant Mirror: The Calamitous Fourteenth Century* (Harmondsworth: Penguin, 1980), p. 104に引用のこのイメージは狼憑き（狼人間）を誘発し，16世紀のルネサンスまで中世の精神にとって現実的脅威であり続けた．(Ragache, *Les loups*, pp. 104-11と Meslin, *Le merveilleux*, pp. 136-38)，また犬人間は古代から病気や憂鬱質と関連があるとされた．（Rorseher, "'Kynanthropie,'" pp. 1-50と随所）．別の文脈では，不吉を示すタロットカードの「愚者」は,奇妙な衣装をまとった男（たぶんディオゲネスのキュニコス派の一人）が犬を連れた姿で描かれている．ディオゲネスは，Chersite of Megalopolis によるエレジーのなかで自分自身を「天国の犬」と称している．Gaignebet, *A plus hault sens*, 2:438.犬に対する中世の一般的態度についてはLouise Gnädiger, *Huidan und Petitcreiu: Gestalt und Figur des Hundes in der mittelalterlichen*

★074——*agrios*「野生」とはギリシア悲劇では，流罪，社会的死，野ざらしの死，あるいは犬のように腐肉を食らう動物たちの場所であった．都市とアッティカを除いて，ここは反政治的，反社会的，そしてこのように人間ではないもののユートピア（どこにもない場所）であった．モンスター，野蛮人，非市民に対するギリシア人の態度については，Friedman, *Monstrous Races*, pp. 26-35と White, "Forms of Wildness," pp. 11, 18, 20, 24を参照．

★075——Augustine, *De civitate Dei* 15.20. アダムとイヴがエデンの東に追放されたため，東方のオリエントは追放されたものの子孫がいる地ということになる．しかしPlinian族のなかで，Gymnosophists/Bragamanniはエデンそのものにいると考えられていた．(Friedman, *Monstrous Races*, p. 167)．ラビ文学では，「犬の顔を持つ」人々によって，堕落，衰退の時代が特徴づけられるだろうといわれる．Afshar, *Immortal Hound*, p. 45に引用された*Sotah* 9.15. Friedman, *Monstrous Races*, p. 93も参照．『ゾハール』のなかで，イヴと悪魔の交わりから生まれたカインは人食い人種の祖となったとされている．pp. 96-99.

★076——Friedman, *Monstrous Races*, pp. 99-101と Augustine, *De civitate Dei* 16.4-5 .

★077——Friedman, *Monstrous Races*, p. 99, Six Agesについて中世アイルランドの物語を引用している．

★078——Augustine, *De civitate Dei* 16.8.

★079——Friedman, *Monstrous Races*, pp. 119, 121. 9世紀の神学者Ratramnus of Corbieは，Rimbert of Hamburg 宛書簡 (*Epistola de Cynocephalis*)のなかで，犬頭人の人間性とこのような救済について同様の点を指摘し，アレクサンドロス大王伝説と犬頭の聖人クリストフォロスについて論じている．

★080——Isidore of Seville, *Etymologiae* 9.2.5, 10-11, そのなかに，イシドルスの遠隔の蛮人に対する普遍的な論述がある．(9.2.1-135).モンスターとその予兆や先触れについてのイシドルスの普遍的見解は11.3.1-3，犬頭人，一つ目の巨人それに巨人族の特別な例については11.3.12-15.前兆についての議論で犬頭人に触れている他の中世の著述家はHrabanus Maurus (784-856) *[De Universo* 7.7: Migne *PL* 111, col. 198], Kretzenbacher, *Kynokephale Dämonen*, pp. 34-35で引用．クリストフォロスとカナン人については第2章4節，図02を参照．

★081——Isidore of Seville, *Etymologiae* 9.2.62-66.

★082——原典はシリアである.Richter, *Der deutsche S. Christoph*, p. 37.バクトリアとバルフは，5世紀に続く約200年の間エフタル・フン族の中心地だった．ドッグマン神話における（エフタル）フン族と彼らの役割については第6章と9章で取り上げている．

★083——Isidore of Seville, *Etymologiae* 11.3.1-3. イシドルスの *monstra*の語源は，動詞*monere*「警告する」に由来する．他の著述家は「警告する」の意だけでなく「示す」の意もある*monstrare*を語源としている．

★084——Roy, "En marge," pp. 75-76.

★085——Isidore of Seville, *Etymologiae* 9.3.12-15.こうしてイシドルスはヘロドトスやアレクサンドロス大王伝説当時の分類法に従った.それはまた巨人の犬頭人の伝承に寄与したのにちがいない. Klinger, "Hundsköpfige Gestalten," pp. 121-22と Wittkower, "Marvels of the East," p. 175.

★086——Friedman, *Monstrous Races*, pp. 60-61.

littérature allemande, 2:26, Friedman, *Monstrous Races*, pp. 46, 84, 231と注68-70, Wittkower, "Marvels of the East," pp. 173-175とKretschmar, *Hundestammvater*, 1:125も参照．Cynocephaliは12世紀のヴェズレイのティンパヌムに刻まれた彫刻で，偉大なるキリストの右にすぐ置かれている．ここでは，彼らは使徒たちが教化の使命を背負って向かった地の果てに住む怪物種族の一番目であることを表している．図01を参照．

★067――プレスター・ジョンは，チンギス・ハーン自身ともネストリウス派のWang Khan of the Keraitsともさまざまにみなされる．中央アジアからインドへの彼の領地の変遷ははやくも1177年に起こっている．ここから1321年のヨルダヌスの記述を手初めにして，アフリカのエチオピアに再び移ったのだろう．亡くなったハイレ・セラシェ皇帝を神として崇拝したジャマイカのラスタファリアンたちは，皇帝のなかに，このエチオピアのプレスター・ジョンの化身を見ていたのだ．Skelton, *Vinland Map*, pp. 48, 69, 131 と Wittkower, "Marvels of the East," pp. 181, 197を参照．カラキタイはすでに満州から中国の北方を支配していた．ここで，10世紀には，皇帝一族は自分たちを犬を始祖とする末裔であるとみなした．第6章4節でこのテーマにもどる．

★068――同じマルコ・ポーロが，プレスター・ジョンから下って6代めの子孫にあたるネストリウス派キリスト教徒Georgeなるものと会ったと主張した．彼はまたプレスター・ジョンの王国は満州（契丹族の故郷）にあり，彼の中国名はUng Khan (Wang Khan),チンギス・ハーンに敗れ殺されたとも，さらにUngとMungol（それぞれプレスター・ジョンとモンゴルの領地）はゴグとマゴグと同じであるとも語った．Marco Polo, *Travels* (New York: Grosset and Dunlap, n.d.), pp. 71-75, 87-88.

★069――Wittkower, "Marvels of the East," p. 196. イブン・バトゥータの旅行記(*Voyages*, C.Defremery and B. R. Sanguinetti訳, 3 vols. [Paris: Maspero, 1982], 3:291) は，中国が出典かもしれない．中国側のビルマ国境に住むマン族の伝承である9世紀の『蛮書』は，ビルマとアッサム，それにインド洋について触れている．逆のケースもある．アッサムとビルマは北方に住んでいる南方中国の土着民について知っていた．Grousset, *Sur les traces du Bouddha* p. 188. これらは雲南のマン族を含んでいた．彼らは固有の犬祖伝説を保持していた．第7章を参照．カニバルという語源については， Holbek and Piø, *Fabeldyr*, p. 258を参照．ブラジルのアマゾン川のポルトガル人による命名についてはPelliot, "Femeles," p. 674.

★070――Wittkower, "Marvels of the East," pp. 166-67.

★071――これらの資料については，Bruno Roy, "En marge du monde connu: les races des monstres," in Guy Allard, *Aspects de la marginalité au Moyen-Age* (Montreal: Aurore, 1975), pp. 71-80; Seznec, *Survival of the Pagan Gods*, pp. 89, 94, 168, 171 と Meslin, *Le merveilleux*, pp. 30, 87, 96を参照．

★072――これらの多くはKretzenbacher, *Kynokephale Dämonen*, pp.46-61に概括されている．フランスのバーガンディにあるヴェズレイの12世紀のティンパヌムに描かれたキリスト像の左側にいるペアの犬頭人がもっとも知られている．そうした中世の作品のなかでもとくに目を引く例は，デンマークの東方JutlandのRåby教会のヴォールトにある，16世紀はじめの四半世紀鮮やかに彩色されたフレスコ画である．図08参照．

★073――Augustine, *De civitate Dei* 16.2.

ている．アマゾンの女たちは，彼らの水に毒を入れて全滅させた．アダムも，純潔なアマゾン族は水を飲んで妊娠すると指摘している．これは中東アジア全般に広く流布した神話のテーマである．第 6 章 4 節参照．

★056——10世紀後半のペルシアの地理書*Hudūd al-'Ālam* 4.17 (Minorsky, pp. 58-59)には，バルト地方にある「女の島」についての記述がある．Minorskyの注 (p. 191)によれば，この「女の島」という名称はKwen-enというフィン族の部族名と，「スカンジナビア語の女」を意味する*kwen*（たとえば現代デンマーク語では*kvinde*）という言葉が混同されたために生じたものだ．

★057——*Friedman, Monstrous Races*, p. 232, n. 72.

★058——Kretschmar, *Hundestammvater*, 1:127, 131, 137, 145, 155-65; 2:183-84.

★059——Kretzenbacher, *Kynokephale Dämonen*, pp. 83, 99-101.

★060——前掲書　pp. 15, 24-25, 34, 85-89, 101-2. Lecouteux, *Les monstres dans la littérature allemande*, 2:23と Paul, *Wolf, Fuchs und Hund*, pp. 96-101も参照．

★061——*Kynokephale Dämonen* (p. 21)のなかでKretzenbacherは南スラブのフォークソングを再録してドイツ語に翻訳した．*Kynokephale Dämonen*は，南東ヨーロッパの犬頭人の伝承についての信頼すべき著作である．とくにpp. 5-26, 99-134を参照．Kretschmar, *Hundestammvater*, 1:134とBengt Holbek and Iørn Piø, *Fabeldyr og sagnfolk* (Copenhagen: Politikkens Forlag, 1979), p. 258も参照．犬頭人の男と暮らすモンゴル女性の話がヨーロッパに届いたのは，フランシスコ派の僧のプラノ・カルピニの*Historia Mongalorum [sic] quos nos Tartaros appellamus* (Description of the Mongols whom we Call Tartars) 1245年の旅行記を通してである．Skelton, *Vinland Map*, pp. 22-23. 第 6 章の 4 節と★055と★056を参照．

★062——Friedman, *Monstrous Races*, pp. 37-45; Anderson, *Alexander's Gate*, pp. 96-100.

★063——Paulus Deaconusの*De Gesta Longobardiensis* (1.11)は 7 世紀の資料に基づくテクストであるが，犬頭人はロンバルド族の王につかえて西ヨーロッパにいるとしている．同じ資料はアマゾン族のことにもふれている．Konrad Miller, *Mappae Mundi: die ältesten Weltkarten*, 6 vols. (Stuttgart: Roth, 1895-96), 4:18 とMaenchen-Helfen, *World of the Huns*, p. 127. チンギス・ハーン宮廷への旅でプラノ・カルピニに随行したポーランドの修道士ベネディクトは，犬頭人はロシアにいるとした．Wittkower, "Marvels of the East," p. 196.

★064——Jacqueline Bolens-Duvernay, ("Les Géants Patagons ou l'espace retrouvé:Les débuts de la cartographie amejaricaniste," *L'Homme* 28: 2-3 [April-September,1988], pp. 162-63)は，パタゴニアそして赤道と南回帰線で目撃された巨人の犬頭人についての16～17世紀の英国の伝承を再現したものである．

★065——Dvornik, *Idea of Apostolicity*, p. 225.偽カリステネスのシリア語版,とくにドッグマンとアマゾン族の伝承がある後期の書物は，6 世紀のパーレビ資料に基づいている．Budge, *Alexander Book in Ethiopia*, p. xix, と Wolohojian, *Romance of Alexander*, pp. 2, 5.本章★34,51 も参照．

★066——古代の地図についての古典資料はMiller (*Mappae Mundi*, 1:48, 3:33, 4:18, 5:49, 犬頭人の図版)の 6 巻本である．他のすぐれた資料としてSkelton, *Vinland Map*,とくに pp. 109-239. 犬頭人を北方に位置づけた最初の地図制作者アエシクス・イステルは，偽メトディオスに影響を受けている．Anderson, *Alexander's Gate*, pp. 51-53. Anderson, pp. 91-103, Lecouteux, *Les monstres dans la*

紀元前1世紀，古代の歴史家のなかでもっとも想像力豊かであるが，信頼性にはまったく欠けるDiodorus of Sicilyは，Hesperia島を「西アマゾン族」の地と考えた．Diodorus of Sicily, *Bibliotheca Historica* 1.3.4. Babcock, *Legendary Islands*, p. 16も参照．ストラボンは*Geographica* 3.1.4のなかで，スペインのガリシアを死者の国と記したが，これは，Gaignebet, *A plus hault sens* 1:297-98と2:429にも引用されている．Gaignebetは，古代の神々とキリスト教の聖人コンポステラのサンチアゴの関係を指摘している．

★047――*The Voyage of Saint Brendan:Journey to the Promised Land*, John J. O'Meara 編・訳 (Dublin: Dolmen, 1978), pp. 11-14, Kretzenbacher, *Kynokephale Dämonen*, pp. 45-46 と図7, p. 84.後者は*Navigatio Sancti Brandani*, Cod. Pal. Germ. 60, p. 177を再現したもの．プルタルコスの*Peri ton Prosōpon*のなかにゼウスはイギリスの西のはるか遠島に父クロノス-サトゥルヌスを幽閉したという蛮族神話があるが，多分プルタルコスはこの伝承に言及しているのだろう．Gaignebet, *A plus hault sens*, 1:463, 2:459.

★048――Skelton, *Vinland Map*, pp. 122-23; 137-38; 154; 159; 232-34.

★049――Yann Brékilien, *La mythologie celtique* (Paris: Marabout, 1981) pp. 13, 22, 129, 225-27, 292, 374と *Duanaire Finn: The Book of the Lays of Fionn*, 2 vols., Gerard Murphy 編・訳(London: Irish Texts Society, 1933), 2:23-27.これら「土着の」ヨーロッパの伝承のすべてが，キノケファリを巨人としている．アイルランドの伝承は，アレクサンドロス大王伝説に触発されたものであろう．Friedman, *Monstrous Races*, p. 228, n. 40. Raymond-Riec Jestin, "Le poeme d'En-me-er-kar," *Revue de l'Histoire des Relligions* 151 (April-June 1957): 214も参照．

★050――*The Cuchullin Saga in Irish Literature*, Eleanor Hull 編(London: Nutt, 1898), pp. 139-42; 254-55. Fraser, "Passion," pp. 307-25と Gaidoz, "St. Christophe," p. 197も参照．

★051――Ahrens and Krüger, *Sogennante Kirchengeschichte*, p. 253. Paul Pelliot ("Femeles [Island of Women]," *Notes on Marco Polo*, 2 vols. [Paris: Imprimerie Nationale, 1963], 2:676にある)は，この資料が東西のアマゾン族－犬頭人伝承を結びつける最初期の文献だろうと示唆している．

★052――Adam of Bremen, *Gesta Hammaburgensis ecclesiae pont ficorum*, in *Scriptores rerum germanicarum in usum scholarum ex Monumentis Germaniae Historica*, 3d ed., Bernhard Schmeidler 編(Hannover: Hahnsche Buchhandlung, 1917), 2:242-48, 256.

★053――ブレーメンのアダムの原典はデンマーク王 Svein Estriddsonで，その領地はこの海の西の果てにあった．Kretschmar, *Hundestammvater* 1:126とSkelton, *Vinland Map*, p. 172. 古典注解学者は犬頭人とアマゾン族が住んでいたのはOeland, Gothland,Oeselの諸島であると特定している．

★054――ここで，アダムは犬頭人とブレミーズ（無頭人）を混同しているが，たぶんヘロドトスを引用した資料の読み違えによるものであろう．ヘロドトスは(*Historia* 4.191)の同じ節でこの２つの種族について語っている（彼は頭なしのブレミーズを*akephaloi*と呼んでいるのだ）．あるいは偽カリステネス (3.28) の読み違えか,同じように引用したセビーリャのイシドルス (*Etymologiae* 11.3.15-17)の読み違えかもしれない．Maenchen-Helfen (*World of the Huns, p. 143*)によれば，ブレミーズは実在の人々で，スーダンに住んでいた．彼らの説教僧のひとりは，紀元452年にイシスとオシリスへの碑文を捧げた．

★055――注解学者はこの話を，スウェーデンのエモンド王のスキタイ人の地への遠征と関連づけ殺す者」を表す語であること．リュディア語はインド＝ヨーロッパ語に属し，「犬を絞め殺す者」の語源は**dbau*である．それはDaoi（ダキアのこと.その故郷は現在のルーマニアに当たる）という民族名の語源でもある．彼らは明らかに，Dahae族（後にパルティア人の故郷となるカスピ海の東岸に住む）と関連があるようだ．Daoi 族と Dahae族 は，このように「犬を絞め殺す者」であった．ミルチャ・エリアーデが示したように，自分たちを「犬を絞め殺す者」とみなす人々は，狼(*dhaunos*, in Illyrian)だった．他の「狼のような」名前（たとえば，リュキア人）は，同じバルカンやアナトリアの地域に多く認められる．実在のカンダウレスが支配したサルディスもその一つである．カンダウレス，アマゾン族の女王の弟，リュディア人の犬を絞め殺す者のヘルメス，そしてダキアの狼のような絞め殺し屋の間の関係性ははっきりしないが，これらすべてには，犬という意味あいが共通して存在する．T. Burrow, "A Note on the Indo-Iranian Root *Kan-* 'Small' and the Etymology of Latin *Canis* 'Dog,'" *Transactions of the Philological Society* (1983): 161; Olivier Masson, *Les fragments du poète Hipponax* (Paris: 1962), pp. 104-5 と注 6; Mainoldi, *L'Image du loup*, p. 76; Eliade, *Zalmoxis*, pp. 1-2のなかの"The Dacians and the Wolves"を参照.

ギリシア語では，*kunagchēs*も"l'angoisse qui serre la gorge des pendus"という意味を表す言葉である. Gaignebet, *A plus hault sens*, 2:327とMainoldi, *L'Image du loup*, pp. 78-79. Gaignebet はさらに，この語が14世紀以前に南東フランスで「列聖された」グレイハウンドのGuignefortという名と関係があるとしている．*kunagchēs*のサンスクリット語源については，Mayrhofer, *Concise Etymological Dictionary*, s.v. Śvaghnin (3:403).第1章★052も参照.

★044――たとえば，*Historia Prǫliis*のなかで，アレクサンドロス大王は，3.25-26ではカンダケとアマゾン族，3.27では髭のはえた女たちや犬頭人と出会っている．Hilka and Steffens,*Historia Alexandri Magni*, pp. 148-52, 172-74.

★045――プラノ・カルピニの記述に関しては，Skelton, *Vinland Map*, pp. 44, 49, 70-72を参照．この資料によれば，タタール人の皇帝チンギス・ハーンは，モンゴル版アレクサンドロスであり，彼の驚くべき偉業の多くは，明らかにアレクサンドロス大王伝説からの借り物である．第 6 章と 9 章を参照．クックーとムグルについては，Moses Gaster, *Rumanian Bird and Beast Stories*, Publications of the Folk-Lore Society, no. 75 (London: Sidgwick & Jackson, 1915), pp. 284-87.マジャールの物語クックーとムグルがHunorとMagorになっている．こちらの話では兄弟はアレクサンドロス大王やアマゾン族とは無縁である．猟師の彼らは一頭の牝鹿を追って故郷から東へ向かい，肥沃なMaeotis平野へたどりつくとそこに住みつく．後に彼らは，その地域の妻や娘たちをさらって嫁とし，フン族やマジャール族の祖となった．これは元来はフン族の神話であったと思われる．Eliade, *Zalmoxis*, pp. 142-44.

★046――ギリシアのヘスペリデス（極楽島）についてはGernet, *Anthropologie*, pp. 194-95, 200. カナリア諸島については，Skelton, *Vinland Map*, pp. 122, 137, 154-59; Lurker, "Hund als Symboltier," p. 136; Biedermann, "Die 'Hund-Inseln,'" pp. 99-108と William H. Babcock, *Legendary Islands of the Atlantic*, American Geographic Society: Research Series, no. 8 (New York: American Geographic Society, 1922), pp. 34-43を参照．*hespera*と*hesperos*については，*Iliad* 10.317-18と Scherer, *Gestirnnamen*, p. 83を参照．セビーリャのイシドルスは，エチオピアを分割し，西にHesperii，中央にガラマンテス，そして東をインドとした．*Etymologiae* 9.2.127-28．かなり後の

たのはAmmianusで，4世紀後半の*Res Gestae*で，フン族やAnthropophagiやアマゾンにふれている．Maenchen-Helfen, *World of the Huns*, p. 18.

★036――Anderson, *Alexander's Gate*, pp. 24-25, 44-51; Budge, *Cave of Treasures*, pp.114-35とWittkower, "Marvels of the East," pp. 167, 183.

★037――Jonaton(Yonton)はBudge, *Cave of Treasures*, pp.142-44にも登場する．Flavius Josephus (*Antiquitates Judaicae* 1.38)と比較．Josephusは，ノアの子孫による世界分割についての議論のなかで，大地の東端の大部分がセムの玄孫（やしゃご）であるYoqtanの13人の息子たちのものになったと述べている．Francis Schmidt, "Entre Juifs et Grecs: Le modèle indien," *in L'Inde et l'Imaginaire*, Catherine Weinberger-Thomas編, *Puruṣārtha* 11 (Paris: Editions de l'E.H.E.S.S., 1988), p. 33. Sackur, *Sibyllinische Texte*, pp. 5-7, 15-20も参照．ハムの地の中心であるプントスは，エジプト新王国の碑文にある犬顔のヒヒPuntを想起させる．第2章6節を参照．*Historia de praliis* のなかでアレクサンドロス大王が出会ったCynocephali は，世界の東端をなすインドの最果ての川("ad ultimas silvas Indie . . . iuxta fluvium")の向こうに住むといわれている．Hilka and Steffens, *Historia Alexandri Magni*, pp. 170, 174. ニムロデ自身はオリオン座と同定され，ドッグデイズや犬星シリウスとの関連については第2章に概要がある．Gaignebet, *A plus hault sens*, 1:297.

★038――Sackur, *Sibyllinische Texte*, pp. 19-22.

★039――Kretzenbacher, *Kynokephale Dämonen*, pp. 115-24.

★040――前掲書 pp. 119-20.

★041――Virgil *Aenead* 1.490, 11.659. アイスキュロスの*Eumenides* (685-88)では，アマゾン族はいにしえの時代にアテネを包囲した女戦士たちである．スキタイ人についてはその2，3節後に書かれている．(703).

★042――カンダケとは，エチオピア女王の称号である．Thiel, *Leben und Taten Alexanders*, p. 191と Merkelbach, Quellen, pp. 146, 163-64, 215. Hilka and Steffens, *Historia Alexandri Magni*, pp. 148-52も参照. Lipsius (*Apokryphen Apostelgeschichten* 1:621) とFlamion (*Actes Apocryphes de l'Apôtre André*, p. 314)は，カンダケを西アナトリアのリュディアに置いた．偽カリステネスのギリシア語(B) 版では，カンダケやアマゾン族とアレクサンドロス大王の関係は3.18-24に記されており，3.28.2には大王がCynocephali に出会ったとされている．Thiel, *Leben und Taten Alexanders*, pp. 154-55．ギリシア語とラテン語資料におけるこのような並置は，Anderson, *Alexander's Gate*, pp. 34-41で取り上げられている．アルメニア語版の偽カリステネスによると，第225-54章で，大王はカンダケに会っている．209章で大王が戦ったとされる犬頭人（本章★30参照）は，259章では「空も大地も見ることのかなわぬ」場所にいると語られている．Wolohojian, *Romance of Alexander*, p. 146.

★043――カンダウレスは，アナトリア西部でリュディアに隣接したサルディス王朝の実在の支配者の名である．アレクサンドロス大王は，その地を通過して東方遠征に向かった．ギリシアの詩人Hipponaxの断章はさらに重要である．「おおヘルメスよ，Maeonianの言葉でいうカンダウレス，犬を締め殺す者*[kunagchēs]*，われと戦え！」．この節で重要な点が2つある．1つは，ギリシア神ヘルメス，「犬を絞め殺す者」，カンダウレスというMaeonianの神の3つが同義であること．そして言語学的側面から見ると，リュディア語ではkan-は，「犬」という意味に当たり，*daula-*は「絞め

「そして私は門を皆と共に押し，注意深くその場所を遮断した．」Wolohojian, *Romance of Alexander*, pp. 155-56.

★032——Demotteが収集した14世紀の*Shahnama*に付されたこの図版は，現在Washington D.C.にあるスミソニアン協会のSackler Museumに展示されている．(no. s. 86.0104). 図05参照．

★033——アレクサンドロス大王の門の所在地（カフカスやカスピ海の位置も含め）がどのように変遷したかについての古典的資料はAnderson, *Alexander's Gate*, pp. 1-104と随所．Skelton, *Vinland Map*, pp. 30, 63-64, 118, 134; Minorsky, *Hud dūal-'Alam*, p. 112と René Grousset, *Sur les traces du Bouddha* (Paris: Plon, 1957; reprint Librarie Academique Perrin, 1977), pp. 83-85, 236.

Flavius Josephusは，1世紀に著した*Bellum Judaicum* 7.7.4.のなかで，アレクサンドロス大王の門について初めて語った．399年，Jerome (*Epistulae* 77.8)は，アレクサンドロス大王の門によって，カフカス山脈の向こうに追いやられた人々がフン族であるとした．Maenchen-Helfen, *World of the Huns*, p. 4. 今は失われたペルシアの記述を基に描かれたシリアの*Christian Legend Concerning Alexander*では,北東アジアの果てにその門があるとしている．(Anderson, *Alexander's Gate*, pp. 28, 91-95). またこの書は，アレクサンドロス大王の極東アジア征服（後にはチンギス・ハーンの征服）についてのタタールやアラビアの，すべてではないにしてもほとんどの伝承の元となっている．

★034——犬頭人が最初に世界地図の北方の果てに登場するのは，7世紀のAethicus Isterの*Cosmography*である．Anderson, *Alexander's Gate*, pp. 51-53. 彼らの居場所を支配する混乱は，9世紀以降Colchisの北部カフカス山脈の奥地を「エチオピア」と呼んだことに起因する．11世紀の資料は，この北方の「エチオピア」に居住する人々を「スキタイの」イベリア人，Soussians, Phoustesそれに Alani と呼んでいる．Dvornik, *Idea of Apostolicity*, p. 225.「女と共に狩りをするインドの王たち」とカフカス山脈に住み，女と野外で交わり，仲間の死体を食べる男たちの話は，すでにメガステネスが記しており，Strabo, *Geographica* 15.1.55-56にも引用されている．

★035——"Anthrōpophagoi, hoi legomenoi Kunokephaloi." 同じ描写は，*Vita Alexandri* (Trumpf, p. 146)のギリシア語の原文(39.7)だけでなく偽メトディオス(Anderson, *Alexander's Gate*, p. 48)のギリシア語版,ラテン語版にも見られる．

Ernst Sackurの*Sibyllinische Texte und Forschungen* (Halle: Miermeyer, 1898), p. 37によれば，（プリニウスのなかでやはり犬と重要な関係があるとされる）ガラマンテスとアマゾンとキノケファロイは，偽メトディオスの第8章のさまざまな翻訳版から引かれた類似のリストのなかで，それぞれ16，17，18に当たる．偽メトディオスのラテン語版の第7章には，これら悪しき種族はその最たる特徴として犬の生肉を食べると書かれている．これは，初期の文献では「北の境界の向こう」に位置づけられたインドのシュヴァパーカ伝承と一致する．第4章3節を参照．

偽メトディオスと直接関係する部分の翻訳と議論はAnderson, *Alexander's Gate*, pp. 26-38, 44-51; Sackur, *Sibyllinische Texte*, pp. 60-96にある．他の（6世紀）のシリアの資料も同じ情報を再現している．Ahrens and Krüger, *Sogenannte Kirchengeschichte*, p. 253を参照．また別の6世紀のシリア資料*Christian Legend of Alexander*はエチオピアの*History of Alexander*: Anderson, *Alexander's Gate*, p. 32に非常に多くの影響を与えている．シリアの*Book of the Cave of Treasures*の翻訳と変遷は4世紀と6世紀の間と考えられている．E.A.T. Wallis Budge, *The Book of the Cave of Treasures* (London: n.p., 1928). Sackur, *Sybillinische Texte*, pp. 167と183を参照．フン族について早くから言及してい

★026――*Anderson, Alexander's Gate*, pp. 12-14と随所．聖ヒエロニムスが4世紀に記した *Hebraicae quaestiones in libro geneseos*では，フン族は堕天使や人間の魔女や汚れた悪魔の子孫だとされている．Maenchen-Helfen, *World of the Huns*, p. 5.

★027――Meyer, *Alexandre le Grand*, 1:177-93; 2:273-99,とくにp. 283.

★028――Helmut van Thiel 編，*Leben und Taten Alexanders von Makedonien: der Greischische Alexanderroman nach der Handschrift L* (Darmstadt: 1974), p. 192; *Historia Alexandri Magni (Historia de preliis): Rezension* J^1, Alfons Hilka and Karl Steffens編(Meisenheim am Glan: Anton Hain, 1979), pp. 170, 174; Wolohojian, *Romance of Alexander*, p. 112（ミュラー版の稿本BCのなかの2.23-43に対応するアルメニア語版の第209章）とBudge, *Alexander Book in Ethiopia*, p. 140. エチオピア語版は，7世紀のシリア語版を基にして書かれているが，このエピソードと物語の後半の大部分はペルシア起源のほぼ6世紀のパーレビ語版に基づいている．Budge, *Alexander Book in Ethiopia*, p. xxvii. Piankoff ("Saint Mercure," p. 19) によれば，世界の果てを超えて「太陽がギリシアよりも10倍も大きく現れる」山中に犬頭人が住むという考えは，クテシアス (*Indika* 5, in Henry, *Ctésias*, p. 63)に影響されている．クテシアス自身は，エジプト新王国の銘板の犬顔のヒヒに最終的に帰着するエチオピアの古典的出典に影響を受けている．第2章6節，本章★037を参照．

★029――Skelton, *Vinland Map*, pp. 63-64, 136, 154. アレクサンドロス大王伝説の初期の版，シリアの*Christian Legend Concerning Alexander*（514年頃）では，山々を越えた果てに住む人々はフン族であり，聖書のヤペテの子孫でもあると，アレクサンドロス大王が耳にしたとされている．次に続く伝承では，「太陽が昇る地」にある山々の向こうに住むのはゴグとマゴグの軍隊とされている．(*Koran 18*): この軍隊に含まれる国々のリストは存在するが，資料によって異なっている．Jeromeの*Hebraicae quaestiones in libro geneseos*のなかで，フン族はゴグとマゴグの軍隊と同定されている．この進展についてはAnderson, *Alexander's Gate*, pp. 20-34とMaenchen-Helfen, *World of the Huns*, p. 5に詳しい．

★030――Wolohojian, *Romance of Alexander*, pp. 113-14（アルメニア語版の偽カリステネスの209章）．他の箇所でも，彼らは黒い巨体，馬のような頭（！）巨大な歯，かぎ爪のある手，火を噴く口を持つと描かれている．Hilka, *Prosa-Alexanderroman*, p. 234.「馬の頭を持つ」犬頭人は多分，犬の具体的な描写を許さなかった中世の聖画法の結果であろう．こうした犬頭人の多くは，決まった頭を持たず，犬，馬，ロバ，サルなどさまざまであった．犬と馬の混種動物については，Kretzenbacher, *Kynokephale Dämonen*, pp. 6, 22を参照. *Historia de praliis*の写本の伝承でも，アレクサンドロス大王と犬頭人の戦いが語られている．ただし馬の頭や口から火を噴くことは語られていない．Hilka and Steffens, *Historia Alexandri Magni*, p. 174.

★031――Anderson, *Alexander's Gate*, pp. 35-57とTrumpf, *Vita Alexandri*, p. 146. Andersonは,初期ギリシアの写本テクストと同内容の，Müller版の写本BCのなかのギリシア語版の*Pseudo-Callisthenes* 3.29，そしてビザンチウムの *Bios Alexandrou*, vv. 5712-5799について述べている．この種族リストの起源は4世紀シリアのEphram Syrus, *Sermo de Fine Extremo:* Anderson, *Alexander's Gate*, pp. 16, 38-42である．「ドッグマンを指すこともあった」*anouphagoi* という名は，いくつかの版ではキノケファロイ（*kynokephaloi*）に入れ変わっている．p.42，n. 1.アルメニア語版の*pseudo Callisthenes*では，209章の最後にアレクサンドロス大王が門を通ることが語られている．

l'Ancien, Histoire Naturelle, Livre5, pp. 139-40 (n. 2 to Pliny, *Naturalis Historia* 5.16)とHans Biedermann, "Die 'Hunde-Inseln' im Westmeer," *Almogaren* 3(1972): 102-3を参照.

★021――偽カリステネスの伝承の普及については，Andrew Runni Anderson, *Alexander's Gate, Gog and Magog, and the Inclosed Nations* (Cambridge, Mass.:Medieval Academy of America, 1932), p. 30と Paul Meyer, *Alexandre le Grand dans la littérature francaise du moyen age*, 2 vols. (Paris: Vieweg, 1886), 2:1-7を参照.

★022――Pseudo-Callisthenes (3.6-16) と Julius Valerius (3.17)は, Derrett, "History of 'Palladius,'" pp. 64-99とPalladios 2.3-57をインドの怪物種族についての情報源とした.

★023――アレクサンドロス大王伝説の多様な写本の歴史については，Anderson, *Alexander's Gate*, pp. 15-43; Reinhold Merkelbach, *Die Quellen des greichischen Alexanderromans*, Zetemata Monographaien zur klassischen Altertumswissenschaft, no. 9 (Munich: Beck, 1977), p. 142; E. A. T. Wallis Budge, *The Alexander Book in Ethiopia* (London: Oxford, 1933), pp. xv-xxvそれに Albert Mugrdich Wolohojian, *The Romance of Alexander the Great by Pseudo-Callisthenes* (New York: Columbia University Press, 1969), pp. 1-7.

犬頭人とスキタイとアマゾンを同一視する考えの起源については，Anderson, *Alexander's Gate*, p. 15を参照．ユーラシアを南北に縦断するトロス山脈についての古代地理は，Strabo, *Geographica* 15.1.1, Skelton, *Vinland Map*, pp. 63-64と Anderson, *Alexander's Gate*, pp. 15-57など随所を参照.

★024――一般にギリシアの原本に由来する４つのテクスト・グループがあると認められている．（A）ギリシアの写本 (no. 1711, *fonds grec* of the Bibliothèque Nationale [Paris])，４世紀のJulius Valeriusのラテン語翻訳版，５世紀のアルメニア語版，11世紀のアラビア語版．（B）no. 1685, *fonds grec* of the BN，そして（A）の改訂版から発展した現存のギリシア語写本の大多数．（C）（B）に手が加えられさらに変化したもの．（D）シリア語版，エチオピア語版（★028を参照）それに Leo of Naplesが*Historia de proliis*執筆の際に使用したギリシア語版．東洋における伝承の発展は，その多くが今は消滅したパーレビ語の資料によるものであろう．７世紀のシリア語版もそれを基にしている．Wolohojian, *Romance of Alexander*, pp. 2, 5; Meyer, *Alexandre le Grand*, 2:4と Anderson, *Alexander's Gate*, pp. 32, 92.

★025――J. W. MeCrindle, *The Invasion of India by Alexander the Great* (Westminster: A. Constable, 1893), p. xvii. *Historia de proeliis*と*Letter of Alexander to Aristotle*については，Wittkower, "Marvels of the East," pp. 179-80を参照．これらの史料を使用したと思われる版は，*Vita Alexandri Regis Macedonum*, J. Trumpf, Bibliotheca Scriptorum Graecorum et Romanorum Teubneriana編 (Stuttgart: Teubner, 1974), pp. 103, 125-26, 146; *Arriani Anabasis et Indica . . . Pseudo-Callisthenes Historiam Fabulosum*, Carl Müller編 (Paris: Firman Didot,1866), pp. 87, 89, 216（最後のページの引用は，*Epistola Alexandri Macedonis ad Aristotelem*40を含む)，Anderson, *Alexander's Gate*, pp.38-41それに *Der Altfranzösische Prosa-Alexanderroman nach der Berliner Bilderhandscrift nebst dem lateinischen original der Historia de Proliis (Rezension* J^2*)*, Alfons Hilka編 (Halle: Niemeyer, 1920), p. 234（古フランス語の原本の119章に当たる)．ギリシア語原典に基づいたラテン語や土俗フランス語の校訂本を通してアレクサンドロス大王伝説の歴史を広範に記した貴重な出典はMeyer, *Alexander le Grand*, とくに第２巻であり，そこでは伝説の歴史が論じられている.

アヌス(*De natura animalium* 4.46; 10.25)である．彼らが言葉を話すのではなく吠えるからという理由である．

Cynocephaliと並んで東洋の「高貴なる民族」とされていたのは，Gymnosophists（裸行者）あるいはブラガマンニで，彼らインドのバラモンの苦行者たちは，アーリアのアレクサンドロス大王のインド遠征記によって，不朽の名声をかちえることになった．(*Anabasis* 7.1).

★014——Strabo, *Geographica* 15.1.5, 15.2.5.

★015——Wittkower, "Marvels of the East," pp. 162, 180-81.

★016——Pliny, *Naturalis Historia* 7.1.23; Aulus Gellius *Noctes Atticae* 9.4.9; Strabo, *Geographica* 1.2.35, 7.3.6; Aelianus, *De natura animalium* 4.41, 46, 5.3と *Liber monstrorum de diversis generibus* 16 (reproduced in Moriz von Haupt, *Mauricii Hauptii Opuscula*, 3 vols. [Leipzig: Hirzel, 1876], 2:228)を参照．*Chiliades*の著者であるツェツェスは，さらに後期（12世紀）の情報源であるが，彼が引用した資料の多くは古典である．*Chiliades* 7.629, 713-768のなかで，彼はヘシオドスのHemikunesと共にKynokephaloiに触れ，紀元前３世紀のSimmias Eliagicusや，アポロドロス (frag. 159-60), クテシアスを引用している．ツェツェスは，Kynokephaloi をインド，エジプト，エチオピアに位置づけた．

Marquart (*Die Benin-Sammlung*, p. 257)によれば，*Peripulus Maris Erythreum* (65) の著者とプリニウスは，Cynocephali をインドの山岳民族Kirātas と表現している.*Physiologus*については，Meslin, *Le merveilleux*, p. 30を参照．Palladiusについては，J. Duncan M. Derrett, "The History of 'Palladius on the Races of India and the Brahmans,'" *Classica et Mediaevalia: Revue Danoise de Philologie et d'Histoire* 21(1960): 64-99を参照.

★017——Pliny, *Naturalis Historia* 7.32. Friedman, *Monstrous Races*, p. 8も参照.

★018——Pliny, *Naturalis Historia* 6.195. インドのDog-Milkersもアエリアヌスの著作(*De natura animalium* 16.31)で言及されている．アエリアヌスは，たぶんクテシアスの考えに従ったのだろう．クテシアスが使ったカルストリオイという言葉そのものもペルシア語あるいはサンスクリット語のDog-Milkerにあたる，*sa-dauzštr* あるいは Śva-duhitṛ に語源があるという論については，Marquart, *Die Benin-Sammlung*, pp. 207-9を参照．エチオピアのDog-Milkersが最初に報告されたのは２世紀であり，Agatharcides of Cnidosによる．Friedman, *Monstrous Races*, p. 27 とLecouteux, *Les monstres dans Ia littérature allemande*, 2:22. ストラボン(*Geographica* 16.4.10) は彼らをエチオピアにいるとした．p. 72参照.

★019——Pliny, *Naturalis Historia* 8.142. 200匹からなるこれら犬軍隊は敵地に乗り込んで，敵の手におちて奴隷となったガラマンテス王を救出する．T. H. White編, *The Book of Beasts: Being a Translation from a Latin Bestiary* (New York: G. P. Putnam's Sons, 1954), p. 62.

★020——Pliny, *Naturalis Historia* 6.192:プリニウスは，Callimachus, Hermippes,アエリアヌス *(De natura animalium 7.40)*をたどって，アリストクレオン（紀元前３世紀）にまで至る，ある伝承を基にしている．この伝承はプトレマイオスとソリヌスにも記録されているが，この伝承の背後には民族誌学上の事実が存在すると思われる．Ptolemy, *Geographica* 4.7.10とMüller, *Claudii Ptolemaei Geographica*, p. 784の注. H. Hartmann, review *of Die Ptoembari*, pp. 136-38も参照．モリタニア人を(Ba)-canariと呼んだという紀元前１世紀までさかのぼる報告については，Robert Schilling, *Pline*

185-88, 193, 200. 南のエチオピアはホメロスの楽園であった．ヘロドトス(*Historia* 1.163)は西方（スペイン）のタルテススの住民の長寿に深い感銘を受けて，メガステネスや後の著述家は，北方のHyperboreansがある種の楽園であると考えた．（第６章，１節）インドは世界の東端である．「インド人はアジアの民族のなかでは，日の昇る最東端の地に住む人々である．」(*Historia* 3.98). インドはエデン，楽園，そして中世まではプレスター・ジョンの王国とみなされていた．Skelton, *Vinland Map*, pp. 48, 69, 119, 131, 245; John Kirtland Wright, *Geographical Lore of the Time of the Crusades*, American Geographical Society: Research Series, no. 15 (New York: American Geographical Society, 1925), pp. 72, 261-65と Wittkower, "Marvels of the East," p. 181.

★005——この戯曲の原稿は現存せず，Strabo, *Geographica* 7.3.6に断片的に伝えられる．

★006——*Equites* 415, Klinger, "Hundsköpfige Gestalten," p. 119に引用．

★007——Strabo, *Geographica* 7.3.6に記録がある．

★008——Kretschmar, *Hundestammvater* 1:136, 2:169.スラブの伝承では*pesoglavci*となっているが，この「peso」はインド＝イラン語の*śvan-*あるいは*span*「犬」の字位転換によるものであろう．Kretzenbacher, *Kynokephale Dämonen*, pp. 5, 22, 26. ロシア語の*kobeljb*（「人間のような犬」）は，インドの２匹の地獄の番犬の１匹を指すサンスクリット語*śabala*と同語源かもしれない．(Max Vassmer, *Russisches etymologisches Wörterbuch*, 3 vols. [Heidelberg: Carl Winter, 1950-58], 1:582).

★009——クテシアスの『インド誌』でキノケファロイについて論述されている部分は，フォティオスの*Bibliotheca* 72.19-23 [=47a.19-48b.4]に記録されている．これはHenry, *Ctésias*, pp.73-79のなかに翻訳されている．クテシアスの他の版は，フォティオス以外の著述家による断片的な引用の集成であるが，Carl Müller編，*Herodoti Historiarum Libri IX (et) Ctesiae Cnidii* (Paris: Firmin Didot, 1857), pp. 99-100にある．英語版はJ. W. McCrindle, *Ancient lndia as Described by Ktesias the Knidian* (London: Trubner, 1882)がある．

★010——ヒパルチョス (Hyparchosまたは Hyperbaros)は、サンスクリット語の未知の地名をペルシア語に音訳したものに由来しているようである. Marquart, *Die Benin-Sammlung*, p.204.

★011——クテシアスのカルストリオイ(Kalustrioi)—メガステネスに従ってフォティオスがキノケファロイ(Kynokephaloi)と訳している—は，ペルシア語の*sa-dauzštr*（前掲書p. 209）とサンスクリット語の*śva-duhitṛ*をギリシア語に訳したものと思われる．それは「dog-milker」を意味し，メガステネスはカルストリオイをキノケファロイと同一視している．その言葉“Kalountai de hupo tōn Indōn Kalustrioi hoper estin Hellēnisti Kunokephaloi"はSolinus, *Collectanea rerum memorabilium* 52.27, とフォティオスの *Bibliotheca* 47b.30-31に引用されている．Henry, *Ctésias*, p. 75を参照．

★012——*Ouran . . . hoianper kuōn*（犬に似た尾）．ギリシア人はミュケーナイの女神 (*Dictionnaire des mythologies*, s.v. "Crète et Mycènes," by Paul Faure), スパルタ人，犬族をそれぞれKynosoura, Kynosouros, そして Kynosourides（犬の尾）と呼んでいた．Pauly-Wissowa, vol. 23 [= 12.1], s.v. "Kynosura"を参照．Kynosouraのサンスクリットの語源は，Śunaḥsépa （犬の尾あるいは犬のペニス）であり，小熊座，つまり「犬の尾をもつ熊」の天空の運行を説明するものとしてよく知られた神話の英雄の名前である．Scherer, *Gestirnnamen*, pp. 176-77とLilja, *Dogs*, p. 80を比較．Śunaḥsépaの神話は第４章で議論する．

★013——クテシアス以降，Cynocephali を人間というより動物と定義した唯一の著述家はアエリに結びつけている，彼はSchmitt (*Le saint lévrier*, pp. 61-171, 199-213)と共に，多くの問題をとりあげている．Schmittは最近の著作で，ギニェフォールの儀式と伝承を直接に論じている．Pierre Saintyves, *En marge de la Légende dorée: songes, miracles et survivances; essai sur la formation de quelques thémes hagiographiques* (Paris: Emile Nourry, 1931), pp. 412-28も参照．

★116——Rosenfeld, *Der Hl. Christophorus*, p. 354. デンデラの黄道十二宮はパリ・ルーブル美術館のエジプト所蔵品に保存されている．

★117——Virgil, *Aenead* 8.698のなかで，アヌビスは「吠えるもの」と呼ばれている．ヘレニズム期の彼の変容については，Gaidoz, "Saint Christophe," p. 210 とSchlerath, "Hund," p. 29を参照．

★118——Herodotus, *Historia*, 2.65-67; Strabo, *Geographica*, 17.1.40と Aelianus, *De natura animalium*, 10.45. 北アフリカのイスラム教徒の間では，グレイハウンドのみが，*baraka*（霊的な力）をもつ唯一の犬とされている．ダンテやデューラーの作品では，再臨の先触れ，あるいは使者とされている．*Dictionnaire des symboles: mythes, rêves, coûtumes, gestes, formes, figures, couleurs, nombres*, gen. ed. Jean Chevalier (Paris: Robert Laffont, 1969), p. 198.

★119——犬頭人を犬顔のテナガザルとみなしたヘロドトスは，彼らはリビアに住むという(*Historia* 4.191). アエリアヌスはエチオピアとインド両方といい(*De natura animalium* 4.46, 10.25), アリストテレス(*Historia Animalium* 502a. 19) とストラボン(*Geographica* 17.1.40)は，エジプトの聖なる動物だとしている．Lilja, Dogs, p. 40と Liddell and Scott, *A Greek-English Lexicon*, s.v. "kunokephalos"を参照．図04を見よ．

★120——Piankoff, "Saint Mercure," p. 23.

★121——こうした碑文は，記録され翻訳されている．前掲書pp. 22-23とAndré Piankoff and Etienne Drioton, Le livre *du Jour et de la Nuit* (Cairo: Imprimerie de l'Institut Français d'Archéologie Orientale, 1942), pp. 4, 84-85, 88-89にある．アルテミドラス（Strabo, *Geographica* 16.4.14-16に引用）は，アフリカの南東の端Nōtou Ceras （グワルダフィ岬）を，犬頭のテナガザルの水飲み場といっている．「犬頭人の水飲み場…この岸の最突端がNōtou-Ceras（南の角）である．この突端をめぐったあと，もはや…どんな港や場所の記録もない．なぜならこの突端はここから先は知られていないからである」．

【第3章】

★001——Friedman, *Monstrous Races*, p. 35.

★002——Homer, *Odyssey* 1.23-24, 7.70; Herodotus, *Historia* 3.101. ヘロドトスのインドに関する情報源は紀元前 6 世紀のSkylax of Karyanda (Wittkower, "Marvels of the East," p. 159, n. 2)という名のギリシア人旅行者であり，Skylax という名が「子犬」の意であることは興味深い一致である．

★003——Skelton, *Vinland Map*, pp. 153-54. アンティポデス（「逆足」）を除いて，これらの言葉すべてがギリシア語のoikos,「家，家庭」を基にしている．したがって*Oikoumenē*（オイコウメネ）は「わが家」，*periokoi*（ペリオイコイ）は「家のまわりに集う（人々）」，そして*antoikoi*（アントイコイ）は「家の反対側の（人々）」といった意味であろう．

★004——Wittkower, "Marvels of the East," p. 176 と Skelton, *Vinland Map*, p. 146. 古代および中世世界では地球の四隅それぞれは，ある種の「楽園」をなしていた．Gernet, *Anthropologie*, pp.

★101――Lutz Röhrich, "Hund, Pferd und Schlange als symbolische Leitgestalten in Volksglauben und Saga," *Zeitschrift für Religions- und Geistesgeschichte* 3 (1951): 71と Burgstaller, "Thomasbrauchtums," pp. 317, 320.

★102――フランスとウエールズのケルト伝承では，男神Cernunnosと女神NehalenniaとRhiannonは霊魂を冥界に導くものたちであり，犬か馬との関連をもつ．ケルト人がキリスト教化された時，これらの犬または馬に関係のある神々は，聖ニコラウスに関連づけられた．この主題については，Jenkins, "Role of the Dog," pp. 60-74; Kretzenbacher, *Kynokephale Dämonen*, pp. 87-88とElyane Gorsira-Ronnet, "La Fête de St. Nicolas au Pays-Bas," *Mélanges offlerts à André Varignac* (Paris, E.P.H.E., 1971), pp. 341-53を参照．Paul, *Wolf, Fuchs und Hund*, pp. 240-41.「赤頭布ちゃん」は真冬の夜（狼）に食われた太陽である．Lurker, "Hund und Wolf," p. 212.

★103――*pesoglavci*という言葉とスラブ語圏におけるそのさまざまな変形についての論議はKretzenbacher, *Kynokephale Dämonen*, pp. 5-6を参照．*pesoglavci*の伝承があり，「トルコ」との関係がうかがわれる東南ヨーロッパの主要な地域については，pp. 8-26, 115-34を参照．*Kretzenbacher*のすぐれた著作における主目的はこれら南東ヨーロッパの民俗伝承研究の土台を築くことである．

★104――Gaignebet, *A plus hault sens*, 1:439, 461-64.

★105――前掲書 1:310 と2:426, Diodorus of Sicily, *Bibliotheca Historica* 1.11に引用されている．

★106――前掲書 1:458-59, 468, Proclus, Porphyryと Chalcidiusを引用．

★107――Ameisenowa, "Animal-headed Gods," p. 22; Seznec, *Survival of the Pagan Gods*, pp. 120, 178とApuleius, *The Golden Ass*, p. 268.

★108――前掲書26, 44と Lurker, "Hund als Symboltier," p. 142.水星（ヘルメス，メルクリウス）と犬星シリウスの関連については，Scherer, *Gestirnnamen*, pp. 109-16を参照．他の天体と犬頭人との同一性については，pp. 171, 200-201 と 210-11を参照．Jacoby, "Der hundsköpfige Dämon," p.223も見よ．

★109――イシスとオシリス崇拝における犬の位置づけと，オシリスとアヌビスの類似については，Plutarch, *De Iside et Osiride* 356Fと Diodorus of Sicily, *Bibliotheca Historica* 1.18, 87を参照．ヨーロッパの民話のモチーフであるギリシア軍撤退とキリスト復活についてはKretschmar, *Hundestammvater*, 1:183-86を参照．ウプワウトについては，Lurker, "Hund als Symboltier," pp. 142-43.

★110――Gaignebet, *A plus hault sens*, 1:314.

★111――前掲書 1:315 と 2:433, Grayet, *Itinéraire de la Haute-Egypte*, pp.108-9を引用．

★112――Willehand Eckert, "Der Hund mit der Fackel und andere Attribute des hlg. *Dominikus*," *Symbolon* 5(1966): 31-40とGaignebet, *A plus hault sens*, 1:266. Andrea de Bonaiuto作とされる14世紀のフィレンツェのフレスコ画には，黒斑の白犬の姿をしたドミニコ修道僧の一群が狼の姿をした異教徒を追い散らすさまが描かれている．1: 320.

★113――Gaignebet, *A plus hault sens*, 1:74, 297-304, 463-64; 2:429.

★114――前掲書 1:316-17, 327.

★115――前掲書 1:316, 325-34, ギニェフォールの伝承について長々と論じ，それを天文学の現象

Revue de l'Histoire des Religions 173 (1968): 34-84, およびAfshar, *Immortal Hound*, p. 30にリストアップされた文献を参照.

★093——トマスの聖人伝はAndré -Jean Festugière, *Les Actes Apocryphes de Jean et de Thomas* (Geneva: Patrick Cramer, 1983)と Klijn, *Acts of Thomas.* とりわけpp.13-29を参照のこと. George Huxley, "Geography in the *Acts of Thomas*," *Greek, Roman and Byzantine Studies* 24:1 (Spring 1983): 71-81に論考がある. トマスのグノーシス的聖人伝についてはLipsius, *Apokryphen Apostelgeschichten* 1.28-29, 225-29, 278-80を参照. インドにおけるトマスの聖人伝の起源は, 仏教の伝承にあるかもしれない. Rose, *La légende dorée*, 1:57-64.

★094——Ernst Burgstaller, "Über einige Gestalten des Thomasbrauchtums in Überösterreich," *Mitteilungen der Anthropologischen Gesellschaft in Wien* 95 (1965):308.

★095——前掲書 pp. 308-21.

★096——アビニオンにあるMus&Calvetに保存されているガロ-ロマンスのTarasconも, 聖像は子供食いとして描かれている. 占星術では, 土星は, 冬に天頂に達する山羊座を支配している. 前掲書 pp. 320-21. p. 317とLurker, "Hund als Symboltier," pp. 132-33も参照, Schlerath, "Hund," p. 26では, この主題を狼への変身と関連づけている. 同様の主題を扱うケルトのGwynn am NuddはLurker, "Hund und Wolf," P. 203に引用されている.

★097——クリストフォロスのエチオピアの聖像については, 2章の70頁を参照. Gaignebetの論考は*A plus hault sens*, 1:310-14. Kretzenbacher, *Kynokephale Dämonen*, p. 30; *Histoire des saints et de la sainteté chrétienne*, 11 vols., sous la direction d'André Mandouze (Paris: Hachette, 1986-88) s.v. "Christophe," by Jean Delumeau, vol. 2, p. 105も参照. 「ランプをかざす犬頭人」はギリシアの占星術師が, たぶん東イランのコラーサーンで見つかった 9 世紀の資料に基づいて, "Sphaera Barbarica": Scherer, *Gestirnnamen*, p. 210のなかに引用したものだろう.

★098——Burgstaller, "Thomasbrauchtums," pp. 316-17; Kretzenbacher, *Kynokephale Dämonen*, pp. 16-18, 24, 44-45, 121-22.

★099——Richter, *Der deutsche S. Christoph*, p. 220.

★100——サトゥルヌスとインドについては, Qazwini の14世紀のイスラム教の宇宙図を引用したFriedman, *Monstrous Races*, p. 51と Seznec, *Survival of the Pagan Gods*, P. 162を参照. 古代・中世におけるクロノスからサトゥルヌスへの変貌については, Seznec, pp. 61, 159, 162, 176 ,Raymond Klibansky, Erwin Panofskyと Fritz Saxl, *Saturn and Melancholy* (London: Thomas Nelson & Sons, 1964; reprint Nedeln, Lichtenstein: Kraus-Thomson, 1979), pp. 131-33, 139, 185, 208を参照. サトゥルヌスとネルガルについては pp. 136, 159を参照. カナン人との関連については, Grottanelli, "Cosmogonia e sacrificio," pp. 183-87, 191-92を参照. ネルガルとモトのシンボルの比較は Samuel Noah Kramer, *Mythologies of the Ancient World* (Garden City, N.Y.: Doubleday Anchor, 1961), p. 202と Dussaud, "Melquart," p. 14を参照. ネルガルとわが子キュロスを捨て去りバルトロマイを殉教させた「王」アステュアゲスについては第 1 章★013と本章★046を参照. ストラボン (*Geographica* 3.1.4)は, Baal-SaturnすなわちHercules Melquartの寺院は, 古代世界の西の果てにあるスペインのガリシア西海岸にあるとしている. それは後のサンチアゴ・デ・コンポステラである. Gaignebet, *A plus hault sens*, 2:429.

December 1936): 122.ハデスの犬頭人については，Mainoldi, *L'Image du loup*, p.43でふれられている．エウリピデスの*Hecuba*については，Martha C. Nussbaum, *The Fragility of Goodness: Luck and Ethics in Greek Tragedy and Philosophy* (Cambridge: Cambridge University Press, 1986), pp. 398, 414, 416を参照．Gaignebet は，牝犬に変容したヘカベとマイラは同一のものであるとし，それをシリウスの神話化と見なしている．*A plus hault sens*, 1:266．執念ぶかい復讐者クリュータイムネーストラーは「犬顔」(*kunōpis*)と呼ばれており，夏至についての言及もある．1:335.

★086——Schlerath, "Hund," p.27と Lurker, "Hund und Wolf," pp. 203, 211, 215. 中世の比較についてはFriedman, *Monstrous Races*, p. 125と Kretzenbacher, *Kynokephale Dämonen*, p. 48を参照.

★087——Lilja, *Dogs*, p. 40. スキュラは，ケルベロスやオルトロス，そのほかのギリシアの死の怪物と同じく，地下世界の巨大な生き物たるヘビを首にまきつけている．この点は犬との関連が限りなくあるハトラのネルガルやインドのシヴァとも共通する．

★088——リトアニアや他のインド＝ヨーロッパで死者の国が牧場として呼び起こされるという論については，Vlatcheslav Ivanov and Vladimir Toporov, "Le mythe Indo-Européen de l'orage poursuivant le serpent: reconstruction du schéma," p. 1191と A. T. Greimas, "La quête de la peur," p. 1219, in *Echanges et Communications: mélanges offertes à Claude Lévi-Strauss*, Jean Pouillon and Pierre Maranda編 (Paris: Mouton, 1970)を参照．地獄の番犬が牧畜犬でない場合，２つの世界の境界を見守る番犬であることが多い．もっともよく知られているのがケルベロスである．オーディンの犬であるGarmrの場合も，ドイツ神話のNiflheim の入り口を守っている．Lincoln, "Hellhound," p. 276.

★089——Schlerath, "Hund," p. 25とLilja, *Dogs*, p. 80. Frau Holle（地獄夫人）はドイツのヘカテであり，犬のように吠えた．Frank Jenkins, "The Role of the Dog in Romano-Gaulish Religion," *Latomus* 16:1 (January-March 1957): 62.

★090—— アポロ自身，彼がTelmissos, Krimisos, あるいはAlkēstēs (Kretschmar, *Hundestammvater*,1:166)の時は「犬」となり，Lykeios の姿で人間を病気で苦しめる時は「狼」となった．(Lurker, "Hund und Wolf," p. 214).後の伝承で冥界の案内者とされたヘルメスについては，Seznec, *Survival of the Pagan Gods*, pp. 162, 166, 180-81, 199-200を参照.

★091——ケルベロスは，アッティカの壷では双頭として描かれており，ギリシア悲劇とローマの史料では３つの頭を持つとされる．Hesiod, *Theogonia* 311-12では，50の頭を持つとされている．Seznec, *Survival of the Pagan Gods*, p. 207.ケルベロスとその兄は対になっているが，兄のオルトロス自身は，ピンダロス（*Isthmian Odes* 1.13, Lilja, *Dogs*, p. 51に引用）のなかで二重に堕落した者として引用されている．ケルベロスとネルガルと呼ばれるバビロニアのハデスとの合体，さらに範囲を広げて死と地下世界の多くの他の神々との合体についてはDussaud, "Melquart," p. 14 と Cristiano Grottanelli, "Cosmogonia e sacrificio II," *Studi Storico Religiosi* 5:2 (1981): 173-96を参照．Lipsius, *Apokryphen Aposteigeschichten*, 2, pt. 2:66-67, 71-72. 本章の★046と★100を参照.

★092——生者と死者の世界を仲介する犬の役割についてのインド＝ヨーロッパ語圏の最良の資料は,Schlerath, "Hund," pp. 27-39; Lurker, "Hund als Symboltier," pp. 132-44とLincoln, "Hellhound," pp. 274-85.地獄の犬を手なずけるためにスープにひたしたパン切れを利用することについては，J. Bernolles, "A la poursuite du chien de la mort d'Asie steppique en Occident et en Afrique Noire,"

犬の口とするイメージについては，Manilius, *Astronomica* 1:646に引用のGaignebet, *A plus hault sens*, 1:259を参照．

★079——Saintyves, *Saint Christophe*, pp. 30-31.

★080——Lurker, "Hund und Wolf," pp. 208, 211と同著者の "Der Hund als Symboltier für den Ubergang vom Diesseits in das Jenseits," *Zeitschrift für Religions- und Geistesgeschichte* 35 (1980): 138. Jacoby, "Der hundsköpfige Dämon de Unterwelt," pp. 219-25も参照．

★081——Homer, *Iliad* 22.29; Hesiod, *Opera et Dies* 583-95, 609と Aeschylus, *Agamemnon* 967を参照．夏至の暑さにふれて，ウェルギリウスはオリオンを「残酷な狩人」と呼んでいる．(*Aenead* 7.719). シリウスは，イカロスの犬である牝犬マイラや，アクタイオーンの猟犬とも同一視されている．Gaignebet, *A plus hault sens,* 1:263. Cf. Pliny, *Naturalis Historia* 2.40, 18.68. *seirios*という言葉は，動詞seiriaō（太陽の熱により燃焼する，燃える）に由来する。Anton Scherer, *Gestirnnamen bei den Indogermanischen Völkern* (Heidelberg: Carl Winter, 1953), p. 112.

★082——Hesiod, *Theogonia*, 289-94, 306-12; Pindar, *Isthmian Odes,* 1.13; Saintyves, *Saint Christophe,* p. 43と Mainoldi, *L'Image du loup*, pp. 42-43.

★083——Pausanius *(Descriptio Graeciae* 1.43.7-8)によると，クノフォンティスは，激しい嵐を鎮めるものとみられていた．もちろん夏至の頃は恐水病がもっとも広まる時期であった．ドッグデイズという名が生まれたり，シリウスをドッグスターとした背後にはそうした理由があったのだろう．シリウスと恐水病については，Homer, *Iliad*, 8.299とPliny, *Naturalis Historia*, 2.107, 123 と 8.153を参照．プリニウス (29.32)は恐水病の治療法を示したが，なんとそれは焼いて石灰にした「犬の毛」を飲むというものだった！　ギリシア語の恐水病lussētēraは神格化されてLyssaとなるが，この狂乱の女神の名は，*lukos*（狼）と関係がある．Lyssa はEuripides, *Heracles*, 1024のなかでは牝犬マイラとされている．ギリシア神話のほかの場面では，マイラはエリゴネーが父イカリオスの遺体を探すのを助けている．(Lilja, *Dogs*, pp. 21, 64と*Dictionnaire des mythologies* s.v. "Dionysos," by Marcel Detienne). Scherer *(Gestirnnamen*, pp. 114-15)によれば，マイラは，土用の日をギリシア的に擬人化したものである．彼はまた，水星がインド＝ヨーロッパの伝承ではシリウスと結びつけられることにも注目している．ほとんどのインド＝ヨーロッパの伝承がシリウスを犬星としていることについての一般的な議論はPP. 109-16を参照．Walter Burkert *(Homo Necans: The Anthropology of Ancient Greek Sacrificial Ritual and Myth,* Peter Bing 訳[Berkeley: University of California Press, 1983], pp. 108-9)は，夏至，アポロ神の息子リノスの神話，アクタイオーンの神話，キュロスやレムス，ロムルス誕生の神話，アポロ・リケイオスの間に存在する象徴的な関連性を示している．第１章★052を参照．

★084——Lilja, *Dogs*, pp. 57, 65; Schlerath, "Hund," p. 25とSchmitt, *Le saint lévrier*, p. 206. ギリシア教会がクリストフォロスを祭る５月９日は，キリスト教の殉教者を祭るローマの祭りに相当する．５月はギリシア＝ローマの死者の月であった(Majores).Ovid, *Fasti* 5.427とSaintyves, *Saint Christophe*, p. 41.

★085——Lilja, *Dogs*, pp. 23, 52, 65, Kretschmar, *Hundestammvater*, 2:214 と W. Klinger, "Hundsköpfige Gestalten in der antiken und neuzeitlichen Uberlieferung," *Bulletin International de l'Académie Polonaise des Sciences et des Lettres* (Classe d'Histoire et de Philologie) (Cracovie, July-

トフォロスといっしょに描かれている．Loeschcke, "Darstellung," pp. 41, 56-57.

★071――Ameisenowa, "Animal-headed Gods," pp. 39-42.

★072――Saintyves, *Saint Christophe*, p. 44. しかし，Budge *(Saints of the Ethiopian Church*, p. 278) と Piankoff ("Saint Mercure," p. 17)は，彼らの殉教の日をエチオピアとエジプトの伝承に従って，それぞれ22日と21日だとしている．ローマ教会における聖バルトロマイの殉教は 8 月24日だが，これはアプリアの聖メルクリウスの殉教日でもある．Hippolyte Delahaye, *Les légendes grecques des saints militaires* (Paris: Picard, 1909), p. 92.

★073――Piankoff, "Saint Mercure," p. 18.

★074――Schwartz, "Iconographie orientale," P. 98.

★075――メルクリウス伝説の初期の史料は，バルトロマイのリュキアからそれほど遠くないカッパドキアに伝わる伝承である．知られるかぎりもっとも古いメルクリウスと犬頭人の芸術作品は，1232-33年にさかのぼるエジプトの聖アントニオ修道院にあるフレスコ画である．(Loeschcke, "Darstellung," p. 43). カッパドキアにあるよく似た例としては，Kokarkilise の犬頭の聖アンデレがある．Petro B. T. Bilaniuk, "The Holy Spirit in Eastern Christian Iconography," *Patristic and Byzantine Review* 1 (1982): 102.カッパドキアの聖像もまた，キリストを背負う半身犬，半身人間の姿で描かれている．この怪物はクリストフォロスとみなされてはおらず，むしろロマンス語やイタリア語の伝承ではPulicane と呼ばれ，カッパドキア出身のキリスト教徒の女と犬の間に生まれたとされる．Kretzenbacher, *Kynokephale Dämonen*, pp. 22, 34.ローマとコンポステラへの巡礼路の交差点にあるフランスのヴェズレイ教会の11世紀のティンパヌムには，犬頭国への使徒の伝道からとられた光景も示されている．Francois Vogade, *Vézelay* (Vézelay: n.p., 1974), plates 8, 9, 19それに Friedman, *Monstrous Races*, pp. 78, 230と注 52. 図01参照.

★076――古代エジプトのジャッカルの頭をしたアヌビスから，ヘレニズムと中世の犬頭のヘルメスやメルクリウスへの変遷についてはSeznec, *Survival of the Pagan Gods*, p. 162; Vogade, *Vézelay*, 図19の注，Gaidoz, "Saint Christophe," pp. 209-10それにSaintyves, *Saint Christophe*, pp. 38, 41-44を参照.『黄金のロバ』のなかで，アプレイウスはアヌビスの役割を果たすのはイシスの説教僧であるとした．彼は犬の頭をもち，杖とヤシの枝を運んでいた．同じ文脈で，メルクリウスを表す僧が登場する．Apuleius, *The Golden Ass*, William Adlington訳，Harry C. Schnur編 (New York: Collier, 1962), p. 268. 図 3 参照.

★077――Saintyves, *Saint Christophe*, p. 45と Manfred Lurker, "Hund und Wolf in ihrer Beziehung zum Tode, *Antaios* 10 (1969): 200.

★078――それらの多くは古代世界で犬頭の魂を持つとされたため，埋葬されなかった死者たちである．Lilja, *Dogs*, p. 35. ローマ地方では，先祖の神であるラールたちも，道や交差点の守護神であり，数多くの伝承では危険を示すものである．なぜなら，彼らは地獄に通じる道あるいはドアと信じられており，さまよえる霊がとりつくとされた．Lurker, "Hund und Wolf," p. 203と Seznec, *Survival of the Pagan* Gods, p. 294. 中世ヨーロッパでは，犬や犬頭人は地獄の主たる悪魔と関連があるか，そのものとみなされていた．Jacoby, "Der hundsköpfige Dämon der Unterwelt," pp. 219-25とMartha Paul, *Wolf Fuchs und Hund bei der Germanen*, Wiener Arbeiten zur Germanischen Altertumskunde und Philologie, 13 (Vienna: Karl M. Halosar, 1981), p. 252. シリウスを天の巨大な

図02参照.

★063——*Vies des Saints et des Bienheureux*, 7:613; Kretzenbacher, *Kynokephale Dämonen*, p. 62とAmeisenowa, "Animal-headed Gods," p. 42.

★064——Zwierzinaの論文がこの主題についてもっとも詳しく信頼に値するものである. "Die Legenden," 130-40,とくにpp. 134, 138-39. Dvornik, *Idea of Apostolicity*, p. 203; Lipsius, *Apokryphen Apostelgeschichten*, 2, pt. 2:54, 76-78, 85; Schwartz, "Iconographie orientale," p. 93と Ameisenowa, "Animal-headed Gods," pp. 42-43も参照. 6世紀から伝わるスペインのモサラベの祈祷書のなかにある多くの聖歌が, クリストフォロスが犬頭であることをほのめかしている. Kretzenbacher, *Kynokephale Dämonen*, P. 67. 同様にクリストフォロスを犬頭だとするアイルランドの聖人伝についてはFraser, "Passion," pp. 309, 315と*Kretzenbacher, Kynokephale Dämonen*, p. 62を参照. フレイザーは, アイルランドをエジプト・コプト派と西欧文明の架け橋とみなしている. Louis Réau: *Iconographie de l'Art Chrétien*, 3 vols. (Paris: n.p., 1955-58), vol. 3, pt. 1:304 もクリストフォロスを犬頭だとする考えを受け入れている. Dionysios of Mount Athosの著とされる15世紀の図像学のハンドブックによると, クリストフォロスは「Kynokephaloi（犬頭人）の一つ, レプロブス」とされている. Kretzenbacher, *Kynokephale Dämonen*, P. 67.

★065——*Times Concise Atlas of World History*, pp. 38-39; Henry Bettenson編, *Documents of the Christian Church*, 2d ed. (London: Oxford University Press, 1963), pp. 46-48. アジア起源と思われるグノーシスの犬頭人イメージについては, Kretzenbacher, *Kynokephale Dämonen*, p. 64 を参照.

★066——Ameisenowa, "Animal-headed Gods," pp. 23-27. Jacoby, "Der hundsköpfige Dämon de Unterwelt," p. 223も参照.

★067——Jean Séznec, *The Survival of the Pagan Gods: The Mythological Tradition and Its Place in Renaissance Humanism and Art*, Barbara Sessions 訳(Princeton: Princeton University Press, 1972), pp. 162, 166.

★068——*Head, Historia Numorum*, pp. 722-24. 同じような描写は, メソポタミアのハトラという重要なギリシア－パルティアの町から出土した太陽神ネルガルの薄浮彫りにもある. ここでは, この擬人化された神格はギリシアのケルベロス（ケルベロスはギリシア神話で２つないし３つの頭をもつ犬. ここでは擬人化されたネルガル－ケルベロスは, ３つの頭をもつ犬を従えている）と同じものとされている. ネルガルは,「ハダドの斧」,「ゼウスの鷲」と刀, 三叉のほこが先についた使者の杖と共に描かれており, その身体には蛇やサソリの装飾がほどこされている. René Dussaud, "Melquart," *Revue de l'Histoire des Religions* 151(1957): 14. 上ナイルの Cynopolitania (Asyût)から出土した同様の貨幣については, 上記の★047を参照.

★069——Ameisenowa, "Animal-headed Gods," pp. 23-24. 同じ著者は, それと同時代のユダヤ教黙示録的な資料を再現した. そこでは, 天国の住人は犬頭人として表現されている. (pp. 26-27)

★070——後の東方キリスト教では, 天使長ミカエルは, 死者の魂を神の裁きの場に案内し, 悪魔の猛襲から死者を守る「光をもたらす人」となった. あの世では, 嘘が死者の魂の擁護者となった. (Ameisenowa, "Animal-headed Gods," pp. 25, 44-45).コプト派の聖人伝では, アンデレとバルトロマイには, マタイを人食いから救う使命の途上, ミカエルが同行する. (Lipsius, *Apokryphen Apostelgeschichten*, 1:546-53; 2, pt. 2:76-86, とくにP. 80). 彼は, 東方の図像では, 犬頭の聖クリス

★053——この主題は，クリストフォロスの西方聖人伝に現れるだけだが，往々にして犬頭という点よりも，その巨大さが強調されている．*Vies des Saints et des Bienheureux,* 7:613. Rosenfeld *(Der Hl. Christophorus,* p. 370)は，クリストフォロス伝説のこの部分について，*Māhāsūttasoma Jātaka* (no. 537)のなかにあるKalmāṣapādaという名の動物の顔をした人食いの悪魔によって川を渡してもらったBrahmadatta王の物語を指摘し，この逸話が仏教起源であると示唆している．第 6 章★022を参照．

★054——Walter of Speyer, *Vita et Passio*, p. 75.

★055——聖バビュルスは，バシリウス 2 世の*Menologium* (Gaidoz, "Saint Christophe," p.204) とアイルランドの殉教伝 (Fraser, "Passion," p. 313)に登場する．クリストフォロスの肌の色が変わったことについては，Walter of Speyer (*Vita et Passio,* p. 68): "vultus . . . per sacri chrismatis inunctionem candidior lacte resplenduit. "に記されている．

★056——デキウスは，後年のあるテキストではDagnusとなっているが，じつは後者の名はある「失われた」ギリシアの伝説と関係がある．その伝説はデキウスの手によるクリストフォロスの殉教伝と混じりあっている．*Innsbrucker Festgruss von der philosophischen Fakultät* (Innsbruck n.p., 1909), pp. 140-44にあるKonrad Zwierzina, "Die Legenden der Märtyr von unzerstörbarem Leben"を参照．

★057——Herodotus, *Historia,* 1.108 と*Dictionnaire d'Histoire et de Géographie Ecclésiastiques,* s.v. "Barthélemy, Apôtre."

★058——エジプトの祝日表順聖人略伝集 (Budge, *Saints of the Ethiopian Church,* 2:776)は例外で，クリストフォロスの殉教を 4 月 7 日としている．またある西欧の文献では 4 月28日となっている (Richter, *Der deutsche S. Christoph,* p. 19). 5 月 9 日と 7 月25日は，シリウスの沈む日，昇る日に相当するために，Pierre Saintyves("L'origine de la téte de chien de Saint Christophe," *Revue Anthropologique* [1924]: 383)では，クリストフォロスと土用の日が一致するとされている．

★059——Schwartz, "Iconographie orientale," p. 95. 大プリニウスがこの同じ地域にガラマンテス王国を位置づけたこと，またガラマンテス王は，彼の軍隊に数百の「犬兵士」を保持していたことが想起される．

★060——*Histoire des saints et de Ia saintetéchré tienne,* 11 vols. (Paris: Hachette, 1986-88), s.v. "Christophe," 2:104-7; Ameisenowa, "Animal-headed Gods," p. 42. 聖クリストフォロスの標語は「聖クリストフォロスを見よ，そして安全な旅を」

★061——Loeschckeは，東方のイコンや壁画から犬頭の聖人クリストフォロスの姿を１４例ほど再現している．"Darstellung," plates 1-5. Kretzenbacher *(Kynokephale Dämonen,* pp. 58-67) と Schwartz ("Iconographie orientale," p. 94, n. 5)は,15世紀と19世紀の間に東方で描かれた犬頭の聖クリストフォロスの図像について,包括的な記述を行っている．

★062——この飾絵は，12世紀のZweifalten 修道院のSwabian写本にある手書きの図版で，町の高い門の上に立つ，犬頭の巨人聖クリストフォロスを描いたもの(Stuttgart Landsbibliothek, Hist. fol. 415, fol. 50r). Ameisenowa ("Animal-headed Gods," p. 42) は，シナイ山にある修道院に 5 世紀の犬頭の聖クリストフォロスの画像があるとしている．しかし彼はまた，聖像破壊者の略奪のために，東方に残るもっとも初期の犬頭の聖クリストフォロスの画像は15世紀以降のものともいう (p. 43).

1153-56)がある．クリストフォロスの西方聖人伝のもっともすぐれた（かつもっとも精密な）ものは，Walter of Speyerが10世紀に書いた*Vita et Passio Sancti Christopher Martyris,* 以下に引用*monumenta Germaniae Historica (inde ab anno Christi 500 usque ad annum 1500) Poetae Latini Medii Aevi,* Karl Strecker and Gabriel Silagi編，vol. 5 (Leipzig: Monumenta Germaniae Hisrorica, 1937-39; reprint Munich: Monumenta Germaniae Historica, 1978), 5:66-78であり，またJacobus de Voragineが13世紀に書いた*Legenda Aurea,* no. 95 (Jean-Baptiste M. Roseが翻訳した*La légende dorée,* 2 vols. [Paris: Flammarion, 1967], 2:7-11) と Bollandistsの*Acta Sanctorum* for July 25 (Antwerp: n.p., 1729; reprint Brussels, n.p., 1965-70), 32:125-49のなかにもすぐれた記述がある．8世紀のアイルランドの聖人伝は，Oengus the Culdeの*Felire* (Gaidoz, "Saint Christophe," p. 195に引用)のなかにも見出せる．もう一つのアイルランド語の文献は，M. J. Fraser, "The Passion of Saint Christopher," *Revue Celtique* 34 (1913): 307-25で再現された*Passio Sancti Christophori*である．古英語で書かれた聖クリストフォロスの受難は，いわゆる11世紀のベオウルフ写本の最初の部分にある．Kenneth Sisam, *Studies in the History of Old English Literature* (Oxford: Clarendon Press, 1953), pp. 63-72.

聖クリストフォロスのコプト版聖人伝は，祝日表順聖人略伝集の4月7日の項に見出される．(Budge, *Saints of the Ethiopian Church,* 2:776-77)．西ヨーロッパで広がった中世の聖クリストフォロス崇拝については，Hans-Friedrich Rosenfeld, *Der Hl. Christophorus: Seine Verebrung und seine Legend,* Acta Academiae Aboensis, Humaniora 10, no. 3 (Åbo: Åbo Akademi, 1937)の末尾にある地図とp. 552以下の頁．

★050――Walter of Speyerの聖人伝(*Vita et Passio*, p. 76)のなかで，彼は12cubits（20フィート近く）の背丈があると書かれているし，ベオウルフ写本では，「12ファゾムの高さ」とある．Sisam, *Old English Literature,* p. 65. クリストフォロスを巨人と描写することは，後の聖人伝では一般的なものとなった．

★051――Matthew 15.21-29. 聖書のこの箇所で，イエスはラテン語で語呂合わせをし，それに対してカナンの女は当意即妙に答えている．聖書の記述はともかくとして，カナンの地*(terra Chananea:* Walter of Speyer, *Vita et Passio,* P. 67)とは，エジプトのナイル川沿いにあるプリニウスのCynopolitania（これはJacobus de Voragineのテーゼである．Schmitt, *Le saint lévrier*, pp. 204-5)を翻訳したものである可能性もある．別の解釈は，セビーリャのイシドルスが7世紀に著した人種の系譜(*Etymologiae* 9.2.11-12)に由来するというものだ．そこでは，アフリカのChananaeは聖書のハムの子孫とされている．Kretzenbacher (*Kynokephale Dämonen*, pp. 68- 69)が指摘するように，ラテン語で*canis*と*chananea*,「犬」と*caninea,*「ドッグマン」が同じ意味になるのは，中世におけるラテン語の俗ラテン語化以降のことだ．8世紀の「受難」には俗ラテン語化が見られるが，Walter of Speyerは，この「受難」に基づいてクリストフォロスを犬頭人とした．Gaignebet, *A plus hault sens,* 1:312も比較参照．図2を参照．

★052――Walter of Speyer, *Vita et Passio,* p. 67. 吠える犬頭人は，Lemnos Philostratusが3世紀に著した*Vita Apollonii* 6.1にはエチオピアに住むとされている．プリニウス(*Naturalis Historia* 7.23)をはじめ多くの著述者はインドに，「タタール記」(Skelton, *Vinland Map*, p. 87)の著者は中央アジアにいるとした．

ことについては，Müller, *Claudii Ptolomaei Geographica*, pp. 798, 874 と950 (notes to Strabo, *Geographica* 5.1; 5.6 と5.12)を参照.

★045——Dvornik, *Idea of Apostolicity,* pp. 199, 203; Lipsius, *Apokryphen Apostelgeschichten,* 2, pt. 2:72-86, 132と Reinach, "Les Apôtres chez les Anthropophages," pp. 307-16.ギリシアとシリアの伝承では，人食いからマッテヤを救ったのはアンデレであり，コプト，アラビア，エチオピアの史料では，アンデレとバルトロマイはアボミナブルと共に，人食いと対決したとされている.

★046——バルトロマイ伝承の進展，外エチオピアであるコルキス，黒海地方のパルティア人のいるエチオピアのバルトスと，アステュアゲス（アッシリア＝バビロニアの死神ネルガルと同一視されている）によるバルトロマイの殉教との結びつきについては，Lipsius, *Apokryphen Apostelgeschichten,* 1:603-4, 621と2, pt. 2:57-71, 76-85, 90-92, 134-36, 177を参照．前記★014と本章以下の★100および３章の★034を参照．アンデレの伝説については，Dvornik, *Idea of Apostolicity,* pp. 201-7と James, *Apocryphal New Testament* pp.453-58を参照. H. Hartmann (review of *Die Ptoembari und Ptoemphani des Plinius* by Paul Buchère, in *Zeitschrift für Ethnologie* 2 [1870]: 138) は，エチオピア固有の犬祖神話に言及しているが，それによると人間の女は犬と結婚してドッグマンを生むという.

★047——Maenchen-Helfen, *World of the Huns*, pp. 94, 121, 480. Lipsius, *Apokryphen Apostelgeschichten*, 2, pt. 2:76-84; Lewis, *Mythological Acts of the Apostles*, pp.xx, 11も参照. Lipsius (2:2, p. 84) と Lewis (xx)によれば，オアシスは後のAlwâh王国のほとんどの地域にあたる古代Cynopolitania（本章の★008参照)，Asyût地方とみなされている．ネストリウス派に発するこれらをはじめとする聖人伝承については，本章の★002と★014を参照．ローマ帝国末期から，Asyûtで鋳造されたコインには，犬頭のヒヒが描かれていた．B. V. Hedd, *Historia Numorum* (Oxford: Clarendon Press, 1887), p. 724.

★048——*Vies des Saints et des Bienheureux*, 12 vols., by the Benedictine Fathers of Paris (Paris: Letouzey, 1949), 7:613.

★049——初期の聖クリストフォロス伝の文献は，５世紀のシリアの殉教伝(Richter, *Der deutsche S. Christoph,* p. 18), 共に６世紀にさかのぼる「東方の受難」やスペインのモサラベの祈祷書，日読祈祷書，(Ameisenowa, "Animal-headed Gods," p. 42それに Walter Loeschcke, "Darstellung des Kynokephalen hl. Christophorus," *Forschungen zur Osteuropäischen Geschichte 5* [1957]: 39)などである．彼の東方における活動は聖バシリウス２世伝 (1000年頃の彼の*Menologium* [3.89], reproduced in Gaidoz, "Saint Christophe," pp. 203-4)や*Analecta Bollandiana* 1 (1882): 121-48のなかで再現されている聖クリストフォロスの11世紀のギリシアの生活などで知ることができる．クリストフォロスの「東方」の伝記である後者の著作は，後にラテン語，アイルランド語とプロヴァンス語に翻訳された．J. Schwartz, "A propos de l'iconographie orientale de S. Christophe," *Le Muséon:Revue d'Etudes Orientales* 67 [1954]: 93.

聖クリストフォロスの初期の西方の聖人伝は，ヴュルツブルク大学図書館に保存されている８世紀の写本に見られる．(Mp. Th. F28, Loeschcke, "Darstellung," p. 39に引用)．クリストフォロスを犬頭人として扱った伝説の学問的著作には，Corbieの9世紀のRatramnus の*Epistola de Cynocephalis* (J. P. Migne, *Patrologia cursus completus.. . Series latina* [以降Migne, *PL*と略記], vol. 121, cols.

アボミナブルの初期の記述のなかで，明らかにもっとも古い記録資料である．この版は4～6世紀にさかのぼると見られる．(1:xiv)，それは他のシリアの文献がカフカス山脈の北方にいる犬頭人に言及しはじめた時代と同じ時期である．たとえば，6世紀の "Church History" of Pseudo-Zachariah the Rhaetor, bishop of Mitylene *(Die sogenannte Kirchengeschichte des Zacharios Rhaetor,* Karl Ahrens and G. Krüger編・訳，Teubneriana, vol. 241, pt. 3 [Leipzig: Teubner, 1899], p. 253). 'Irqaの位置は，アルメニア王国の北の国境にあたる．犬の先祖あるいは聖なる犬頭人の「固有の」アルメニア伝承は，Chungshee Hsiun Liu, "On the Dog Ancestor Myth in Asia," *Studia Serica* 1(1941): 283 [これ以降Liu (1941)と略記]，それにKretzenbacher, *Kynokephale Dämonen*, p. 91, 注27とp.126で明らかにされている．「犬の町」'Irqaは，エチオピアのアンデレの聖人伝では，Axis, ArchaiasまたはAchaiaとなっている．Lipsius, *Apokryphen Apostelgeschichten*, 1:621.

★038――Lipsius, *Apokryphen Apostelgeschichten*, 1:14-15とDvornik, *Idea of Apostolicity*, p. 199. アンデレとバルトロマイについてのもっとも初期の資料では，彼らの殉教の地をそれぞれAcradis（Kurdistan, アルメニアの南）とLykaonia（西-中央トルコ）としている．(Lipsius, *Apokryphen Apostelgeschichten*, 1:28, 603-4, 621と 2, pt. 2:54-57, 71-72). エウセビオスによれば，アンデレはスキタイを伝道し(1:14)，いっぽうトマスはパルティア，マタイはエチオピア，そしてバルトロマイは「Citerior India」へと使命を負って向かった．(*Historia Ecclesiastica* 3.1.1と5.10.3)．他の伝承では，アンデレとバルトロマイはパルティア，エチオピアへ，トマスはインドへ，マタイあるいはマッテヤはパルティアとスキタイへと向かった．Schneemelcher, *New Testament Apocrypha*, pp. 179, 379, 576; James, *Apocryphal New Testament*, pp. 337-38, 453, 471; Klijn, *Acts of Thomas*, p. 25.

★039――Herodotus, *Historia* 4.18 と 4.106それにAristotle, *Politica* 1338b.20-22. アレクサンドリアの征服直後，メガステネスは，この同じ地域について初期の記述を行っている．カフカス山脈の男女は，戸外で交わり，同族の死体を食すと断じている．Strabo, *Geographica* 15.1.55-56.

★040――Pliny, *Naturalis Historia*, 2.135.

★041――Virgil, *Aenead*, 1.490 と 11.659. Herodotus, *Historia*, 4.18 では，アマゾンと共にスキタイにもふれている．

★042――紀元後114～17年にローマが黒海周辺の東岸地方のアルメニアとアッシリアを併合すると，パルティアとローマは国境を共有することになった．パルティア帝国の西の部分は224年に衰亡し，パルティアの領土はもともとのカスピ海の南の故郷の地へと縮小した．彼らの全盛期にはパルティア人は東のTaxasila （紀元18年頃）へ進出し，60年から224年にかけてはインドのクシャン朝が東の歯止めとなった．ヘレニズム期の地図作成については，Nicholas G. L. Hammond, *Atlas of the Greek and Roman World in Antiquity* (Park Ridge, N.J.: Noyes, 1981) と *Times Concise Atlas of World History*を参照．

★043――Wright, *Apocryphal Acts of the Apostles*, 2:115; Flamion, *Actes Apocryphes de l'Apôtre André*, p. 313と Salomon Reinach, "Les apôtres chez les Anthropophages," *Revue d'Histoire et de Littérature Religieuses 9:4* (1904): 316. ギリシアの『アンデレとバルトロマイ行伝』はMaximillian Bonnet and R. A. Lipsius, *Acta Apostolorum apocrypha*, 2 vols. (Leipzig: 1891-93; reprint Hildesheim Georg Olms, 1972), vol. 2, pt. 1:65-116にある．

★044――プトレマイオスが黒海のアルメニア側沿岸にバルトス（パルトス）という地名を置いた

Delhi: Oriental Reprints, 1979), p. 138, Aelianus, *De natura animalium* 4.19, 27; 8.1;10.45に引用.

★026――インドやペルシアの犬については，すでにHerodotus, *Historia* 7.187; Aristotle, *Historia Animalium* 606b.29; Xenophon, *De venatione* 9.1, 10.1, それに Ctésias, *Indika* 5でふれられている.

★027――アレクサンドリアの征服後しばらくインドに滞在したメガステネスは，これらの犬を*Haríspai*と呼んでいる．これはサンスクリットの**hari-śva*が，たぶん（ペルシアを媒介して）ヘレニズム化したものだろう．Joseph Marquart, *Die Benin-Sammlung des Reichsmuseum flür Völkerkunde in Leiden*, Veröffentlichungen des Reichsmuseums für Völkerkunde in Leiden, sér. 2, no. 7 (Leiden: Brill, 1913), p. 207. また，古代の著述者のうち，Aelianus, *De natura animalium*, 4.19, 8.1, Diodorus of Sicily, *Bibliotheca Historica*, 17.92とStrabo, *Geographica* 15.1.31なども，これら虎犬について記している．虎犬はやがてシナモルギ(Dog-Milkers)と結びつけられるようになった．そうしたインドの犬の記述は，*Jaimĩniya Brãhmaṇa* 2.442 と『ラーマーヤナ』2.70.21に見られる.

★028――Hesiod, *Opera et Dies*, 604-5. ケルベロスは，当初黄泉の国ハデスの単なる番犬であった. Lilja, *Dogs*, p. 39.

★029――Hesiod, *Homeric Hymn to Hermes*, 193-95. イベリアの（死人と同一視される）赤い牡牛の牧童であるゲーリュオンにはオルトロスという名の番犬がいた．Hesiod, *Theogonia* 309.

★030――Lilja, *Dogs*, pp. 36,43.

★031――Pliny, *Naturalis Historia*, 7.1 .21; 8.142-53.

★032――前掲書7.1.21-32.「怪物」についてのこれらの章は，本書の主要なテーマである（正常な）人間という種を語るための前置きといえる.

★033――Wittkower, “Marvels of the East," pp. 167-68.

★034――Judith Kidd, "A Medieval Legacy of Aesthetic Conflict," *Theology* (G.B.) 85 (1982):23とWittkower, "Marvels of the East," p. 177.

★035――バルトロマイとアレクサンドロス大王に関する多くの伝承については，Lipsius, *Apokryphen Apostelgeschichten*, vol. 2, pt. 2, pp. 54, 65, 76-86, 90-91, J. Flamion, *Les Acts Apocryphes de l'Apôtre André*, Receuil des Travaux, no. 33 (Louvain: Bureau de Recueil, 1911), p. 313を参照．1世紀は先行するが，エチオピアの伝説とほぼ一致するアラビア版の伝説*Synxarium*は，Agnes Smith Lewis, *Mythological Acts of the Apostles* (Cambridge: Cambridge University Press, 1904), pp. xix-xxv, 1, 11-24のなかで翻訳されている．アンデレ，バルトロマイ，マッテヤ，マタイ，ペテロ，トマスは，使徒としての使命から，悪しき犬頭人や悪魔の手先である犬と接触することになった．彼らのアラビア以前の多くの偽作の行伝は，Wilhelm Schneeme lchers編, *New Testament Apocrypha,* 2 vols., Edgar Hennecke訳 (Philadelphia :Westminster, 1965), 2:178-79, 291-95, 390-400, 576-77; Montague Rhodes James, *The Apocryphal New Testament: Being the Apocryphal Gospels, Acts, Epistles and Apocalypses with Other Narratives and Fragments* (Oxford: Clarendon Press, 1960),pp.337-39,453-58,471-72と Klijn, *Acts of Thomas*, 13-29がある.Adolf Jacoby, "Der hundsköpfige Dämon der Unterwelt" (*Archiv für Religionswissenschaft* 21 [1922], pp. 219-25)も参照．図 3 も見よ.

★036――Piankoff, "Saint Mercure," p. 18.

★037――William Wright, *Apocryphal Acts of the Apostles*, 2 vols. (London: Williams & Northgate, 1871; reprint Amsterdam: Philo Press, 1968), 2:115.このシリア版で語られる「犬の町」は，犬頭人

Ziai Afshar (*Immortal Hound*, pp. 117-63)を参照．第1章の★051-052，本章★037, 046, 057および6章★006を参照．

犬頭人のインドの実例は，怪物叙事詩のヒーロー，ビーマのあだ名*Vṛkodara*（狼の腹）に見ることができる．『マハーバーラタ』(8.27-30) もまた，キュロスのメディア人（もし彼らがマドラス人と同定されるとするなら）と犬および人間の女とをいっぷう変わった形で結びつけている．第6章を参照．この現象についての初期ヘレニズム期と中世における言及については，Meslin, *Le merveilleux*, pp. 32 と136-37, それに Claude-Catherine and Gilles Ragache, *Les loups en France: Légendes et réalité* (Paris:Aubier, 1981), p. 8を参照．

★015——Ragache, *Les loups*, p. 6.「狼男」ドロンの夜襲についての記述は『イリアッド』の10.208-488にあり．これについてはGernet, *Anthropologie*, pp. 201-23を参照．古代ギリシアにおける犬男と狼男について非常に詳しく扱っているのは，W. H. Rorscher, "Das von der 'Kynanthropie' handelnde Fragment des Marcellus von Side," *Abhandlungen der Philologisch-historische Klasse der Königlich Sachsischen Gesellschaft der Wissenschaften* (Leipzig) 17 (1897): 1-92のなかにある．

★016——アヴェスター(*Yasna* 9.18, 21)では，「2本足の狼」(vəhrka-bizangra)と呼ばれている．Hasenfratz, "Der indogermanische 'Männerbund,'" p. 151を参照．

★017——Meslin, *Le merveilleux*, pp. 137-38.

★018——Leopold Kretzenbacher, *Kynokephale Dämonen Südosteuropäischer Volksdichtung: Vergleichen Studien zu Mythen, Sagen, Maskenbräuchen und Kynokephaloi, Werwölf und südslawische Pesoglavci* (Munich: Rudolf Trofenik, 1968), pp. 85, 100. Kretzenbacherの卓越した研究論文は，これまでに書かれたヨーロッパ固有の犬頭人伝承に関するもっとも完璧な論考である．

★019——Friedman, *Monstrous Races*, p. 165.

★020——教父の地理学の文脈によるそれぞれ大インド，小インドとしてのエチオピアとインドについて，またインドを「小」「中」「大」と分割することについては，Wittkower, "Marvels of the East," p. 161, 注4とSkelton, *Vinland Map*, pp. 68, 133を参照．

★021——アケメネス朝ペルシアのアルタクセルクセス，ムネモン2世（紀元前398-97年）の宮廷に医師として8年間仕えたクテシアスは，その間に*Indika* (René Henry, *Ctésias, le Perse, l'Inde: Les Sommaires de Photius* [Brussels: Lebegue, 1947]のなかで Photiusにより概括されている)を著した．Fernando Tola and Carmen Dragonetti, "India and Greece Before Alexander," *Annals of the Bhandarkar Oriental Research Institute* 67(1985): 172. クテシアスの記述は，個人的経験でなく，宮廷を訪れた商人や他の訪問者が語る話に基づいたもの．多くの場合，クテシアスあるいは情報提供者は，神話を文化人類学として受け入れていた．第3章1節を参照．

★022——Lilja, *Dogs*, p. 11.

★023——Herodotus, *Historia* 1.140.

★024——そのような犬は，『イリアッド』(Lilja, *Dogs*, p. 17) や『マハーバーラタ』5.139.51, 6.95.50その他で30回も言及されている．

★025——Lilja, *Dogs*, p. 11.チベットでは，メガステネスに続くヨーロッパ人が「黄金の穴掘り蟻」(Tibetan miners!)を守るグリュプスと同一視した犬がそれにあたるようだ．: J. W. McCrindle, *Ancient India as Described in Classical Literature* (Westminister: A. Constable, 1901; reprint New

(Paris: Emile Nourry, 1936), pp. 41-45を参照.

★008——これらの地名は，プトレマイオスがエジプト語から翻訳したものである．*Claudii Ptolemaei Geographica*, Carl Müller 編(Paris: Firmin Didot, 1883), p. 717 と注，エジプトの聖なる地名Pi-anup (あるいはHa-ânup)は，「アヌビス，ジャッカルの町」の意．この一節は *Geographica* 4.5.29とその続きの4.5.31, Lycopolitesへの言及も近くにある．同様の同一化については，Plutarch, *De Iside et Osiride* 380b; Strabo *Geographica* 17.1.19, 22, 40; Pliny, *Naturalis Historia* 5.49を参照．Cynopolitesで発見されたジャッカルや犬のミイラについては，Freda Kretschmar, *Hundestammvater und Kerberos*, 2 vols. (Stuttgart: Strecker und Schröder, 1938), 2:218. Pauly-Wissowa, vol. 23 [=12.1] (1924), s.v. "Kynopolis" も参照．やはりアヌビスに捧げられた２番目の同じ名の町は，ナイルのデルタに位置する．William Smith編, *Dictionary of Greek and Roman Geography* (London: n.p., 1856), s.v. "Cynopolis."

★009——Plutarch, *De Iside et Osiride* 14. Schlerath, "Hund," p. 29; Gaidoz, "Saint Christophe," p. 210, それに Ameisenowa, "Animal-headed Gods," p. 45も参照．

★010——Aelianus, *De natura animalium* 10.45, Pliny, *Naturalis Historia 5.57* それに18.167. 3000年前にさかのぼるエジプトの伝承では，シリウスのヘリアカル・ライジングはナイル川の洪水と同定されている．Danielle Bonneau, *La crue du Nil, divinité egyptienne (332 av.-64l ap.J.-C.)* (Paris: Klincksieck, 1964), pp. 32-33.狼星年とシリウスについてはGiorgio Diez de Santillana and Hertha von Dechend, "Syrius as a Permanent Center in the Archaic Universe," in *Eternità e storia*, Enrico Castelli 編(Florence: Vallecchi, 1970), pp. 153-55を参照．オシリス神話にまつわるシリウスとイシスの同一化については，Edmund Leach and D. Alan Aycock, *Structuralist Interpretations*, p. 48にあるEdmund Leach, "Why did Moses Have a Sister?"を参照．

★011——Ameisenowa, "Animal-headed Gods," pp. 26-29, 44-45.

★012——新王国時代の銘文にある描写以外にも，犬頭のヒヒが『死者の書』の15章，16章に登場する．E. Naville and Sir Peter LePage Renouf編，*The Book of the Dead* (Paris, Leipzig: n.p., 1907), pp. 35-36 の図４は，姉妹のイシスとNephtysの間に立つ神の息子オシリスの側面に並ぶ６体の犬頭のヒヒを描いたパピルス(Leiden Museum, no. 2)からかきおこしたイラストレーション．こうした*Simia hamadryas* のイメージは，エジプトのHermopolis で崇拝された．Strabo, *Geographica* 17.1.40. A. Piankoff, "Saint Mercure, Abou Sefein et les Cynocéphales,' *Bulletin de la Sociétéd'Archa éologie Copte* 8 (1942): 22-23も参照．図４．

★013——Herodotus, *Historia* 1.110-22; Xenophon, *Cyropedia* 1.4.15, Carla Mainoldi, *L'Image du loup et du chien dans la Grèce ancien d'Homère á Platon* (Paris: Ophrys, 1984), pp. 150-51のなかで引用．

★014——ネストリウス派の伝承では，聖バルトロマイはキリキア（トルコ）のアステュアゲスの命により殉教している．キリキアという地名も語源的に「狼」とつながる．*Dictionnaire d'Histoire et de Géographie Ecclésiastiques*, s.v. "Barthélemy, Apôtre." Lipsius, *Apokryphen Apostelgeschichten*, vol. 2, pt. 2, pp. 67-68,71-72も参照．

キュロス神話や他の文献から考えるに，聖バルトロマイの殉教は，古代ペルシア神話の置き換えであろう．インド＝ヨーロッパの伝承全般に永続するこのテーマについては，すぐれた著作Mahasti

Righteous Men," *Journal of the Warburg and Courtauld Institutes* 12 (1949): 42と Francis Dvornik, *The Idea of Apostolicity in Byzantium and the Legend of the Apostle Andrew* (Cambridge: Harvard University Press, 1958), p. 203を参照．ネストリウス派における聖バルトロマイの流れについては，*Dictionnaire d'Histoire et de Géographie Ecclésiastiques* (Paris: Letouzey, 1932), s.v. "Barthélemy, Apôtre."を参照．こうした伝承に見られるバルトロマイや他の聖者伝の詳細は R. A. Lipsius, *Die Apokryphen Apostelgeschichten und Apostellegenden*, 3 vols. (Braunschweig: C. A. Schwetschke und Sohn, 1883-90), 2, pt. 2, pp. 54-106を参照．公会議後のコプト派やネストリウス派の「離散」については，*The Times Concise Atlas of World History* (rev. ed., gen. ed. Geoffrey Barraclough [London: Times Books Ltd., 1984; Maplewood, N.J.: Hammond, 1984]), pp. 38-39のなかで，綿密に位置づけられている．

★003——Lipsius, *Apokryphen Apostelgeschichten*, 2, pt. 2:54-71.

★004——一連のこの伝説の流れについては，最近の怪物伝承の著作のなかでも最良のFriedman, *Monstrous Races*, p. 228, n. 33で概説されている．E. A. T. Wallis Budge, *The Book of the Saints of the Ethiopian Church*, 2 vols. (Hildesheim and New York: Georg Olms, 1976), 1 :xi-xix, 2-3も参照.

★005——こうした外典は，東ローマ帝国皇帝バシリウス２世（976—1025年）の著作*Menologium*によってロシアに導入された．ロシアをキリスト教国たらしめたのは，キエフ皇子ウラディミールをバシリウスが強制的に改宗させたことによる．Henri Gaidoz, "Saint Christophe à la tête de chien en Irlande et en Russie," Mémoires de la Société *Nationale des Antiquaires* 76 (1924): 203-4と Konrad Richter, *Der deutsche S. Christoph: Eine historisch-kritische Untersuchung* (Berlin: Mayer und Müller, 1896), p. 25を参照．イスラムの伝承についてはRudolf Wittkower, "Marvels of the East: A Study in the History of Monsters," *Journal of the Warburg and Courtauld Institutes 5* (1942): 175を参照.

★006——エチオピアの『ガドラ・ハワルヤト』は，聖人の命日に読まれるべく編集された殉教録という意味で革新的であった．この使い方にふさわしく，聖人の業績のなかでも奇蹟が強調された．A. F. J. Klijn, *The Acts of Thomas* (Leiden: Brill, 1962), p. 18. 聖バルトロマイの殉教の日付については，Lipsius, *Apokryphen Apostelgeschichten*, 1:222も参照．Budge, *Saints of the Ethiopian Church*, 1:2のなかでは，その日はマスカラムの最初の日，すなわち９月７日とされている．ローマでは聖バルトロマイの日は，８月24日あるいは25日に祝される．*Dictionnaire d'Histoire et de Géographie Ecclésiastiques*, s.v. "Barthélemy, Apôtre."

★007——シリウスのヘリアカル・ライジングの日であり，土用すなわちドッグデイズの最初の日である７月25日は，古代・中世における１年の二つの旋回点の一つであった（もう一つは２月３日）．ラブレーの作品を通してこの現象を見たすぐれた研究は，Claude Gaignebet, *A plus hault sens:l'ésoté risme spirituel et charnel de Rabelais*, 2 vols. (Paris: Maisonneuve, 1986)で，とくに 1:253-336; 458-69. 同じテーマではGiorgio Diez de Santillana and Hertha von Dechend, *Hamlet's Mill: An Essay on Myth and the Frame of Time* (Boston: Gambit, 1967)参照.

Jean-Claude Schmitt, *Le saint lévrier: Guignefort guérisseur d'enfants depuis le XIIIé siècle* (Paris: Flammarion, 1979), pp.206-10も参照．聖クリストフォロスとメルクリウスに関するそれぞれのケースについては，Pierre Saintyves, *Saint Christophe, successeur d'Anubis, d'Hermès et d'Héraclès*

野蛮な性癖から逃れられるよう，人間の言葉を切望する．「古代・中世世界の高等言語（ギリシア語，ラテン語，サンスクリット語，中国語）とエリート階級の素養としての著作」については，Carlo Ginzburg, *The Cheese and the Worms: The Cosmos of a Sixteenth Century Miller*, John and Anne Tedeschi訳 (New York: Penguin, 1984), pp. xxi-xxiv, 59を参照．

★062――しかし10世紀の地理書のなかには，中央アジアのアフガニスタンのようにそうした神話が数多く生まれた場所にも関わらず，境界の内外にいかなる怪物も見あたらないと記したものもある．

★063――Isidore of Seville, *Etymologiae* 11.3.1-3.怪物を意味するドイツ語の*Ungeheuer*は，すでに考察した他の言語のケースと同じように重層した意味を持つ類の言葉のようだ．文字通りの意味は「種族に属さない」であり，敷衍して考えると，何かしら無気味なもの，不思議なもの，怪物を意味する．Michel Meslin, gen.編 *Le merveilleux: L'imaginaire et les croyances en Occident* (Paris: Bordas, 1984), p. 87.

★064――William Shakespeare, *Julius Caesar*第１幕３場１～36行．

★065――Long, "Primitive," pp. 48-49 など随所．

★066――正確にいえば,ムレッチャとは，紀元前２世紀から２世紀にかけてインドの征服者だったギリシア＝バクトリア (*Yavana*), インド＝スキタイ (*Śaka*), それにYue-chi (*Kushan*)である．Romila Thapar, *History of India* (New York: Penguin, 1968), vol. 1, pp. 97, 184.

★067――Mathieu, *Shanhai jing* 1 :xl-xlv. p. xliiiも比較参照. "Il n'est en effet pas rare qu'un animal soitpercu tantôt comme un oiseau, tantôt comme un quadruped ou qu'un animal aquatique soit classé parmi les quadrupeds ou les poissons selon ses pattes ou son cri. Cependant, la confusion des genres sur laquelle nous nous attarderons le plus est celle qui se presente à l'interieur du regne animal entre l'homme et les bêtes . . . Il est clair que les anciens Chinois percoivent de l'homme chez l'animal et de la bête chez l'homme, ils n'ont donc pas de raison de les distinguer ou de les opposer . . . De même, au niveau social, les barbares ont-ils des 'sentiments d'oiseau et de bêtes sauvages, et le peuple est-il semblable à un banc de poissons."

★068――Arthur P. Wolf, "Gods, Ghosts and Ancestors," in *Religion and Ritual in Chinese Society*, Arthur P. Wolf編 (Stanford: Stanford University Press, 1974), p. 174と Mathieu, Shanhai jing, 1:1.

★069――Victor Turner, *The Forest of Symbols: Aspects of Ndembu Ritual* (Ithaca: Cornell University Press, 1977), "Betwixt and Between: The Liminal Period in *Rites de Passage*, "pp. 103-5.

★070――前掲書 pp. 105-6.

★071――「シンボルは思考を喚起する」という語句はPaul Ricoeur (*The Symbolism of Evil* [Boston: Beacon Press, 1967] , pp. 347-57)にある．Smith (*Map*, pp. 294, 299)は，「不調和は思考を喚起する」というわれわれの関心にふさわしいRicoeurの句のヴァリエーションを示した．

【第2章】

★001――E. A. T. Wallis Budge, *The Contendings of the Apostles* (London: Oxford University Press, 1935), pp. 171-77.

★002――アンデレについては, Zofia Ameisenowa, "Animal-headed Gods, Evangelists, Saints and

前は文字通り「犬を絞め殺す者」を意味するもので，サンスクリット語と同語源である．(Manfred Mayrhofer, Kurzgefasstes etymologisches Wörterbuch des Altindischen (A concise etymological Sanskrit dictionary), 4 vols. [Heidelberg: Carl Winter, 1956-80], 3:403). *daoi*という言葉は，古代ローマやギリシアの地理学者がDahaeとDaoiと称したカスピ海東岸に居住するスキタイ人に対して使われた．DahaeとDaoiは共にイラン語（Śaka）で狼に当たる言葉*dahae*を語源としている．ギリシア＝ヒュルカニア（古代の貴重なヒュルカニア犬の産地であるカスピ海に近い地方）は，イラン語のVehrkana あるいは Varkanaの「狼の国」がヘレニズム化した国であり，その住民は，ギリシア＝ローマの著作家によってヒュルカノイ「狼」と呼ばれた．同様のパターンは，小アジアのリカオニアあるいはリカオニアンやアルカディアのリカオネス，アポロンのリカゲネス(「彼は牝狼から生まれた者」，狼の姿をしたレト）という名前にも，明らかに現れている．レムスとロムルスは，カピトリウムの牝狼が乳を与えた，狼神マルスの息子たちである．このテーマに似たものがスパコ（「牝犬」）という名の女性が育てたキュロス誕生の神話にも見られる．Eliade, *Zalmoxis*, pp.1-20. 第２章★014を参照.

★053――ギリシア人は異邦人に対し分裂した幻想を抱いており，「スキタイの放浪主義」への魅力と「野蛮」へのはなはだしい恐怖(Smith, *Map*, p. 131)，あるいはJohn Block Friedmanがアジア志向，アテナイ志向と呼ぶもの(*The Monstrous Races in Medieval Art and Thought* [Cambridge: Harvard University Press, 1981], p. 35)の間をゆれ動いていた.

★054――このテーマについては，Stanley J. Tambiah, "Animals are Good to Think about and Good to Prohibit," *Ethnology* 8 (1969): 423-59を参照．それにDan Sperber, "Pourquoi les animaux parfaits, les hybrides et les monstres sont-ils bons à penser symboliquement?" *L'Homme* 15, no. 2 (April-June 1975): 5-34.

★055――動物から人間へ移るこのカテゴリー間のわずかな相違は,とくにヒンドゥーのカースト制度で明らかである．４つの因習的なカーストの最下層シュードラに属する者は，「より高位のカーストからつねにある一定の距離を保っている．疑いなく家畜以下の層に置かれる存在の連鎖のなかで，彼らは人間なのかそれ以下の階層なのかを限定しがたい状況にある．こうして，存在のヒエラルキーのしきたりの結果，人間と動物の間の明確な境目はなくなってしまう.」

★056――Smith, *Map*, pp. 241-64.

★057――前掲書 pp. 250-52.

★058――前掲書 pp. 253-59. Smithによれば，この手法は19世紀以来の比較宗教「学」のジャンルに定着した．歴史とは無関係な形態学に重きを置き，比較解剖学の成果をそのまま活用する手法である．Urpflanzについての著作でゲーテがそのような原型を明快に用いたことは，エリアーデの「比較宗教の類型化」に対する系統的なアプローチの精神に多大な影響を与えた.

★059――Sperber, "Pourquoi," pp. 5-34.

★060――前掲書 p. 27.「手が１本多ければ観客が100人増え，頭が一つ多ければ観客の数は天井知らず．半人半獣の怪物、人魚・猿人などは最高の稼ぎになる.」

★061――長年描写されていたドッグマンは，話すというよりも吠える，あるいは２，３言ほど人間の言葉を話して吠えるというものだった．これは吠え声が話と沈黙の中間にあるというインド＝ヨーロッパ神話の地獄の番犬を想起させる．ソポクレスの劇中，高貴なるピロクテテスは，自分の

"Iranica," *Zeitschrift für Deutsche Morgenländichen Gesellschaft* 101 (1951): 210-11; Wolfram Eberhard, *The Local Cultures of Southern and Eastern China* (Leiden: Brill, 1968), p.464と*China und seine westlichen Nachbarn* (Darmstadt :Wissenschaftliche Buchgesellschaft, 1978), p. 149; Eduard Erkes, "Der Hund im alten China," *T'oung Pao* 38 (1944): 199, nn. 2と 3と Fritz Flor, "Haustier und Hirtenkulturen:Die Hundesucht, "*Wiener Beiträge zur Kulturgeschichte und Linguistik* 1 (1930): 49も参照.

★047——Erkes, "Hund," pp. 187-98; Lilja, *Dogs*, pp. 9-12.

★048——Lilja, *Dogs*, p. 11.

★049——Bernfried Schlerath, "Der Hund bei den Indogermanen," *Paideuma* 6, no. 1 (November 1954): 36; Lincoln, "Hellhound," pp. 274-85.犬が霊魂を導くというのは，中央アジアの神話でも一般的である．Eberhard, *Local*, pp. 462-65と Hummel, "Hund," pp. 500-501. Mahasti Ziai Afsharの卓越した著作*The Immortal Hound: The Genesis and Transformation of a Symbol in Indo-Iranian Traditions* (Ph.D. diss., Harvard University, 1988)は，他の古代・中世のインド＝ヨーロッパの伝承を幅広く再編成すると共に，ヴェーダとゾロアスターの伝統に見られる犬の象徴性に関して才知あふれる啓発的な議論を提出している．

★050——Bruce Lincolnの適切な指摘にあるように，犬は話すことと沈黙の境界を表している．おそらくインド=ヨーロッパ語の犬という言葉のいくつかは，犬のうなり声や吠え声が起源になっているだろう．"Hellhound," pp.184-85.

★051——ヒッタイトの法律では,追放された男は「狼になった」とされる．Eliade, *Zalmoxis*, "The Dacians and the Wolves," p.4.Ûlfhêdhnar,「狼の皮膚を持つ男」とは，ドイツの軍人会会員を指すのに使われる言葉だった．イランの伝承では,「二本足を持つ狼」と呼ばれた．Wikanderによれば，アケメネス朝の血をひく家族は*saka haumavarka*,「ハオマによって陶酔すると狼に変身する者達」と呼ばれていた．Stig Wikander, *Der Arische Männerbund* (Lund: H. Ohlsson, 1938), p. 64, Eliade, *Zalmoxis*, p. 9で引用されている．年中行事や儀礼などにふれたヘロドトスやペトロニウスをはじめとする他の古代の資料のなかの狼憑きについては，前掲書，p. 17.ヘロドトス(*Historia* 4.107)はアジアの狼男の国Neuriを取り上げている．後に15世紀のキリスト教史家Philostorgiusは，フン族をNeuriと同一視した．Otto Maenchen-Helfen, *The World of the Huns*, Max Knight編 (Berkeley: University of California Press, 1973), p. 8.インド，イラン，ギリシア，北米，アフリカなどの人食いの狼憑きについてはJan Przyluski, "Les confrèries des loups-garous dans les sociétés indo-europénnes," *Revue de l'Histoire des Religions* 121 (1940): 128-45, Mary R. Gerstein, "Germanic Warg: The Outlaw as Werwolf," in *Myth in Indo-European Antiquity*, Gerald James Larson 編(Berkeley: University of California Press, 1974)を参照．とくにpp. 143-56. 『イリアッド』の狼人間については，Hans-Peter Hasenfratz, "Der indogermanische 'Männerbund,'" *Zeitschrift für Religions- und Geistesgeschichte* 34 (1982):148-63; and Louis Gernet, *Anthropologie de la Grèce ancienne* (Paris: Maspero, 1968; reprint Flammarion, 1982), "Dolon le loup," pp. 201-23.

★052——Eliade, *Zalmoxis*, p. 1.ストラボン(*Geographica* 7.3.12)によれば，ダキア人の名前は動詞「絞め殺す」と関連した言葉で,「狼」にあたるフリギア語の*daoi*に由来する．アレクサンドロス大王伝説では，カンダケ女王の兄弟であるリディアの*Kandaules*（ギリシア語の*kunagches*）という名

★035——Douglas, *Purity*, p. 56.

★036——*The Concise Oxford Dictionary of the English Language*, 6th ed. (1976), s.v. "horde" and "Urdu." R. A. Skelton, Thomas A. Marston, and George D. Painter, *The Vinland Map and the Tartar Relation* (New Haven: Yale University Press, 1965), p. 87, n. 1 to par. 38と比較.

★037——Rémi Mathieu, *Etude sur la mythologie et l'éthnologie de la Chine anciènne: Traduction annotée du Shanhai jing*, 2 vols., Mémoires de l'Institut des Hautes Etudes, vol. 22 (Paris: Collège de France, Institut des Hautes Etudes Chinoises, 1983), 1: xliv.

★038——Smith, *Map*, pp. 134-35.

★039——そして，フーコーが非常な説得力をもって示したように，精神病者もまた収容所の内－外に追い込まれる．中世末期に設立された初期の精神病院施設は隔離病棟を改装したものであり，それ以前には精神異常者は町の城壁の外をうろつくままにさせるか，暴風雨のなかを「愚者の船」に乗せられた．Foucault, *Madness and Civilization*, Long, "Primitive," pp. 46-47に引用．

★040——Mircea Eliade (*History of Religious Ideas*, 3 vols., Williard R. Trask訳 (Chicago: University of Chicago Press, 1978), vol. 1, p. 33.エリアーデは，この共生という関係性の起源を紀元前7500年に置いている．Edward Tryjarski ("The Dog in the Turkic Area: An Ethnolinguistic Study," *Central Asian Journal* 23:3-4 [1979]: 298, n. 4)は，紀元前8000～6000年の間としている．

★041——Saara Lilja, *Dogs in Ancient Greek Poetry*, Commentationes Humanarum Litteratum, no. 56 (Helsinki: Societas Scientiarum Fennica, 1976), p. 12; Wilhelm Köppers, "Der Hund in der mythologie der zirkumpazifischen Völker," *Wiener Beiträge zur Kulturgeschichte und Linguistik* 1(1930): 381.

★042——Clifford Geertz, *The Interpretation of Cultures* (New York: Basic Books, 1973), "The Impact of the Concept of Culture on the Concept of Man," pp. 33-54 と "The Growth of Culture and the Evolution of the Mind," pp. 55-84; Berger, *Sacred*, p. 4.これは個体発生は系統発生をくり返すという単純な話ではない．

★043——アメリカで人気のあるビールの宣伝に使われるブルテリアはその一例である．犬を神学的に扱うことについては，Friedrich von Hügel, *Essays and Addresses on the Philosophy of Religion, First Series* (New York: E. P. Dutton & Co., 1923), pp. 102-3を参照．これはJohn H. Hick (*Philosophy of Religion*, 2d ed. [Englewood Cliffs: Prentice-Hall, 1973], p. 71)に引用．

★044——これらの神話のあるものでは，もともと人間は毛皮で覆われた動物であり，犬は裸であったが，悪魔や他の敵対者の策略によってある決定的な瞬間に毛皮の持ち主が入れ替わってしまう，とされている．Manabu Waida, "Central Asian Mythology of the Origin of Death: A Comparative Analysis of its Structure and History," *Anthropos* 77:5-6 (1982): 670 ほか随所，Siegbert Hummel, "Der Hund in der religiösen Vorstellungswelt des Tibeters," *Paideuma* 10, no. 8 (November 1958): 499-500.

★045——Bruce Lincoln, "The Hellhound," *Journal of Indo-European Studies* 7:3-4 (Fall/Winter 1979): 273-85.

★046——サンスクリット語śvanはアウストロアジア語源に由来するというKuiper理論を受容したMayrhoferについては前掲書，とくにp. 274, n. 3. Tryjarski, "Dog" pp. 304-10; Oswald Szemerenyi,

★022——*Transaction and Meaning: Directions in the Anthropology of Exchange and Symbolic Behavior*, Bruce Kapferer 編(Philadelphia: Institute for the Study of Human Issues, 1976), pp. 109-14に引用のMcKim Marriott, "Hindu Transactions: Diversity Without Dualism."

★023——*Collection of the Middle-Length Sayings* (Majjhima-Nikaya), 3 vols., I. B. Horner 訳(London: Luzac & Co., 1959), vol. 1, disc 2. Thomas Mann, *The Magic Mountain*, H. T. Lowe-Porter 訳(New York: Vintage, 1969), pp. 274-76と比較のこと.

★024——Manu Smṛti（マヌ法典）10.4.*The Manusmṛti with the "Manvartha-Muktāvali" Commentary of Kullūka Bhāṭṭa*, Pandit Gopala Sastri Nene編, Kashi Sanskrit Series, no. 114 (Varanasi: Chowkhamba Sanskrit Series Office, 1970), p. 535にある.

★025——Revelation 12:6-14.

★026——Jacques LeGoff, *L'imaginaire médiéval* (Paris: Gallimard, 1985), pp. 61-64.

★027——前掲書pp. 64-65.

★028——前掲書 pp. 66-74.インドにおける野生の森と秩序ある都市の対立については, Charles Malamoud, "Village et forêt dans l'idéologie de l'Inde brahmanique," in *Cuire le monde: rite et pensée dans l'Inde ancien* (Paris: Editions de Ia Découverte, 1989), pp. 95-96を参照.

★029——Long, "Primitive," pp. 46-47. 中世末期の野人と狂気の概念の重なり具合を論ずるなかで,「愚者の船」についてはMichel Foucault (*Madness and Civilization*, Richard Howard訳 [New York: Random House, Vintage Books, 1973], p. 11) を引用.「しかし, 水はこの暗い塊にその価値を増している. 水は運び去り, だが, それ以上に浄化する.」

★030——LeGoff, *L'imaginaire*, p. 64; "Aspects savants et populaires des voyages dans l'au-delà au Moyen Age," pp. 103-19と比較. 煉獄の観念の発達については同じくpp. 128-32. *Pour un autre Moyen Age: Temps, travail et culture en Occident* (Paris: Gallimard, 1977), "L'occident médiévale et l'océan Indien: un horizon onirique," p. 298を参照. 大西洋とインド洋の横断航海がもたらした影響については Marie-Dominique Chénu, *Nature, Man and Society in the Twelfth Century*, Jerome Taylor and Lester K. Little訳・編(Chicago: University of Chicago Press, 1968, Chicago: Phoenix Books, 1979), p. 181を参照.

★031——LeGoff, *L'imaginaire*, "Le merveilleux dans l'Occident médiéval," pp. 17-39.同じく同書の*Pour un autre*, pp. 282, 292. たとえば, インド洋はプトレマイオスの地図では*mare clausum*（内海）と記されている.

★032——Gaston Bachelard, La poètique de l'espace (Paris: Presses Universitaires, 1974), pp. 198-99.「内なる広大さ」に対して用いられるよく似た隠喩は, 道教の「渾沌の瓢箪」である. 第8章の1節を参照.

★033——LeGoff, *L'imaginaire*, pp. 17-39,とくに pp. 17-18, 24, 28-29と White, "Forms of Wildness," pp. 35-36.

★034——Philippe Sénac, *L'Image de l'Autre: Histoire de l'Occident médiévale face à l'Islam* (Paris: Flammarion, 1983), pp. 55-57, 66, 71-72; LeGoff, *Pour un autre*, p. 24.イスラム教徒も, 西洋を同じように描写したし, インド洋は閉じた海であると信じていた. LeGoff, *Pour un autre*, p. 284, n. 16; p. 289.

★009——客観化，具体化，内面化という社会的プロセスに伴う，この概念の優れた考察は，Peter Berger, *The Sacred Canopy: Elements of a Sociological Theory of Religion* (Garden City, N.Y.: Anchor, 1969), p. 4 に見える．またJonathan Z. Smith, *Imagining Religion: From Babylon to Jonestown* (Chicago: University of Chicago Press, 1982), p. 50，それにMary Douglas, *Purity and Danger: An Analysis of the Concepts of Pollution and Taboo* (London: Routledge & Kegan Paul, 1966; reprint 1980), pp. 5, 36-37も参照.

★010——Mircea Eliade, *The Sacred and the Profane: The Nature of Religions*, Williard R. Trask 訳 (New York: Harcourt, Brace & Jovanovich, 1959), pp. 29 と48. 重要なものは，Eliadeの同書*Images et symboles: essais sur le symbolisme magico-religieux* (Paris: Gallimard, 1952, 1984), pp. 48-49を参照.

★011——Smith, *Map*, p. 97; 136.

★012——前掲書p. 109. 聖書の荒野については，Edmund Leach and Alan Aycock, *Structuralist Interpretations of Biblical Myths*, 2d ed. (Cambridge: Cambridge University Press, 1983), pp. 5, 16, 37, 41と「より現実性を帯びた」神話についてはWendy Doniger O'Flaherty, *Dreams, Illusion, and Other Realities* (Chicago: University of Chicago Press, 1984), P. 302と比較のこと.

★013——Smith, *Map*, pp.98, 109.

★014——Charles H. Long, "Primitive/Civilized: The Locus of a Problem, "*History of Religions* 20, nos. 1-2 (August/November 1980): 45.「ある人物または文化の特異性や独自性は，最初は否定的なものとして認知されるものだが，この文化的現象を定義づけるために［経験的他者］という語句を使う.」

★015——Smith, *Imagining Religion*, pp. 38-39とDouglas, *Purity*, pp. 4, 161.

★016——Douglas, *Purity*, pp. 53, 160-65.

★017——伝統社会における罪人と刑執行者双方のけがれについては，Roger Caillois, *L'homme et le sacré* (Paris: Gallimard, 1950), pp. 56-57を参照.

★018——Mircea Eliade, *Zalmoxis, the Vanishing God*, Williard Trask訳（Chicago: University of Chicago Press, 1972, 1986), p.4. 中世ヨーロッパでは，「狼」という言葉は，①初期のイニシエーションの時期に村から遠く離れていたため，略奪による生活を送らねばならなかった若者達，②定住するための新たな土地を求める移住者達，③避難所を求める逃亡者やアウトロー達，を指して使われた．エドワード告解王（紀元1000年頃）の法制下では，有罪判決を受けた罪人は，*wulfeshened*という狼頭の仮面をつけなければならなかったし，絞首台はアングロサクソン語で「狼頭の木」と呼ばれた.

★019——都市のアンチタイプである見捨てられた荒野に当たるこの言葉は，ストラボンが最南端に住む人々を称した名前と響き合う．これらアグリオイと呼ばれる人々は，シナモルギ（ギリシア語の *Kunamolgoi* から．Dog-Milkersの意）とも呼ばれている．Strabo, *Geographica* 16.4.10.

★020——Sophocles *Philoctetes* 691-717.

★021——アリストテレスによれば，ポリスの外にいる人々は自分の人間性を十分に理解できなかった．なぜならポリスの住民の法律で規定されない生活をする者は，そもそも人間の絆から排除されていたからである．Aristotle, *Politica* 1252a. 1-23.

原注

【第1章】

★001――Isidore of Seville, *Etymologiae* 11.3.1-3. Claude Lecouteux, *Les monstres dans la littérature allemande du Moyen Âge: Contribution à l'étude du merveilleux médiéval*, 3 vols., Göppinger Arbeiten zur Germanistik, no.330 (Göppingen: Kümmerle Verlag, 1982), vol. 1, *Etude*, pp.2-3で論じられている．Lecouteuxの著作は，ヨーロッパの怪物（モンスター）伝承に関するもっとも広範な研究であろう．vol. 2 (*Dictionnaire*), pp. 21-27を参照．

★002――Jürgen HabermasのTheory and Practice (John Viertel訳 [Boston: Beacon Press, 1973], pp. 272-73)で，この種のイデオロギーに関する現代的な解釈がなされており，イデオロギーについて実証主義的評論が展開されている．「［合理化の第３レベル］とは，理性的に行動する対立者に対して，やはり理性的な行為が考慮されるべき戦略的な状況である．こうした行動はある特殊な分野の出来事を人為的に支配することを求めるだけでなく，……不確実な状況を合理的に支配することをも希求するものである．自然のプロセスに対するような態度…つまり法則という仮説によって対立者の行為を経験的に知ることはできない．彼らについての情報は不完全なままである……われわれが興味を抱くのは……そのような戦略的な状況が，……価値観のシステムに投げかける特別な，人為的衝動である．ある基本的な価値観は，文字通り人間の技術的な仕事に入り込み，対立者に対する自己主張を実現させ，生き残りを保証する．」

★003――Louis Dumont, *Homo hierarchicus: le système des castes et ses implications* (Paris: Gallimard, 1966), p. 15, n. 1[a]「通常［イデオロギー］とは，社会的思想や価値観の集合体を指す言葉である．……共通する言語や社会全体と密接に結びつく基本的なイデオロギー，すなわちある種の母胎となるイデオロギーが存在するのは明らかだ．」神話によるイデオロギーの表出については，George Dumézilが次のように記している．「神話……の役割は，社会が存続していくうえでのイデオロギーを劇的に表現することであり，代々にわたって追い求める理想や，社会が認知する価値観を，その良心に則って提出するだけでなく，社会を支える存在や構造，要素，関係性，調和，緊張を表現し，それなしには社会が崩壊してしまう規則や伝統的な慣習を正当化することに眼目がある．」(*The Destiny of the Warrior*, Alf Hiltebeitel 訳[Chicago: University of Chicago Press, 1970], p.3).

★004――Jaan Puhvel, *Comparative Mythology* (Baltimore: Johns Hopkins University Press, 1986), pp. 1-2; Michel Meslin, "Brèves considerations sur l'histoire de la recherche mythologique," *Cahiers internationaux de symbolisme* 36(1978): 194-95.

★005――ノースロップ・フライは，彼の名前を出さぬままHayden Whiteの"The Forms of Wildness: Archaeology of an Idea" や Edward Dudley とMaximillian E. Novak が編集した *The Wild Man Within,* (Pittsburgh: University of Pittsburgh Press, 1972), p. 30に引用されている．

★006――Jonathan Z. Smith, *Map Is Not Territory: Studies in the History of Religions* (Leiden: Brill, 1978), pp. 134-36.

★007――Jean-Pierre Vernant, *Mythe et pensée chez les Grecs* (Paris: Maspero, 1965), 1:191.

★008――Smith, *Map*, p. 97

邦訳文献

アプレイウス　『黄金のろば』上・中・下　呉茂一＋國原吉之助＝訳　岩波文庫　1956-57

アリストテレス　『動物誌』上・下　島崎三郎＝訳　岩波文庫　1998-99

アウグスティヌス　アウグスティヌス著作集11・12『神の国』1・2　教文館　1990

ウェルギリウス　『アエネーイス』上・下　泉井久之助＝訳　岩波文庫　1997

エリアーデ、ミルチャ　『世界宗教史』1〜8　斎藤正二＝訳　ちくま学芸文庫　2000

カイヨワ、ロジェ　『遊びと人間』　清水幾太郎＋霧生和夫＝訳　岩波書店　1970

葛洪・劉向　『抱朴子・列仙伝・神仙伝・山海経』　本田濟＝訳　平凡社　1973

干宝　『捜神記』　竹田晃＝訳　平凡社　2000

ギンズブルグ、カルロ　『チーズとうじ虫』　椙山光信＝訳　みすず書房　1995

クセノフォン　『小品集』「狩猟について」　松本仁助＝訳　京都大学学術出版会　2000

クリバンスキー、R.　パノフスキー、E.　ほか『土星とメランコリー』　榎本武文ほか＝訳　晶文社　1991

サイード、エドワード・W.　『オリエンタリズム』上・下　今沢紀子＝訳　平凡社　1993

司馬遷　『世界の名著11　史記』　貝塚茂樹＋川勝義雄＝訳　中央公論社　1978

ソポクレース　『ギリシア悲劇全集4』「ピロクテーテース」　木曽明子ほか＝訳　岩波書店　1990

バットゥータ、イブン　『大旅行記』6巻　家島彦一＝訳　平凡社東洋文庫　1996-99

フォークナー、W.　『アブサロム、アブサロム！』上・下　高橋正雄＝訳　講談社学芸文庫　1998

プトレマイオス　『プトレマイオス地理学』　中務哲郎＝訳　東海大学出版会　1986

プリニウス　『プリニウスの博物誌』3巻　中野定雄＝訳　雄山閣出版　1986

プルースト、マルセル　『失われた時を求めて』　井上究一郎＝訳　ちくま文庫　1992

プルターク　『プルターク英雄伝』1〜8　鶴見祐輔＝訳　潮文庫　2000

ヘーシオドス　『仕事と日』　松平千秋＝訳　岩波文庫　1993

『神統記』　広川洋一＝訳　岩波文庫　1984

ヘロドトス　『歴史』上・中・下　松平千秋＝訳　岩波文庫　1983-1992

ホメロス　『イリアス』上・下　松平千秋＝訳　岩波文庫　1992

『ホメロス　オデュッセイア』上・下　松平千秋＝訳　岩波文庫　1994

ポーロ、マルコ　『完訳　東方見聞録』1・2　愛宕松男＝訳　平凡社　2000

マスペロ、アンリ　『道教』　川勝義雄＝訳　平凡社　2000

マン、トマス　『魔の山』1〜3　高橋義孝＝訳　新潮文庫　1969

ル・ゴフ、ジャック　『歴史・文化・表象』　二宮宏之＝訳　岩波書店　1999

『中世の夢』　池上俊一＝訳　名古屋大学出版会　1992

『漢書・後漢書・三国志列伝選』　本田　齋＝訳　平凡社　1973

『マヌの法典』　田辺繁子＝訳　岩波文庫　1998

『マハーバーラタ』1〜9　山際素男＝訳　三一書房　1991-98

『ラーマーヤナ』1・2　ヴァールミーキ岩本裕＝訳　平凡社東洋文庫　1980-85

『リグ・ヴェーダ讃歌』　辻直四郎＝訳　岩波文庫　1986

Wheatley, Paul. *Pivot of the Four Quarters: A Preliminary Inquiry into the Origins and Character of the Ancient Chinese City.* Chicago: Aldine, 1971.

White, David G. "Dogs Die." *History of Religions* 23:4 (May 1989): 283–303.

———. "Śunaḥśepa Unbound." *Revue de l'Histoire des Religions* 203:3 (July–September 1986): 227–62.

White, Hayden. "The Forms of Wildness: Archaeology of an Idea." In *The Wild Man Within.* Edited by Edward Dudley and Maximillian E. Novak, 3–38. Pittsburgh: University of Pittsburgh Press, 1972.

Wittkower, Rudolf. "Marvels of the East: A Study in the History of Monsters." *Journal of the Warburg and Courtauld Institutes* 5 (1942): 159–97.

Wolf, Arthur P. "Gods, Ghosts and Ancestors." In *Religion and Ritual in Chinese Society,* pp. 131–92. Edited by Arthur P. Wolf. Stanford: Stanford University Press, 1974.

Wolohojian, Albert Mugrdich. *The Romance of Alexander the Great by Pseudo-Callisthenes.* New York: Columbia University Press, 1969.

Wright, John Kirtland. *Geographical Lore of the Time of the Crusades.* American Geographical Society: Research Series, no. 15. New York: American Geographical Society, 1925.

Wright, William. *Apocryphal Acts of the Apostles.* 2 vols. London: Williams & Northgate, 1871. Reprint. Amsterdam: Philo Press, 1968.

Xenophon. *De venatione.* Translated by E. C. Marchant. Loeb Classical Library. New York: G. Putnam's Sons, 1925.

Yu, David C. "The Creation Myth and Its Symbolism in Classical Taoism." *Philosophy East and West* 31:4 (October 1981): 479–500.

Yu, Ying-shih. *Trade and Expansion in Han China: A Study in the Structure of Sino-Barbarian Economic Relations.* Berkeley: University of California Press, 1967.

Zwierzina, Konrad. "Die Legenden der Märtyr von unzerstörbarem Leben." In *Innsbrucker Festgruss von der philosophischen Fakultät,* pp. 130–58. Innsbruck: n.p., 1909.

Tuchman, Barbara. *A Distant Mirror: The Calamitous Fourteenth Century*. Harmondsworth: Penguin, 1980.

Tulsī Dās. *Rām Carit Mānas*. Gorakhpur: Gita Press, 1934.

Turner, Sir Ralph A. *A Comparative Dictionary of the Indo-Aryan Languages*. London: Oxford University Press, 1962.

Turner, Victor. *The Forest of Symbols: Aspects of Ndembu Ritual*. Ithaca, N.Y.: Cornell University Press, 1977.

Tzetzes. *Historiarum variarum Chiliades*. Edited by Theophilus Kiessling. Leipzig: n.p., 1826.

Vājasaneyi Saṁhitā, 2d ed. With the commentaries of Uvaṭa and Mahīdhara. Edited by Vasudeva Laksman Sastri Pansikar. Bombay: Pandurang Jawaji, 1929.

Vāmana Purāṇa. Edited by A. S. Gupta. Varanasi: All-India Kashiraj Trust, 1968.

Van Kooij, J. R. *Worship of the Goddess According to the Kālikā Purāṇa*. Leiden: Brill, 1972.

Varāha Purāṇa. Calcutta: Bibliotheca Indica, 1893.

Varāhamihira. *Bṛhat Saṁhitā*. 2 vols. Edited by M. Ramakrishna Bhat. Delhi: Motilal Banarsidass, 1981–82.

Varenne, Jean. *Cosmogonies védiques*. Milan: Arché, 1982.

———. *Yoga and the Hindu Tradition*. Translated by Derek Coltman. Chicago: University of Chicago Press, 1976.

Vatsyayana, Kapil. *The Square and the Circle of the Indian Art*. Delhi: Roli, 1983.

Vernant, Jean-Pierre. *Mythe et pensée chez les Grecs: études de psychologie historique*. 2 vols. Paris: Maspero, 1965.

Vincent de Beauvais. *Speculum Historialis*. Edited by the Benedictines of St. Vaast. Douai: B. Belleri, 1624.

———. *Speculum Naturalis*. Edited by the Benedictines of St. Vaast. Douai: B. Belleri, 1624.

Virgil. *Aenead*. Edited by J. W. Mackail. Oxford: Clarendon Press, 1930.

Vita Alexandri Regis Macedonum. Edited by J. Trumpf. Bibliotheca Scriptorum Graecorum et Romanorum Teubneriana. Stuttgart: Teubner, 1974.

Vollmer, John E.; Keall, E. J.; and Nagai-Berthrong, E. *Silk Roads–China Ships*. Toronto: Royal Ontario Museum, 1983.

Voragine, Jacobus de. *Legende Aurea*. Translated by Jean-Baptiste M. Rose as *La légende dorée*. 2 vols. Paris: Flammarion, 1967.

Waida, Manabu. "Central Asian Mythology of the Origin of Death: A Comparative Analysis of its Structure and History." *Anthropos* 77:5–6 (1982): 663–701.

Watson, Burton. *The Complete Works of Chuang Tzu*. New York: Columbia University Press, 1968.

Weber, Albrecht. *Indische Studien: Beiträge für die Kunde des Indischen Alterthums*. 18 vols. Berlin: F. Dümmler, 1850–63; Leipzig: F. A. Brockhaus, 1865–98.

Weller, Friedrich. "Die Legende von Śunaḥśepa im *Aitareya Brāhmaṇa* und *Śāṅkhāyana Śrauta Sūtra*." *Berichte über die Verhandlungen der Sachsischen Akademie der Wissenschaften zu Leipzig, philologische-historische Klasse* (Berlin) 102:2 (1956): 8–21.

Sontheimer, Günther Dietz. "Dasarā at Devaraguḍḍa: Ritual and Play in the Cult of Mailar/Khaṇḍobā." *South Asian Digest of Regional Writing* 10 (1981): 1–27.

———. "The Mallāri-Khaṇḍobā Myth as Reflected in Folk Art and Ritual." *Anthropos* 79 (1984): 155–70.

Sophocles. *Philoctetes.* Edited by Alphonse Dain. Translated by Paul Mazon. Paris: Les Belles Lettres, 1967.

Sperber, Dan. "Pourquoi les animaux parfaits, les hybrides et les monstres sont-ils bons à penser symboliquement?" *L'Homme* 15:2 (April–June 1975): 5–34.

Speyer, Walter of. *Vita et Passio Sancti Christopher Martyris.* In *Monumenta Germaniae Historica (inde ab anno Christi 500 usque ad annum 1500) Poetae Latini Medii Aevi.* Vol. 5. Edited by Karl Strecker and Gabriel Silagi. Leipzig: Monumenta Germaniae Historica, 1937–39. Reprint. Munich, Monumenta Germaniae Historica, 1978.

Srivastava, Ramlal, ed. *Gorakh Bānī Viśeṣāṅk.* Gorakhpur: Gorakhnath Mandir, 1979.

Stein, Rolf A. "Architecture et pensée religieuse en Extrême-Orient." *Artibus Asiae* 4 (1957): 163–86.

———. "L'habitat, le monde et le corps humain en Extrême-Orient et en Haute Asie." *Journal Asiatique* 245 (1957): 37–74.

———. "Jardins en miniature d'extrême Orient." *Bulletin de l'Ecole Francaise d'Extrême-Orient* 52 (1942): 1–104.

———. "Leao-Tche." *T'oung Pao* 35 (1939): 1–154.

———. "Religious Taoism and Popular Religion." In *Facets of Taoism: Essays in Chinese Religion,* pp. 53–81. Edited by Holmes Welch and Anna Seidel. New Haven: Yale University Press, 1979.

Strabo. *Geographica.* 8 vols. Translated by Howard Leonard Jones and John Robertson Stillington Sterrett. Loeb Classical Library. New York: G. P. Putnam's Sons, 1917–32.

Szemerenyi, Oswald. "Iranica." *Zeitschrift der Deutsche Morgenländischen Gesellschaft* 101 (1951): 197–219.

Taittirīya Brāhmaṇa. With the commentary of Sāyaṇa. Edited by Rajendralal Mitra. Calcutta: Bibliotheca Indica, 1859.

Taittirīya Saṁhitā. With the commentary of Mādhava. Calcutta: Bibliotheca Indica, 1860.

Tāṇḍya Mahābrāhmaṇa. With the commentary of Sāyaṇa, 2 vols. Kashi Sanskrit Series, no. 105. Benares: Chowkhamba, 1936.

Tāranātha. *History of Buddhism in India.* Translated by Lama Chimpa Alaka Chattopadhyaya. Edited by Debiprasad Chattopadhyaya. Simla: Indian Institute of Advanced Study, 1970.

Thakur, Upendra. *The Hūṇas in India.* Chowkhamba Sanskrit Series, vol. 58. Varanasi: Chowkhamba Sanskrit Series Office, 1967.

Thapar, Romila. *A History of India.* 2 vols. Harmondsworth: Penguin, 1968.

Tola, Fernando and Dragonetti, Carmen. "India and Greece before Alexander." *Annals of the Bhandarkar Oriental Research Institute* 67 (1985): 175–94.

Tryjarski, Edward. "The Dog in the Turkic Area: An Ethnolinguistic Study." *Central Asian Journal* 23:3–4 (1979): 297–319.

Śārṅgadhara Paddhati. 2 vols. Edited by Peter Peterson. Bombay: Central Book Depot, 1888.

Scherer, Anton. *Gestirnnamen bei den Indogermanischen Völkern*. Heidelberg: Carl Winter, 1953.

Schiffeler, John Wm. *The Legendary Creatures of the Shan-hai jing*. Taipei: n.p., 1978.

Schindler, Bruno. "The Development of the Chinese Conceptions of Supreme Beings." In *Hirth Anniversary Volume*, pp. 298–366. London: n.p., 1923.

———. "On the Travel, Wayside and Wind Offerings in Ancient China." *Asia Maior* 1 (1924): 624–56.

Schlegel, Gustave. "Problèmes géographiques. Les peuples étrangers chez les historiens chinois: III. Niu kuo. Le pays des Femmes." *T'oung Pao* 3 (1892): 495–510.

Schlerath, Bernfried. "Der Hund bei den Indogermanen." *Paideuma* 6:1 (November 1954): 25–40.

Schmitt, Jean-Claude, *Le saint lévrier: Guignefort guérisseur d'enfants depuis le XIIIe siècle*. Paris: Flammarion, 1979.

Schneemelcher, Wilhelm, ed. *New Testament Apocrypha*. 2 vols. Translated by Edgar Hennecke. Translation edited by R. McL. Wilson. Philadelphia: Westminster, 1965.

Schwartz, J. "A propos de l'iconographie orientale de S. Christophe," *Le Muséon: Revue d'Etudes Orientales* 67 (1954): 93–98.

Schwartzenberg, Joseph E. *A Historical Atlas of South Asia*. Chicago: University of Chicago Press, 1978.

Sénac, Philippe. *L'Image de l'Autre: Histoire de l'Occident médiéval face à l'Islam*. Paris: Flammarion, 1983.

Seznec, Jean. *The Survival of the Pagan Gods: The Mythological Tradition and Its Place in Renaissance Humanism and Art*. Translated by Barbara F. Sessions. Bollingen Series, no. 38. Princeton: Princeton University Press, 1972.

Sharma, Ram Sharan. *Śūdras in Ancient India*. Delhi: Motilal Banarsidass, 1980.

Shulman, David Dean. *The King and the Clown in South Indian Myth and Poetry*. Princeton: Princeton University Press, 1986.

Sisam, Kenneth. *Studies in the History of Old English Literature*. Oxford: Clarendon Press, 1953.

Śiva Purāṇa. With an introduction by Puspendra Kumar. Edited by Nag Sharan Singh. Delhi: Nag Publishers, 1981.

Skanda Purāṇa. 3 vols. Edited by Nag Sharan Singh. Delhi: Nag Publishers, 1984.

Skelton, R. A.; Marston, Thomas A.; and Painter, George D. *The Vinland Map and the Tartar Relation*. New Haven: Yale University Press, 1965.

Smith, Jonathan Z. *Imagining Religion: From Babylon to Jonestown*. Chicago: University of Chicago Press, 1982.

———. *Map Is Not Territory: Studies in the History of Religions*. Studies in Judaism in Late Antiquity, no. 23. Leiden: Brill, 1978.

Smith, Vincent A. *The Oxford History of India*. 3d ed. Edited by Perceval Spear. Oxford: Clarendon Press, 1964.

Solinus. *Collectanea rerum memorabilium*. Edited by Theodor Mommson. Berlin: Weidman, 1895.

Pliny the Elder. *Naturalis Historia.* 37 vols. Edited and translated by Jean Beaujeu, Robert Schilling, et al. Paris: Les Belles Lettres, 1947–81.
Pliny the Elder. *Naturalis Historia.* 10 vols. Translated by H. Rackham. Loeb Classical Library. Cambridge: Harvard University Press, 1938–63.
Plutarch. *De Iside et Osiride.* Edited by W. Nachstädt, W. Sieveking, and J. Titchener. Bibliotheca Scriptorum Graecorum et Romanorum Teubneriana, no. 210, pt. 1, vol. 2. Leipzig: Teubner, 1925.
Pollard, A. W., ed. *The Travels of Sir John Mandeville.* London: Macmillan, 1900. Reprint. New York: Dover, 1964.
Ptolemy. *Geographica.* Edited by Carl Müller. Paris: Firmin Didot, 1883.
Puhvel, Jaan. *Comparative Mythology.* Baltimore: Johns Hopkins University Press, 1986.
Ragache, Claude-Catherine, and Ragache, Gilles. *Les loups en France: Légendes et réalité.* Paris: Aubier, 1981.
Rājataraṁgiṇī of Kalhaṇa. Edited by Raghunath Singh. Varanasi: n.p., 1973.
Rājataraṁgiṇī of Kalhaṇa. 2 vols. Translated by M. A. Stein as *Kalhana's Rajataramgiṇī: A Chronicle of the Kings of Kashmir.* London: A. Constable & Co., 1900. Reprint. Delhi: Motilal Banarsidass, 1979.
Rāmāyaṇa of Vālmīki. 7 vols. Edited by G. H. Bhatt et al. Baroda: Oriental Institute, 1960–75.
Ratramnus of Corbie. *Epistola de Cynocephalis.* In J. P. Migne, *Patrologia cursus completus . . . Series Latina* 121: cols. 1153–56.
Ṛg Veda. With the commentary of Sāyaṇa. Edited by F. Max Müller. 2d. ed. London: Henry Frowde, 1890–92. Reprint. Varanasi: Chowkhamba Sanskrit Series no. 99, 1966.
Richter, Konrad. *Der deutsche S. Christoph: Eine historisch-kritische Untersuchung.* Berlin: Mayer und Müller, 1896.
Ricoeur, Paul. *The Symbolism of Evil.* Boston: Beacon Press, 1967.
Roscher. W. H. "Das von der 'Kynanthropie' handelnde Fragment des Marcellus von Side." *Abhandlungen der Philologisch-historische Klasse der Königlich Sachsischen Gesellschaft der Wissenschaften* (Leipzig) 17:3 (1897): 1–92.
Rosenfeld, Hans-Friedrich. *Der Hl. Christophorus: Seine Verehung und seine Legend.* Acta Academiae Aboensis, Humaniora 10, no. 3. Åbo: Åbo Akademi, 1937.
Roux, Jean-Paul. *La religion des turcs et des mongols.* Paris: Payot, 1984.
Roy, Bruno. "En marge du monde connu: les races des monstres." In *Aspects de la marginalité au Moyen-Age.* Edited by Guy Allard, 71–80. Montreal: Aurore, 1975.
Sackur, Ernst. *Sibyllinische Texte und Forschungen.* Halle: Miermeyer, 1898.
Saintyves, Pierre. *En marge de la Légende dorée: songes, miracles et survivances; essai sur la formation de quelques thèmes hagiographiques.* Paris: Emile Nourry, 1931.
———. *Saint Christophe, successeur d'Anubis, d'Hermès et d'Héraclès.* Paris: Emile Nourry, 1936.
Śāṅkhāyana Śrauta Sūtra. Edited by A. Hillebrandt. Calcutta: Bibliotheca Indica, 1888–99.

Mitter, Partha. *Much Maligned Monsters: History of European Reaction to Indian Art.* Oxford: Clarendon Press, 1977.

Monier-Williams, Sir Monier. *A Sanskrit-English Dictionary.* Oxford: Oxford University Press, 1899. Reprint. Delhi: Motilal Banarsidass, 1978.

Muir, John. *Original Sanskrit Texts on the Origin and History of the People of India, Their Religion and Institutions,* 5 vols. London: Trubner, 1868–74. Reprint. Delhi: Oriental Publications, 1976.

Myth in Indo-European Antiquity. Edited by Gerald James Larson. Berkeley: University of California Press, 1974.

Nirukta of Yāska. Edited by Lakshman Sarup. Oxford: Oxford University Press, 1921.

Naville, E., and LePage Renouf, Sir Peter. *The Book of the Dead.* Paris, Leipzig: 1907.

Nussbaum, Martha C. *The Fragility of Goodness: Luck and Ethics in Greek Tragedy and Philosophy.* Cambridge: Cambridge University Press, 1986.

Oberle, Alois. "Der Hundekopfdämon im Volksglauben des Westtales und des chinesisch-tibetischen Kontaktgebeites im Osttale von Kuei-te in der Provinz Ch'ing-hai." In *Ethnographische Beiträge aus der Ch'inghai Provinz (China).* Museum of Oriental Ethnology, Folklore Studies: Supplement no. 1. Peking: The Catholic University of Peking, 1952: 222–33.

O'Flaherty, Wendy Doniger. *Dreams, Illusion, and Other Realities.* Chicago: University of Chicago Press, 1984.

———. *The Origins of Evil in Hindu Mythology.* Berkeley: University of California Press, 1976.

———. *Śiva: The Erotic Ascetic.* New York: Oxford, 1973. Reprint. New York: Oxford, 1981.

Ohlinger, F. "A Visit to the 'Dogheaded Barbarians' or Hill People, near Foochow." *The Chinese Recorder and Missionary Journal* 17 (July 1886): 265–68.

O'Meara, John J., ed. and tr. *The Voyage of Saint Brendan to the Promised Land.* Dublin: Dolmen, 1978.

Paul, Martha. *Wolf, Fuchs und Hund bei der Germanen,* Wiener Arbeiten zur Germanischen Altertumskunde und Philologie, no. 13. Vienna: Karl M. Halosar, 1981.

Pauly's Realencyclopädie der classischen Altertumswissenschaft. Neue Bearbeitung. Begonnen von Georg Wissowa. 24 vols. Stuttgart: Druckenmüller Verlag, 1893–1963.

Pelliot, Paul. Review of *Der Hund in der Mythologie der zirkumpazifischen Völker* by Wilhelm Köppers, in *T'oung Pao* 28 (1931): 463–70.

———. "Femeles (Island of Women)." In *Notes on Marco Polo,* 2 vols. Paris: Imprimerie Nationale, 1960, 2:671–725.

Petavatthu: Stories of the Departed. Edited by Henry Snyder Gehman. Pali Text Society, Minor Anthologies of the Pali Canon, no. 4. London: Pali Text Society, 1974.

Photius. *Biblotheca.* 8 vols. Edited and translated by René Henry. Paris: Les Belles Lettres, 1959–77.

Piankoff, A. "Saint Mercure, Abou Sefein et les Cynocéphales." *Bulletin de la Société d'Archaéologie Copte* 8 (1942): 17–24.

Mārkaṇḍeya Purāṇa. 2 vols. Edited and translated by F. Eden Pargiter. Calcutta: Baptist Mission Press, 1888–1904.

Marquart, Joseph. *Die Benin-Sammlung des Reichsmuseum für Völkerkunde in Leiden*. Veröffentlichungen des Reichsmuseums für Völkerkunde in Leiden, sér. 2, no. 7. Leiden: Brill, 1913.

Marriott, McKim. "Hindu Transactions: Diversity Without Dualism." In *Transaction and Meaning: Directions in the Anthropology of Exchange and Symbolic Behavior*, edited by Bruce Kapferer, pp. 109–42. Philadelphia: Institute for the Study of Human Issues, 1976.

Maspero, Henri. "Légendes mythologiques dans le *Chou king*," *Journal Asiatique* 204 (1924): 1–100.

———. *Le taoisme et les religions chinoises*. Paris: Gallimard, 1971.

Mathieu, Rémi. *Etude sur la mythologie et l'éthnologie de la Chine ancienne: Traduction annotée du Shanhai jing*, 2 vols. Mémoires de l'Institut des Hautes Etudes. Vol. 22, pts. 1 and 2. Paris: Collège de France, Institut des Hautes Etudes Chinoises, 1983.

Mattavilāsa prahasanam of Mahendra Vikramavarman. Edited and translated by N. P. Unni. Trivandrum: College Book House, 1974.

Mayrhofer, Manfred. *Kurzgefasstes etymologisches Wörterbuch des Altindischen* (A concise etymological Sanskrit dictionary). 4 vols. Heidelberg: Carl Winter, 1956–80.

Merkelbach, Reinhold. *Die Quellen des greichischen Alexanderromans*. Zetemata Monographaien zur klassischen Altertumswissenschaft, no. 9. Munich: Beck, 1977.

Meslin, Michel, gen. ed. *Le merveilleux: L'imaginaire et les croyances en Occident*. Paris: Bordas, 1984.

Mestre, Edouard. "Religions de l'Indochine." *Annuaire*. Ecole Pratique des Hautes Etudes, Section des Sciences Religieuses, 1932–33: 38–40.

———. "Religions de l'Indochine." *Annuaire*. Ecole Pratique des Hautes Etudes, Section des Sciences Religieuses, 1933–34: 26–27.

———. "Religions de l'Indochine." *Annuaire*. Ecole Pratique des Hautes Etudes, Section des Sciences Religieuses, 1945–46: 28–31.

———. "Religions de l'Indochine." *Annuaire*. Ecole Pratique des Hautes Etudes, Section des Sciences Religieuses, 1946–47: 108–16.

Meyer, Paul. *Alexandre le Grand dans la littérature francaise du moyen age*, 2 vols. Paris: Vieweg, 1886.

Migne, Jacques Paul, general editor. *Patrologia cursus completus . . . Series graeca*, 161 vols. Paris: Petit Montrouge, 1857–66.

———. *Patrologia cursus completus . . . Series latina*, 221 vols. Paris: Garnier, 1844–64.

Miller, Konrad. *Mappae Mundi: die ältesten Weltkarten*. 6 vols. Stuttgart: J. Roth, 1895–96.

Miller, Roy Andrew. *Accounts of Western Nations in the History of the Northern Chou Dynasty*. Chinese Dynastic History Translations, no. 6. Berkeley: University of California Press, 1959.

Mills, J. P. *The Ao Nāgas*. 2d ed. Bombay: Oxford University Press, 1973.

Lurker, Manfred. “Der Hund als Symboltier für den Ubergang vom Diesseits in das Jenseits.” *Zeitschrift für Religions- und Geistesgeschichte* 35:2 (1980): 132–44.

———. “Hund und Wolf in ihrer Beziehung zum Tode.” *Antaios* 10 (1969): 199–216.

McCrindle, J. W. *Ancient India as Described by Ktesias the Knidian.* London: Trubner, 1882.

———. *Ancient India as Described in Classical Literature.* Westminster: A. Constable, 1901. Reprint. New Delhi: Oriental Reprints, 1979.

———. *The Invasion of India by Alexander the Great.* Westminster: A. Constable, 1893.

McGovern, William Montgomery. *The Early Empires of Central Asia: A Study of the Scythians and the Huns and the Part They Played in World History.* Chapel Hill: University of North Carolina Press, 1939.

Mādhavācārya. *Śaṅkara Digvijaya.* Srirangam: Vilasa, 1972.

Maenchen-Helfen, Otto. “Huns and Hsiung-nu.” *Byzantion: International Journal of Byzantine Studies* (American Series, 3) 17 (1945): 222–43.

———. “The Legend of the Origin of the Huns.” *Byzantion: International Journal of Byzantine Studies* (American Series, 3) 17 (1945): 244–51.

———. *The World of the Huns.* Edited by Max Knight. Berkeley: University of California Press, 1973.

Mahābhārata. 21 vols. Edited by Visnu S. Sukthankar, et al. Poona: Bhandarkar Oriental Research Institute, 1933–60.

Mahābhāṣya of Patañjali. 10 vols. With Bhāṣyapradīpa commentary of Kaujāta. Edited by M. S. Narasimhachariar. Publications de l’Institut Francaise d’Indologie, no. 51. Pondicherry, 1973–83.

Mahāvamsa. Edited by Wilhelm Geiger as *The Mahāvamsa, or, The Great Chronicle of Ceylon.* Colombo: Ceylon Government Information Department, 1950.

Mainoldi, Carla. *L’Image du loup et du chien dans la Grèce ancien d’Homère à Platon.* Paris: Ophrys, 1984.

Malamoud, Charles. *Cuire le monde: rite et pensée dans l’Inde ancien.* Paris: Editions de la Découverte, 1989.

Mallmann, Marie-Therèse de. *Introduction à l’iconographie du tantrisme bouddhique.* Bibliotheque du Centre des Recherches sur l’Asie Centrale et la Haute Asie, vol. 1. Paris: Adrien-Maisonneuve, 1975.

Man Shu. Edited by G. P. Oey and translated by Gordon H. Luce as *The Man Shu (Book of the Southern Barbarians).* Cornell University, Department of Far Eastern Studies, Southeast Asia Program, Data Paper no. 44. Ithaca, N.Y.: Cornell University, 1961.

Manu Smṛti. With the “Manvartha-Muktāvali” commentary of Kullūka Bhaṭṭa. Edited by Pandit Gopala Sastri Nene. Kashi Sanskrit Series no. 114. Varanasi: Chowkhamba Sanskrit Series Office, 1970.

Manu Smṛti. Edited and translated by Georg Buhler as *The Laws of Manu.* Sacred Books of the East. Vol. 25. Oxford: Oxford University Press, 1886. Reprint. New Delhi: Motilal Banarsidass, 1979.

Mārkaṇḍeya Purāṇa. Edited by Maharsi Vedavyasa Pranotam. Calcutta: n.p., 1876.

Leach, Edmund. *Genesis as Myth and Other Essays*. London: Grossman, 1969.

Leach, Edmund, and Aycock, Alan. *Structuralist Interpretations of Biblical Myths*, 2d ed. Cambridge: Cambridge University Press, 1985.

Lecouteux, Claude. *Les monstres dans la littérature allemande du Moyen Age: Contribution à l'étude du merveilleux médiéval*. 3 vols. Göppinger Arbeiten zur Germanistik, no. 330. Göppingen: Kummerle Verlag, 1982.

LeGoff, Jacques. *L'imaginaire médiéval*. Paris: Gallimard, 1985.

———. *Pour un autre Moyen Age: Temps, travail et culture en Occident*. Paris: Gallimard, 1977.

Lerner, Paule. *Clef astrologique du Mahābhārata: L'Ere Nouvelle*. Bibliothèque de l'Unicorne: Série Francaise, no. 40. Milan: Arché, 1986.

Leslie, D. D., and Gardiner, K. H. J. "Chinese Knowledge of Western Asia During the Han." *T'oung Pao* 68:4–5 (1982): 245–308.

Levenson, Joseph R., and Schurmann, Franz. *China: An Interpretive History From the Beginnings to the Fall of the Han*. Berkeley: University of California Press, 1969.

Levinas, Emmanuel. *Ethique et infini*. Paris: Fayard, 1982.

———. *Totality and Infinity: An Essay on Exteriority*. Translated by Alphonso Lingis. Pittsburgh: Duquesne University Press, 1969.

Lewis, Agnes Smith. *Mythological Acts of the Apostles*. Cambridge: Cambridge University Press, 1904.

Liber monstrorum de diversis generibus. Edited by Moriz von Haupt. In *Mauricii Hauptii Opuscula*. 3 vols. Leipzig: Hirzel, 1876.

Liebert, Gösta. *Iconographic Dictionary of the Indian Religions (Hinduism, Buddhism, Jainism)*. Leiden: Brill, 1976.

Ligeti, Louis, "Rapport sur les rois demeurant dans le Nord." *Etudes tibétaines: dediées à la mémoire de Marcelle Lalou*. Paris: Librarie d'Amérique et d'Orient, 1971: 166–89.

Lilja, Saara. *Dogs in Ancient Greek Poetry*. Commentationes Humanarum Litteratum, no. 56. Helsinki: Societas Scientiarum Fennica, 1976.

Lincoln, Bruce. "The Hellhound." *Journal of Indo-European Studies* 7:3–4 (Fall/Winter 1979): 273–85.

Lipsius, R. A. *Die Apokryphen Apostelgeschichten und Apostellegenden*. 3 vols. Braunschweig: C. A. Schwetschke und Sohn, 1883–90.

Liu, Chungshee Hsiun. "On the Dog-Ancestor Myth in Asia." *Studia Serica* 1 (1941): 277–314.

———. "The Dog-Ancestor Story of the Aboriginal Tribes of Southern China." *Journal of the Anthropological Institute of Great Britain and Ireland* 62 (1932): 361–70.

Loeschcke, Walter. "Darstellung des Kynokephalen hl. Christophorus." *Forschungen zur Osteuropäischen Geschichte* 5 (1957): 37–59 and plates.

Long, Charles H. "Primitive/Civilized: The Locus of a Problem." *History of Religions* 20:1–2 (August/November 1980): 43–61.

Lorenzen, David. *Kāpālikas and Kālamukhas: Two Lost Śaivite Sects*. Delhi: Thomson, 1972.

Kāṭhaka Saṁhitā. 3 vols. Edited by Leopold von Schroeder. Leipzig: F. A. Brockhaus, 1900–12. Reprint. Wiesbaden: Steiner Verlag, 1970–72.

Kathāsaritsāgara of Somadeva. 10 vols. Translated by C. H. Tawney and edited by H. M. Penzer. London: Chas. Sawyer, 1924–28.

Kātyāyana Śrauta Sūtra. With the commentary of Karkācārya. Edited by Madanmohan Pathak. Varanasi: n.p., 1904.

Keith, Arthur Berriedale, and Macdonell, Arthur A. *A Vedic Index of Names and Subjects.* 2 vols. Oxford: Oxford University Press, 1912. Reprint. Delhi: Motilal Banarsidass, 1967.

Klaproth, Jules. "Aperçu des entreprises des Mongols en Georgie et en Arménie dans le XIIIe siècle (suite)." *Journal Asiatique* 12 (1833): 193–305.

Klibansky, Raymond; Panofsky, Erwin; and Saxl, Fritz. *Saturn and Melancholy.* London: Thomas Nelson & Sons, 1964. Reprint. Nedeln, Lichtenstein: Kraus-Thomson, 1979.

Klijn, A. F. J. *The Acts of Thomas.* Leiden: Brill, 1962.

Klinger, W. "Hundsköpfige Gestalten in der antiken und neuzeitlichen Überlieferung." *Bulletin International de l'Académie Polonaise des Sciences et des Lettres.* Classe d'Histoire et de Philologie, Crakow. July–December 1936: 119–23.

Köppers, Wilhelm. "Der Hund in der mythologie der zirkumpazifischen Völker." *Wiener Beiträge zur Kulturgeschichte und Linguistik* 1 (1930): 359–99.

Kramer, Samuel Noah. *Mythologies of the Ancient World.* Garden City, N.Y.: Doubleday Anchor, 1961.

Kramrisch, Stella. *The Hindu Temple.* 2 vols. Calcutta: University of Calcutta Press, 1948. Reprint. Delhi: Motilal Banarsidass, 1976.

———. "The Indian Great Goddess." *History of Religions* 14:4 (May 1975): 236–65.

———. *The Presence of Śiva.* Princeton: Princeton University Press, 1981.

Kretschmar, Freda. *Hundestammvater und Kerberos,* 2 vols. Stuttgart: Strecher und Schröder, 1938.

Kretzenbacher, Leopold. *Kynokephale Dämonen Südosteuropäischer Volksdichtung: Vergleichen Studien zu Mythen, Sagen, Maskenbräuchen und Kynokephaloi, Werwölf und südslawische Pesoglavci.* Munich: Rudolf Trofenik, 1968.

Kṣemiśvara. *Caṇḍakauśika.* Edited and translated by Sibani Das Gupta. Calcutta: Asiatic Society, 1962.

Kubjikāmatatantra, Kulālikāmnaya Version. Crit. ed. Edited by Teun Goudriaan and J. A. Schoterman. Leiden: Brill, 1988.

Kūrma Purāṇa. Edited by A. S. Gupti. Varanasi: All-India Kashiraj Trust, 1967.

Laghu Yogavasiṣṭha of Vālmīki. 2d ed. Translated by K. Narayanaswami Aiyer. Madras: Adyar, 1971.

Laghu Yogavasiṣṭha of Vālmīki. 2 vols. Edited by Srikrsnapanta Sastri. Varanasi: Acyuta Granthamala-Karyalaya, 1976–77.

Lau, D. C. *Lao Tzu: Tao te ching.* Harmondsworth: Penguin, 1983.

Laufer, Berthold. "Supplementary Notes on Walrus and Narwhal Ivory." *T'oung Pao* 17 (1916): 348–89.

Histoire des saints et de la sainteté chrétienne. 11 vols. Edited by André Mandouze (Paris: Hachette, 1986–88). S.v. "Christophe," by Jean Delumeau.

Holbek, Bengt, and Piø, Iørn. *Fabeldyr og sagnfolk*. Copenhagen: Politikkens Forlag, 1979.

Homer. *Iliad*. 2 vols. Edited and translated by A. T. Murray. Loeb Classical Library. Cambridge: Harvard University Press, 1947.

———. *Odyssey*. 2 vols. Edited and translated by A. T. Murray. Loeb Classical Library. Cambridge: Harvard University Press, 1975.

Hopkins, Thomas J. "The Social Teaching of the *Bhāgavata Purāṇa*." In *Krishna: Myths, Rites, and Attitudes*. Edited by Milton Singer, 3–22. Chicago: University of Chicago Press, 1968.

Hou, Ching-lang. "The Chinese Belief in Baleful Stars." In *Facets of Taoism: Essays in Chinese Religion*. Edited by Holmes Welch and Anna Seidel, pp. 207–27. New Haven: Yale University Press, 1979.

Hou Han shu of Fan Yeh. Zhonghua shuju ed. Peking: 1965.

Hudūd al-ʿĀlam, "The Regions of the World," A Persian Geography 372 A.H.—982 *A.D.* Translated and explained by V. Minorsky. Karachi: Indus Publications, 1937; 1980.

Hull, Eleanor, ed. *The Cuchullin Saga in Irish Literature*. London: Nutt, 1898.

Hummel, Siegbert. "Der Hund in der religiösen Vorstellungswelt des Tibeters." *Paideuma* 10:8 (November 1958): 500-509.

Ibn Battuta. *Voyages*. Translated by C. Defremery and B. R. Sanguinetti. 3 vols. Paris: Maspero, 1982.

Ingalls, Daniel H. H. "Cynics and Pāśupatas: The Seeking of Dishonor." *Harvard Theological Review* 55 (1962): 281–98.

Isidore of Seville. *Etymologiae*. In J.-P. Migne, *Patrologia cursus completa Patres Latina*. Vol. 82: cols. 328–41, 419–21.

Ivanov, Vlatcheslav, and Toporov, Vladimir. "Le mythe Indo-Européen de l'orage poursuivant le serpent: reconstruction du schèma." In *Echanges et Communications: mélanges offerts à Claude Lévi-Strauss*. Edited by Jean Pouillon and Pierre Maranda, pp. 1180–1206. Paris: Mouton, 1970.

Jacoby, Adolf. "Der hundsköpfige Dämon der Unterwelt." *Archiv für Religionswissenschaft* 21 (1922): 219–25.

Jaiminīya Brāhmaṇa. Edited by Lokesh Chandra and Raghu Vira. Sarasvati Vihara Grantha Series, no. 31. Nagpur: n.p., 1955.

James, Montague Rhodes. *The Apocryphal New Testament: Being the Apocryphal Gospels, Acts, Epistles and Apocalypses with Other Narratives and Fragments*. Oxford: Clarendon Press, 1960.

Jātaka. Translated by E. B. Cowell. 6 vols. Cambridge: Cambridge University Press, 1895–1907. Reprint. London: Routledge & Kegan Paul, 1973.

Jenkins, Frank. "The Role of the Dog in Romano-Gaulish Religion." *Latomus* 16:1 (January–March 1957): 60–76.

Joshi, Hariprasad Shioprasad. *Origin and Development of Dattātreya Worship in India*. Baroda: Oriental Institute, 1965.

Kane, Pandurang Vamana. *History of Dharmaśāstra*. 5 vols. Poona: Bhandarkar Oriental Research Institute, 1930–62.

Gorakṣasiddhāntasaṁgraha. Edited by Gopinath Kaviraj. Princess of Wales Sarasvati Bhavana Texts, no. 18. Benares: Vidya Vilas Press, 1925.
Gorsira-Ronnet, Elyane. "La Fête de St. Nicolas au Pays-Bas." In *Mélanges offèrts à André Varignac*, 341–53. Paris: Ecole Pratique des Hautes Etudes, 1971.
Gosvāmī, Kṛṣṇadāsa Kavirāja. *Śrī Caitanya Caritāmṛta*. 17 vols. Translated by Bhaktivedanta Swami Prabhupada. New York: Bhaktivedanta Book Trust, 1974–75.
Granet, Marcel. *La civilisation chinoise*. Paris: Albin Michel, 1988.
———. *La pensée chinoise*. Paris: Albin Michel, 1968.
———. "La vie et la mort: croyances et doctrines de l'antiquité chinoise." *Annuaire*, Ecole Pratique des Hautes Etudes, Section des Sciences Religieuses, 1920–21: 1–22.
Grottanelli, Cristiano. "Cosmogonia e sacrificio II." *Studi Storico Religiosi* 5:2 (1981): 173–96.
Hammond, Nicholas G. L. *Atlas of the Greek and Roman World in Antiquity*. Park Ridge, N.J.: Noyes, 1981.
Hartmann, H. Review of *Die Ptoembari und Ptoemphani des Plinius* by Paul Buchère. *Zeitschrift für Ethnologie* 2 (1870): 136–38.
Hasenfratz, Hans-Peter. "Der Indogermanische 'Männerbund'." *Zeitschrift für Religions- und Geistesgeschichte* 34 (1982): 148–63.
Hazra, R. C. *Studies in the Puranic Records on Hindu Rites and Customs*. 2d ed. Dacca, 1940. Reprint. Delhi: Motilal Banarsidass, 1975.
Head, B. V. *Historia Numorum*. Oxford: Clarendon Press, 1887.
Heesterman, Jan. "Vrātya and Sacrifice." *Indo-Iranian Journal* 6 (1962): 3–37.
Henry, René. *Ctésias, le Perse, l'Inde: Les Sommaires de Photius*. Brussels: Lebegue, 1947.
Herodoti Historiarum Libri IX (et) Ctesiae Cnidii. Edited by Carl Müller. Paris: Firmin Didot, 1857.
Herodotus. *Historia*. 4 vols. Translated by A. D. Godley. Loeb Classical Library, nos. 117–20. Cambridge: Harvard University Press, 1969–75.
Herrmann, Albert. *Historical and Commercial Atlas of China*. Harvard-Yenching Institute Monograph Series, no. 1. Cambridge: Harvard University Press, 1935.
Hesiod. *Opera et Dies*. Translated by H. G. Evelyn-White. Loeb Classical Library, no. 57. Cambridge: Harvard University Press, 1974.
———. *Theogonia*. Translated by H. G. Evelyn-White. Loeb Classical Library, no. 57. Cambridge: Harvard University Press, 1974.
Hilka, Alfons, ed. *Der Altfranzösische Prosa-Alexanderroman nach der Berliner Bilderhandschrift nebst dem lateinischen original der Historia de Proliis (Rezension J²)*. Haale: Niemeyer, 1920.
Hilka, Alfons, and Steffens, Karl, eds. *Historia Alexandri Magni (Historia de preliis) Rezension J¹*. Beiträge sur Klassischen Philologie, no. 107. Meisenheim am Glan: Anton Hain, 1979.
Hiltebeitel, Alf. *The Ritual of Battle: Krishna in the Mahābhārata*. Ithaca, N.Y.: Cornell University Press, 1976.

———. *Myth and Reality*. Translated by Williard R. Trask. New York: Harper & Row, 1963. Reprint. New York: Harper Colophon, 1975.

———. *The Myth of the Eternal Return, or Cosmos and History*. Translated by Williard R. Trask. Princeton: Princeton University Press, 1954. Reprint. Princeton: Bollingen, 1971.

———. *The Sacred and the Profane: The Nature of Religions*. Translated by Williard R. Trask. New York: Harcourt, Brace & Jovanovich, 1959.

———. *Zalmoxis, The Vanishing God: Comparative Studies in the Religions and Folklore of Dacia and Eastern Europe*. Translated by Williard R. Trask. Chicago: University of Chicago Press, 1972. Reprint. Chicago: University of Chicago Press, Midway Reprints, 1986.

Epistola Alexandri Macedonis ad Aristotelem. Edited by Carl Müller. Paris: Firmin Didot, 1866.

Erkes, Eduard. "Der Hund im alten China." *T'oung Pao* 38 (1944): 186–225.

Falk, Harry. *Bruderschaft und Würfelspiel*. Freiburg: Hedwige Falk, 1986.

Falk, Nancy. "Wilderness and Kingship in Ancient South Asia." *History of Religions* 13 (1973): 1–15.

Flamion, J. *Les Acts Apocryphes de l'Apôtre André*. Receuil des Travaux, no. 33. Louvain: Bureau de Recueil, 1911.

Foucher, Albert C. A. *The Life of the Buddha*. Abridged translation by Simone Brangler Boas. Middletown, Conn.: Wesleyan University Press, 1963.

Fraser, M. J. "The Passion of Saint Christopher." *Revue Celtique* 34 (1913): 307–25.

Friedman, John Block *The Monstrous Races in Medieval Art and Thought*. Cambridge: Harvard University Press, 1981.

Fulgentius Metaforalis. Edited by Hans Liebeschutz. Studien des Bibliothek Warburg, no. 4. Leipzig: Teubner, 1926.

Gaidoz, Henri. "Saint Christophe à la tête de chien en Irlande et en Russie." *Mémoires de la Société Nationale des Antiquaires* 76 (1924): 192–218.

Gaignebet, Claude. *A plus hault sens: l'ésotérisme spirituel et charnel de Rabelais*. 2 vols. Paris: Maisonneuve, 1986.

Galpin, Stanley Leman. *Cortois and Vilain*. New Haven: Ryder's, 1905.

Gāruḍa Purāṇa. 3 vols. Edited by J. L. Shastri. Ancient Indian Tradition and Mythology, vols. 12–14. Delhi: Motilal Banarsidass, 1980.

Gaster, Moses. *Rumanian Bird and Beast Stories*. Publications of the Folk-Lore Society, no. 75. London: Sidgwick & Jackson, 1915.

Geertz, Clifford. *The Interpretation of Cultures*. New York: Basic Books, 1973.

Gernet, Louis. *Anthropologie de la Grèce ancienne*. Paris: Maspero, 1968. Reprint. Paris: Flammarion, 1982.

Ginzburg, Carlo. *The Cheese and the Worms: The Cosmos of a Sixteenth Century Miller*. Translated by John and Anne Tedeschi. New York: Penguin, 1984.

Girardot, Norman. *Myth and Meaning in Early Taoism*. Berkeley: University of California Press, 1983.

Gnädiger, Louise. *Huidan und Petitcreiu: Gestalt und Figur des Hundes in der mittelalterlichen Tristandichtung*. Zurich: Atlantis, 1971.

Dictionnaire des mythologies. S.v. "Féminines (Divinités) et aieules en Chine ancienne," by Maxime Kaltenmark.

Dictionnaire d'Histoire et de Géographie Ecclésiastiques. Edited by Alfred Baudrillart et al. Paris: Letouzey, 1912–.

Diez de Santillana, Giorgio, and von Dechend, Hertha. "Syrius as a Permanent Center in the Archaic Universe." In *Eternità e storia*. Edited by Enrico Castelli, pp. 153–81. Florence: Vallecchi, 1970.

Diodorus of Sicily. *Bibliotheca Historica*. 12 vols. Translated by C. H. Oldfather. Loeb Classical Library. Cambridge: Harvard University Press, 1962–70.

Douglas, Mary. *Purity and Danger: An Analysis of the Concepts of Pollution and Taboo*. London: Routledge & Kegan Paul, 1966. Reprint. Binghamton, N.Y.: Vail-Ballou Press, 1980.

Duanaire Finn: The Book of the Lays of Fionn. 2 vols. Edited and translated by Gerard Murphy. London: Irish Texts Society, 1933.

Dulaurier, Edouard. "Les mongols d'après les historiens arméniens: fragments traduits sur les textes originaux." *Journal Asiatique* 5è série, 11 (1858): 192–255, 426–73, 481–508.

Dumézil, Georges. *La courtisane et les seigneurs colorés: ésquisses de mythologie*. Paris: Gallimard, 1983.

———. *The Destiny of the Warrior*. Translated by Alf Hiltebeitel. Chicago: University of Chicago Press, 1970.

———. *Flamen-Brahman*. Annales du Musée Guimet. Bibliothèque de Vulgarisation, vol. 51. Paris: Guethner, 1935.

———. *Mythe et épopée*. 3 vols. Paris: Gallimard, 1968.

Dumont, Louis. *Homo hierarchicus: le système des castes et ses implications*. Paris: Gallimard, 1966.

Dvornik, Francis. *The Idea of Apostolicity in Byzantium and the Legend of the Apostle Andrew*. Cambridge: Harvard University Press, 1958.

Eberhard, Wolfram. *China und seine westlichen Nachbarn: Beiträge zur mittelalterlichen und neueren Geschichte Zentralasiens*. Darmstadt: Wissenschaftliche Buchgesellschaft, 1978.

———. *China's Minorities: Yesterday and Today*. Belmont, Calif.: Wadsworth, 1982.

———. *A History of China*. London: Routledge & Kegan Paul, 1971.

———. "Kultur und Seidlung der Randvölker Chinas." *T'oung Pao* supplement to vol. 36, série 2 (1942): 3–506.

———. *The Local Cultures of Southern and Eastern China*. Translated by Adile Eberhard. Leiden: Brill, 1968.

———. *Studies in Chinese Folklore*. Indiana University Folklore Institute Monograph Series, vol. 23. Bloomington: Indiana University Press, 1970.

———. *Typen chinesischen Volksmärchen*. Folklore Fellows Communications, no. 120. Helsinki: Academia Scientiarum Fennica, 1937.

———. *Volksmärchen aus Sudöst-China*. Folklore Fellows Communications, no. 128. Helsinki: Academia Scientiarum Fennica, 1941.

Eliade, Mircea. *Images et symboles: essais sur le symbolisme magico-religieux*. Paris: Gallimard, 1952. Reprint. Paris: Gallimard, 1984.

Chāgaleya Upaniṣad. Edited and translated by Louis Renou. Paris: Adrien-Maisonneuve, 1959.

Chāndogya Upaniṣad. Edited and translated by Swami Swahananda. Madras: Sri Ramakrishna Math, 1956.

Chang, K. C. *The Archaeology of Ancient China*. 4th ed. New Haven: Yale University Press, 1986.

Chavannes, Edouard. *Les mémoires historiques de Se-ma Ts'ien*. 6 vols. Paris: Ernest Leroux, 1895–1905. Reprint. Paris: Adrien-Maisonneuve, 1967–69.

———. "Les pays d'occident d'après le *Heou Han chou*." *T'oung Pao* 8 (1907): 149–234.

———. "Les pays d'occident d'après le *Wei Lio*." *T'oung Pao* 6 (1905): 519–71.

———. "Voyageurs chez les Khitan et les Joutchen." *Journal Asiatique*, 9è série, 9 (1897): 377–442.

Chénu, Marie-Dominique. *Nature, Man and Society in the Twelfth Century*. Translated and edited by Jerome Taylor and Lester K. Little. Chicago: University of Chicago Press, 1968. Reprint. Chicago: Phoenix Books, 1979.

Combarieu, Micheline de. "Image et représentation du *vilain* dans les chansons de geste." In *Exclus et systèmes d'exclusion dans la littérature et la civilisation médiévales*, Colloque, Aix-en-Provence, 4–6 mars 1977. Aix-en-Provence: n.p., 1977: 9–26.

Cordier, Henri. *Les Monstres dans la legende et dans la nature: Nouvelles études sur les traditions tératologiques*, vol. 1, *Les cynocéphales*. Paris: Lafolye, 1890.

———. *Ser Marco Polo: Notes and Addenda to Sir Henry Yule's Edition*. New York: Scribner's, 1920.

Cunningham, Alexander. *Report of a Tour in the Central Provinces and Lower Gangetic Doab in 1881–1882*. Archaeological Survey of India, vol. 17. Calcutta: Office of Superintendant of Government Printing, 1883. Reprint. Delhi, Indological Book House, 1969.

Daṇḍin. *Daśakumāra Carita*. Edited by M. R. Kale. 4th ed. Delhi: Motilal Banarsidass, 1966.

Das Gupta, Shashibhushan. *Obscure Religious Cults*. 3d ed. Calcutta: Firma KLM Private Limited, 1976.

DeGroot, Jan Jacob Maria. *The Religious System of China*. 6 vols. Leiden: n.p., 1892–1910. Reprint. Taipei: Ch'eng-wen, 1969.

Delahaye, Hippolyte. *Les légendes grecques des saints militaires*. Paris: Picard, 1909.

Derrett, J. Duncan M. "The History of 'Palladius on the Races of India and the Brahmans.'" *Classica et Mediaevalia, Revue Danoise de Philologie et d'Histoire* 21 (1960): 64–99.

Devībhāgavata Purāṇa. Varanasi: n.p., 1970.

Dictionnaire des mythologies. Edited by Yves Bonnefoy. 2 vols. Paris: Flammarion, 1981. S.v. "Chine. périphèrie de la. Mythes et légendes relatifs aux Barbares et au pays de Chou," by Maxime Kaltenmark.

Dictionnaire des mythologies. S.v. "Cosmogonie. En Chine," by Maxime Kaltenmark.

Dictionnaire des mythologies. S.v. "Dionysos," by Marcel Detienne.

Babcock, William H. *Legendary Islands of the Atlantic.* American Geographic Society: Research Series, no. 8. New York: American Geographic Society, 1922.

Bacot, Jacques. "Reconnaissance en haute Asie septentrionale par cinq envoyés ouigours au VIIIe siècle." *Journal Asiatique* 244 (1956): 137–53.

Bailey, Greg. *Materials for the Study of Ancient Indian Ideologies: Pravṛtti and Nivṛtti.* Pubblicazione di "Indologica Taurinensia," no. 19. Torino: Jollygrafica, 1985.

Bāṇabhaṭṭa. *Kādambarī.* Edited and translated by Sri Mohandev Pant. 2 vols. Delhi: Motilal Banarsidass, 1971, 1977.

Barraclough, Geoffrey, gen. ed. *The Times Concise Atlas of World History.* Rev. ed. London: Times Books Ltd., 1984; Maplewood, N.J.: Hammond, 1984.

Basham, A. L. *The Wonder That Was India,* 3d rev. ed. London: Sidgwick & Jackson, 1985.

Baudhāyana Śrauta Sūtra. Edited by W. Caland. 3 vols. Calcutta: Bibliotheca Indica, 1904–24.

Berger, Peter. *The Sacred Canopy: Elements of a Sociological Theory of Religion.* Garden City, N.Y.: Anchor, 1969.

Bhāgavata Purāṇa. Edited and translated by C. L. Goswami and M. A. Sastri. Gorakhpur: Gita Press, 1971.

Bhāvabhūti. *Mālatī Mādhava.* Edited and translated by C. R. Devadhar and N. G. Suri. Poona: n.p., 1935.

Biedermann, Hans. "Die 'Hunde-Inseln' im Westmeer." *Almogaren* 3 (1972): 99–108.

Brékilien, Yann. *La mythologie celtique.* Paris: Marabout, 1981.

Bṛhaddevatā of Śaunaka. Edited and translated by Arthur A. Macdonnell. 2 vols. Harvard Oriental Series, nos. 5–6. Cambridge: Harvard University Press, 1904.

Buchthal, Hugo. "A Miniature of the Pentecost from a Lectionary in Syriac." *Journal of the Royal Asiatic Society of Great Britain and Ireland* (1939): 613–15 and plates xiv–xvi.

Budge, E. A. T. Wallis. *The Alexander Book in Ethiopia.* London: Oxford University Press, 1933.

———. *The Book of the Cave of Treasures.* London: n.p., 1928.

———, *The Book of the Saints of the Ethiopian Church.* 2 vols. Hildesheim and New York: Georg Olms, 1976.

———. *The Contendings of the Apostles.* London: Oxford University Press, 1935.

Burgstaller, Ernst. "Über einige Gestalten des Thomasbrauchtums in Überösterreich.' *Mitteilungen der Anthropologischen Gesellschaft in Wien* 95 (1965): 306–21.

Burrow, T. "A Note on the Indo-Iranian Root *Kan-* 'Small' and the Etymology of Latin *Canis* 'Dog.'" *Transactions of the Philological Society* (1983): 155–64.

Bu-tson. *Chos-hbyung.* Edited and translated by E. Obermiller. Heidelberg: Harrassowitz, 1931–32.

Caland, Wilhelm. *Pañcaviṁśa Brāhmaṇa, The Brahmana of Twenty-Five Chapters.* Calcutta: Baptist Mission Press, 1931.

参考文献

◎関連の邦訳文献は　p.383にあります。

Adam of Bremen. *Gesta Hammaburgensis ecclesiae pontificorum*. In *Scriptores rerum germanicarum in usum scholarum ex Monumentis Germaniae Historica*, vol. 2. 3d ed. Edited by Bernhard Schmeidler, 242–48. Hannover: Hahnsche Buchhandlung, 1917.

Aelianus. *De natura animalium*. Translated by A. F. Schofield. Loeb Classical Library, nos. 446, 448, 449. Cambridge: Harvard University Press, 1959–71.

Afshar, Mahasti Ziai. *The Immortal Hound: The Genesis and Transformation of a Symbol in Indo-Iranian Traditions*. Ph.D. diss., Harvard University, 1988.

Ahrens, Karl and Krüger, G. *Die sogenannte Kirchengeschichte des Zacharios Rhaetor*. Teubneriana, vol. 241, pt. 3. Leipzig: Teubner, 1899.

Aitareya Brāhmaṇa. 2 vols. Edited by Martin Haug. Poona, 1863. Reprint. Delhi: Bharatiya Publishing House, 1976.

Aitareya Brāhmaṇa. Translated by Arthur Berriedale Keith. Harvard Oriental Series, vol. 25. Cambridge: Harvard University Press, 1920.

Ameisenowa, Zofia. "Animal-headed Gods, Evangelists, Saints and Righteous Men." *Journal of the Warburg and Courtauld Institutes* 12 (1949): 21–45.

Anderson, Andrew Runni. *Alexander's Gate, Gog and Magog, and the Inclosed Nations*. Cambridge, Mass.: Medieval Academy of America, 1932.

Āpastamba Śrauta Sūtra. With the commentary of Rudradatta. Edited by Richard Garbe. 3 vols. Calcutta: Baptist Mission Press, 1885–1903.

Aristotle. *Historia Animalium*. 3 vols. Edited and translated by Pierre Louis. Paris: Les Belles Lettres, 1964–69.

Arriani Anabasis et Indica . . . Pseudo-Callisthenes Historiam Fabulosum. Edited by Carl Müller. Paris: Firman Didot, 1866.

Arthaśāstra of Kauṭilya. 3d ed. Edited by R. Shama Shastry. Government Oriental Library Series: Bibliotheca Sanskrita, no. 54. Mysore, 1929.

Āśvalāyana Śrauta Sūtra. With the commentary of Garganārāyaṇa. Anandasrama Sanskrit Series. Poona, 1917.

Atharva Veda. With the commentary of Sāyaṇa. Edited by Visva Bandhu. 4 vols. Hoshiarpur, 1960–64.

Augustine. *De civitate Dei*. 2 vols. Edited and translated by Marcus Dods. New York: Hafner, 1948.

Avesta. Translated by James Darmesteter. Sacred Books of the East, no. 23. Oxford: Clarendon Press, 1883.

187, 267, 270, 355, 359, 371
牝犬 Bitch: 犬祖神話の～ 48, 319; ギリシアの宗教と神話の～ 64; 牝狼, 狼祖神話の, 48, 201; スパコ, キュロス大王に乳を与えた 48, 203, 257, 264, 319, 329, 335, 376; ヤッキニー, 仏教神話の 142; ヨーギー, 仏教神話の 174
牝狼 Werewolves: 「狼腹の」 339, 372; ～の中央アジア民族 31, 349, 376; 追放の罪人 21, 31, 48, 246, 291, 376, 380; 軍事的集団 31, 48, 49, 96, 271, 376; 狼男 31, 32, 48, 49, 78, 96, 107, 157, 335, 339, 350, 353, 372
メストレ, エドワール Mestre, Edouard, 215, 222, 229, 239, 309, 315
メディア人 Medians, 184; マードラカ, マドラス 184, 372
(聖)メルクリウス Mercurius, Saint, 54, 62-63, 365
メルクリウス Mercury, 31, 63, 270, 365. ヘルメス;聖メルクリウスも参照.
メンヒェン＝ヘルフェン, オットー Maenchen-Helfen, Otto, 285, 297
モト Mot. 死神参照.
モンゴル人 Mongols, 92, 190, 197-99, 200, 202, 260, 321, 325, 351; ～の犬祖神話 204, 319; 怪物種族としての～, 85, 91, 350. チンギス・ハーンも参照.

【ヤ行】

ヤーヴァナ (バクトリア＝ギリシアの) Yāvanas (Bactrian Greeks), インドの蛮族の～ 125, 179, 183, 193, 328, 329, 334. バクトリアも参照。
ヤオ族,南方民族の Yao, southern barbarian people, 188, 192, 212; 特権 216, 218-22, 313; 狼の子供 315; 犬の髪型 220, 309, 314, 317; 槃瓠を先祖とする派 214, 215, 223, 311; マン族と異なる～ 215-16, 218, 222, 227; 宮廷との関わり 216-17, 224, 225, 230, 244; 三苗 244-45, 307; ～の支族集団 216, 218-21, 229. シアポーとシアミン; リャオ族; マン族; ミャオ族も参照.
ヤクシャ Yakṣas, 143, 280
ヤティ Yatis. 隠者を参照.
ヤートゥ Yātus, 146, 339; ヤーツダーニー 147, 156. 犬頭人伝説も参照.
ヤマ Yama. 死神参照.
ユー, デイヴィッド Yu, David, 239
ヨーガヴァシシュタ Yogavasiṣṭha 165, 176
ヨーガ Yoga, 143, 169, 186, 340
予兆 Portents: ～の犬 145-46, 169, 349; ～の怪物 35, 106, 299, 349

【ラ行】

礼記 *Li chi*, 246, 252, 305
ラージャタランギニー *Rājataraṁgiṇmī*, 167-68, 182, 185, 267, 328
ラーマーヤナ *Rāmayāṇa*, 122, 131, 135, 171, 187, 279, 341
ラーレス Lares. 犬頭人、非人間のを参照.
ラムセス、エジプトのファラオ Ramses, Egyptian pharoahs: ～2世 47, 299;～3世 74;～6世 74
リカオニア Lykaonia. リュキア参照.
リュキア Lycia, 45, 58, 353, 365, 371, 376
リコポリス Lycopolis, 72, 73
リシ Ṛṣis. 隠者も参照.
リャオ族 Liao, 188, 215, 222, 239
ルソー, ジャン-ジャック Rousseau, Jean-Jacques, 281, 347
ルドラ Rudra, 146, 150, 154, 162, 163, 337; パシュパティ 157, 162; ルドラ神群 157,

ヘルメス　Hermes, 47, 65, 70, 268, 299, 354, 363, 365; ヘルメストリスメギストス　62, 70
ヘロドトス　Herodotus, 48, 50, 55, 75, 79, 80, 82, 86, 197, 203, 270, 284, 299, 360; ～によるインドとエチオピアの同定　79, 80
ベーダ　Bhedas. アウトカースト参照.
ペンテコステ　Pentecost, 107
法典, ヒンドゥー教の　Lawbooks, Hindu, 138, 140, 145, 160, 177; アーパスタンダ・ダルマ・スートラ　160; マヌ法典　123,140, 145, 169-70; ヤージュニャヴァルキヤ・スムリティ　160
吠え声　Barking, 29, 31, 35, 162, 324, 333, 360, 376, 377; 犬頭人の～　58, 66, 81, 95, 197, 204, 287, 363, 368, 376
北方浄土　Hyperboreans, 186, 187
ホメロス　Homer, 50, 64, 79, 359
ホルド　Horde, 78, 258, 286; ～の定義　27, 302; インドのガナ 27, 179, 183, 302, 326, 333, 338; 中国の蛮族　188, 302, 312

【マ行】

マスペロ、アンリ　Maspero, Henri, 299, 305
(聖)マタイ　Matthew, Saint (the apostle), 55, 58, 62
マータンガ　Mātaṅgas. アウトカースト参照.
(聖)マッテヤ　Matthias, Saint (the apostle), 54-57, 277
マッカーシー、ジョゼフ　McCarthy, Joseph, 286, 291
マッラーリ　Mallāri, 162-63, 333
マニ教　Manichaeanism. グノーシス主義参照.
マハーヴァンサ　*Mahāvaṁsa*, 142, 265, 336
マハーバーラタ　*Mahābhārata*, 114, 118, 122, 130, 138-39, 146, 152, 157, 183-84, 186, 345, 347
繭, 神話の　Cocoons in mythology, 236. 渾沌を参照.
マルコ・ポーロ　Marco Polo, 51, 100, 350
マン族, 南方民族の　Man, southern barbarian people, 188, 189, 192, 207, 210-31, 258; 槃瓠を先祖とする派　214, 216, 217, 218, 224, 235-37, 245, 251, 312, 314, 315, 316, 350; 犬の髪型 211, 234, 314, 317; ～とイ族　217, 317;「くぼみ」に住む　249-50, 304; 男が犬で女が人間 42, 300; ～の移住 214; ～の怪物起源 243; 宮廷との関連 187, 216, 226-31, 243, 278, 312-13, 314, 316; 虎槃瓠の民　305, 312; ベトナム系フモン族　315; 三国時代のヤオ族対～　222-27, 239. 槃瓠; ヤオ族; 南方民族のも参照.
ミカエル, 天使長の　Michael, the Archangel, 62, 366
道を開く者　Way-Opener, 70, 72
ミャオ族　Miao, 222, 223, 235, 239, 315; 三苗 244-45, 257, 306, 307
魅惑と畏怖　*Fascinans* and *tremendum*, 25, 32, 78, 105, 178, 186, 267, 376; 存在の基盤としての～　276, 289
民族伝承: 東欧の　Folklore: Eastern European, 96; オーストリアの　68-69; ブルガリアの 98, 204; エストニアの　91-92; ハンガリーの　67; ルーマニアの～　93; スラブの～ 67, 80, 96, 351. クックーとムグルも参照.
明堂　Ming-tang, 249-50, 252
ムシュティカ　Muṣṭikas. アウトカーストを参照.
ムハンマド　Muhammad, 106-07
ムレッチャ、インド蛮人グループの Mlecchas, Indian barbarian group, 37, 125, 180, 193, 262, 375; アウトカーストに分類された～, 114-15, 185, 329.アウトカーストも参照.
メガステネス　Megasthenes, 79, 82, 84, 114,

の～ 177-87, 253; 怪物と同定された～ 31, 85, 87-91, 180-82, 187, 257, 284, 291. 混沌; ホルドも参照.
蛮族, インドの　Barbaras, Indian barbarian race, 125, 176-77, 182-83
パウルヌ・デコヌス　Paulus Deaconus,　96
パン・シュン　P'an Hsün　呉将軍　参照.
ビンセント, ブーヴェの　Vincent of Beauvais, 100
ピグミー　Pygmies, 18, 36, 108
ピザ効果　Pizza effect,　188, 214, 227, 315, 325
ピロクテテス　Philoctetes,　21, 22, 376
フーナ　Hūṇas. フン族を参照.
フォティオス, コンスタンティノープル総主教 Photius, Patriarch of Constantinople,　80, 359
フォークナー, ウィリアム　Faulkner, William, 343
フォルク, ハリー　Falk, Harry,　148-53, 333
フ・チャオ　Hu Chiao, 199-200, 202, 267, 303, 316, 318, 320
フライ, ノースロップ　Frye, Northrop, 14
フレーザー, サー・ジェームズ　Frazer, Sir James,　33, 270, 283
フロイト　Freud, Sigmund, 26
フン族　Huns:　蛮族の～　94, 166, 178, 190, 194-95, 255, 273, 354, 355, 356; エフタル（白）・フン, インドでフーナと呼ばれた～　178-86, 193-96, 259, 260, 262, 285, 302, 319, 322, 323, 326, 328, 329, 332; 中国で匈奴と呼ばれた～　191-92, 196, 203, 212, 213, 215, 229, 245, 254, 284-85, 298, 304, 318, 322, 325; 西欧でフンニと呼ばれた～　195, 285-86; スピー～ 187, 185, 205; 怪物種族の～　85, 90, 284, 297. 中国語も参照.
ブグト碑文　Bugut stele, 203
仏教神話　Buddhist mythology, 142, 173-74, 186, 263, 280, 330, 338
仏陀　Buddha, 22, 142, 180, 330
ブラーフマナ　*Brāhmaṇas*:　アイタレーヤ・ブラーフマナ 130, 135; ジャイミーニーヤ・ブラーフマナ 124, 152; パンチャヴィンシャ・ブラーフマナ　153
ブリハット・サンヒター　*Bṛhat Saṁhitā*, 144-46, 169, 182, 184
ブレミーズ, 西洋の怪物種族　Blemmyes, Western monstrous races, 36, 100, 114, 298, 352
(聖)ブレンダン　Brendan, Saint, 25, 93-94
プ・ク　Pu-k'u (king), 219, 221, 314
プトエンファニ　Ptoemphani.　カナリイ、アフリカの犬人を参照.
プトレマイオス,古代地理学者の　Ptolemy, ancient geographer,　25, 83, 100, 187, 195
プラトンとプラトン主義　Plato and Platonism, 69, 243, 257
プラノ・カルピニ, ジョン　John of Piano Carpini,　92, 99, 197-99, 200, 260, 319, 320, 321, 351
(大)プリニウス　Pliny the Elder,　51, 83, 85, 88, 93, 100, 106, 115, 187, 195, 257, 270, 288, 298, 358, 364
プルカサ　Pulkasas. アウトカースト参照.
プルタルコス　Plutarch,　47, 352
プレスター・ジョン　Prester John: 偽の手紙 88, 99, 281-82; ～の王国　99, 201, 261, 281-82, 320, 350, 359
平　P'ing, 221, 225;「平地の創造主」231
ヘスペリデス, ～の園 Hesperides, Garden of 93
ヘトゥン　Het'un, 199, 200, 202, 321
ヘラクレス　Heracles,　64, 65, 93
ヘルマヌビス　Hermanubis,　31, 47, 62, 70, 348

バーリカ　Bāhlikas, 184-85, 326, 327
バイラヴァ　Bhairava, 157-65, 332-35, 342. シヴァも参照.
バカ・ダールビヒヤ　Baka Dālbhya, 151-52; 毛深いダールビヒヤ　336, 337
バガヴァッド・ギーター　*Bhagavad Gītā*, 117-18, 126, 164
バクティ, ヒンドゥー信仰の　Bhakti, Hindu devotionalism, 126, 171
バクトリア　Bactria, 105, 184, 192, 327, 349
バシリウスII、東ローマ皇帝　Basil II, Emperor of the East, 374, 367, 369
バベルの塔　Tower of Babel, 90, 104
バラモン　Brahmins: アウトカーストのアンチタイプ　115-16, 120, 131-32, 139, 140, 145, 159, 165-73, 257; ～と牛 125; インドのカースト制度の最高位　22, 116, 126, 150, 156, 159, 165-73, 336, 341; バラモン殺し　156-57, 159, 160-62; クシャトリヤとの関係　118, 124-25, 130-34, 155; 菜食主義の～　116; 西欧のブラガマンニとしての～　34, 49, 281, 358. カースト制度も参照.
バルト海　Baltic Sea, 91, 95, 207, 262, 264
(聖)バルトロマイ　Bartholomew, Saint (the apostle), 42-46, 54-57, 58, 60-61, 66, 85, 195, 262, 277, 373; ～の死亡日　46-47, 58, 365, 374
バルフ　Balkh, 329
盤古　P'an Ku, 234, 238-39, 257, 307, 308
槃瓠　P'an Hu, 210-231, 242, 312; 犬戎の先祖　212, 213, 214, 222, 225, 226-27, 239, 259, 263; マンとヤオの先祖　212-14, 214-22, 250-51, 258-59, 313; ～の誕生 236, 237, 239, 309; ～の誕生日, ～と新年　222, 230, 234, 310; 「槃王」とされた～　230; 犬頭の～　219-20, 228, 236, 314; 踊る犬　230, 234; 「竜犬」 220-21, 309; 宮廷に進貢する～　229-31, 311; ～と呉将軍　211, 218, 219, 221, 222; 高辛の愛犬　211, 218-19, 220, 227, 278; 「桂林侯爵」 214, 219, 316; 「辺境鎮定侯爵」　311, 313; 「大皿と瓢箪」 213, 234-39, 308; 盤古との関係　238-40, 308; ～の皮膚と骨　218; 「石室」　217, 309; 地名 218. マン族、南方民族のも参照.
蛮書　*Man shu*, 189, 218, 221, 226, 230, 312, 315, 324
蛮人, インド伝承の　Barbarians, in Indian traditions; ～の動物の名前　328; 「堕落したクシャトリア」とされた～　131, 177, 179, 256; アウトカーストとされた～　37, 329; ～の原始神話 118. バーリカ; フン族; クシャン; ムレッチャ; サカ; トルコ人; ヤーヴァナも参照.
蛮人, 西欧伝承の　Barbarians, in Western traditions, アレクサンドロス大王に封じ込められた～　84, 87, 90, 182, 194, 259-62, 270, 272, 320; ～のヨーロッパ侵入　87-90, 194, 194-96, 257, 273, 277; ～とされたイスラム教徒　88-90, 178, 196. フン族; イスラム教徒; スキタイ人; トルコ人も参照.
蛮人, 中国伝承の　Barbarians, in Chinese traditions, 27, 37, 178, 197, 236-37, 256, 258, 340; ～の犬祖神話　210, 215; 中央アジアの～ 180, 185, 190-91, 262, 318, 323, 324; 犬人の～　212; 怪物とされた～ 240, 243-44; 漢化政策　228-29, 278, 284; 「内」と「外」　37, 227-29, 265-66; 宮廷との関連　210, 211, 216, 227-30, 313; 南方の～ 188, 189, 192, 206, 210-31, 253-54, 311, 323-24; ～の税制　212, 221, 227, 229-30. 羌族; 犬戎; フン族; マン族; トルコ人; ヤオ族も参照.
蛮人　Barbarians, 21-22, 27, 278; 中央アジア

30, 47, 48, 61, 63, 69-70, 364,373; インドの～ 140; 春（秋）分点 343, 346; デンデラの十二宮 73. アルコーン; 犬, 天文学上のシンボリズム; シリウスも参照.
天 T'ien (god of) Heaven, 231, 235, 244, 245, 253; 運河により地と結ばれた～ 244, 245, 304, 307
ディオゲネス, シノプの Diogenes of Sinope. キュニコス派を参照.
デキウス Decius, 58, 60,
唐 T'ang dynasty. 中国の王朝とその時代を参照.
(聖)トマス Thomas, Saint (the apostle), 54, 55, 66, 67, 69, 262; オーストリア伝承の～ 66; 子供を食う～ 66-67
トマス、ケントの Thomas of Kent, 85
トリシャンク Triśanku (Satyavrata), 131, 134, 140, 167-68, 171, 342
トルコ人 Turks, 190, 262; 先祖オグズ・カガン 200; 匈奴の一部族 203; イスラム教とされた～ 88, 90, 178, 272, 282; 怪物種族の～, 85, 88; 突厥183, 193, 202-03; トルコ＝モンゴル系 178, 190, 194, 205, 215, 231, 260, 306, 322, 325, 329; トゥルシュカ 183, 262, 329. モンゴル人も参照.
道教 Taoism, 234-41, 314, 315; 道徳経 240, 247
動物 Animals: 死と関連する～ 68, 361; カーニヴァルの～ 33; サーカスの～ 33; 象 114, 144; 馬 68, 144, 361; ギリシア伝承の怪物 102; ショーの～ 33; 蛇 68, 73, 152, 363; 動物園の～ 33
(聖)ドミニクス Dominic, Saint, 72, 361

【ナ行】

(聖)ニコラウス Nicholas, Saint, 68-69, 361
ニシャーダ Niṣādas アウトカースト 参照.
ニムロデ Nimrod, 90, 104, 107, 256, 348, 354
女護が島 Island of Women, 93, 206-07, 214, 298, 300-01, 316, 318, 329, 351, 353. 女人国も参照.
女人国 Kingdoms of Women: 中国伝承の～ 185, 186, 187, 202, 206, 225, 260, 265, 303-04, 316, 317-20, 327; インド伝承の～ 182-87, 259, 260, 265, 301, 326, 327; 西欧伝承の～ 85, 92, 93, 261, 265, 298. アマゾン族も参照.
ヌクオ Nü kuo. 女人国 参照.
ネストリウス派 Nestorian Church, 54, 55, 56, 57, 66, 99, 201, 262, 282, 320, 350, 369; ペルシアの中心～ 45, 54, 61
ネルガル Nergal 死神参照.
ノア Noah, 52, 90, 104, 275; 4番目の息子ヨナトン 90, 272, 354; ヤペテ 107, 256, 302, 356. ハムも参照.
農民 Peasants, 109-10, 116, 259
ノコイ・カザール Nochoty Kadzar. 犬の国（モンゴル）参照.
呪い, ヒンドゥー神話の Curses, in Hindu mythology, 130-35, 153, 167, 185, 329, 336

【ハ行】

博物誌 *Naturalis Historia.*（大）プリニウスを参照.
ハム, ノアの息子 Ham, son of Noah, 52, 90, 104, 105, 256, 368
ハリヴァンシャ *Harivaṁśa*, 132, 135, 183, 328
ハリシュチャンドラ Hariścandra, 128-29, 132-33, 140, 168, 171, 329, 332, 338, 342, 343, 345
バーヤ Bāhyas, アウトカースト参照.

【タ行】

ターナー, ヴィクター　Turner, Victor,　38
大西洋　Atlantic Ocean, 大洋を参照.
大洋　Ocean(s), 25, 78, 290, 329, 379; ～としての中国の蛮族　243; 東方, 世界の果ての　74-75, 84, 86, 90, 202, 206, 213; 四海, 中国のコスモロジーの　238; 北方, 世界の果ての　186, 260-61, 320-21; 西方, 世界の果ての　25,63, 70, 72,83, 92,96, 297
タタール記　Tartar Relation. プラノ・カルピニ, ジョン参照.
タタール人　Tartars. モンゴル人参照.
タントラ　Tantras:　クブジカーマタタントラ　182, 327; マハーニルヴァーナタントラ　334
タントラ派　Tantrism, 150, 160, 168-72, 182, 327, 330-31, 332-35
タンビア, スタンリー　Tambiah, Stanley, 240
ダーシュ　Dāsyus. アウトカースト参照.
ダグラス, メアリー　Douglas, Mary, 19, 26, 33
ダッタートレヤ　Dattātreya, 164, 333
ダルマ　Dharma, 117-19, 121, 137; アーパッド・ダルマ　122-23; 神格化された～　131-32, 160, 342; シュヴァダルマ　117, 118, 341
チェンティ・アメンチュ　Chenti Amentiu. 犬頭人, 非人間を参照
秩序　Order.　混沌を参照.
チャンダーラ　Caṇḍālas, 114-16, 120, 121, 126, 132-33, 138-39, 143, 169-70, 177, 180, 259, 279, 328, 330, 331, 334, 342, 344, 347.　犬食い族, アウトカーストも参照.
中央と辺境　Center and periphery,　14-17, 21-28, 30-31, 35, 36, 79, 87, 104, 108, 177, 179, 273, 378; 古代地図における～　79, 84, 98; 中国の～　189, 224-27, 237, 240-41, 245, 249-54; インドの～　116, 127, 138-45, 179-80, 329, 339. コスモロジーも参照.
中国語　Chinese language: ～の動物の分類　37, 191, 212, 215, 228, 258, 324; 「犬」に当たる言葉　190, 199, 212, 228, 231, 304, 324; 「フン」と関わる言葉　213, 238, 324. 鬼も参照.
中国の王朝とその時代　Chinese dynasties and dynastic periods: 晋　213, 214,　217, 234, 311; 秦　192, 231, 242, 253, 305; 周　191, 192, 219, 231, 242, 245, 248, 253, 323; 漢　192, 193, 213, 216, 217, 218, 223, 224, 231, 236, 246, 247, 252, 253, 259, 284, 278, 305, 314, 325; 夏　191, 212, 238; 明　223; 殷　191, 197, 213, 230, 235, 238, 246, 247, 252, 253, 304; 六朝時代　222; 隋　226; 唐　187, 196, 235, 239, 325
中国の史書　Chinese historiography, 27, 37, 179, 188-91, 200, 210, 212-14, 216, 217, 221, 223, 225, 229-30, 236-45, 247, 271, 285, 324; 中国のエウヘメロス的手法　242; 後漢書; 郭璞; 蛮書; 史記; 魏略も参照.
チンギス・ハーン　Cinggis Qahan, 92, 204, 260, 268, 319-20, 350, 351, 353, 355
ツウィエルツィナ, コンラート　Zwierzina, Konrad, 60-61
追放　Exile: 怪物種族の～　35, 86, 88-93, 104, 109, 243-45, 252, 265; 追放の罰　19-22, 27, 49, 78, 104, 108-10, 128-29, 135, 186, 228, 243-45, 252, 256, 349, 377; 自己追放　23, 143, 246-47, 340. 呪い; 隠者も参照.
ツングース　Tungus, 197, 205, 247, 266, 304
天文学と占星術　Astronomy and astrology: 中国の～　242-44; ギリシア＝エジプトの～

シャガラ　Sagara, 183, 256, 342
シャバラ　Śabala. サラマーを参照.
シャバラ　Śabaras. アウトカーストを参照.
シュードラ　Śūdras, 115, 129, 138, 146, 147, 316, 331; ニラバシタ　115. カースト制度; アウトカーストも参照.
シュヴァパーカ　Śvapākas. 犬の乳を飲む者参照.
シュヴァパダ　Śvapadas, 141
シュヴァパチャ　Śvapacas. 犬食い族参照.
シュヴァムカ　Śvamukhas, 115, 116, 182, 260, 264, 328. 犬頭人も参照.
周　Chou dynasty, 中国の王朝とその時代も参照.
シュナカ　Śunakas, 152, 328, 338
シュナハサカ　Śunaḥsakha. インドラを参照.
シュナハシェーパ　Śunaḥśepa, 128-30, 135, 146, 150, 155, 171, 176, 254, 330, 334, 343-45
シュレーゲル, グスタフ　Schlegel, Gustave, 206, 271
書経　*Shu Ching*, 242-45
蜀　Han Shu, or Shu (kingdom), 217, 222-24
シリウス　Sirius, 47, 30, 63, 67, 72, 361; ～と同一視されるアヌビス　47, 63, 69; 中国の天の狼の～　248-49, 304-05; オリオンの犬の～　64, 364; ～のヘリアカル・ライジング; ～とドッグデイズ 30, 47, 310, 364, 367, 374; ～とソティス周期　47, 69-70, 374. 7月25日も参照.
神話における卵　Eggs in mythology, 201, 234-38, 239, 309, 310, 313.
秦　Ch'in dynasty, 中国の王朝とその時代を参照.
戎　Jung　犬戎を参照.
十字軍　Crusades, 91, 282
儒教　Confucianism, 234-35, 238, 240-42, 308
上帝　Shang-ti: 犬, 米の神の～　231, 247, 249, 253, 305
ジラルド, ノーマン　Girardot, Norman, 238, 241, 243
スキタイ人　Scythians, 34, 48, 55, 56, 57, 84, 88, 105, 179, 185, 190, 195, 197, 262, 273, 284, 321, 355, 370, 376; 怪物種族の～ 85, 88, 90, 357. シャカも参照.
ストラボン　Strabo, 25, 83, 93, 100, 270
ストリーラージャ　Strīrājya. 女人国参照.
スパコ　Spakō. 牝犬参照.
スペルベール, ダン　Sperber, Dan, 33
スミス, ジョナサン　Smith, Jonathan Z, 10, 16-17, 32, 33, 317
聖者伝, キリスト教の　Hagiography: Christian, 46, 54-57, 90, 282, 298; ヒンドゥー教の～ 164-65. 聖アンデレ; 聖バルトロマイ; 聖クリストフォロス; 聖マッテヤ; 聖トマスも参照.
征服, 蛮族と怪物種族の　Conquest: of barbarian and monstrous races, 18, 20, 84, 86-87, 227, 340; 中国伝承の～　229, 242; 聖戦による～　54, 191; アレクサンドロス大王のインド～　27, 51, 82, 84-90, 268; インド伝承の～　142-43, 346; 西欧帝国主義の時代の～　263, 282. 十字軍も参照.
山海経　*Shan-hai ching*,　197, 212, 213, 214, 242, 263, 268, 307, 318, 324, 325
戦争　Combat as mythic theme; ヒンドゥー教の正統と異端の　123, 126, 161-62; 異教徒の蛮族との～　22, 26, 54, 272-76; サタンとの～　23, 272
捜神記　*Sou-shen chi*, 212, 214, 218, 221, 226, 316, 317
荘子　Chuang Tzu, 234-35, 306
創世神話　Creation myths, 31; 中国の～ 210, 239-45, 253, 307, 308, 312
ソティス　Sothis　シリウス参照.
ソマリア　Somalia, 31, 75, 270, 360

257, 305, 309: 「死に至らしめられた」～ 234-35; 蛮族のレベル 238; 槃瓠と盤古に関連した～ 234, 238, 239, 308; 「南方の」モチーフ 238. 神話における卵も参照.

後漢書 *Hou Han shu* , 192, 207, 210-19, 224, 226, 229, 236, 324

ゴグとマゴグ Gog and Magog, 84, 85, 90, 320, 322, 348, 350, 353, 356

語源録 *Etymologiae* イシドルス, セビーリャのを参照.

呉:軍の Wu:army of, 220; ～将軍 211, 218, 219, 221, 222, 223, 225, 312; 呉国 217, 221-25

【サ行】

サットラ Sattras, 151-55, 157, 163, 336

サトゥルヌス, ローマ神の Saturn, Roman god, 67-68, 362

サラマー Saramā, 29, 141, 147, 152, 257, 329, 338, 339, 341, 342; 配偶者シーサラ 154, 340; 子供のシャマ; シャバラ; サーラメヤウ 147, 152, 153, 159, 339, 340, 359

三国時代 Three Kingdoms, Period of; 217, 221-24, 229, 239, 317.

(聖)サンチアゴ, コンポステラの James of Compostello, Saint, 72, 352,

サンヒター Saṁhitās: カータカ・サンヒター 153; タイッティリーヤ・サンヒター 124; ヴァーマナ・サンヒター 171

三苗 San-miao (san-yao). ミャオ族;ヤオ族参照.

罪人 Criminals, 65, 132-33; アウトカーストによって身体を処分される 115, 119, 132, 138; 辺境に住む 85, 109, 138, 259, 243-45, 256; ～のカーパーリカ 159; ～のイスラム教徒 107; 狼, 牝狼 32, 49, 377, 380. 追放も参照.

ザカリオス、ミティレーヌの Zacharios of Mitylene, 94

シアポーとシアミン Hsia-bo and Hsia-min, 215, 218, 219, 220, 221, 226, 309, 313-15

シヴァ Siva, 126, 148, 154, 158, 162, 164, 171-72, 280, 333, 335, 363; シヴァ崇拝 150, 158-64, 171-72. カーパーリカ;マッラーリ; ルドラ参照.

シェークスピア, ウィリアム Shakespeare, William, 35

史記 *Shih chi*, 189, 229, 240, 242-43, 246, 307, 323, 324

死者の書 *Book of the Dead*, 64, 74, 373

シシラ Śiśira: ～とシーサラ 151, 154, 340; シシラヴァッチュ 142, 336, 340; 冬の月 151, 154-55, 336

7月25日 July 25 (date), 374;～と聖クリストフォロス, 60; ～と聖キュキュファ 72; ～と聖サンチアゴ・デ・コンポステラ 72; ～と聖メルクリウス 374; ～とシリウス, 47. アヌビスも参照.

シナモルギ Cynamolgi. 犬の乳を飲む者参照.

死神 Death, gods of: アヌビス 270; バアル 93, 362; ハデス 64; メルクァルト 93, 362; モト 68; ネルガル 68, 362, 363, 366; サトゥルヌス 66, 68-69, 352, 362; オーディン・ウォドン 67, 68, 152, 156; ヤマ 133, 147, 159, 329, 339

シノポリス, シノポリタニア Cynopolis, Cynopolitania, 47, 73, 300, 368, 373

司馬遷 Ssu-ma Ch'ien. 史記参照.

シャイビヤー Śaibya: ハリシュチャンドラの妻 132, 133; ヴリシャーダルビ 147-48, 156

シャカ（インド＝スキタイの） Śakas (Indo-Scythians), 56, 179-80, 183, 193, 259, 262, 324, 329, 375, 376. 蛮人参照.

180-81, 197, 272, 282, 297, 369; イスラム教徒の「トルコ人」とされた～　69, 98, 106, 319; インド伝承の～　114, 115, 148, 182-83, 327; ヨーロッパ固有の～　79, 96, 108-10;アイルランド神話の～　94, 284, 300; イスラム伝承の～　106-07; エチオピアに住む～　358, 368; インドに住む～　50, 80-82, 86, 99, 284, 358, 368; 世界の果てに住む～　49, 78, 86-87, 98, 201, 282, 300, 353, 356; アマゾンの近くあるいは一緒に住む～　35, 84-85, 92-95, 177-78, 198-200, 202, 205-07, 300, 355, 357; 本来～の聖クリストフォロス　60, 94, 277; ～の聖メルクリウス　270; トルコ＝モンゴル伝承の～　197; ～についての聖アウグスティヌスの著作　36, 102, 104.アボミナブル; 犬顔のヒヒ; 犬鼻族; 槃瓠; シュヴァムカも参照.

犬頭人伝説　Cynanthropy, 31, 34, 210; アレクサンドロス伝承の～　84; 仏教神話の～　116, 172; カナリイの～　83, 93; ～とカニバリズム 85-86;　中央アジア伝承の～　177-78, 185, 187, 190, 197-206; カナン人の　58, 368; 中国伝承の～ 202, 210-12, 248, 308, 312, 318, 320; 犬の町　55, 371; ヒンドゥー神話の～　146-48, 327, 341; インド＝ヨーロッパ伝承の　49, 79, 93, 96, 98-99, 108-10, 270, 348, 358, 372; ペストの手先　107;　ヴラーティヤの～　150-56. 犬祖神話; 中央アジア; 犬食い族; 犬戎; 犬の乳を飲む者; 犬の国, 中国資料の; マン族, 南方民族; ヤオ族も参照.

犬頭人, 非人間の　Cynocephalic beings, nonhuman, 32, 34, 45; ～のアヌビス　70, 71, 73, 299; ～のアルコーン 62, 70; ～のアスラ　148, 338; ～のアトゥム 64; チェンティ・アメンチュ　64, 93;　～の犬顔のヒヒ　31, 47, 80; 天の住人 366; 「エチオピアの」悪鬼　94; ～のギリシアの神々と女神たち　62; ハッダ遺跡の～の悪鬼　180, 205, 328; 死者の牧夫　63, 65; ～のヘルマヌビス　31, 47, 62, 70; ～のインドラ・シュノムカ　148; ～のラレース 65, 107, 348; ～の槃瓠　216-17, 226, 234, 314; ～の聖トマス　66; シヴァのガナ　148, 328, 338; チベットの鬼　180, 205, 311, 316, 318

犬封国　Dog Fief Country, 207, 213-14, 226, 316

ゲニェベ, クロード　Gaignebet, Claude, 67, 72

高貴なる野人　Noble savage, 82,110, 128, 278, 281; アメリカ原住民　282

コウクオ　Kou kuo. 犬の国を参照.

高辛　Kao-hsin, 191, 211-13, 214, 225, 236, 309, 310, 312, 314, 315

黄帝　Huang-ti (Yellow Emperor), 212, 245, 257

コスモロジー　Cosmology: 中国の～　37, 228, 242-45, 249-54, 304-05, 308-10; インドの～　126, 145, 177, 184-85; 西欧の～　79, 98. 中央と辺境参照.

コプト派　Coptic Church, 45, 57, 60-62, 368, 369

暦　Calendar, 46, 61-64, 72, 365; インドのダシャハラー祭り　163, 332; エジプトの～　69-70; 中国の新年　230, 234, 310, 314; 冬至　66-67, 151-52, 157, 332, 361, 362. 7月25日;シリウスも参照.

コロンブス, クリストファー　Columbus, Christopher, 100

混沌　Chaos, 15, 16-17, 18; ～の手先である蛮人と怪物　26-27, 213, 236-45, 272, 288, 306; ～と匹敵する荒野　122, 124, 155. 宇宙; 渾沌も参照.

渾沌　Hun-tun, 211, 234-37, 238, 240-41, 253,

キラータ　Kirātas. アウトカーストを参照.
偽カリステネス　*Pseudo-Callisthenes*　アレクサンドロス伝説参照.
(聖)ギニェフォール　Guignefort, Saint, 72, 73, 361
偽メトディオス　Pseudo-Methodius 88-90, 98, 99, 182, 192, 194, 195, 261, 271-74, 291, 299, 348, 351
逆説誌　Paradoxography, 32-33, 34
魏略　*Wei Lüeh*　212, 221, 236, 309, 316
魏　Wei (kingdom), 217, 223-24
クーフリン　Cuchulainn, 94, 300
クヴァンナー　Kuvaṇṇā , 142, 280, 301
苦行者, ヒンドゥー教の　Ascetics, Hindu. 隠者を参照.
クシャトリア　Kṣatriyas. 蛮人, インド伝承の; バラモン; カースト制度を参照.
クシャン　Kushans, 56, 179, 183, 193, 259, 329, 370, 375. 蛮人, インド伝承のも参照.
クセノフォン　Xenophon, 48
クックーとムグル　Cuckoo and Mugur, 93, 96, 266-67, 353
クテシアス　Ctesias the Cnidian, 49-50, 79, 80, 82, 88, 114, 115, 187, 268-70, 284, 356, 359, 372
クヌート大王　Canute the Great, 49
クリシュナ　Kṛṣṇa, 118, 127, 164, 335
(聖)クリストフォロス　Christopher, Saint, 54, 57-61, 62, 63, 64, 72, 73, 78, 94, 105, 349, 366-67; 子どもを食らう〜　67; 名前の語源　72-73; 〜とPulicane　365; 〜と聖メルクリウス　62. アボミナブルも参照.
黒　Black: 黒犬　107, 164, 202; ペスト 107; 肌の色　58, 79, 109, 143, 158, 348, 356
グノーシス主義　Gnosticism, 45, 54, 56, 58-62, 70, 270, 299; ペリオドイ 使徒行伝　56, 66; マニ教　45, 56
グプタ　Guptas, 181, 191, 326, 332
ケルベロス　Cerberus, 29, 64-65, 67, 93, 348, 363, 366
犬戎　Dog Jung: canine ancestry myth of; 142, 191, 197, 212, 258, 262; 〜と羌族　213, 229, 250, 253; 〜と秦朝　192, 253, 258; 犬戎国　213-14, 226, 316; 黄帝の子孫　212; 高辛帝の敵　191, 209, 211, 278; 周を侵略する〜　191, 229, 258; 〜の移住　191, 192, 198, 245, 315, 318; 〜の怪物起源　244-45; 〜とパ文化　239.
犬人　Dog-men.　犬頭人伝説; 犬頭人; 犬戎; ヴラーティヤを参照.
犬祖神話　Canine ancestry myth: 中央アジアの〜　34, 177-78, 185, 190, 196-203, 204-06, 258, 260, 261, 270-71, 297; 犬戎の〜 196, 212, 214, 258; エデンの園の民間伝承　96; インドの〜　160, 297, 330; ヨーロッパの伝承の〜　47, 58; マン族とヤオ族の〜　207, 210-12, 214-15, 218-23, 225, 235-36, 258, 312, 313; トルコ＝モンゴルの〜　311, 319, 321, 329. 牝犬; イト・バラク; マン, 南方民族の; アウトカーストの起源神話; ヤオ族も参照.
犬頭人, 神話の怪物種族　Cynocephali, mythic monstrous race, 31, 34, 36, 49, 78, 80, 82, 133, 255, 282-83; 〜と聖メルクリウス　62; エチオピア資料でタフタと呼ばれた〜　86; 〜のカニバリズム　85, 93, 98-100, 206, 261, 278, 355; 中国伝承の〜　203, 318; キリスト教イコノグラフィーの〜　58, 62, 102, 106, 349, 350, 356; 〜とシナモルギ 83, 264; 犬鼻族　91-92; 西欧怪物種族のタイプ　35, 49, 52, 282-83; キリスト教伝説に聖列された〜 54, 78; クテシアスの女犬頭人　81; 最初にカルストリオイと呼ばれた〜　81, 82, 110, 346, 359; 巨人とされる〜　43, 58, 84, 268, 352;中央アジアの蛮族と同定された〜 85-87, 177-78,

カーパーリカ　Kāpālikas, 159-60, 333-34
怪物種族　Monstrous races, 267; アレクサンドロス伝説の〜　85-89, 259; 中国の伝承の〜　37, 189; ニムロデの子孫の〜　104, 256; 〜と対応するヨーロッパの農奴と野人　108-10, 281; 列聖された〜　36, 42-46, 54, 56, 57, 105; インド伝承の〜　114; 西欧リストの基準　34, 48, 114; セビーリャのイシドルスの著作における〜　79, 105-06, 275-76, 349;聖アウグスティヌスの著作における〜　36, 102-05, 273-75, 296. 混沌も参照.
怪物　Monsters:人間のアンチタイプの〜　24, 32, 54, 102-07, 114, 191, 197, 275; 〜と蛮人　31, 37, 189, 191; 中国の分類　37, 189, 191, 238-45, 304; ハリウッド版の〜 32, 78; サンスクリット語の〜　36; 〜の象徴的な位置　14, 19, 243-45; 西欧の定義と〜の階層　14, 34, 35, 104-05, 259, 273-75, 349, 375. 鬼も参照.
カイン　Cain, 52, 104, 246, 256, 349
郭璞　Kuo P'u, 213-15, 216, 221
カダフィ, ムアンマール　Qaddafi, Moammar, 287-88
カナリア諸島　Canary Islands, 84, 93, 317
カナリイ　アフリカの犬人　Canarii, African Dog-Men, 83, 92, 288, 358
カナン人　Chananeans,　58, 368
カニバル　Cannibals, 58, 94, 369; 〜とキャリバ　100; 〜のカナン人　58; 人食いの町 42, 56, 57; 〜の犬頭人　84-87, 90, 95, 100, 282, 355; 〜の神　67; 〜と大汗 271, 355; イヴとサタンから生まれた〜 349; 〜のパルティア人 57; 〜の聖者 66-68; 〜のスキタイ人 57, 88; 〜の7人のリシ 146; 〜の南方民族　312; 〜のトルコ人 69, 96, 205; 〜のヴラーティヤ 151, 153; 〜の狼人間　377
カルストリオイ　Kalustrioi. 犬頭人を参照.
カルマーサパーダ　Kalmāṣapāda, 155, 326
カンダウレス　Kandaule, 92, 353-54, 377
カンダケ、アマゾン族の女王　Candace, Queen of the Amazons, 85, 92, 266, 354, 377
漢　Han dynasty. 中国王朝とその時代を参照.
夏　Hsia dynasty. 中国王朝とその時代を参照.
ガーディ　Gādhi, 165-67, 168, 176, 185, 332
ガドラ・ハワルヤト, 使徒たちの苦難の行伝 *Gadla Hawâryât*, Contendings of the Apostles, 42, 46, 47, 52-55, 56, 57, 73, 78, 271, 374
ガナ　Gaṇas. ホルドを参照.
ガラマンテス　Garamantes, 83, 88, 288, 353, 355, 367
奇形学　Teratology, 32-33
契丹　Ch'i-tan, 197-203, 205, 253, 261-62, 318; 〜の犬頭の祭り 200, 253, 303, 306, 310
キノケファロイ　Kynokephaloi. 犬頭人, 神話の怪物種族を参照.
キャリバ　Cariba, 100, 271
キャングランデ　Cangrande, 49, 96
キュニコス派（哲学の学派）　Cynics (philosophical sect), 82, 162, 333, 348
キュロス大王　Cyrus the Great, 48, 58, 203, 254, 262, 313, 325, 362, 376
驚異　Marvels: ラテンの〜 25; 東洋の　25, 35, 49, 51, 85, 78, 82, 85, 99, 114, 187, 257, 267, 306; インド神話の北の〜　186-87, 267, 281, 305; 中国資料における西の〜 187, 267, 304
共工　Kung-kung, 243-44, 252, 256, 307; 禹帝参照.
羌族　Ch'iang peoples,　213, 229, 250, 253, 316, 323
匈奴　Hsiung-nu.　フン族を参照.

133, 146, 147, 148, 154, 155, 156, 157, 167, 279, 329, 342, 344, 345; シュナハサカとしての～　147-48, 150, 155-56, 327, 328. ルドラも参照.
殷　Shang dynasty. 中国の王朝とその時代を参照.
イ　I (Yi): 射手の名前, 247, 251, 305;蛮族の名前　217, 223, 245. マン族, 南方民族のを参照.
ヴァシシュタ　Vasiṣṭha,　124, 125, 130, 131, 135, 155, 257, 343-45;～の息子　124, 130, 131, 135, 155, 343. 隠者も参照.
ヴァルナ　Varṇas. カースト制度を参照.
ヴァルナ　Varṇa, 124-27, 342, 343
ヴィシュヌ　Viṣṇu, 126, 158-59, 164, 165, 166-67, 335
ヴィシュヴァーミトラ　Viśvāmitra, 119-23, 126-35, 140, 155, 165, 167, 171, 256, 279, 330, 342-45; ～の誕生　126-27; ～の息子　129-31, 176, 256.ガーディ; 隠者も参照.
ヴェーダとヴェーダの宗教　Vedas and Vedic religion, 114, 146, 147, 153, 154; アタルヴァ・ヴェーダ　146;リグ・ヴェーダ　143, 146, 150; ヴェーダの神々, 126, 129, 153, 158, 329, 339; ヤジュル・ヴェーダ, 141
ヴェーナ　Vena, 170-71, 177, 330-31
ヴラーティヤ　Vrātyas, 148-58, 162-63, 257, 336-37; スターパティを指導者にした～　151, 152, 336
ウィグル　Uighurs, 179, 197, 201-02, 260, 320
ウェルギリウス　Virgil, 48, 56, 92, 364
牛, インドの　Cows, in India, 116, 145, 329, 335; ～殺し　131, 151-53, 157, 336; 牛乳　116, 139, 145, 169, 172, 346; 願望充足　126, 128, 134, 177. バラモンも参照.
宇宙　Cosmos, 16-17, 20, 27, 142; 神話学の宇宙 15, 289; 秩序と秩序づけ　15, 17, 20, 233, 238, 242-45, 258, 272. 混沌;ダルマも参照.
ウッタルクル　Uttarakurus. 北方浄土を参照.
禹帝　Yü the Great, 238, 244-45, 307;怪物の息子, 244
ウパニシャッド　Upaniṣads,　126; チャーンドギヤ・ウパニシャッド 151; チャーガレーヤ・ウパニシャッド　152, 153
ウプワウト　Upuat. 道を開く者参照.
エーベルハルト, ヴォルフラム　Eberhard, Wolfram, 254
エスキモー　Eskimos, 95, 197, 205
エデンの園　Garden of Eden,　49, 79, 86, 96, 99, 104, 256, 272, 349, 359
准南子　*Huai-nan tzu*,　206, 247, 317
エフェソスとカルケドン公会議　Councils of Ephesus and Chalcedon, 45, 57, 61
エフタル・フン　Ephthalite Huns　フン族を参照.
エリアーデ、ミルチャ　Eliade, Mircea, 10, 11, 16-17, 353, 376
燕王　Yen, King of　221, 224, 225
狼　Wolves,　21, 23, 30, 31, 96, 157, 178, 201, 335, 353, 364, 380; ～とキリスト教の聖人　49
オシリス　Osiris, 47, 69, 70, 73, 361, 373
オデリック, ポルデノーネの　Odoric of Pordenone, 100
鬼　Kuei,　37, 258, 316; 鬼方 243, 311
オリゲネス　Origen,　62, 67
オルトロス　Orthros,　64, 65, 93, 363, 371

【カ行】

カースト制度　Cast system,　37, 114-16, 117, 133, 138-40, 263, 300, 341; カーストの混交　118, 127, 138, 145, 184, 257, 265, 300. バラモン; 犬の乳を飲む者, インドの参照. アウトカースト参照.

27, 51, 79, 82, 84-92, 256, 259, 266, 268, 272, 371
アレクサンドロス伝説　Alexander Romance, 79, 84, 85, 86, 87, 92, 93, 99, 182, 194, 202, 259-61, 265, 268, 272, 281, 356-57
アレクサンドロスの壁門　Alexander's Gate, 27, 84, 86-88, 99, 259, 261, 355-56
アンダマンとニコバル諸島　Andaman and Nicobar Islands, 100, 315
(聖)アンデレ（使徒）　Andrew, Saint (the apostle), 42-46, 54-56, 66, 85, 195, 262, 277
(聖)アントニウス　Anthony, Saint, 23
イシドルス、セビーリャの　Isidore of Seville, 14, 79, 102, 105-06, 275-76, 291, 298, 349; 怪物の定義, 14, 105, 275-76, 349; 教父の地理学　79, 298
イスラム教徒, キリスト教徒のアンチタイプ　Muslims: as antitypes to Christians, 26, 106-07, 287; 蛮族としての～　90-91, 178, 196, 272; サラセンと呼ばれた～　106, 109, 348; キリスト教世界との交流　257, 282, 379
異端者　Heretics, 28, 108
一妻多夫　Polyandry, 178, 184-85, 194, 201, 260, 301, 309, 320, 326
イト・バラク　It Barak, 200-01, 313
犬食い族　Dog-Cookers, 37, 114-15, 135, 138-39, 141, 169, 176, 183, 228, 256, 257, 258, 263, 279, 278, 331, 355; ～のシヴァ　162; ～の村　118-23, 127, 130, 150, 165-68, 171, 279, 341, 345. Dog-Milkers; アウトカーストも参照.
犬の国（モンゴル）　Dog Country (Mongol), 300, 318, 320-21, 325
犬の国　Kingdoms of Dogs, 197-200, 327
犬の島　Isle of Dogs. カナリア諸島を参照.
犬の乳を飲む者　Dog-Milkers, 83, 115-16, 138, 139, 166, 176-77, 264, 346, 358, 371, 380. アウトカースト; 犬食い族も参照.
犬　Dogs: アウトカーストに伴う～　116, 164, 176-77, 280, 331; 野人に随伴する　108; インドの牛のアンチタイプ　116, 151, 169, 330, 335, 340, 346; 天文学上のシンボル　30, 47, 62, 63; 天から地へ米を運ぶ～　230, 237; 仏教神話の～　173, 186, 338; ～の埋葬　246, 252-53; 中央アジア起源の～　50, 51, 190, 371, 376; キリスト教の聖人　46, 66, 72; ～の町　55, 56; 死のシンボル　68, 190, 247, 329; ～の家畜化 28-30; シヴァ崇拝の～; ～の上昇 162-63, 171-72, 332-33; ～とてんかん　65, 333, 335, 337; 四つ目の～　329; 閾を守る～　30, 51, 63, 93, 190, 248, 249, 251, 253, 371; ～とグレイハウンド　50, 73, 353, 360; 狩猟と牧羊の～　28, 29, 50-51, 65, 141; 不浄の～　116, 165-74, 184, 342, 346; インドの階層づけのなかの～　114, 138-39, 176, 331; インド＝ヨーロッパ伝承の～　30, 65, 68; 狂犬 287, 333, 364; ～の結婚, 人間の皇女との　96, 211-23, 308; 霊魂案内人としての～　30, 191, 303, 306, 317, 329; 狼との関係　32; 供儀の犠牲　64-65, 146, 222, 231, 246-48, 252-53, 306, 310, 312, 315, 329, 336; 中国のわらの～　190, 247, 305; 虎犬　51, 163, 333, 371. 牝犬; 犬祖神話; 中国語; 犬の国; 槃瓠も参照.
イブン・バトゥータ　Ibn Battuta, 100, 260, 264
イルカ　'Irqa. 犬の町　56, 370, 371.
隠者　Hermits, 23, 24; インドの苦行者　122, 125, 128, 130, 141-65, 298, 339, 343, 345; インドのリシ（予言者）　119, 124-25, 128, 132, 338; 7人のリシ　124, 147, 343; ヤティス　144-46
インドラ　Indra, 119, 122, 123, 126, 128, 130,

索引

【ア行】

アイヌ　Ainu, 197, 205, 306

アヴァール　Avars, 183, 193, 322

アヴァロン　Avalon, 94

(聖)アウグスティヌス　Augustine, Saint, 36, 52, 102-05, 259, 273-75, 291, 296

アウトカースト, インドの　Outcastes, Indian, 22, 37, 114-16, 122-23, 138-41, 143, 145, 165-74, 265, 280-81, 342-47; バーヤ（部外者）　37, 115, 138, 181, 257, 260; ドンとドンビー　167-68, 173, 176, 183, 331, 332, 334; 「第五カースト」の〜　8, 127, 265; 〜と同定されたダーシュ　119, 120, 129; 仏教の〜　173, 330-31; キラータ　114, 125, 172, 183, 280; マータンガ　114-15, 120, 122, 140, 330, 334, 342; ムシュティカ　131, 134, 342; ニシャーダ　114, 170, 331; 〜の起源神話　124, 128-29, 132, 169, 176, 258; プルカサ　114, 133, 139, 173; シャバラ　114-15, 125, 160, 176, 183, 334. 蛮人, インドの; チャンダーラ; ムレッチャも参照.

アエリアヌス　Aelianus, 83, 358-359

アオ・ナーガ　Ao Nāgas, 160, 176, 297, 315, 334

アグリオス　Agrios, 21, 23, 349

アジア志向とアテナイ志向　Asianism and Atticism, 78, 108, 178, 186. 魅惑と畏怖も参照.

アジーガルタ　Ajīgarta, 128-29

アステュアゲス　Astyages, 58,362, 369, 373

アスユット　Asyût, シノポリスを参照.

アダムとイヴ　Adam and Eve, エデンの園を参照.

アダム, ブレーメンの　Adam of Bremen, 94, 95, 207, 265, 266, 271, 300, 352

アッティラ　Attila, 195, 196, 322

アトゥム　Atum, 犬頭の悪鬼; 犬頭人, 非人間のも参照.

アヌビス　Anubis, 31, 63, 73, 268, 360, 373; 名前の語源　47, 299; 〜とヘルメス　47, 63, 365; 〜とオシリス　70, 73, 361; 〜とシリウス　47, 70

アフェロウ　Apherou. 道を開く者を参照.

アブ・セフェイン　Abu Sefein, （聖）メルクリウスを参照.

アボミナブル, エチオピア伝承の犬頭人　Abominable, cynocephalic man of Ethiopic legend, 42-45, 54-55, 56, 110, 130, 141, 277-78, 371; 犬顔のヒヒ, 47. 聖クリストフォロスを参照.

アマゾン族　Amazons, 100, 260; 蛮人種族としての〜　84, 88, 237, 267, 354, 355; 風あるいは水に身をさらして妊娠する 207, 351; 名前の語源　267; 川あるいは海の向こうに住む　92, 198, 206-07, 264, 266, 303, 351, 352; 犬頭人の近くあるいは一緒に住む　35, 86, 92-95, 178-79, 182, 198, 202, 206-07, 284, 301, 340, 351, 357; 男性の幻想の対象　266; 犬頭人と交合　95, 98, 178, 198, 206, 204, 301, 355; 〜とスキタイ人　56, 92, 352, 354, 357. 女人国も参照.

アマラコシャ　Amarakoṣa,　114-15, 176

アリストテレス　Aristotle, 55, 84, 108, 257, 380

アルコーン　Archons, 62, 70

アルゴス　Argos, 50

アレクサンドロス大王　Alexander the Great,

◎著者紹介

デイヴィッド・ゴードン・ホワイト　David Gordon White

カリフォルニア大学、サンタ・バーバラ校の宗教史学科教授。アメリカ合衆国、ヨーロッパ、インドを拠点として、南アジアのさまざまな宗教の研究を続ける。エリアーデ、デュメジルの系譜を継いでの、比較宗教学、神話学、人類学、歴史、アジア学、民間伝承、中世研究など広範なジャンルからのアプローチは、本書をはじめThe Alchemical Body:Siddha Traditions in Medieval India(University of Chicago Press,1996)に結実した。また中国、インド、日本、ネパール、チベットにおける、7世紀から現在までのタントリズムを編集した大著Tantra in Practice(Princeton University Press, 2000)を刊行。

◎訳者紹介

金　利光（キム・イグァン）

1945年生まれ。京都大学英米文学科卒。翻訳家。パディントン・アンド・コンパニイ翻訳工房を主宰。著書に『英日翻訳トレーニング・マニュアル』（バベル・プレス、共著）。主な訳書に『愛と支配の博物誌』（共訳）、『恐怖の博物誌』『森の記憶』（以上工作舎）、『激動の世紀』『春の祭典』（以上TBSブリタニカ）、『ホワイト・バッジ』（光文社）、『彼方への情熱』（パピルス）、『韓国人』（河出書房新社）、『ウェルチ　勝者の哲学』（ＰＨＰ研究所）など。

犬人怪物の神話

発行日——二〇〇一年三月一〇日
著者——デイヴィッド・ゴードン・ホワイト
翻訳——金　利光
編集——森下　知
エディトリアル・デザイン——千村勝紀
印刷・製本——文唱堂印刷株式会社
発行者——中上千里夫
発行——工作舎
editorial corporation for human becoming
〒150-0046　東京都渋谷区松濤2-21-3
phone: 03-3465-5251　fax: 03-3465-5254
URL: http://www.kousakusha.co.jp
e-mail: saturn@kousakusha.co.jp
ISBN4-87502-346-4